生活を伝える方言会話

宮城県気仙沼市・名取市方言

◆ 分析編 ◆

東北大学方言研究センター 編

まえがき

　本書は、『生活を伝える方言会話』の「分析編」である。同「資料編」と対をなすものであり、「資料編」の会話について分析・考察した 17 編の論文を収めている。

　それらの論文は、テーマをもとに次の 5 つの柱に分類・配列した。

　　音韻・音調　2 編
　　文法　6 編
　　語彙　2 編
　　言語行動・談話　5 編
　　方法　2 編

　このように、切り口は多岐にわたっている。会話資料にどうアプローチするか、本書ではさまざまな角度からその可能性を探ったことになる。

　これらの中で、言語行動や談話は、会話資料を対象にするからこその研究分野と言える。さらに言えば、この会話資料が場面設定会話の方式をとっていることの強みを生かしたものでもある。挨拶する、依頼する、断る、非難するといったことがらについて論じることは、自由会話優先の従来型の会話資料では難しかったであろう。

　もちろん、音韻・音調、文法、語彙などの分野も、実際の会話を観察し、場面による言語表現の多様性を踏まえながら検討することで、現象の新たな側面をつかむ道を切り開いたのではないかと思う。相手への働きかけと音調との関係を見たり、コミュニケーションの中で接続詞に注目したりすることはもちろん、それ以外の対象においても、会話の中での振る舞い方や量的な傾向など、構造的な視点では見えてこない、日常生活のことばのあり様を浮かび上がらせることができたと考える。

　さらに、本書には方法に関する 2 つの論文も加わっている。会話の内容面を掘り下げる一方で、資料を作ることそのものの検討も重要である。それらの視線は、すでにこの資料の先にある、より良質で可能性に満ちた会話資料の作成へと向いている。

　このように、本書は方言会話の分析・考察にチャレンジしたひとつの成果である。ただ、膨大な会話資料の一部に、限られた視点から手を付けただけであり、残された課題はあまりにも多い。その点では、今回の試みは、これに続く長い道のりの第一歩を踏み出したに過ぎないということを自覚しておくべきであろう。

しかし、ひとつの方言会話資料に対して一定の分析を行い、両者を総合的に世に問うといった試みはそう多くはない。その点では、本書は新たな研究スタイルを提案したものとも言える。そうした試みが可能になったのは、この会話資料の分析に多くの方々が参加してくれたからである。執筆者たちの熱意が読者にも伝わり、本書が今後の方言会話研究の一里塚となることを期待する。

東北大学方言研究センター

小林　隆

目　次

まえがき　　ⅲ

第Ⅰ部　音韻・音調

動詞におけるラ行音の撥音化・促音化現象　　3
田附敏尚

相手への働きかけの態度と韻律など音声諸現象との関連　　25
大橋純一

第Ⅱ部　文法

格—主格・対格・与格の環境に注目して—　　45
玉懸元

条件表現の形式と用法　　63
櫻井真美

アスペクトの周辺的意味—「（危なく）シタ」形式をめぐって—　　79
津田智史

想起に関わる表現　　95
吉田雅昭

推量・意志・勧誘・命令表現の形式　　113
竹田晃子

感動詞化する接続詞—コミュニケーションにおけるソレデ類、ダカラ類—　　127
甲田直美

第III部　語彙

オノマトペ表現　145
川﨑めぐみ

大正期以降の方言語史　161
作田将三郎

第IV部　言語行動・談話

出会いのあいさつの定型性と反復性　181
中西太郎

依頼会話に見られる特徴　203
小林隆

勧誘の断り方の特徴―関西との比較を軸に―　225
澤村美幸

非難の言語行動の特徴―要素とその出現傾向の場面差に着目して―　241
椎名渉子

高年層と若年層における会話の進め方の差異　263
太田有紀

第V部　方法

会話収録の方法についての実験的検討　283
佐藤亜実

『生活を伝える被災地方言会話集』の映像が持つ可能性　305
櫛引祐希子

あとがき　321

索引　323

執筆者紹介　000

第1部

音韻・音調

動詞におけるラ行音の撥音化・促音化現象

田附敏尚

1. はじめに

　本稿は、『被災地方言会話集』を資料として、気仙沼市(以下、気仙沼)と名取市(以下、名取)のラ行音がどのような振る舞いを見せるかについて、その実態を調査・報告するものである。

　共通語においても、くだけた言い方においては「わからない」がワカンナイになったり、「来られない」がコランナイになったりするが、共通語のこの音変化現象は、規則的に起こるものではなく、随意的なものである。その点で、いわゆるタ形やテ形の音便現象とは若干性質を異にする。本稿では、特にこのような音変化現象に注目する[1]。

　ラ行音の撥音化および促音化については、共通語ではどのような環境で、どのような変化が起こるのか、上野編(1989)や斎藤(1986)などに記されている。しかし、方言についての記述は室山(1970)や木川・久野(2012)などがあるのみで、報告例は多くない。もちろん、宮城県方言においても、個別の事象は記述されているが、これを体系的に取り扱ったものは管見の限り見当たらない。本来なら動詞以外のラ行音や、ひいてはラ行音以外の音も取り扱い、音変化現象の全体を捉えるべきだが、今回はその手始めとして、特に動詞にまつわるラ行音のみに焦点を当てて記述するものである。

2. 先行研究

　前節で述べた通り、当該地域におけるラ行音の撥音化・促音化に関する記述は多くないのだが、加藤(1992: 91)には、ル語尾の動詞・助動詞に無声破裂音ではじまる助詞が接続する場合、促音便が規則的に生じること、ラ行五段動詞に「ナイ」が接続する場合、撥音便が規則的に生じること、「ベー」がル語尾動詞に接続する場合、「ペー」となって促音便を生じることが挙げられている。

　この記述はおおよそ本稿で述べることと重なるが、これ以外にもラ行音の撥音化や促音化は起きており、述語だけを見ても加藤(1992)の記述ですべてを網羅できているわけではない。また、本稿ではデータをもとに、これらの音変化現象が規則的なのか、随意的なのか、随意的なのであればどの程度起こるものなのか、といった点を示すことで、より詳細な記述を試みたい。

4　第Ⅰ部　音韻・音調

3.　資料と調査方法

　資料は東北大学方言研究センター編『生活を伝える被災地方言会話集』1～4 を用いた。

　「取りて」が「取って」になるようなタ形やテ形の前の促音化は、規則的な音変化現象であり、面接調査をしても確実に「取って」という形式が得られることが予想される。しかし、本稿で扱う随意的な音変化現象は、話者の意識の中でもどちらを使うか揺れる可能性があり、面接調査をしても「どちらも使う」という回答がなされる可能性が高い。その点、実際に発話されたものを調査すれば、どの形式をどのくらい使うのか、その多寡までを調べることができる。ここに、この現象を会話集から調査する意義がある。

　調査方法だが、会話集の共通語訳のテキストデータから、「ら／り／る／れ／ろ」を検索し、それが方言の文字列においてどのような音になっているかを調査した。

　ただし、これだけだと、例えば「(共通語訳)食べますか／(方言)タベルスカ」というような例が漏れてしまうため、方言の文字列においても「ラ／リ／ル／レ／ロ」を検索し、データに加えた。

　さらに、以上のような検索でも「(共通語訳)食べよう／(方言)タベッペ」のような例はヒットしないが、これについては、個別に検索を行った。また、ラ行音の音変化形であると目視にて確認したものもデータに加えた。

　そこから、今度は「(共通語訳)行くだろう／(方言)イグベ」のようなものは対象外であるため、このようないわゆるゴミを除く作業をした。最終的には、動詞に関するもの(動詞および動詞型の活用をする助動詞の語幹と活用語尾)としてラ：441 件[2]、リ：221 件[3]、ル：1224 件、レ：303 件[4]、ロ：118 件というデータが得られた。以下の調査結果においては、このうち、特に音変化現象が起こっているものに関して取り扱う。逆に、以下の結果で述べられていなければ、音変化は起こっていないと見ていただきたい。

　調査方法がラ行音の音変化後の形態までを完全に網羅する設計となっていないため、特に「(共通語訳)食べよう／(方言)タベッペ」のように共通語訳にも方言にもラ行音として顕在化していないものについては見落としがある可能性もあるが、それでもおおまかな数字は見て取れると思われる。

4.　調査結果

4.1　撥音化

4.1.1　ラ

4.1.1.1　「ない」

　否定のナイ(ネーなども含む)の前に現れるラが、撥音化する。気仙沼で 63 件中 59 件、名取で 73 件中 59 件(以下、59/63、59/73 のように記載することもある)であり、8 割以上は撥音化しているため、かなり規則的なものと見てよい。(1)がその例である(以下、例は元の資料にある下線を排し、該当箇所には四角囲みを付して示す)。また、以下の表 1・2 に気仙沼と名取の結果を示す。

（1）　ンダネー。ネッチューショーニナ<u>ン</u>ネーヨーニ。（Bン）　ミズ　ト<u>ン</u>ネート　ダメダ
　　　　ネー。（そうだね。熱中症にならないように。（Bうん）　水　摂らないと　だめだね。）

　　　　　　　　　　　　　　　　　　　　　　　　　　（1–55「暑い日に、道端で出会う」名取009A）

表1　「ない」（気仙沼）

動詞	ラの前の母音	ン	(ッ)シャ	Ø	総計
わかる	a	37			37
なる	a	10			10
やる	a	3			3
語る	a	1		1	2
開かる	a	1			1
上がる	a	1			1
暖まる	a	1			1
当たる	a	1			1
知る	i		3		3
かぶる	u	2			2
塗る	u	1			1
折る	o	1			1
総計		59	3	1	63
（%）		（93.7%）	（4.8%）	（1.6%）	（100%）

4.1.1.2　「知らない」「要らない」

　表1および表2からわかるように、「知らない」に関しては撥音化するのではなく、いわゆるr
の無声化によって、ッシャネ［ɕɕane］またはシャネ［ɕane］のような語形となる。これは気仙沼
で3件、名取で12件見られ、すべての「知らない」でこのような音変化が起きている。また、「要
らない」が名取に2件出てくるが、これは2件ともイラナイという形で出てきており、撥音化し
ていない。ラの前の母音が -i の動詞は、気仙沼や名取でもそもそも数が少ないと思われるが、今
回の調査でも「知る」「要る」の2語しか出てこなかったため、この音環境では撥音化するものは
なかった。逆に、ラの前の母音が -i 以外であれば、どの母音でも撥音化する例が見られた。

（2）　アーラ　<u>ッシャネ</u>、<u>ッシャネー</u>ヨー。（あら　知らない、知らないよ。）

　　　　　　　　　　　　　　　　　　　　　　　　　　（1–46「メガネを探す」名取002A）
（3）　タ—ブン　イ<u>ラ</u>ナイガラ　イーガスー。（多分　いらないから　いいです。）

　　　　　　　　　　　　　　　　　　　　　　　　　　（3–4「訪問販売を断る」名取012A）

6　第Ⅰ部　音韻・音調

表2　「ない」(名取)

動詞	ラの前の母音	ン	(ッ)シャ	ラ	総計
わかる	a	28			28
なる	a	12			12
やる	a	4			4
頑張る	a	2			2
暖まる	a	1			1
当たる	a	1			1
終わる	a	1			1
くっつかる	a	1			1
閉まる	a	1			1
つかる	a	1			1
回る	a	1			1
要る	i			2	2
知る	i		12		12
つくる	u	2			2
降る	u	1			1
帰る	e	1			1
摂る	o	1			1
名乗る	o	1			1
総計		59	12	2	73
(%)		(80.8%)	(16.4%)	(2.7%)	(100%)

4.1.2　リ

4.1.2.1　「ない」

　次にリについて述べる。これが撥音化するのは、ナイが後続する場合とナサルが後続する場合であるが、その内実としては、ナイは「足りない」の例のみ、ナサルは「お帰りなさい」とその類例のみである。

　まず「足りない」だが、これは『方言文法全国地図』(以下GAJ)第2集第76図からもわかるように、宮城県では一般的にタンネ(ー)［tannɛ(ɛ)］となる。今回の調査でもこれと同様の結果が得られ、気仙沼は8/11、名取は5/5がタンネ(ー)、タンナイ、もしくはその活用形であった(例(4))。タンネ(ー)に関しては、一方で「足りる」ではなく「足る」の否定形「足らない」のラが撥音化したとも考えられるが、表3に示したように音変化形以外ではタリナイのみが出てくるので、ひとまずはその可能性は否定できよう。

　同様の音環境、つまり、語幹末がリで「ない」が接続する「借りない」(例(5))や「懲りない」も見られたが、これらのリが撥音化することはなかった[5]。つまり、「足りない」の撥音化に関しては、共時的には形態音韻論的な条件のみで起こっているわけではなく、かなり個別・固有の問題だと考えられる。

表3 「足りない」など

	気仙沼		名取		
動詞	ン	リ	ン	リ	総計
足りる	8	3	5		16
借りる		1		1	2
懲りる				1	1
総計	8	4	5	2	19

（4） ヤッパリ　ゴジュエン　タ[ン]ネーンダゲント。（やっぱり　五十円　足りないんだけれど。）
　　　　　　　　　　　　　　　　　　　　（4-7「お釣りが合わない」気仙沼009A）

（5） ヤッパリ　アンダノチカラ　カ[リ]ネド　ダメダー。（やっぱり　あなたの力　借りないとだめだ。）　　　　　（1-9「町内会費の値上げを持ちかける―①同意する」気仙沼011B）

4.1.2.2 「なさる」

　次に「なさる」だが、「お帰りなさい」に関しては、気仙沼で2件、名取で6件あり、すべてにおいてオカエンナサイと撥音化していた（例（6））。また、気仙沼では「お帰りなさった」がオガエンナスッタとなっている（例（7））。一方、同じ「なさった」が後接する場合でも、以下の（8）「お昼上がりなさった」はオヒルアガリナサッタと撥音化していない。これは、意味的・音調的にオヒルアガリとナサッタで区切れる（つまり、「お昼上がり（名詞）」を「なさった」という文である）ためである。

（6） ハーイ　オカエ[ン]ナサイ。（はーい　おかえりなさい。）

　　　　　　　　　　　　　　　　　　　　　　（2-24「外が寒いことを話す」名取002A）

（7） ア　イマ　オガエ[ン]ナスッタノネー。（あ　今　お帰りなさったのね。）

　　　　　　　　　　　　　　　　（1-50「夕方、道端で出会う―②女性→男性」気仙沼003A）

（8） オヒルダガラ　オヒルアガ[リ]ナサッタホー　イーガストー。（お昼だから　お昼上がりなさった方　いいですよ。）　　　（1-49「昼、道端で出会う―②女性→男性」気仙沼003A）

4.1.3 ル

4.1.3.1 ナ行音

　ルで撥音化が起こるのは、ほとんどがナ行音を後接する場合である。これに関しては、気仙沼と名取という地域の差は見られなかったので、両地域の数を合わせて表4[6]に示す。

　撥音化の割合が高いものを挙げていくと、文末に生起する終助詞相当の「の」が94/105[7]（例（9））、準体助詞の「の」が27/31（例（10））、「のに」が9/9（例（11））、禁止の「な」が4/5（例（12））、「なら」が2/2（例（12））である。

　ただし、同じ「な」でも禁止ではなく詠嘆であればその数は1/13と一転して撥音化しない傾向

8　第Ⅰ部　音韻・音調

を示し[8]（例(13)）、同じく「ね」の前でも撥音化しにくい（1/11）。禁止の「な」が動詞にしか後接しないことを考えると、これについては動詞とどのくらい結びつきが強いかもかかわってくるのであろう。

表4　ナ行音（気仙沼・名取）

後続形式	ン	（%）	ルノ＞ン	（%）	ル	（%）	総計
な（禁止）	4	（80%）			1	（20%）	5
な（詠嘆）	1	（7.7%）			12	（92.3%）	13
［では］ないか			1	（100%）			1
なら	2	（100%）					2
なんて					2	（100%）	2
に	2	（66.7%）			1	（33.3%）	3
ね	1	（9.1%）			10	（90.9%）	11
の（終助詞）	94	（89.5%）			11	（10.5%）	105
の	*51*	*（91.1%）*			*5*	*（8.9%）*	*56*
の(っ)さ	*20*	*（90.9%）*			*2*	*（9.1%）*	*22*
のね	*8*	*（66.7%）*			*4*	*（33.3%）*	*12*
のか・のが	*8*	*（100%）*					*8*
のすか	*5*	*（100%）*					*5*
のや	*1*	*（100%）*					*1*
のよ	*1*	*（100%）*					*1*
の（準体助詞）	27	（87.1%）	3	（9.7%）	1	（3.2%）	31
ので（順接）	2	（28.6%）			5	（71.4%）	7
のに（逆接）	9	（100%）					9

（9）　イズ　シキ　アゲ[ン]ノ。（いつ　式　挙げるの。）

(1–28「道端で息子の結婚を祝う」名取005A)

（10）　アレ　レンジデ　チンス[ン]ノ　フタッツ　アッガラ。（あれ　レンジで　チンするの　ふたつ　あるから。）　　　(1–66「夫(妻)が出かける─②妻が出かける」気仙沼009A)

（11）　ナーンデ　コンナ　クダクナ[ン]ノニ。（なんで　こんな　暗くなるのに。）

(4–26「夕方、道端で出会う─②女性→男性」名取009A)

（12）　オシ　ケンカス[ン]ナラ　マケ[ン]ナッテユットケ。（よし　ケンカするなら　負けるなって言っておけ。）　　　(2–6「いじめを止めさせるよう話す─②受け入れない」名取018B)

（13）　ウーン　スバラクブリデ　ンメーサケ　ノマレ[ル]ナヤ。（うーん　久しぶりに　うまい酒飲めるなあ。）　　　(3–3「夕飯のおかずを選ぶ─①同意する」名取002B)

表4の中で「［では］ないか」とあるのは、具体的には以下の(14)のような例であった。このような例は他に見当たらないため、このような言い方があるのかどうか、判然としない。

（14）　モラッテアンネーガー。（もらってあるの［では］ないか。）

(2–18「見舞いに行くべきか迷う」気仙沼 004B)

4.1.3.2　「のだ」

　ナ行音のなかで、上に挙げなかったものとして「のだ」「ので」「のか」がある。これに関しては、斎藤（1986: 213）に以下のようにある。

（15）　語幹が /r/ で終わる子音語幹動詞、母音語幹動詞、および不規則動詞の現在形にこの「のだ」が付いた場合、その末尾の /ru/ が /N/ 化することがある。従って、この場合 /ru/ と /no/ のどちらかもしくは両方が /N/ 化した形が考えられるわけである。下の表を見られたい。（理由の「ので」「のか」の場合も同様である。）

元の形	帰るのだ	見るのだ	来るのだ	するのだ	行くのだ
a. /ru/ のみ /N/ 化	帰んのだ	見んのだ	来んのだ	すんのだ	―
b. /no/ のみ /N/ 化	帰るんだ	見るんだ	来るんだ	するんだ	行くんだ
c. /ru/ と /no/ の /N/ 化	帰んだ	見んだ	来んだ	すんだ	―

　c. に関しては、「*帰んんだ」というような形が考えられるが、/NN/ という連続が許されないためにそれを /N/ にする「/NN/ 単純化規則」（p.218）が働いてこの形が生じたとする。

　これは東京の話しことばについての記述であるが、気仙沼や名取においても状況は同じであり、a.～c. のどの形を取るのかが問題となる。ここでは、a. と c. でルの撥音化が起こっていると見做す。

　実際に用例を採集してみると、「のだ」全体で 107 件あり、その内訳としては、a. の用例が 0 件、b. が 8 件（例(16)）、c. が 99 件[9]（例(17)）と、圧倒的に c. が多いという結果であった（表 5 参照）。おそらく共通語においては b. が一般的で c. は稀に見られる程度、かつ c. は文体的にはかなり低いものだと思われるが、気仙沼および名取においてはルもノも撥音化し、ンの 1 拍のみになるこの形が一般的であるといえよう。

表 5　「のだ」（気仙沼・名取）

後続形式	[a.]ンノ（%）	[c.]ルノ＞ン（%）	[b.]ルン（%）	ルノ（%）	総計
のだ		99　（92.5%）	8　（7.5%）		107
ので		13　（86.7%）	2　（13.3%）		15
のでがす		1　（100%）			1
のです			1　（100%）		1
のなら			1　（100%）		1

10　第Ⅰ部　音韻・音調

　（16）　ンダガラ　イマネ　ナヤンデ[ル]ンダ。（それだから　今ね　悩んでるんだ。）

　　　　　　　　　　　　　　　　　　　　　（4-19「スーパーで声をかける」名取 008B）

　（17）　アマミ　デ[ン]ダヨ。（甘み　出るんだよ。）　　　（4-11「渋い柿を食べる」気仙沼 014B）

4.1.3.3　「ので」「のか」

　さて、上記の（15）において「理由の「ので」「のか」の場合も同様」とあるが、気仙沼や名取での振る舞いはどうであろうか。

　「のか」の数値は先の終助詞相当の「の」の中に含めたが、ノカ・ノガだけを取り出すと 8 件あり、そのすべてがシノカまたはシノガ、つまり、（15）でいうところの a. である。ルが撥音化するか否かで考えればルは 8 件すべてで撥音化している（例（18））。「のだ」では出てこなかった a. に集中して出てくるのは興味深い。

　理由を表す「ので」は 7 件あり、撥音化なしのルノデが 2 件、a. に相当するシノデが 2 件（例（19））、b. に相当するルンデが 3 件（例（20））、c. に相当する形式は 0 件である。一見ばらばらに見えるが、ルの撥音化という観点からみると 2/7 となり、あまりルの撥音化は起こらない。ところが、これが理由を表す「ので」ではなく、「のだ」の否定文に出てくる「ので（ない／はない）」を見ると、15 件中 2 件が（15）の b.、残り 13 件は例（21）のように c. となり、一転してルが撥音化する傾向となる。ここでも同じ音列でも接続助詞化したものと助動詞化（接辞化）したものとで音変化のあり方が異なっていることがわかる。

　（18）　コンデ[ン]ノガナ。（混んでるのかな。）　　　　　（4-2「出前が遅い」名取 015B）

　（19）　チョッコラ　ハタケッコ　ア[ン]ノデ　ニンジン　ヌキサ　イギデトオモッテー。（ちょっと　畑　あるので　人参　抜きに　行きたいと思って。）

　　　　　　　　　　　　　　　　　　　　（1-47「朝、道端で出会う―①男性→女性」気仙沼 002A）

　（20）　シンセキズキアイニナ[ル]ンデネ（親戚付き合いになるんでね）

　　　　　　　　　　　　　　　　　　　（3-20「子供の結婚相手の親と会う」名取 008B）

　（21）　アララ　ナニ　マズ　マチガッテ[ン]デナイノ。（あらら　なに　まあ　間違ってるんで[は]ないの。）　　　（4-6「間違い電話をかける―②相手が近所の知り合い」名取 007A）

4.1.3.4　ダラ

　「なら」は 4.1.3.1 で述べたように、2 件中 2 件が撥音化するのだが、これとは別に「なら」相当のダラが 4 件（気仙沼 2 件、名取 2 件）あり、これもすべてその前のルは撥音化していた。次の（22）に例を挙げる。

　（22）　ナーヌ　タベ[ン]ダラ　イマノウズデガッツォー。（なに　食べるなら　今のうちですよ。）

　　　　　　　　　　　　　　　　　　　　　　　（1-75「客に声をかける」気仙沼 011B）

ダ行音が後続したときに撥音化する例は他にはなく、これだけが例外的である。そして、当該方言では「行くダ」のように動詞の終止・連体形に直接ダが接続する例がないことも踏まえると、このダラは「なら」ではなく「のなら」(ンダラ)と考え、/NN/ 単純化規則が働いているものとみる方が整合的かもしれない。

4.1.3.5　その他

先行研究で挙げた加藤(1992)では、県北ではル語尾動詞にべ(ベ)[10] が後続すると、ルが撥音化することがあると述べられているが、気仙沼、名取ともにこの環境下で撥音化する例はほぼ見られなかった(4.2.3.4 参照)。

「か」の前でもルが撥音化している可能性のある例が、1 例だけある(例(23))。ただ、この「カエッテンカ」にあてられている共通語訳は「帰るか」であり、ンがルに相当するかの判断は難しい。「帰ってみるか」や「帰っていくか」などが発音不明瞭となったものとも思えるが、確証はないため、不明としておく。

(23)　ンー。ドレ　ンデ　カエッテ[ン]カ。ナンーーダ　ソド　アッズイゴド。(うん。どれ　それで［は］　帰るか。なんだ　外　暑いこと。)

(2–14「冷房の効いた部屋から外へ出る」名取 003B)

4.1.4　レ

4.1.4.1　語幹末尾、仮定形、命令形

まず前提として、動詞の語幹末尾に「れ」があるもの、例えば「くれる[11]、疲れる、ずれる、遅れる」などは、異なり語数が 26 語、述べ語数にして 83 語見られたが、後ろにどのような形式が来ようとこのレが撥音化することはない。また、眠れる、食べきれるのような可能形(-(r)e-)の場合も同様である(異なり語数 7、述べ語数 11)。さらに、ル語尾動詞の仮定形(異なり語数 19、述べ語数 32)や、ラ行五段動詞の命令形(異なり語数 6、述べ語数 20)も、いずれも撥音化することはない(例文は省略する)。

4.1.4.2　「忘れる」

ただし、「忘れる」に関しては r の無声化が起き、例(24)のようにワシェデ、ワッセダなどとなる音変化は起きている(気仙沼が 2/11、名取が 4/10)。が、これは後ろに何が接続しようと起こる現象であり、語幹内部の音変化である。また、気仙沼では例(25)のように r が脱落するワスイダー(忘れた)が 1 件のみ観察できる。

(24)　アーーーー　マダ　[ワッセダ]。(あー　また　忘れた。)

(4–22「傘の持ち主を尋ねる―①相手の傘だった」気仙沼 005B)

(25)　アー　ワス[イ]ダー。(あー　忘れた。)　　　(1–13「傘忘れを知らせる」気仙沼 002B)

12　第Ⅰ部　音韻・音調

4.1.4.3 「られない」

名取に関しては、後続が「ない」(ナイ、ネ)のとき、助動詞「(ら)れる　-(r)are-」の「れ」が撥音化する(32/33)。

表6　「られない」(名取)

動詞	ン	レ	総計				
行く	4		4	食う	1		1
いる	5		5	ごしゃぐ	1	1	2
言う	3		3	食べる	1		1
動かす	1		1	作る	1		1
動く	1		1	出る	1		1
帰る	1		1	停める	1		1
決める	1		1	脱ぎたてる	1		1
切る	1		1	見つける	1		1
食いたてる	3		3	もらう	1		1
食わせる	1		1	除ける	1		1
				読む	1		1
				総計	32	1	33
				(%)	(97%)	(3%)	

(26)　キューニ　シャセンヘンコー　スンダモノ、ダーレ　ヨゲラン゙ナイスヨワ。(急に　車線変更　するんだもの、なに　除けられないですよ。)

(4-13「自動車同士が接触する」名取007A)

一方、気仙沼では同環境においては撥音化するものが1/6しかない。母数も違うので正確な比較はできないが、ここには地域差が認められそうである。

表7　「られない」(気仙沼)

動詞	ン	イ	レ	総計
行く			1	1
いる			1	1
おく			1	1
起きる	1			1
怒る			1	1
寝る		1		1
総計	1	1	4	6
(%)	(16.7%)	(16.7%)	(66.7%)	

4.1.5　ロ

一段動詞の命令形ロも29件あったが、いずれも撥音化することはなかった。

4.1.6 不明のもの

　これら以外に、名取ではハインスナワという語形が出てくる。名取の丁寧のスに関しては、ス
ペ、スカの形だとその前が終止形(ル)、過去のシタの形だと連用形(リ)となっている。他に、一段
動詞だとウゲス(受けます)という例が見られ、連用形に接続しているように見えるが、スナワとい
う連続のとき、ハイルスナワが元になっているのか、ハイリスナワが元になっているのか、判然と
しない。

　(27)　{笑}　ドッチニ　シテモ。ンデ　ハインスナワ　キョー。({笑}　どっちに　しても。それ
　　　　で［は］　入らないでください　今日。)　　　　　(2–9「夫が飲んで夜遅く帰る」名取016A)

4.2　促音化

4.2.1　ラ

4.2.1.1　サイ・セイ・セなど

　名取では、丁寧な命令(共通語訳は「なさい」となる)のサイ・セイ・セなどの前で、以下のよう
に促音化する現象が見られる。

　(28)　ハイ　ンデ　キー　オドサネーヨーニ　ガンバ ッ サイ。(はい　それで［は］　気を　落と
　　　　さないように　頑張りなさい。)　　　　　(1–74「兄弟の葬式でお弔いを言う」名取009B)
　(29)　アー　イダヨー。アガ ッ セイ。(あー　いるよ。あがりなさい。)
　　　　　　　　　　　　　　　　　　　　　　　　　　　(1–5「コンサートへ誘う」名取002B)
　(30)　アーイ。ンデ　キツケテ　カエ ッ セ。(はい。それで［は］　気をつけて　帰りなさい。)
　　　　　　　　　　　　　　　　　　　　　　　　　(4–17「市役所の窓口から帰る」名取008B)

　このような例は計15例あり、すべてが促音化している。

　気仙沼で同様の形式を探すと、「オヤスミナハリセ(おやすみなさい)」(2–15「暖房の効いた部屋
から外へ出る」気仙沼007A)のようなナハリセ、「ズッパリ　ノマハリセー(たくさん　飲みなさ
い)」(2–14「冷房の効いた部屋から外へ出る」気仙沼004A)のようなハリセなどが、計11件見ら
れるが、これらのリは音変化を起こさない。

　仙台市のサイ(ン)は連用形(イ段)に接続するので、一見(28)〜(30)はガンバリサイ、アガリセ
イ、カエリセからの促音化のように見えるが、名取の用例を見ていくと、ラ語尾以外の五段動詞で
は以下の(31)〜(33)のように、ア段にサイやセがつく例が散見される(なお、一段動詞は「イッテ
ミセ。(行ってみなさい。)」(1–22「店の場所を尋ねる」名取008B)、「ネセワ。(寝なさいよ。)」
(1–52「夜、家族より先に寝る」名取002B)、「ヤメサインヨ。(やめなさいよ。)」(1–40「タバコを
やめない夫を叱責する」名取005A)となる)。

14　第 I 部　音韻・音調

(31)　ンデ　アガッテ　オチャデモ　ノ🄼セー。（それで［は］　上がって　お茶でも　飲みなさい。）　　　　　　　　　　　　　　　　　　　（1–60「友人宅を訪問する」名取 008B）

(32)　ツルシト🄺サイ。（吊るしておきなさい。）　　　　　（3–14「猫を追い払う」名取 014B）

(33)　ハイ　ンデ　チョ　アノ　ホロガネヨーニ　イ🄶セヨ。（はい　それで［は］　×× あの　落とさないように　行きなさいよ。）　　　　（4–17「市役所の窓口から帰る」名取 006B）

　このことから、名取ではサイ・セイ・セなどはいわゆる未然形接続の可能性があり、そうすると、ガンバッサイ、アガッセイ、カエッセもガンバラサイ、アガラセイ、カエラセからの促音化である可能性が高い。例えば福島県には、未然形に接続し、敬意を表す「しゃる」があり、その命令形がシェーやセーとなるようなので [12]、この延長線上にあると考えるのが妥当であろう。セイ・セだけでなく仙台市などで見られるサイ（ン）にもア段に接続していることを考慮すると、あるいは意味的・形態的な類似性から未然形＋セイ・セと連用形＋サイの混淆として未然形＋サイが作られた可能性もある。

4.2.2　リ

4.2.2.1　サ

　気仙沼では、例(34)のような連用形＋格助詞サの場合、また名詞である例(35)のようなものでも、サの前のリは促音化しない（前者は 0/2、後者は 0/1）。

　一方、名取では例(36)のような名詞＋格助詞サは促音化しないものの(0/1)、例(37)のように、連用形＋格助詞サにおいては促音化する傾向が見られた(3/3)。

(34)　カタ🅁サ　インカラ。（話に　行くから。）　　　　（1–3「役員を依頼する」気仙沼 011B）

(35)　クサト🅁サ　イッテキタトコッサ。（草取りに　行ってきたところさ。）　　　　　　　　　　　　　　（1–49「昼、道端で出会う―②女性→男性」気仙沼 002B）

(36)　キノー　イッデキタノガヤ、サンサイト🅁サ。（昨日　行ってきたのかよ、山菜採りに。）　　　　　　　　　　　　　　　　　　　（1–20「病院の受診を促す」名取 001B）

(37)　マーダ　アメ　フンネベドオモッテ　ト🅃サ　カガッタラ　フッテキテッサー。（まだ　雨　降らないだろうと思って　採りに　かかったら　降ってきてさ。）　　　　　　　　　　　　　　　　　　　（1–20「病院の受診を促す」名取 002A）

4.2.2.2　「取り替える」

　気仙沼で 1 件、名取で 4 件、「取り替える」が出てくるが、すべて例(38)のようにトッケルとなり、促音化が起こっている。

　ただし、例(39)「折り返す」、例(40)「擦り切れる」、例(41)「割り込む」などはオッカエスやスッキレル、ワッコムになっていないため、「取り替える」固有の語彙的なものだと見られる。

(38) ウンデァ　ウワギバリモ　ト[ッ]ケテミッカ。（それでは　上着だけ［で］も　取り替えて
みるか。）　　　　　　　　　　　　　　　　　　　（3–2「バスの時間が近づく」気仙沼 018B）

(39) ウシロサ　オ[リ]ガエシテヤンノッサ。（後ろに　折り返してやるのさ。）
　　　　　　　　　　　　　　　　　　　　　　　　（3–17「折り紙を折る」気仙沼 059A）

(40) ズイブン　ス[リ]キレデキタワナー（すいぶん　擦り切れてきたわな）
　　　　　　　　　　　　　　　　（2–4「畳替えをもちかける―①同意する」名取 001B）

(41) ナーンダイ　キューニ　ワ[リ]コンデクルナンテ（なんだい　急に　割り込んでくるなんて）
　　　　　　　　　　　　　　　　　　　　（4–13「自動車同士が接触する」名取 001A）

4.2.3　ル

4.2.3.1　カ行音

　カ行音は、「から」を中心に出現数が多く、また促音化も多く起きている。気仙沼、名取ともそれほど違いは見られないので、表 8 に一括して示す。

表 8　カ行音（気仙沼・名取）

後続形式	Ø （%）	ッ （%）	ン （%）	ル （%）	総計
か		35 （97.2%）	1 （2.8%）		36
かな		21 （100%）			21
かも		8 （80%）		2 （20%）	10
から	1 （0.3%）	354 （96.7%）		11 （3%）	366
くせに				1 （100%）	1
くらい				3 （100%）	3
けれども	2 （11.1%）	16 （88.9%）			18
こと（終助詞）		6 （85.7%）		1 （14.3%）	7
こと（名詞）		5 （27.8%）		13 （72.2%）	18
ころ				2 （100%）	2
気				1 （100%）	1
紙				1 （100%）	1
総計	3 （0.6%）	445 （91.9%）	1 （0.2%）	35 （7.2%）	484

　「から」が 354/366（例（42））、「か」が 35/36[13]（例（42）および（45））、「かな」が 21/21（例（43））、「かも（しれない）」が 8/10（例（44））、「けれども」が 15/18（例（45））、終助詞「こと」が 6/7[14]（例（46））と、特にカケコが後接するときに促音化が多く見られた。これら、促音化が起こっても、カ行音が有声化してガ行音となっている例も見られる。なお、キが後接するものは名詞「気」1 件のみ、クでは「くせに」1 件、「くらい」3 件で、どれも撥音化、促音化しない。

16　第Ⅰ部　音韻・音調

(42)　ンデ　モド⬚ッ⬚カー。ジ　ドーセ　ジカン　アッカラナー。（それで［は］戻るか。×どう

せ　時間　あるからなあ。）　　　　　　　（2–8「玄関の鍵をかけたか確認する」気仙沼005B）

(43)　リョーカイシテモラエ⬚ッ⬚カナー。（了解してもらえるかなあ。）

（1–9「町内会費の値上げをもちかける─②同意しない場面」名取001B）

(44)　カラスニ　カレ⬚ッ⬚ガモシネガラ（カラスに　食われるかもしれないから）

（3–14「猫を追い払う─①実演1」気仙沼008B）

(45)　チョット(A　ハイ)オソグナ⬚ッ⬚ケンドモ　モド⬚ッ⬚カ。（ちょっと(A　はい)遅くなるけれ

ども　戻るか。）　　　　　　　（2–8「玄関の鍵をかけたか確認する」名取005B）

(46)　アラ　ナントー。セーデ⬚ッ⬚ゴドー。（あら　なんと。精が出ること。）

（4–15「働いている人の傍を通る」気仙沼001A）

同じ「こと」でも、例(47)のように名詞「こと」の場合は促音化しないほうが多く出てくる
(5/13)。やはり、品詞によって促音化が起こるか否かは変わってくるようである。

(47)　マワッテコネノナンテ　イワレ⬚ル⬚ゴト　タビタビ　アルオンネ。（回ってこないのなんて

言われること　たびたび　あるもんね。）

（3–12「隣人が回覧板を回さない─①同意する」名取002A）

4.2.3.2　タ行音・ダ行音

　タ行音、ダ行音では、特にト・ドの前で促音化が起きる。

　具体的には、「と」(48/56、例(48))、「とき」(16/17、例(49))、「ところ」(14/15、例(50))におい
て促音化が顕著である。また、ダ行音では、名取に終助詞ドがあり、この前では13/14と促音化が
多く起こっている(例(51))。

表9　タ行音・ダ行音（気仙沼・名取）

後続形式	Ø　（%）	ッ　（%）	ル　（%）	─　（%）	総計
だけ			2　(100%)		2
だの			1　(100%)		1
つもり			1　(100%)		1
っちゃ	5　(50%)		5　(50%)		10
って			27　(96.4%)	1　(3.6%)	28
でば		1　(100%)			1
と	3　(5.4%)	48　(85.7%)	5　(8.9%)		56
ど（終助詞）		13　(92.9%)	1　(7.1%)		14
という			2　(100%)		2
とき		16　(94.1%)	1　(5.9%)		17
ところ		14　(93.3%)	1　(6.7%)		15
総計	8　(5.4%)	92　(62.6%)	46　(31.3%)	1　(0.7%)	147

（48） アブ ッ ト　イーノネ。（あぶると　いいのね。）（2–19「瓶の蓋が開かない」気仙沼 007A）

（49） ナンダイ　コーンナ　アメ　フッテ ッ ドギ　ドコ、ドコサ　デカゲンノ。（なんだよ　こんな　雨　降っているとき　どこ、どこへ　出かけるの。）

(1–54「雨の日に、道端で出会う」名取 003B)

（50） アラー　ブランコ　ミンナ　ノッテテ　アイテ ッ トゴ　ナイネー。（あら　ブランコ　みんな　乗っていて　空いているところ　ないね。）（4–1「遊具が空かない」気仙沼 001A)

（51） サ　カイモノサ　デガゲ ッ ド。（さあ　買い物に　出かけるぞ。）

(1–37「車を出せずに困る」名取 001B)

　同じタ・ダ行音でも「だけ」(0/2)「だの」(0/1)「つもり」(0/1)「という」(0/2)は促音化傾向を見せなかった(例文は省略)。

4.2.3.3　ッチャ

　さて、便宜上促音から始まるッチャ、ッテについても表9に合わせて載せたが、ッチャに関しては気仙沼と名取で地域差が見られる。両地域ともにッチャは使われるが、気仙沼ではその前のルに音変化は見られない(0/3、例(52))のに対し、名取ではルの音節がなくなっているものがあった(5/7、例(53))。

表 10　ッチャ

地域	Ø	ル	総計
気仙沼		3	3
名取	5	2	7
総計	5	5	10

（52） ソーダッテ　ホガノヒトダッテ　カセーデ ル ッチャ。（そうだって　他の人だって　稼いでいるよね。）　　　　（3–12「隣人が回覧板を回さない―②同意しない」気仙沼 013B)

（53） ン　トコロデサ　コンド　コーミンカンーデ　コーミンカンマツリ　ア ッ チャネー。（うん　ところでさ　今度　公民館で　公民館祭り　あるよね。）

(1–23「開始時間を確認する」名取 003B)

　これは /NN/ という連続が許されないのと同様、ッチャの前のルが促音化することによって/QQ/ という連続が生じるが、これが許されないので、これを /Q/ にする規則(すなわち /QQ/ 単純化規則とでも呼べるもの)が働いたことが理由だと思われる。

4.2.3.4　べ（ぺ）

　4.1.3.5 でも述べたように、気仙沼、名取ともにべ(ぺ)の前のルはほぼ撥音化しない。起こるの

18　第 I 部　音韻・音調

は促音化である。

　ルのあとにベ(ペ)が接続するものは82件あったが、そのうち撥音化しているものが1件、音変化が起こらないものが1件のみで、他80件は促音化が起きている。しかも撥音化の1件「アンベカラ」(1-4「旅行へ誘う―②断る」名取013A)も、筆者にはアッペガラと促音化しているように聞こえる。また、音変化が起きていない1件「ネルッペワ」(1-66「夫(妻)が出かける―③妻が出かける、夫は行先を知らない」名取006B)も、不明瞭ながらネデッペワとも聞こえる。そうだとすると、これも促音化が起きており、全件において促音化が見られることになる。いずれにせよ、かなり規則的に促音化が起きると見てよいだろう。

　(54)　アド　ナニ　アッペ。(あと　何　あるだろう。)　　　(1-62「商店に入る」気仙沼007A)

4.2.3.5　サ行音・ザ行音

　接続助詞「し」が気仙沼に7件、名取に6件出現しているが、気仙沼ではすべて促音化せず、名取では促音化したものは1件のみであった。

　丁寧を表すスにペやカがついたスペ、スカがルに後接するものが気仙沼、名取ともに6件ずつ出てくるが、促音化するのは気仙沼の1件のみである。

　終助詞ゾが気仙沼に1件、名取に2件あるが、気仙沼の1件のみが促音化し、名取の2件は促音化していなかった。

　このように、ルにサ行音・ザ行音が後接する場合は、それほど促音化は起きないようである。が、まったく起きないとも言えず、約1割程度が促音化しているという状況である。

表 11　サ行音・ザ行音(気仙沼・名取)

後続形式	気仙沼		名取		総計
	ッ	ル	ッ	ル	
し		7	1	5	13
しか		1		3	4
す(丁寧)	1	5		6	12
ぞ	1			2	3

4.2.4　レ

4.2.4.1　語幹末尾、仮定形、命令形

　これらに促音化が起こらないのは、4.1.4.1と同様である。いずれも音変化が起こらず、レが現れる。

4.2.4.2　「られ {た・たら・て・ている}」

　名取に関しては、後続が「た」「たら」「て」「ている」の場合、助動詞「(ら)れる」の「れ」が

促音化する（26/28）。

(55) アノ　シャネーンダヨ、トモダチニ　サソワ[ッ]テッサー。（あの　仕方ないんだよ、友達
　　　に　誘われてさ。）　　　　　　　　　　　　　　　（2–10「娘の帰宅が遅い」名取006A）

(56) デ　モッテガ[ッ]タノガワ。（で　持っていかれたのかよ。）
　　　　　　　　　　　　　　　　　　　　　　　　　　　（3–14「猫を追い払う」名取004B）

表12　「られ｛た・たら・て・ている｝」（気仙沼）

	イ　（%）	ッ　（%）	レ　（%）	総計
た	3　（21.4%）		11　（78.6%）	14
たら				0
て	1　（5.6%）	3　（16.7%）	14　（77.8%）	18
ている			2　（100%）	2
総計	4　（11.8%）	3　（8.8%）	27　（79.4%）	34

表13　「られ｛た・たら・て・ている｝」（名取）

	イ　（%）	ッ　（%）	レ　（%）	総計
た		18　（94.7%）	1　（5.3%）	19
たら		1　（100%）		1
て		3　（100%）		3
ている		4　（80%）	1　（20%）	5
総計	0　（0%）	26　（92.9%）	2　（7.1%）	28

　一方、気仙沼では同環境において促音化するものが3/34と、かなり少なくなり、代わりにレの
r脱落によって生じたエに通ずるイが散見される。地域差が顕著に現れた項目といえよう。
　なお、この気仙沼の3件のうち2件は以下のような例である。

(57) 001A：アラ　Bサン　コレ　カサ　Bサンノデナイノ。（あら　Bさん　これ　傘　Bさ
　　　　　　んのでないの。）
　　　002B：ンー　チガウチガウ。ナマエ　カカ[ッ]テネッスカ。（うーん　違う違う。名前
　　　　　　書かれていないですか。）
　　　003A：ン　カカ[ッ]テナイネー。（ん　書かれていないね。）
　　　　　　　　　　　　　　　　（1–21「傘の持ち主を尋ねる―②相手の傘ではなかった」気仙沼）

　これらは逆使役を表すカカルとも考えられる。すると、純粋にレが促音化しているのは「オグ
ラッテクッカラ。（送られて来るから。）」（1–69「食事を終える」気仙沼005B）の1件だけとなり、

20　第Ⅰ部　音韻・音調

気仙沼ではほとんどこの環境下では促音化が起きないと言える。ただし、カカルという形式が存在することは竹田(2012)で確認できるが、これがこの地域で逆使役として使えるかどうかは不明であるため、慎重を期さなければならない。

4.2.5　ロ

4.1.5 同様である。一段動詞の命令形ロ 29 件は、(撥音化も)促音化もせず、非音変化形ロが現れている。

4.2.6　不明のもの

例は少ないが、気仙沼では例(58)のようにガ行音のガスの前でも促音化が起こる(3/3)。「入る」(ハイッガス)1 件、「ある」(アッガス)2 件である。

(58)　スト　コゴサ　ユビッコ　ハイ ッ ガスト　コー　ニホン。(すると　ここに　指　入るでしょ　こう　二本。)　　　　　　　　　　　　　　　　　(3–17「折り紙を折る」気仙沼 063A)

ガスは、典型的にはイガス(良いです)のように形容詞につくか、マイバンデガス(毎晩です)のようにデを伴って名詞につくものだが、本調査では、(58)のような例や、動詞の否定や過去につくものも認められた。否定や過去のような状態性の強いものから用法を拡大させ、動詞に接続するに至ったと推測できるが、詳しくはわからない。否定・過去以外だと(58)のようにル語尾が促音化したものしかないため、むしろル語尾が出現するかたちを取ることなく、促音から先に導入されていると考えることもできる。

5.　まとめ

5.1　撥音化

ここまでの結果をまとめ、撥音化する環境を取り上げると以下のようになる。

(59)　気仙沼、名取　　　　　　　　　　　　　　　　　　　名取のみ

　　　ra → N/{a, u, e, o}_nai[15]　　　　　　　　　　　　　re → N/ra_nai[15]

　　　ri → N/ta_nai[15]

　　　ri → N/okae_nasai[16]

　　　ru → N/_{no, noni, na, nara, ni, noka}

　　　ru → N/_{Nda, Nde, Ndara}

　　　(NN → N/_da, de, dara)〈※ /NN/ 単純化規則〉

このようにしてみると、ラ行音の撥音化が起こる環境というのは、全体的にナ行音の前にラ行音

がある場合であることがわかる。これ自体は日本語の一般的な傾向と言えるだろうが、その中でも「られない」のレが撥音化するか否かで県内に地域差があるというのは、従来なかなか指摘がなされなかった点であろう。また「のだ」では、そのほとんどが撥音化し /NN/ 単純化規則を受けて「るのだ」全体でンダへと変化しているという事実が浮き彫りとなった。

5.2 促音化

次に、促音化に関する結果を以下にまとめる。

（60） 気仙沼、名取

ri → Q/_to_keru[16]

ru → Q/_{Kara, Ka, Kana, Kamo, Keredomo, Koto}[17]

ru → Q/_{To, Toki, Tokoro}

ru → Q/_Be

名取のみ

ra → Q/_{sai, sei, se}

ri → Q/_sa

ru → Q/_Qcha

(QQ → Q/_cha)〈※ /QQ/ 単純化規則〉

ru → Q/_Do

re → Q/ra_{Ta, tara, te, teiru[16]}

カ・タ行音の前のラ行音が促音化するのも一般的な傾向だと思われる。ただし、「とき」や「ところ」「こと」といった名詞に前接するときも促音化が起きやすいというのは、方言的特徴と言えるかもしれない。

地域差に着目すると、ここでは細かい差がありそうなことがわかる。全体的には、名取のほうが促音化しやすい傾向にあると言えるだろう。名取では、カ・タ行音だけでなく、サ、セといったサ行音の前でも促音化する傾向があり、ッチャやドの前でも起こる。そして、「られない」の撥音化と同様、「られた」の促音化も名取のほうで起きていることがうかがえる。

6. おわりに

今回は会話集を用いて、多量のデータから気仙沼と名取における動詞におけるラ行音の撥音化と促音化について見てきた。全体的には一般論と変わることはないが、5.1 や 5.2 で見たように、細かい差異を明らかにすることができた。

紙幅の都合で、名詞にまで話が及ばなかったし、述部に関してもまだ言及していない部分があ

22　第 I 部　音韻・音調

り、記述としては十分なものとは言えない。データのさらなる整理とともに、今後、これらに挑みたい。

注

1　調査の結果、その音変化現象が規則的なものだったことが判明することはあり得るため、正確には「随意的と予想される音変化現象」である。

2　「たら」「なら」は接続助詞として考え、この数には含めていない。

3　挨拶表現「お帰りなさい」を含む。また、ゴザリスという形式が存在する都合上、リ＞イの例としてゴザイマスも含む。

4　ケル（くれる）については、否定形にケンネという形式が存在する。このンが何であるのか判断に迷うが、クレ＞ケであると考えると、ンがレなどのラ行音からの変化だとは考えにくい。そのため、今回は数には含めなかった。

5　GAJ2–75 にも「借りない」があり、やはり宮城県ではほとんどがカリネーである。

6　以下の例の下線部に関しては、ノで表記されているが、音声的にはかなりあいまいな母音であるため、「に」に含めた。

　　　　アンシンシテ　ヤメ[ン]ノイーベガラ。（安心して　やめられるだろうから。）

　　　　　　　　　　　　　　　　　　　　　　　（1–36「退任した区長をねぎらう」気仙沼 004B）

7　ノで文が終止するものだけでなく、ノカまたはノガ、ノスカ、ノッサ（ー）、ノネ（ー）、ノヤも含む。

8　ナ（ー）、ナヤを含む。

9　以下の例は筆者にはアンダゲンットモと聞こえるため、c. の用例に含めた。

　　　　キョー　ヨー　アンッダゲンドモ（今日　用　あるんだけれども）

　　　　　　　　　　　　　　　　　　　　（1–47「朝、道端で出会う―①男性→女性」名取 004A）

10　ベ（ぺ）で終わるものだけでなく、これに助詞が後接するものやベシ（ペシ）も含む。

11　「くれる」に関しては、「ける」の扱いも問題となるが、形態面で差異があることから、今回は別のものとして捉えることとする。「ける」は語幹末にレがないものとして、ここでは「くれる」のみを扱った。

12　菅野・飯豊（1967）や佐藤（1959）を参照。

13　このうち 1 件は以下のように「カリカット」となっているが、音声を確認したところ筆者には「カリッカド」と聞こえたので、促音化の例に含めた。

　　　　オカネー　テ　ナクテ　コマッタノデー　カリカットオモッタンダゲント（お金　×　なくて　困ったので　借りるかと思ったんだけれど）　　　（1–2「お金を借りる―②断る」気仙沼 003A）

14　名取ではコダまたはゴダで現れるが、同じものとして一括して扱う。促音化の細かい内訳は、気仙沼 2/3、名取 4/4 である。

15　ナイ、ネおよびこれらの種々の活用形も含む。

16　種々の活用形も含む。

17　これ以降、大文字の K・T・D・B は、それぞれ有声／無声で対立する子音が随意的に出現しており、双方を含むことを示す。多少主観的だが、その形態としてデフォルトだと思われるほうの子音を大文字にして表示させているため、対立する T と D を両方立てている。

文献

上野善道編(1989)「音韻総覧」小学館国語辞典編集部編『日本方言大辞典　下巻』小学館，pp.1–77

加藤正信(1992)「宮城県方言」平山輝男編『現代日本語方言大辞典　第1巻』明治書院，pp89–92

菅野宏・飯豊毅一(1967)「言語生活」『福島県史』24(井上史雄・篠崎晃一・小林隆・大西拓一郎編(1994)『日本列島方言叢書③　東北方言考②　岩手県・宮城県・福島県』ゆまに書房に再録)

木川行央・久野マリ子(2012)「神奈川県小田原市方言におけるラ行音の撥音化」『Scientific approaches to language』11, pp.89–101

国立国語研究所編(1991)『方言文法全国地図　第2集』大蔵省印刷局

斎藤純男(1986)「話し言葉におけるラ行音およびナ行音のモーラ音素化」『日本語教育』60, pp.205–220

佐藤喜代治(1959)「福島県方言の敬語法」『文化』23–2(井上史雄・篠崎晃一・小林隆・大西拓一郎編(1994)『日本列島方言叢書③　東北方言考②　岩手県・宮城県・福島県』ゆまに書房に再録)

竹田晃子(2012)「ヴォイス(受け身・可能)」小林隆編『宮城県・岩手県三陸地方南部地域方言の研究』東北大学国語学研究室，pp.73–86

武田拓・半沢康(2003)「仙石線グロットグラム調査報告」小林隆編『宮城県石巻市方言の研究』東北大学国語学研究室，pp.110–162

室山敏昭(1970)「鳥取県東伯郡羽合町方言のラ行音節の促音化・撥音化現象について」『国語国文』39–9, pp.39–60

謝辞

本研究はJSPS科研費JP16K13227の助成を受けたものです。

相手への働きかけの態度と韻律など音声諸現象との関連

大橋純一

1. 目的

　本稿は、場面設定による会話資料を音声データとして見た場合、設定場面に応じてどのような特徴が抽出されうるかを考察するものである。

2. 従来の研究

　ここで「抽出する」ではなく「抽出されうるか」としていることには意味がある。というのも元来、方言音声の特質を見るのに場面を想定した疑似的会話である必要はなく、むしろそうした縛りを極力排除した自由会話であることが望ましいからである。実際これまでも、特定の音素に焦点を当てた聞き取り調査を除いては、そのような会話資料が実態把握の大きな拠り所となってきた[1]。一方、発話の長短や強弱、イントネーションなど、いわゆる韻律的な特徴を見る場合には、もちろん自由会話から話調子全般を観察することもあるが、それの意味機能や発話意図との相関などに関心が向けば、おのずと自己内省、関心事に即した作例の使用、分析ポイントを定めた実験的手法などが調査の主体となってきた[2]。またその相関も韻律句やそれを含む一文単位で観察されることが多かった。

3. 本稿の立場

　以上に対して本稿は、音韻の調査が最良と考える自由会話でも、韻律の調査が主体としてきた手法でもなく、場面設定による会話資料、つまりは事前に自らの(または互いの)発話態度を念頭に置きながらの双方向的な疑似会話資料から上記の各特徴を考察しようとする。

　場面設定会話がどういう点で方言研究に利するかについては、既に本書資料編の解説に詳しい記述がある。その言葉を借りれば、自由会話では観察しきれない「モダリティに関連したもの」(p.5)や「言葉の運用面」(p.5)に関する知見が、「日常生活のさまざまな場面を切り取った」(p.5)形でもたらされることに集約できる。

　もっとも資料編には、「音韻やアクセントの特徴などは自由会話によっても十分観察が可能であ

ろう」(p.5)との指摘もあり、場面設定会話の射程が主に文法や表現法、言語行動といった側面に向けられていることには注意がいる。よってここでは、基本的には「自由会話でも観察可能」という意味での音韻や韻律の現象を単一にそれとして見ることはしない。当該の調査資料の意図するところを踏まえながら、またその利を生かすべく、場面や発話態度との関連の中でそれらの特徴を考察することに主眼を置く。

　なお以上からすると、本稿ではいわゆるパラ言語の実態、中でも韻律的な特徴を中心に見ていくことになるが、作業の趣旨は発音事象に関わる多様な側面を帰納法的に観察することにあるため、現象レベルに明確な区別や定義は設けず、対象の枠組みを大きく「音声諸現象」としておく。このように、本論の捉える視点は俯瞰的でありかつ試論的でもある。その点で本稿は、これをもって1つの結論を得ようというよりは、手探りにでも当該資料を音声データとして扱い、場面設定会話からどのようなアプローチが可能であるかを探ろうとする立場であることを最初に断っておく。

4.　資料および記述の手順

　資料は、『生活を伝える被災地方言会話集』1(以下、『会話集』1)に収録の「気仙沼市」(附属CDのトラック1〜95)をモデルケースとして聞き、特に特徴的とみとめられる場面会話を選定して用いる。その際、目的としては設定場面に応じた特徴の抽出を目論んでいるが、先に帰納法的である旨を記したとおり、以下の記述では収集の実態や特徴の面をまず先に取り上げ、場面や発話態度はそれに付帯する情報として後追いする形をとる。

5.　観点

　少し話がそれるが、筆者の担当する演習授業でヒト型ロボットとの会話収録を行い、そこに現れる言語特徴の分析を試みた学生がいる。結論としては言語の諸部面で精度の高さがうかがわれるとするものであったが、質疑の中で、それをそのまま会話資料全体の精度と受け止める向きはなかった。これは言わずもがなであり、発話のフォーカス部分をことさらに強めたり、長めたり、早めたり、あるいは勢い余って発音し損ねたりといった、その時々の心的状態に応じて当然生じる"既定の正しさ"からのエラーがヒト型ロボットには見当たらず、それが多様に現れる学生とのやりとりに違和感を覚えたからに他ならない。つまり相手への働きかけを何らか意図して発する会話は、特に発音事象の面で何らか精度を欠くことが必然であり、通常どおりではない音声要素が付け加わることによりはじめてそれらしさの担保が得られるのであろう。

　本稿で見ようとするのはまさにその点である。つまり資料編でいう「相手に何かを頼むとか、謝罪するとか、あるいは文句を言うとか」(p.5)といった相手への働きかけの態度と、それの反映として現れるであろう、強める、長める、早めるといった韻律その他の音声現象との関連についてである。

　以下それらを順に見ていくが、一方で、上記のことをひとたび帰納法的に捉えるとなると、その

バリエーションは一会話ごとに多彩であり、紙幅の限られる本稿の中では十分に記述が尽くされない。よってここでは、関連がより顕著とみとめられる「基本周波数(F0)」を中心に据えつつ、それと連動する「強さ」、「話速・間」、「長音化」、および「その他の音声現象」の各観点を設け、それぞれについていくつか例をあげながら記述していくことにしたい(用例の引用にあたっては、原文にある下線の類を省略する)。

6. 場面・態度との関連から見た音声諸現象

以下、各節でまずは注目する現象に関する分析図(Praatによる)を示し、その特徴を視覚的に確認することから始める。次にその類例をいくつか取り上げ、それらが現れる背景や意味を設定場面における相手への働きかけの態度との関わりから考察していく。なおその際、用例のあとには、(会話集の番号−場面の番号、「場面の名称」、「発話態度」[3]、発話番号と話者)を、それぞれそのように付記する。例：(1–1「荷物運びを頼む—①受け入れる」「驚く」002B)

6.1 基本周波数(F0)

場面会話に最も大きく影響し、その時々の心情や態度に応じてさまざまに現れるのがこれである。基本周波数(F0)とは通常、聞き手にはPitch(Hz)として知覚されるものであり、下図のとおり、時間軸(s)に沿ってイントネーションの波形を体現する。

6.1.1 F0 高：文頭

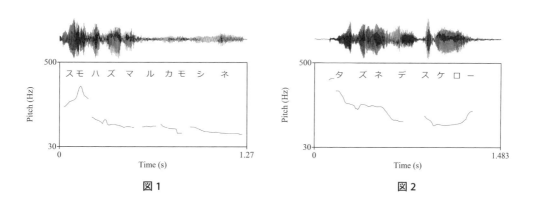

図1　　　　　　　　　　図2

（1）　スモ　ハズマルカモシネ。(相撲　始まるかもしれない。)
　　　　　　　　　　　　　　(1–24「お茶をこぼす」「[相撲中継開始の] 気づきを促す」011B)
（2）　タズネデスケロー。(探してくれ。)　　　　(1–46「メガネを探す」「頼む」011B)

図1・2(用例(1)・(2))に特徴的なことは、発話の開始部分で早くもF0の頂点が現れ、直後に急

28 第Ⅰ部 音韻・音調

激な下降を辿って以降はほぼその帯域が維持・継続することである。これにより、聞き耳にはいきなり不意を突かれたかのように注意が促され、否が応にもそれ以降のくだりに注目せざるをえない“きっかけ”が生じることとなる。逆に話し手の意図からすれば、これから自分が話そうとする主題を語り始めにしてより強く相手に意識させ、その先の文脈へと関心を引き寄せるべく、不意打ちながらも前のめり気味な発音を上記のように志向したものと思われる。機能としては、さながら「文末詞」ならぬ「文頭詞」とでもいえるだろうか。その発話への注目を文頭から強く働きかけるものであり、いわゆる主題の明示化に関わる韻律的作用の１つと考えられる。

　さて、気仙沼市の会話CDを通して聞くと、この(1)や(2)に準じる現象が、場面会話の各所で次のように観察される。

（３）　サドマゴデ　ナメテンデネ（かわいい孫で　舐めているんじゃない）
　　　　　　　　（1–25「約束の時間に遅刻する─①許す」「［孫の可愛がりようを］指摘する」009A）
（４）　アシ　クジーダミデデ（足　くじいたみたいで）
　　　　　　　　　　　　　　　　　　　　（1–33「足をくじいた相手を気遣う」「訴える」003A）
（５）　ウエノホワ　ハヤインダゲッドモッサ（上の方［＝孫の兄や姉］は　速いんだけれどもさ）
　　　　　　　　　　　　　　　　（1–34「孫が最下位になったことを気遣う」「比較する」008B）
（６）　デマドサ　オイダライーンデネーノガ。（出窓に　置いたらいいんではないのか。）
　　　　　　　　　　　　　　　　　　　　　　　　　　（1–44「花瓶を倒す」「主張する」005B）
（７）　ワガレバ　タノマネ。（わかれば　頼まない。）（1–46「メガネを探す」「反論する」007B）

　以上はそれぞれこのタイプの一例に過ぎないが、たとえば(3)はBの遅刻がかわいい孫に原因のあることをAがとりたてて指摘する場面。(4)ではどうしたと気遣うBに対し、足をくじいて立ち上がれないことを切実に訴えようとするAの心情が読み取れる。また(5)では足が速かった孫を思い返しながら、最下位となった下孫の不出来を不思議に思うBの気持が比較の観点から述べられている。さらに(6)では花瓶は出窓に置くべきだとするBの主張（それによる花瓶を倒したことへの責任逃れ）が、(7)では要領を得ないAの返答に業を煮やす（反論する）Bの態度が色濃く示されている。以上からもうかがえるように、これらの現れる背景には、ある特定の対象を明確に示す、訴える、反論する、あるいは他と差別化して言うなど、いわゆるとりたてや強調といった文法的要素が密接に関わることが推測できる。つまりいずれにもその主題を際立たせ、発話と同時に相手を同じ土俵に引き寄せて言う必然があるということである。この文頭におけるF0高の現象は、すなわち、上記のような強調のモダリティが韻律的な面からも後押しされて現れたものと解される[4]。

6.1.2　F0 高：継続

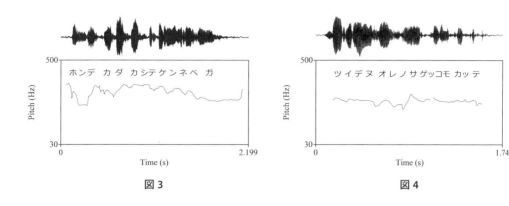

図 3　　　　　　　　　　　　　　図 4

（8）　ホンデ　カダ　カシテケンネベガ。（それで［は］肩　貸してくれないだろうか。）
　　　　　　　　　　　　　　　　　（1–33「足をくじいた相手を気遣う」「助けを乞う」009A）
（9）　ツイデヌ　オレノサゲッコモ　カッテ（ケロヨー）。（ついでに　私の酒も　買って（くれよ）。）　　　　　　　　　　　　　（1–38「孫が一等になり喜ぶ」「嬉しく心が高揚する」015B）

　同じ F0 高の現象であっても、先の(1)～(7)とはまた異なり、しばしば図 3・4(用例(8)・(9))のようなタイプが現れることがある。すなわち F0 の平均が図 3(A：女性)で 316.6Hz、図 4(B：男性)で 271.5Hz とまず高く、かつ一発話内でさしたる高低差も示すことなく、その状況が継続するタイプである。これにより、聞き耳には何がしか特別な感情が表出されたことが感得され、一連の会話の中では特出する発話であることがイメージされる。以下の(10)や(11)などはその類例である。

（10）　コンド　ガンバレバ　インダガラ。（今度　がんばれば　いいんだから。）
　　　　　　　　　　　　　　　　　　（1–39「孫が一等を逃しがっかりする」「励ます」017A）
（11）　ワー　オトーサン　アリガトー。（わあ　お父さん　ありがとう。）
　　　　　　　　　　　　　　　　（1–66「夫（妻）が出かける―②妻が出かける」「感謝する」013A）

　まず(8)は足をくじいた A が藁にもすがる思いで B に助けを乞う場面。少し前に A 自身の「アイデデ　アイデデ（あいたたあいたた）」の叫びがあることからも、その感情極まったテンションのままに F0 が高起・継続したことが想像できる。一方、(9)では運動会で一等になった孫を我がことのように喜ぶ B の心情が、逆に(10)では一等を逃してがっかりする B を励まし、次のステップを前向きに提言する A の心遣いが読み取れる。特に後者では、その A による F0 高の発話が、落ち込んだ場の雰囲気を一変させ、今ある残念な気持ちを振り払うための格好の契機となっていることがうかがえる。また(11)は留守番を頼んだ B より思いのほか良好な返答の得られた A が感謝を

述べる場面。通常をはるかに超える F0 高の「アリガトー」に、その情感が滲み出ているといえる。

このように、当現象が現れる背景には訴える、喜ぶ、励ます、感謝するなどの態度が想定でき、共にあることを強調する意が込められているという点で既見の(1)〜(7)とも重なるところがある。しかし前例のものが文頭箇所に F0 の頂点を置き、それを合図に文脈へと引き込む"予防線"としての意味合いが強かったのに対し、上記の各例は、むしろ"文脈自体への引き込み"あるいは"文脈全体へのフォーカス"を意図している面が大きいように見える。またそれは、当現象の F0 高が文頭に始まり、一定程度継続する所以でもあろうと考えられる。

6.1.3　F0 低：継続

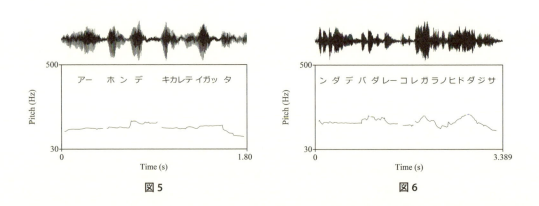

図 5　　　　　　　　　　　　　図 6

(12)　アー　ホンデ　キカレテ　イガッタ。(あー　それで［は］　聞いてもらって　よかった。)
　　　　　　　　　　　　　　　　　　(1-23「開始時間を確認する」「胸をなでおろす」004B)
(13)　ンダデバ　ダレー　コレガラノヒドダジサ(そうだってば　なに　これからの人たちに)
　　　　　　　　　　　　　　　　　　(1-40「タバコをやめない夫を叱責する」「諭す」007A)

図 5・6(用例(12)・(13))は、F0 の平均が前者(B：男性)で 148.3Hz、後者(A：女性)で 187.1Hz と低く、かつその帯域が発話内で継続するという点で、先に図 3・4 で見たのとは対照的であるといえる。また F0 低という括りが象徴するように、聞き耳には高揚感や訴えかけといった雰囲気のものとは感じ取れず、どちらかといえば冷静かつ理性的な発話であることがイメージされる。次下のものも同様である。

(14)　ワリンダケント　トチューデ　カエリデーノッサ(悪いんだけれど　途中で　帰りたいのさ)
　　　　　　　　　　　　　　　　　　(1-45「会合を中座する」「了解を得る」001A)
(15)　オラエノアニキモ　コンナスガダナッドオモワネガッタ(ノッサ)。(うちの兄貴も　こんな姿［に］　なると思わなかった(のさ)。)
　　　　　　　　　　　　　　　　　　(1-74「兄弟の葬式でお弔いを言う」「嘆く」002B)

これらのうち、たとえば(13)諭すや(15)嘆くのような態度は、一見するとF0をむしろ押し上げる要素ともなりうるかに見える。しかし実際のところ、(13)では受動喫煙の若者へのリスクがAによって理知的に諭され、また(15)では兄の訃報に接して意気消沈するBの心情が抑えられたトーンで訥々と語られている。つまり一時の感情に支配されることなく、よって声の上ずりや変調も目立たず、自らの思いを客観視して述べているところにこの現象の出現理由があると考えられる。その点において、これまでのF0高の現象とは単に形状的な面で差があるにとどまらず、それの現れる根拠も、また表される意味に関しても、大きく性格が異なるといえる。

6.1.4　F0 高・低：起伏

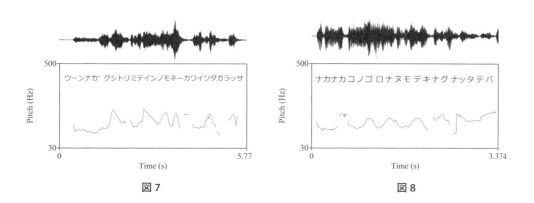

図7　　　　　　　　　　　　　　　図8

(16)　ウーン　ナガ゜グ　シトリミデ　インノモネー　カワイソダガラッサ。(うーん　長く　独り身で　いるのもね　かわいそうだからさ。)
　　　　　　　　　　　　　　　(1-32「寂しくなった相手をなぐさめる」「自分に言い聞かせる」004B)
(17)　ナカナカ　コノゴロ　ナヌモ　デキナグナッタデバ。(なかなか　この頃　なにも　できなくなったってば。)　　　　　　　　(1-53「晴れの日に、道端で出会う」「嘆く」010B)

F0の現れ方を見ると、これまでの高いか低いか、継続するかしないかの択一的な現象の他にも、図7・8(用例(16)・(17))のように、発話内でいくつか変動を伴って現れるタイプがある。つまりF0が上下に起伏し、時に均等に、また時に不規則に波打って全体の波形を形成するものである。これは、聞き耳には高と低のピッチが交互に入り組んで迫ってくる(またそれにつられて頭を上下に振り動かされる)かのような印象であり、一連の会話の中では少なからず色合いの異なる発話であることが自得される。つまり既見のF0高の現象などとはまた違った形で注意を引くタイプと見なされる。他にも次のようなものがある。

(18)　　ミンナサンニ　コー　キョーリョクモラエルヨーニネ　ハナシ　ススメルシカナイネ。
　　　　（みなさんに　こう　協力もらえるようにね　話　進めるしかないね。）
　　　　　　　（1-9「町内会費の値上げをもちかける―①同意する」「思案しつつ策を述べる」012A）
(19)　　ソーダネ、コナイダ　ケダモノネー。（そうだね、この間　［嫁に］やったもんね。）
　　　　　　　（1-32「寂しくなった相手をなぐさめる」「思い出し同情する」003A）

以上の各例を態度の面から見ると、たとえば自問しながら言い聞かせるものがあれば、嘆いたり同情したりするもの、あるいは対応策を述べるようなものがあるなど、発話にあたっての感情レベルがその例ごとにさまざまなことがまずは感じ取れる。しかしその中で注目したいのが、(18)における「思案しつつ」や(19)における「思い出し（ながら）」のような付帯する態度に関してである。この"思案"や"思い出し"は、対象を一旦自分の中で受け止め、それを咀嚼して次なる発話へとつなげようとする態度の現れと置き換えられる。つまり嘆きや同情など、基本的なところでは強調の感情を有する態度ながら、冷静に足元を見つめる自己をも併せ持つ態度でもあり、いうなれば理性的な（唯に感情的ではない）強調表現とでもいえるものである。要はあくまで冷静に、場合によっては論理的に、しかし根本のところでは感情を込めつつ強調するのである。よって以上に関しては、理性的と感情的との双方が相まつ態度において、各々の韻律的特徴がそれぞれに反映され、高と低の起伏する現象が上記のように現れていることが考えられる。

6.1.5　F0 高：文末

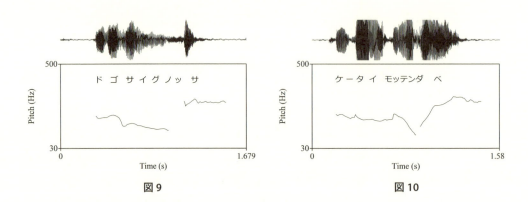

図 9　　　　　　　　　　　　　図 10

(20)　　ドゴサ　イグノッサ。（どこへ　行くのさ。）
　　　　　　　（1-64「友人が出かける―①男性→女性」「好奇の目で見る」005B）
(21)　　ケータイ　モッテンダベー。（携帯電話　持っているんだろう。）
　　　　　　　（1-67「夫（妻）が帰宅する―②妻が帰宅する」「非難する」006B）

これまでは主に文頭からそれ以降にかけての箇所に注目してきたが、次に文末部分に目を向けて

みると、図9・10(用例(20)・(21))のように、1つにはその最終拍でF0を急激に上昇させるものがある。ただしそれは疑問文など、ある文法的な意味に対応して規則的に現れるものとは性格が異なる。外形的なことでいえば、それよりも上昇幅が格段に大きく、内容的な面からも、たとえば"その一言に特別なニュアンスを込める"とか"特別な感情をぶつけて言う"など、その発話ごとに異なる事情が背景となって現れていることが特徴である。したがって場面会話の中でこれらが現れる頻度はそれほど高いわけではない[5]。上昇幅をどこまでの範囲とみとめるかにもよるが、上記の(20)や(21)のような例がその典型である。

さて、それらが現れる背景についてであるが、まず(20)はお洒落をして外出するAを見かけたBがいかにも好奇の目をもって声がけする場面。「ドゴサ　イグノッサ(どこへ　行くのさ)」の発話自体、文末上昇を必須とする疑問文であるが、そのことに輪をかけ、当人らしからぬ格好のAをツッコみ、冷やかしのニュアンスを含めて対面しようとするBの態度が、上述するような"格段の上昇"に反映されて現れていることがうかがえる。他方、(21)は帰宅の遅かったAに対し、Bがそのこと自体をなじると同時に、何故連絡ひとつもなかったのかと詰め寄る場面。つまり重複する怒りに非難の感情が増幅し、それを代弁するF0の上昇が文末部に至って突出することになったものと思われる。いずれにせよ、この最終拍でのF0高の現象は、個々の特別なニュアンスや感情を背景に付け足される韻律的強調の一手段と位置づけられる。

6.1.6　F0低：文末

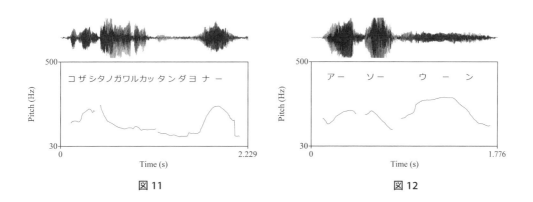

図11　　　　　　　　　　　　　図12

(22)　コザシタノガ　ワルカッタンダヨナー。([風邪を]こじらせたのが　悪かったんだよな。)
　　　　　　　　　　　　　　　(1-74「兄弟の葬式でお弔いを言う」「嘆く」004B)
(23)　アー　ソー。ウーン。(あー　そう。うーん。)[6]
　　　　　　　　　　(1-71「相手の息子からの土産のお礼を言う」「感謝する」004B・005A)

前例のものからは一転して、図11・12(用例(22)・(23))には、同じ文末部分に急激な下降がみとめられる。正確には最終音節で一度大きく上昇し、末尾母音の長音化部分で急降下するものであ

る。聞き耳にはその長音化の影響もあり、たとえば(22)では嘆息気味に、逆に(23)では深く感じ入って語られるイメージと受け取れる。以下の例もおおよそ似た印象である。

(24)　ナンダカ　ワスレテシマッタヤー。(なんだか　忘れてしまったな。)
　　　　　　　　　　　　　(1-8「人物を特定する―②同意しない」「自己卑下する」003A)
(25)　ユッテテモラエバ　アリガテヤー。(言っておいてもらえば　ありがたいな。)
　　　　　　　　　　　　　(1-71「相手の息子からの土産のお礼を言う」「感謝する」013A)

　(24)は人物を即座に特定できなかったAが自分の不甲斐なさに落胆し嘆息気味に語る場面。逆に(25)は息子に礼を伝えておくというBに対しAが感に入ったように感謝・感激を述べる場面。正か負かの感情の違いはあるが、共に言い納めの箇所を長めつつ低めることで、今あるAの気持ちが象徴的に言い表されているといえる。よってこれもまた、先のF0高(文末)の現象と同様、個々のニュアンスや感情に即した韻律的強調の一手段と考えられる。

6.2　強さ

　これまでに見てきた基本周波数(F0)に連動する現象として、真っ先に注目されるのがこれである。

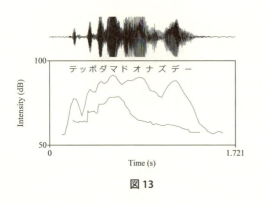 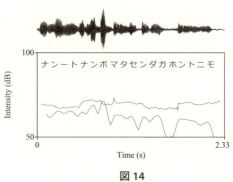

図13　　　　　　　　　　　　　　図14

(26)　テッポダマド　オナズデー。(鉄砲玉と　同じで。)
　　　　　　　　　　　　　(1-67「夫(妻)が帰宅する―②妻が帰宅する」「文句を言う」004B)
(27)　ナントー　ナンボ　マタセンダガ　ホントニ　モ。(なんと　どれだけ　待たせるんだか　本当に　もう。)　　　(1-25「約束の時間に遅刻する―②非難する」「あきれる」005A)

　図13・14((26)・(27))は、Praatより強さの成分を表すIntensity(dB)を抽出し、Pitich(F0/Hz)と重ね合わせて見たものである。各々、図13(B：男性)では上側、図14(A：女性)では下側を這う曲線がIntensityを表す。各図を対比的に見れば明瞭なように、前者では平均約86dB、後者では

63dB が計測され、強さの面で両発話には 20dB 以上の差があることがわかる[7]。これらは聞き耳には文字通り発音の強弱の差として知覚されるものであるが、その類例は以下のようにさまざまみとめられる。まず図 13(dB 大)の類は次のようである。

(28) ナーント　ドッサリデー。(なんと　どっさりで。)

　　　　　　　　　　　　　(1–1「荷物運びを頼む―①受け入れる」「驚く」002B)

(29) ダーレ(なに)　　　(1–2「お金を借りる―②断る」「[無理難題だと]訴える」008B)

このうち、(29)の「ダーレ」は元々がそれ単独で現れている現象であるが、(28)も実際には初頭の「ナーント」に dB の高まりが集中している。つまり dB 大に相当する現象の場合、それを感じ取れる箇所というのは、発話のフォーカス部分に直結する語句や文節レベルであることが多い[8]。その点で当事象は、主に発話の中での瞬発的な感情の起伏に対応する現象であるといえる。他方、図 14(dB 小)の類は次のようであり、こちらは逆に弱さと認識できる箇所が発話全体に及ぶことが多い。

(30) トーキョーニイダオニーサン　ナグナッタッテ　ホントッスカ。(東京にいるお兄さん
　　　 亡くなったって　本当ですか。)　　　　　(1–30「道端で兄弟を弔う」「悼む」003A)

(31) シトニモ　ワラワレッガラ　ワラワレッガラサー。(人にも　×××××××　笑われる
　　　 からさ。)　　　　　　　　　　　　　　　(1–42「畑の処理を迷う」「困る」006B)

これらに見てとれるように、発話の強弱で "強" に関わる要素というのは、つまるところ文句を言う、驚く、訴える(用例(26)・(28)・(29))といった自己主張の態度そのことであり、逆に "弱" に関わるのは、あきれる、悼む、困る(用例(27)・(30)・(31))といった内向きの態度そのことであるといえる。そしてまた、"強" の要素はどちらかといえば発話のフォーカス部分に作用し、"弱" の要素は発話全体に作用する傾向が強いとまとめられる。

6.3　話速・間

これもまた、発話態度と基本周波数(F0)との関連、および上記の強さに関わる現象と連動して、発話全体の特徴を大きく左右する要素として注目される。結論からいえば、既見の F0 高や強さを伴うタイプは話す速度やテンポも相対的に速く、全体に勢いよくまくしたてる印象のものとなる。逆に F0 低や特段に強さを伴わないタイプはその速度・テンポが相対的に緩く、発話の間も長めであることが特徴である。

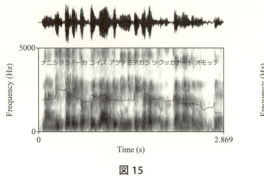

図 15

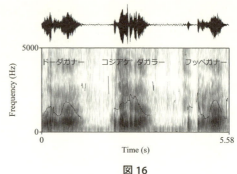

図 16

(32)　ナニシタライーカ　コイズ　アゲテミテカラ　ツクッカナートオモッテ。(なに[に]したらいいか　こいつ　開けてみてから　作ろうかなと思って。)
　　　　　　　　　　　　　　　　　　　　(1–50「夕方、道端で出会う—①男性→女性」「返答する」006A)

(33)　ドーダガナー。コジアゲ゚ダガラー　フッペガナー。(どうだろうな。東風だから　降るだろうかな。)　　　　　　　　　　　　　　　　　　(1–19「入山を翻意させる」「迷う」004B)

　図15・16(用例(32)・(33))は、Praatより Specturum(Frequency(Hz)：横軸 s の時間推移に着目)を抽出し、Pitch と重ね合わせて表示したものである。ちなみに前者では道端でのBの問いかけにAが即答する場面、後者では天候を気にかけるBが入山の可否を迷う場面が想定される。これによれば、図15の発話が一様に隙間なく小刻みな推移を辿るのに対し、図16では図15にはない空白部(つまりは無音区間の間)を二度にわたって出現させるほか、刻む時間幅も前例のものとは見るからに異なることがわかる。またこれにより、特に図16に関しては、設定場面(天候を気にする、入山を迷う)に相応する話速や間がまさにそれらしく現れていることがうかがえる。以上は Specturum に照らすまでもなく、両発話に差のあることは明瞭であるが、それをこのように可視化することで、当該の要素が発話全体の印象に及ぼす影響が大であることを改めて認識することができる。すなわち一重にBとAとによる場面会話とはいえ、その話速と間の様相には図のような差があり、それが場や態度により複雑に交錯して現れている(またそのことにより会話の展開や構成に然るべく緩急がもたらされている)ことがうかがえる。

6.4　長音化

　これに関しては、既に 6.1.6(F0 低：文末)で関連的に触れるところがあったが、ここで改めてその実態を整理して見てみる(以下、ここでいう「長音化」に相当する箇所は一律に"ーー"と表記する。よって、一部資料編の本文の表記とは異なる場合がある)。

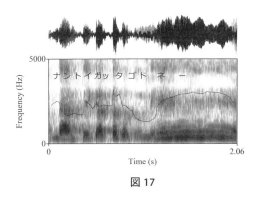
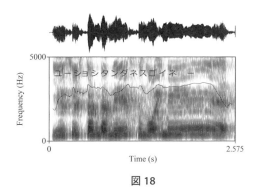

図 17　　　　　　　　　　　　　　図 18

(34)　ナント　イガッタゴドネーー。（なんと　よかったことね。）

(1–28「道端で息子の結婚を祝う」「祝福する」003A)

(35)　ユーショシタンダネ、スゴイネーー。（優勝したんだね、すごいね。）

(1–29「のど自慢での優勝を祝う」「祝福する」001A)

　図17・18(用例(34)・(35))には、先と同じく、Spectrum に Pitch を重ね合わせて表示した。これを見ると、前・後者ともに、まずは終助詞ネの部分に際立つ長音化の実態があることがわかる。息子の結婚、のど自慢での優勝と、いずれも B の良き境遇を A が祝福する場面での発話であり、また(34)の「ナント」が物語るように、祝福に際しての"本当に"や"心の底から"といった心情の態度が、文末部での長呼をさらに助長していることが推測される。その点では次の各例も、上記と同じ理屈から生じているものといえる。

(36)　ホンーートニ　コンドー(本当に　今度)

(1–27「のど自慢への出演を励ます」「感慨に浸る」007B)

(37)　フーーントニネ。（本当にね。）(1–56「寒い日に、道端で出会う」「実感を込める」003A)

　以上を総合して見ると、ここでいう長音化は、話し手がことさらに情感を込める態度の表明として、基本的には文意を統括する終助詞部分や強調の意を含む修飾語句などに現れる傾向が強いとまずはいえる。ただしこの現象には次のようなものも見られ、単に情感を際立たせる機能ばかりではない(そればかりかむしろ会話の展開に幅を持たせたり、それを巧みにコントロールしたりする面さえある)ことがうかがえる。たとえば次のように、助詞ガの省略に代替して長音化が生じ、元々の発話リズムの立て直しが図られているかに見えるものなどはその１つである。

(38)　ウダーー　ウマイネー。（歌　うまいね。）

(1–29「のど自慢での優勝を祝う」「褒める」009A)

38 第 I 部 音韻・音調

　一方、以上が主にリズムの調整に関わる音声現象と見るとすれば、以下は発話自体の調整、つまりはその内容や序列に関わる時間的操作の現象と見ることができる。

　　(39)　バー。ナーーンジニ　カエンノッサ。（えっ。何時に　帰るのさ。）

　　　　　　　　　　　　　　（1–66「夫（妻）が出かける—②妻が出かける」「質問する」006B）

　これについては前後の文脈を見る必要があるが、態度のところに「質問する」とあるように、Bが、突如外出することを申し出たAに対し、どこへ行くのか、昼飯はあるのか、何時帰ってくるのか等々を順次尋ね進める場面である。つまりいくつかある質問事項の中から優先順位を模索しつつ、それが定まらない中で、（ひいては「バー」などのフィラーのような要素をも介在させながら）、出現するのがこれである。要は見切り発車的な問いのために、問い始めてからもなお質問の方向性が確立せず、それを探すための時間稼ぎとして「ナーーンジ」に見るような長音化が生じていることが考えられる。なお、それがより顕著に現れているのが次例である。

　　(40)　アーードーー　オリャーー（あと　ほら）　　（1–68「食事を始める」「答えを探す」008B）

　これは食事に何が欲しいかと問われたBが、答えを探しつつ、Aにその返答を迫られるという場面。回答の決定を待たずに急ぎ「あとほら…」と切り出してはみたものの、すぐには思い浮かばず、結果その思い巡らしを反映する長音化が上記のように複数個所にまたがって現れたものと思われる。以上は会話資料からその一例を取り上げたものであるが、これと似た現象は、たとえば言いにくいことを切り出すとか、図星な事柄を指摘されて言葉に詰まるとか、反論に窮してあせるとかといった場面でもさらに多様に現れることが予測できる。つまりこの長音化の現象に関しては、既見の情感を込めるタイプも含め、資料の収集や観点の置き方により、上記以外にも考察を深められる余地が多分に残されているものと考えられる。

6.5　その他の音声現象

　以上には、会話資料に観察される韻律などの特徴を場面や態度との関連を通して見てきた。言い換えれば、場面・態度に応じてその都度振る舞いが変わる側面に注目して見てきた。それに対し、以下には、逆にそうした事情にも左右されず、各発話で変わらずに現れる現象の面についても少し触れておきたい。その趣旨は、1つには会話音声に通底する特徴を押さえることにあるが、一方で、同資料が場面を想定した疑似的な会話であるため、その“演じてもらう”会話であることの音声データとしての意義を簡単にでも検証する意味を含める（以下用例は事象ごとにまとめて、また場面の番号と話者以外は省略して示す）。
　さて、そうした観点に立っていえば、以下の「〜ノッサ・ラッサ」をはじめとする促音挿入の現象は、A・Bの会話で真っ先に耳を打つ音声特徴であり、発話の場面を超えて頻出する規則的な現象と受け取れる。

（41）　モラッタ ノッサ (もらったのさ)〈1A〉、ハナスカ ラッサ (話すからさ)〈7B〉、トシトッ ドッサー (年取るとさ)〈28B〉、ダケント モッサ (だけどもさ)〈65B〉、イ マッサ (今さ)〈65A〉

　また促音挿入という点では、以下の「～ゲットモ・ケットモ」の類も、おおよそ当方言に習慣的な現象とみとめられる[9]。

（42）　ダス ゲッドモ (出すけれども)〈6A〉、イグンダ ゲットモ (行くんだけれども)〈32B〉、イー ケットモ 〈24B〉、チラカッテ ケットモ (散らかってるけれども)〈60B〉

　同じくA・Bの会話で顕著なのが同化・縮約の現象。これもほぼ規則どおり、以下のようなものが会話の各所に観察される。

（43）　イガ ネ スカ(行かないですか)〈4A〉、タ ゲー ンダ(高いんだ)〈75B〉、グ エー (具合)〈54B〉、オモ シェ グ ネー (面白くない)〈4A〉、オ シェ ライデ(教えられて)〈30B〉、 キョー ツゲデ(気をつけて)〈66A〉

　他方、同じく当方言の特徴と見られる有声化と鼻音化であるが、まず有声化の方は、カ行・タ行音ともに、ほぼ例外なく次のようなものが現れる。

（44）　イ ガ ネド(行かないと)〈4A〉、ス ギ デネンダ(好きでないんだ)〈75A〉、マモナ グ (まもなく)〈75B〉、オ ゲ (置け)〈44B〉、ド ゴ サ(どこに)〈14B〉、ア ダ マヤミ(頭痛)〈18B〉、モ ジ キレネ(持ちきれない)〈1A〉、ネ ズ モ(熱も)〈20A〉、キメ デ ネ(決めてね)〈30A〉、コ ド シ(今年)〈62B〉

　しかし鼻音化の方はというと、ガ行音においてこそ

（45）　アリ カ゚ ト(ありがとう)〈36B〉、ツ キ゚ ノ(次の)〈9B〉、メ グ゚ マレデ(恵まれて)〈36B〉、オミヤ ケ゚ (お土産)〈70A〉、ナンジ コ゚ ロ(何時ごろ)〈6A〉

などが抽出でき、その現れ方に規則性を求めることができそうであるが、ザ行・ダ行・バ行音にはそれが見出しがたく、会話の接続部において慣用的な表現が次のように観察されるにとどまる。

（46）　 ン ダカラー(そうなんだよ)〈1A〉、 ン デ(それで)〈1A〉、ホ ン デ(それで)〈1B〉

　最後にイとエやシとス(ジとズ)の混同に関してであるが、まずイとエの方はそれほど顕著とはいえない。イがエに寄ることを原則としつつ、ごく稀にイに寄るものが次のように散見される。

(47) 　エンカラネ（行くからね）〈12B〉、センダエ（仙台）〈26B〉、ハエ（はい）〈26B〉、オネガ゚エシ
　　　マスー（お願いします）〈51B〉、ドノグ゚ラエ（どのくらい）〈62B〉、オメデタエ（おめでたい）
　　　〈65A〉、ハイハエ（はいはい）〈64B〉、フイダヤ（増えたよ）〈63A〉

　またシとス（ジとズ）の混同も、例外も少なくないが、（また現れるのがすべてBであるという個
人差も含まれるが）、次のような例が確認でき、当方言に潜在的にみとめうる音声特徴と位置づけ
られる。

(48) 　コボスツマッタ（こぼしてしまった）〈24B〉、ヨコ゚スツマッタ（汚してしまった）〈24B〉、モ
　　　スコス（もう少し）〈24B〉、トラレデスモーノッサ（［嫁に］とられてしまうのさ）〈32B〉、ハ
　　　ナシコンデスマッテ（話しこんでしまって）〈25B〉、ハズマル（始まる）〈24B〉、ズンツァマ
　　　（爺さん）〈26B〉、イズバン（一番）〈28B〉、コンニズワー（こんにちは）〈60B〉、オナズ（同じ）
　　　〈67B〉、イマノウズ（今のうち）〈75B〉

　このようであり、当方言で基礎となる音声現象に関しては、本稿で扱う疑似的な会話資料に即し
た場合にも、一定程度みとめられることがわかる。一部、鼻音化やイとエの混同など、現象に揺れ
や偏りがあるものについては他調査との比較も必要であろうが、それ以外は、（あえて"存外にも"
という言葉を添えるが）、おおむね規則的・習慣的な発音現象として帰納されるものと見てよさそ
うである。また揺れや偏りの現象にしても、それを当該資料の及ばない点と見ることもできるが、
既見の韻律的要素との関連を想定すれば、むしろ包括的で分析的な音声の洞察に寄与するものとも
考えられる。たとえば感情表現に付随するF0高やdB大の発話場面には方言音声が現れやすく、
その逆は現れにくいといった可能性のことである。またそうであれば、これらを1つの着眼点と
して、会話音声の新しい見方、究明の在り方が模索されうることにも繋がるかもしれない。つまり
以上からは、場面設定会話の音声データとしての有用性がうかがわれ、今後この見地からの資料の
活用が大いに展望されてよいと判断できる。

7.　成果と課題

　以上には、気仙沼市の会話CDを通して聞き、韻律など音声諸現象の特徴を、背景となる場面
や態度との関連を通して見てきた。本稿の成果を大きくその目的に照らしてまとめれば、場面設定
会話を音声データとして見た場合にも、その究明に資するさまざまなアプローチが可能のようだ
（その見通しが得られた）ということになろう。特にF0の現れ方や強さのバリエーションはもと
より、話速や間にも大きな差があること、長音化に情感を込めるタイプのほか、リズム調整や発話自
体のコントロールにも通じる要素がありそうなことなどは、会話音声の世界がなお深く掘り下げう
る可能性を持つことを予見させるものである。もちろん収集の事象は自由会話によっても観察可能
だろうが、その出現を予測的に、また何よりも会話場面や態度との関連において明らかにする上で

は、大変に有効であるということがいえる。

　今後はここで得た知見を踏まえ、『会話集』1以降にも継続調査されている同方言(同話者)の場面会話について、検証的に観察していくことが考えられる。また1つには、同じく継続調査している名取市と対照し、上記の知見が気仙沼市に特立するものなのか、会話音声全般に適応されるものなのかを考察することが考えられる。また一方で、本稿の知見から逆に会話分析に資する場面をそれらしく設定し調査すること、たとえば自慢する、優越感に浸る、嫉妬する、ねだる、ごまかす、説得するなどといった場面・態度を想定することも、本稿での考察をさらに深め進めていくための有効な手立てとなるものと思われる。なおそれに際しては、それぞれの場面に即した音声特徴が新しく帰納されることとなり、本稿で取り上げた視点以外の切り口[10]、それへの気づきやその視点からの分析がさらに促されることも期待できる。いずれも今後の発展的な課題となる。

注

1　たとえばある方言音声の詳細な記述を求められた場合、自由会話におけるそれが基礎資料として重要な役割を担うことがある(大橋純一 2000・2005 などを参照)。

2　たとえば白岩広行(2011)や佐藤久美子(2015)では文末イントネーションの意味機能が郷里方言の内省をもとに論じられている。また郡史郎(2003)では知覚実験の手法のほか、音調の言語学的要因となる事項が整理・紹介されている。他に五十嵐陽介ほか(2010)では「イントネーション研究の現在」が議論されているが、その中でも理論(記述)面からの提言を行う五十嵐や郡の関心事は、韻律句または音調句の形成要因とその類型化にある(よって作例による検証や実験調査が主体となる)ことが見てとれる。

3　ここに付記する"態度"とは、会話の場面や展開に基づき、筆者がそれと判断して記すものである。

4　ただし会話全体でこの現象が顕著なのはB(男性)の方である。その点ではこれには男女差またはパーソナリティの差が内在するかもしれない。また同現象には頭の1拍目から卓立するものと、それより2・3拍先で卓立するものとがあり、詳細にはそこにも一定の傾向をみとめることができるかもしれない(Aには全般に後者に現れるものが多いように見える)。

5　その点で図13(用例(26))は、Intensity が発話全体にまたがって強く現れる数少ない例であるといえる。

6　これは、話者Bの問いかけ(「アー　ソー。」004B)に話者Aが応答(「ウーン。」005A)する場面を切り取ったものであり、ここでは後方の「ウーン。」に注目点がある。

7　もっとも図13の場合、Intensity は発話全体では山型に現れており、平均で見ると図14との差が判然としないかもしれない。各発話の前・後半部に現れる上昇および下降箇所を除いて比較すると、双方の差はよりはっきりするものと思われる。

8　逆にいえば、疑問文など、いわゆる文法規則に則った文末上昇の現象は、当然のことながら当該の会話資料にも多く観察される。

9　これに関しては、ソッチュダケンドモー(しょっちゅうだけれども)〈2A〉、ミタンダゲントモナ(見たんだけれどもな)〈46B〉のように、鼻音挿入の形で現れることもある。

10　郡史郎(1989)では発話における強調の手段として、母音の延伸、促音・撥音の挿入、テンポの遅速、語末拍の上昇といった音声要素の他、副詞や接辞の使用、修辞表現などがあげられている。本論に課された課題が音声面からの考察だった経緯もあり、ここではそれに特化して話を進めたが、今後はこうした語彙や文法

要素をも総体的に見据えた分析を志向することが必要である。

文献

五十嵐陽介・石川幸子・木部暢子・郡史郎・前田広幸(2010)「イントネーション研究の現在」『日本語学会 2010
　　年度秋季大会予稿集』pp.1–26.

大橋純一(2000)「秋田方言の音韻・アクセント」秋田教育委員会編『秋田のことば』pp.32–73. 無明舎出版

大橋純一(2005)「総論・県内各地の方言」小林隆編『新潟県のことば』pp.1–50. 明治書院

郡史郎(1989)「強調とイントネーション」『講座日本語と日本語教育第 2 巻　日本語の音声・音韻(上)』pp.316–
　　342. 明治書院

郡史郎(2003)「イントネーション」上野善道編『朝倉日本語講座 3 音声音韻』pp.109–131. 朝倉書店

佐藤久美子(2015)「茨城県高萩市方言における上昇下降イントネーション」『九州大学言語学論集』35: pp.211–
　　226. 九州大学大学院人文科学研究院言語学研究室

白岩広行(2011)「福島方言の問い返し疑問―イントネーションによる区別―」『阪大社会言語学研究ノート』9:
　　pp.14–29. 大阪大学大学院文学研究科社会言語学研究室

第II部

文法

格
―主格・対格・与格の環境に注目して―

玉懸元

1.　はじめに

　『生活を伝える被災地方言会話集』(以下、『会話集』)を資料にして研究を行うに当たり、「気仙沼市方言の格を取り上げたい」と考えた。かつて当方言の格に関する拙論をものしたことがあって(玉懸元 2012)、関心を持ち続けていたからである。

　続いて、格について研究するとして、面接調査における質問だけでは明らかにしづらいこと、『会話集』を用いるからこそ明らかにできそうなことはどんなことだろうかと考えた。

　気仙沼市方言を含めて東北方言は、共通語なら主格「〜ガ」や対格「〜オ」を使いそうなところで、ゼロ格「〜φ」(無助詞の形)をよく使うと言われる。そのことは、次の(1)のような例からも見てとれる。

　なお、以下で引用する方言文には、注目すべき箇所を示す下線や、該当箇所が無助詞であることを示す記号「φ」を書き加えてある。また、共通語訳にも同じく下線を加えたほか、より意味が理解しやすくなるように、あるいは方言文との対照がしやすくなるように、助詞や形式名詞を書き加えた。

（1）　ネーゴφ　ホラ　イマ　サガナφ　クワエデ　アレ（B　ウン）コッチφ　ミーミー
　　　イッタデバー。(猫が　ほら　今　魚を　くわえて　あれ（B　うん）こっちを　見なが
　　　ら　行ったってば。)　　　　　　　　　　　　　　　　　(4–24「猫を追い払う」003A)

と言っても、次の(2)(3)のように、当方言でも「〜ガ」「〜オ」がまったく使われないわけではない。

（2）　キョー　オケーコガ　アルノデ、（B　ホーー）スコシ　オメカシ　シマシタ。(今日
　　　お稽古が　あるので、（B　ほう）少し　おめかしを　しました。)
　　　　　　　　　　　　　　　　　　　　　(1–64「友人が出かける―①男性→女性」008A)

46　第Ⅱ部　文法

（3）　アンダ　ナルベグナラバ　コドモダジ、ソッチノホーオ（A　ハーハーハ）メーカケデケ
　　　ネガナー。（あなた　なるべくならば　子供たち、そっちの方を（A　はあはあはあ）目
　　　をかけてくれないかなあ。）　　　　　　　　　　　　　　　　（3-16「出店のことで話す」018B）

　とすると、当方言で「〜ガ」「〜オ」はどのくらい使われるのだろうか、という疑問が湧いてく
る。
　このような問題（つまり使用の頻度にかかわる問題）は、面接調査における質問では明らかにできな
い。仮に、面接調査の場でインフォーマントに対して「こちらの地域では「〜オ」をどのくらい
使いますか」と尋ねたとする。「あまり使わないけれども 10 回に 1 回くらいは使います」などと
答えてくれるかもしれない。けれども、それをもって当方言で「〜オ」が使用される頻度を明らか
にしたとは、とても言えない。そのようなことは、多くの用例の観察を通してこそ明らかにできる
はずである。
　また、気仙沼市方言を含めて東北方言は、移動先などを表す際に「〜サ」という形を盛んに用い
ることが知られている。『会話集』にも、次のような「〜サ」の用例が溢れている。

（4）　ナニ　ソノウジ　マゴデモ　デット、ジッカサ　カエッテクッカラ（なに　そのうちに
　　　孫でも　できると、実家に　帰ってくるから）
　　　　　　　　　　　　　　　　　　　　　　　（1-32「寂しくなった相手をなぐさめる」007A）

　しかし、この「〜サ」がどのように用いられるものなのか、その全容は必ずしも明らかでない。
たとえば「〜サ」はどのような動詞との組み合わせで用いられることが多いのだろうか。また「〜
サ」は動詞との組み合わせにおいてどのような意味役割を担わされることが多いのだろうか。
　このような問題（つまりコロケーションにかかわる問題）も、面接調査における質問では明らかに
しづらい。同様に、多くの用例を観察してこそ明らかにできる問題である。
　『会話集』からは多くの用例が採集できるにちがいない。そこで、『会話集』を資料として格の研
究を行うからには、その使用の頻度やコロケーションにかかわる問題を追究したいと考えるに至っ
た。

2.　本稿の目的と構成

　以上のような動機に基づき、『会話集』1〜4 における、気仙沼市方言話者による会話の全文を資
料として、当方言における格のありようを観察し、用例を採集した。観察の対象としたのは、次の
構文環境である。
　・共通語で主格「〜ガ」が用いられ得る環境（以下「主格環境」と言う）
　・共通語で対格「〜オ」が用いられ得る環境（以下「対格環境」と言う）
　・共通語で与格「〜ニ」が用いられ得る環境（以下「与格環境」と言う）

用例の採集は、以下のような要領で行った。

たとえば、次の(5)を見ると、共通語で「〜ニ」が用いられるところで、当方言でも「〜ニ」が用いられていることが見てとれる。これを与格環境で「〜ニ」が用いられた例として採集した。

（5） ンデー　トーキョーニ　スンデルモンダガラー（それで　東京に　住んでいるものだから）
(1–16「ゴミ当番を交替してやる」001A)

また、次の(6)を見ると、共通語ならば「〜ニ」が用いられるところで、当方言では「〜サ」が用いられている。これを与格環境で「〜サ」が用いられた例として採集した。

（6） ダレー　コンナトゴサ　ナゲデー。（なに　こんなところに　捨てて。）
(1–10「不法投棄をやめさせる」003A)

また、次の(7)では、共通語ならば「〜オ」が用いられ得るところで、当方言ではゼロ格「〜φ」が用いられている。これを対格環境で「〜φ」が用いられた例として採集した。

（7） サササササ　マーダ　カビンφ　タオステシマッタヤー。（あらららら　また　花瓶を
　　　倒してしまったよ。） (1–44「花瓶を倒す」001B)

以上のような要領で用例を採集し、1252例を得ることができた。本稿では、それらの観察結果から、主格環境・対格環境・与格環境のそれぞれにおいて、当方言ではどのような格がどのくらい（また、どのように）用いられるかを論ずる。

本稿は、以下、次のように構成されている。3節が本題に当たる節であり、3.1で対格環境、3.2で主格環境、3.3で与格環境を取り上げ、それぞれについて論ずる。4節でまとめを行い、5節で今後の課題を挙げる。

3.　気仙沼市方言の格

3.1　対格環境

対格環境の例は419例を得ることができた。それらを観察すると、当方言において対格環境で用いられるのはゼロ格「〜φ」がほとんどを占めていて、全体の9割以上(395例)に達する。以下は、その用例の一部である。

（8） キョー　アノネ　オイシーサゲ　サゲッコ　アルシ　ハツガツオモ　アッカラ　ゴハンφ
　　　タベテガネスカー。（今日　あのね　おいしい××　酒が　あるし　初ガツオも　あるか
　　　ら　ごはんを　食べていかないですか。）　（1–17「食事を勧める―①受け入れる」001A)

48　第Ⅱ部　文法

（9）　アラ。カギ°φ　カゲダツモリデ　デハッタッケ　カガッテネガッタヤ。（あら。鍵を　か
　　　けたつもりで　出かけたら　かかっていなかったよ。）

（2-7「玄関の鍵が開いていて不審がる」001A）

（10）　ホンデッサー（A　ハイ）オレ　メーシφ　オイデンカラッサ（A　ハイ）アノー　オ
　　　トーサンーサ　カタッテデケネベガー。（それで［は］さ（A　はい）私　名刺を　置い
　　　ていくからさ（A　はい）あの　お父さんに　話しておいてくれないだろうか。）（3-4「訪
　　　問販売を断る」011B）

（11）　ヤッパリ　トシφ　トッタッケサー（A　ウーン）スコシ　アブラッコイノワナー。
　　　（やっぱり　年を　取ったらさあ（A　うん）少し　油っこいのはなあ。）

（3-11「食事の内容が気に入らない―①折れる」010B）

（12）　イマネー、コーミンカンガラッサ（A　ウン）デマエφ　タノマレデ　イッテダガラ　カ
　　　エッテキタラ　スグニ　アゲッカラ。（今ね、公民館にさ（A　うん）出前を　頼まれて
　　　行っているから　帰ってきたら　すぐに　あげる［＝届ける］から。）

（4-2「出前が遅い」009B）

　一方、対格環境で対格「～オ」が用いられた例は24例であった。以下、その用例の一部を挙げ
る。

（13）　キオツケテ　アルイタホー　イーガスト。（気をつけて　歩いたほう［が］　いいですよ。）

（1-12「工事中であることを知らせる」001A）

（14）　ホンジャー　キオツケテ　オンナイ。（それじゃあ　気をつけて　おいでなさい。）

（1-51「夜、道端で出会う―①男性→女性」012A）

（15）　アンダモ　キオツケラインヨ。（あなたも　気をつけなさいよ。）

（1-55「暑い日に、道端で出会う」010B）

（16）　ホンデー　キオツケデネ。（それでは　気をつけてね。）

（3-15「よそ見をしていてぶつかる」009B）

（17）　ンデア　キオツケデ。（それでは　気をつけて。）　（4-17「市役所の窓口から帰る」010B）

　以上からただちに分かるように、当方言で「～オ」は「キオツケル(気をつける)」というフレー
ズ内に見てとれることが多い。その例は12例に上り、「～オ」の全用例の半数を占める。
　また「～オ」の用例には、次の(18)のようなものも見られた。

（18）　ホンダガラネー（A　ハイ）オレモ　カンガ°エタノッサ、（A　ウン）ゲーワ　ミオ
　　　タスケルッテネー。（それだからね（A　はい）私も　考えたのさ、（A　うん）芸は
　　　身を　助けるってね。）　（1-27「のど自慢への出演を励ます」007B）

これも「ゲーワ　ミオ　タスケル(芸は身を助ける)」という、一つの固まったフレーズ内に「～オ」が見てとれる例である。

　「キオツケル」にせよ「ゲーワ　ミオ　タスケル」にせよ、これらは「～オ」が当方言で用いられた例というよりは、そのひとかたまりのフレーズが当方言で用いられた例と考えることもでき、「～オ」の用例として数えるべきか、躊躇を覚えないでもない。

　何らかの固まったフレーズ内においてではなく「～オ」が用いられた例(すなわち「～オ」が当方言で用いられた例として躊躇なく認めることができるたしかな用例)は、11例であった。

　以上を表としてまとめると、次のようになる。

表1　「～φ」と「～オ」の用例数

～φ	395例(94.3%)	
～オ	24例(5.7%)	フレーズ内　13例(3.1%)
		非フレーズ内11例(2.6%)

　この表に示したように「～オ」のたしかな用例数は対格環境のうち2.6%を占めるに過ぎない。当方言における「～オ」の勢力は、きわめて弱い。

　以下に「～オ」のたしかな用例である11例をすべて列挙する。

(19)　ソレガラーーー　アトー　ソンドキニ　ホリャ、キンギョ　スグーモナガダノネ（A　ウン）ソレガラー　キンギョ　トッタノオー　コー　イレルモノダノー（A　ハイ）アドーンー　スクッタヤズオ　イレデー　モチカエルービニールダノ。（A　アー　フグロネー）ウン（A　ハイ）ソンナノ　モッテグッガラ。（それから　あとは　そのときにほら、金魚を　すくうモナカだのね（A　うん）それから　金魚を　取ったのを　こう入れるものだの（A　はい）あと　んー　すくったやつを　入れて　持ち帰るビニールだの。（A　あー　袋ね）うん（A　はい）そんなのを　持ってくるから。）

(3-16「出店のことで話す」014B)

(20)　013A：ホンデ　ンデ　イッショニネ。（B　ウン）ンデ　マズ　コー　サンカグニ　オンノッサ。（B　サンカグ）ハイ。キチット。（それで　それで［は］　一緒にね。（B　うん）それで［は］　まず　こう　三角に　折るのさ。（B　三角）はい。きちっと。）

　　　014B：ス　スミッコー　アワセレバ　イーノネ。（A　ウンウン）ハイ。（×　隅っこを　合わせれば　いいのね。（A　うんうん）はい。）

　　　015A：ハイ。デ｛折り紙の向きを変える音｝サンカグノチョーテンオ　ジブンノホーサコー　ムゲテ。（はい。で｛折り紙の向きを変える音｝三角の頂点を　自分の方にこう　向けて。）

50　第Ⅱ部　文法

016B：ホー　アー　オ　コーネ。（A　ハイ）ハイ。{息を吸う音}（ほー　あー　×　こ
　　　　うね。（A　はい）はい。{息を吸う音}）

017A：シテ　サ（B　マ）ソノー　サンカグンドゴサー　オ　オ　オッタサギオ　コ
　　　　アワセルンネ。（そして　×（B　×）その　三角のところに　×　×　折った先
　　　　を　こう　合わせるのね。）

018B：アワセンノネー。（A　ハイハイ）ア　コンデ　イーガナ。（合わせるのね。（A
　　　　はいはい）あ　これで　いいかな。）　　　　　　　　　　（3–17「折り紙を折る」）

(21)　033A：ウンウン。{息を吸う音}{角の折る位置をずらす音}アレ　カブトノコーナッ
　　　　テットゴ　アッガスト。（B　ウンウンウン）ウン　ソゴオ　イメージシテ。（う
　　　　んうん。{息を吸う音}{角の折る位置をずらす音}あれ　兜のこうなっていると
　　　　ころが　あるでしょ。（B　うんうんうん）うん　そこを　イメージして。）

　　　034B：ウン。コノ　コノグライデ　イーベガ。（うん。この　このぐらいで　いいだろう
　　　　か。）

　　　035A：モスコシ　ダシタホ　イーゴッデ。（もう少し　出した方が　よさそうだよ。）

　　　　　　　　　　　　　　　　　　　　　　　　　　　　　　（3–17「折り紙を折る」）

(22)　ナンダベ　ソノトーリニナッテキタスペ。（B　ホラ）ハイハイハイ。ソシタラ　コンド
　　　コゴノーコレオ　イッカイ　コー　ツノッコノホーサ　オリアゲデイグノネ。（なんだろ
　　　う　その通りになってきたでしょう。（B　ほら）はいはいはい。そしたら　今度　ここ
　　　のこれを　一回　こう　角の方に　折りあげていくのね。）(3–17「折り紙を折る」043A)

(23)　057A：ソーソーソーソー。シテ　コー　オッ　コゴ　カドッコー　イッツモ　コゴノ
　　　　チョーテンサ　アワセナガラ　コー（B　ウン）コー　オルノネ。（そうそうそう
　　　　そう。そして　こう　××　ここ　角を　いつも　ここの頂点に　合わせながら
　　　　こう（B　うん）こう　折るのね。）

　　　058B：アー　ナルホド（A　ハイハイ）ワガッタワガッタ。{息を吸う音}（あー　なるほ
　　　　ど（A　はいはい）わかったわかった。{息を吸う音}）

　　　059A：ハイ　ハイ。シテ　コッチノノゴッタイサンカグオ　コット　ウシロサ　オリガ
　　　　エシテヤンノッサ。（はい　はい。そして　こっちの残った×三角を　今度は　後
　　　　ろに　折り返してやるのさ。）　　　　　　　　　　　　（3–17「折り紙を折る」）

(24)　013A：ミギガラ　キテー　ヒダリサ　グーット　マガッタンダスペ。（右から　来て　左
　　　　に　ぐっと　曲がったんでしょう。）

　　　014B：ウーン　マガッタノ、ンダゲッドモ（A　ウン）ソノ　マガルマエニー　ワダシ
　　　　ワ　ウインカーオ　チャント　ジューメートルグライモ　アゲデルツモリ（うん
　　　　曲がったの、そうだけれども（A　うん）その　曲がる前に　私は　ウインカー
　　　　を　ちゃんと　十メートルくらいも　上げているつもり）

　　　015A：アゲンノガ　オソガッタデスヨ。（上げるのが　遅かったですよ。）

　　　　　　　　　　　　　　　　　　　　　　　　　　　　　（4–13「自動車同士が接触する」）

(25) エー。アノ　ネ　ホント　カイヒッテ　ムズカシーオンネ。サゲンノワ　マズ　カンタ
ンナンダゲッド　アゲ゜ルッテユードネー　ミナサンノ　ホ　<u>セーカツノイチブオ</u>　ケ
ズッテモラウガラ　ナンダガネー　ユーノ（Ｂ　ウーン）モッケナドゴモ　アルシー。（え
え。あの　ね　本当に　会費って　難しいもんね。下げるのは　まあ　簡単なんだけれど
上げるっていうとね　みなさんの　×　<u>生活の一部を</u>　削ってもらうから　なんだかね
言うのが（Ｂ　うーん）申し訳ないところも　あるし。）

(1–9「町内会費の値上げを持ちかける―②同意しない」006A)

(26) アンダ　ナルベグナラバ　コドモダジ、<u>ソッチノホーオ</u>（Ａ　ハーハーハ）メーカケデケ
ネガナー。（あなた　なるべくならば　子供たち、<u>そっちの方を</u>（Ａ　はあはあはあ）目
をかけてくれないかなあ。）　　　　　　　(3–16「出店のことで話す」018B、再掲)

(27) ンデ　アダシ　<u>コノキミドリオ</u>。（それで［は］　私は　<u>この黄緑を</u>。）

(3–17「折り紙を折る」009A)

　以上が「キオツケル」等のフレーズ内におけるものを除く「～オ」の全11例である。

　このうち(19)～(24)における８例に注目すると、当方言で「～オ」が用いられやすいのがどの
ような場合であるか、見えてくる。まず(19)では、金魚すくいの出店の出し方を一つ一つ説明し
ていて、その中で「～オ」が用いられている。(20)～(23)では、折り紙の折り方を順序立てて説
明していて、その過程で「～オ」が用いられている。また(24)では、自動車でカーブを切る際に
どのような操作を行ったかを順序立てて説明していて、その際に「～オ」が用いられている。

　このように当方言において「～オ」は、何らかの固まったフレーズ内におけるものを除けば、物
事を丁寧に一つ一つ順序立てて説明するような際に（わずかながら）用いられやすいようである。

3.2　主格環境

　主格環境の例は399例が得られた。それらを見渡すと、当方言において主格環境で用いられる
のもゼロ格「～φ」が目立ち、その用例数は348例に上る。以下は、その用例の一部である。

(28) オラエノバーサンモ　ナンダカナー　<u>オレφ</u>　イガネド　イガネベナ。（うちの女房も
なんだかな　<u>私が</u>　行かないと　行かないだろうな。）(1–4「旅行へ誘う―②断る」018B)

(29) ナンダベ　ホレ　<u>ムスメφ</u>　トズイダイノ　コメダデバー。（なんだろう　ほら　<u>娘が</u>
嫁いだ家の　米だってば。）　　　　　　　　　　　　　(1–69「食事を終える」002A)

(30) ンダケントー　ライネン　ホラ　<u>ホージφ</u>　アッガストー。（そうだけれど　来年は　ほ
ら　<u>法事が</u>　ありますよ。）　　　　　(2–4「畳替えをもちかける―②同意しない」004A)

(31) ダレー　<u>ダイジナダンナサンφ</u>　カエッテコナェマニ　ネライネガス。（なに　<u>大事な旦</u>
<u>那さんが</u>　帰ってこないうちに　寝られないです。)(2–9「夫が飲んで夜遅く帰る」011A)

(32) ア　<u>ティッシュペーパーφ</u>　タンナグナッタンデネーガ。（あ　<u>ティッシュペーパーが</u>
足りなくなったんでないか。）　　　　　　(3–1「ティッシュペーパーを補充する」002B)

52 第Ⅱ部 文法

(33) チョーナイカイノゴドデッサ（A　ウン）チョット　ソーダンシタイゴドφ　アッテ。
（町内会のことでさ（A　うん）ちょっと　相談したいことが　あって。）

(3-5「主人がいるか尋ねる」005B)

(34) ドッカデ　ミダゴドアルヨーナキφ　スンダゲントー。（どこかで　見たことがあるよう
な気が　するんだけれど。）　　　　　　　　　　(4-5「知らない人について尋ねる」011A)

(35) クサφ　オガッテダガラネー。（草が　伸びているからね。）

(4-15「働いている人の傍を通る」002B)

その一方で、主格環境で主格「～ガ」が用いられた例も 51 例を得ることができた。その用例の
一部を以下に挙げる。

(36) チョーナイカイノ　Xサンガ　カバネ　コワシテ　シマッテッサ。（町内会の　Xさんが
体を　壊して　しまってさ。）　　　　　　　　　　　　　　　(1-3「役員を依頼する」001B)

(37) アノー　コンドサ　イツキヒロシノコンサートガ　アンノネ。（あの　今度さ　五木ひろ
しのコンサートが　あるのね。）　　　　　　　　　　　(1-5「コンサートへ誘う」005A)

(38) タンニンノセンセーガ　ダイガク　ムリダッテユッテダヤ。（担任の先生が　大学は　無
理だって言っていたよ。）　　　　　　　　　　　　　(2-11「息子が勉強しない」005A)

(39) ダイズー　ホンニンガ　ドノヨーヌ　カンガエデンダガナ。（第一に　本人が　どのよう
に　考えているんだかな。）　　　　　　　　　　　(2-21「生徒の成績を説明する」012B)

(40) トーホグニッポーダド　ホレァ、モースコシ　ヒロイネ、（A　ウーーン）トーホグチ
ホーノニュースガ　イッパイ　ノッテンノサ。（東北日報だと　ほら、もう少し　広い
ね、（A　うーん）東北地方のニュースが　いっぱい　載っているのさ。）

(3-4「訪問販売を断る」007B)

(41) イマースガダ　ス　トナリノサトサンガ　カイラバン　モッテキタサ。（今しがた　×
隣の佐藤さんが　回覧板を　持ってきたさ。）

(3-12「隣人が回覧板を回さない―①同意する」003B)

(42) ンーデモ　ホレ、ワダシガ　ユーヨリ　オトーサン　ユッタホー　イーガナードオモッ
テー。（それでも　ほら、私が　言うより　お父さんが　言った方が　いいかなあと思っ
て。）　　　　　　　　　　　　　　　　　　　　　　　　　(4-14「伝言を伝える」011A)

主格環境における「～φ」と「～ガ」の用例数を表としてまとめると、次のようになる。

表2　「～φ」と「～ガ」の用例数

～φ	348 例　（87.2%）
～ガ	51 例　（12.8%）

この 51 例という「〜ガ」の用例数は、決して少ない数とは言えない。「〜オ」の用例数(24 例)と比べれば、その数は倍以上である。対格環境における有標形(〜オ)の頻度と主格環境における有標形(〜ガ)の頻度との間に有意差が認められるかどうか、カイ二乗検定を行ってみると、有意差がはっきりと認められた($\chi^2(1) = 12.12, \mathrm{p} < .001$)。

また、用例数の多さばかりではなく、「〜ガ」の用いられ方が「〜オ」よりずっと自由である点も注目される。

当方言の「〜オ」は、何らかの固まったフレーズ内におけるものを除けば、物事を丁寧に一つ一つ順序立てて説明するような際に用いられることが多いのであった。つまり「〜オ」の用例には会話の進め方にかかわる特徴が見てとれるわけであるが、「〜ガ」の用例にはそのような特徴は見られない。

他に、構文の点から見ても、

(43) ハイ　ウチデ　チョット　アノー　ヒトガ°　アツマルヨーガ°　デタノッサ。(はい　うちで　ちょっと　あの　人が　集まる用が　できたのさ。)

　　　　　　　　　　　　　　　　　　　　　　　　(1–6「駐車の許可を求める」003A)

(44) ンデ　ツギ　ホレ　アダシガ　マワスドー(それで　次に　ほら　私が　回すと)

　　　　　　　　　　　　　　　　　　(3–12「隣人が回覧板を回さない―①同意する」014A)

のように「〜ガ」は、自動詞にも他動詞にもかかる。自動詞にかかりやすいとか他動詞にかかりやすいとかいった傾向は見られない。

さらに、意味の点から見ても、

(45) オダグノマーゴーガー　ナントー　オライノマゴ　ユ　イッソ　イジメデ　ワガンネンダッテッサー。(あなたのうちの孫が　なんと　うちの孫を　×　いつも　いじめて　だめなんだってさ。)　　　　　(2–6「いじめを止めさせるよう話す―②受け入れない」007A)

(46) セッカグ　ンメァサガナガ　カレタンデァナ。(せっかく　うまい魚が　食われたんではな。)　　　　　　　　　　　　　　　　(3–14「猫を追い払う―②実演 2」010B)

のように「〜ガ」は、能動態の動詞にかかって動作者を表したり、受動態の動詞にかかって被動者を表したりする。何か特定の意味役割と強く結び付いているようでもない。

一点だけ、次のようなことは指摘できる。「ヒトガ(人が)」のような「有生名詞＋ガ」の主格名詞句を［有生ガ］、「リスーケーガ(理数系が)」のような「無生名詞＋ガ」の主格名詞句を［無生ガ］と表すことにすると、

① 自動詞にかかる［有生ガ］…用例あり

② 自動詞にかかる［無生ガ］…用例あり

③ 他動詞にかかる［有生ガ］…用例あり

54　第Ⅱ部　文法

④　他動詞にかかる［無生ガ］…用例なし

のような偏りが見てとれたのである。①②③の用例を挙げておく。

(47)　アラ　ソイバ　ナント　Bサン　<u>マゴサンガ</u>　ナント　ダイガグ　ウガッタソーデ。
（あら　そういえば　なんと　Bさん　<u>お孫さんが</u>　なんと　大学［に］　受かったそう
で。）　　　　　　　　　　　　　　　　　　　　　　　（1–26「孫の大学合格を褒める」003A）

(48)　<u>リスーケーガ</u>　スゴグ　ノビテルッデ　ホメライデキタヤー。（<u>理数系が</u>　すごく　伸び
ているって　褒められてきたよ。）　　　　　　　　　　（2–12「息子がよく勉強する」003A）

(49)　アノ　ウジデ　<u>オトーサーーンガー</u>　アノー　キメデッガラー。（あの　うちで［は］　<u>お
父さんが</u>　あの　決めているから。）　　　　　　　　　（3–4「訪問販売を断る」008A）

　しかしながら、①②③のような場合に用いられやすく④のような場合に用いられづらいのは、日
本語の話しことばにおける主格一般に当てはまることではなかろうか。とすると、これをもって当
方言の「〜ガ」に際だって認められる特徴とするわけにはいかないだろう。

　以上で具体的に見てきたように、当方言における「〜ガ」の使われ方については「○○のような
際に用いられやすい」とか「○○のような場合を除けばほとんど用いられない」とかいった何らか
の限定を見出し難い。すなわち当方言の「〜ガ」は、「〜オ」と比べると、用例数が多いばかりで
はなく用いられ方が自由である（用法が広い）。このことは「〜ガ」が一定の力をもって当方言に根
付いていることをうかがわせる。

3.3　与格環境

　与格環境の例は434例が得られた。それらを観察すると、当方言において与格環境で用いられ
るのは、与格「〜ニ」、奪格「〜ガラ」、ゼロ格「〜φ」及び「〜サ」である。なお、「〜サ」には
定まった格の名称がないようだ。本稿では「向格」と呼んでおく。

　与格環境で「〜サ」が用いられた例は、210例を得ることができた。与格環境のすべての例にお
ける半数近くで「〜サ」が用いられているわけで、当方言で「〜サ」がたいへん盛んに使用されて
いることが分かる。

　以下では「〜サ」を中心に論ずる。与格環境で用いられる他の形式については、稿をあらためて
論じたい。

3.3.1　「〜サ」がかかる動詞

　210例得られた「〜サ」の用例の一部を以下に挙げる。

(50)　アダシ　イマ　コンド　<u>カイテンシタスーパーサ</u>　イギタイトオモッタンダケド（B　ウ
ン）ワガナクッテー。（私　今　今度　<u>開店したスーパーに</u>　行きたいと思ったんだけ
れど（B　うん）［道が］　わからなくて。）　　　　　　　（1–22「店の場所を尋ねる」001A）

格　55

(51) <u>ガッコサ</u>　イガネグナッタリシテモ　コマッガラッサー。（<u>学校に</u>　行かなくなったりし
ても　困るからさ。）　　　　（2-6「いじめを止めさせるよう話す―②受け入れない」017A）

(52) アレ　サッキマデ　イタンダゲット　ナンダベ　<u>ドゴサ</u>　イッタンダベ。（あれ　さっき
まで　いたんだけれど　なんだろう　<u>どこに</u>　行ったんだろう。）

（3-6「夫の友人が訪ねてくる」008A）

(53) <u>ソノニバンノマドグジサ</u>　イッテ　ジューミンショーセッキュースルカミッコ　アッカ
ラ。（<u>その2番の窓口に</u>　行って　住民票［を］請求する紙が　あるから。）

（4-16「市役所の窓口へ行く」004B）

(54) ホレ　トモダジ　<u>イギサ</u>　クルッツカラ、イマ　ムカエサ　イグドゴッサ。（ほら　友だ
ちが　<u>駅に</u>　来るっていうから、今　迎えに　行くところさ。）

（1-47「朝、道端で出会う―②女性→男性」004B）

(55) <u>オダグサ</u>　クット　イッツモ　イギ　イーガラー。（<u>お宅に</u>　来ると　いつも　活きが
いいから。）　　　　　　　　　　　　　　　　　（1-63「商店を出る」003A）

(56) ホンデ　<u>ショーテンカイサ</u>　クレバ　イーノネ。（それで　<u>商店街に</u>　来れば　いいの
ね。）　　　　　　　　　　　　　　　　（3-9「福引の大当たりに出会う」029B）

(57) ンダガラネー、<u>ムスコサ</u>　ユーヨリ　アダシワ　ホラ、モラッタムスメダガラ　<u>ムスメサ</u>
ユ　ユッデミッガナードオモッデンダゲントモー。（そうだからね、<u>息子に</u>　言うより
私は　ほら、もらった娘［＝嫁］だから　<u>娘に</u>　×　言ってみるかなと思っているんだけ
れども。）　　　　　　　　　　　　　　（2-13「嫁の起きるのが遅い」005A）

「～サ」の用例を見渡してみると、(50)～(53)のように「イグ（行く）」にかかる例が圧倒的に多
く、その用例数は75例に上った。その他にまとまった用例数が得られたのは、(54)～(56)のよう
に「クル（来る）」にかかるもの(17例)と、(57)のように「ユー（言う）」にかかるもの(15例)であ
る。

以上をまとめれば、次のようになる。

表3　「～サ」がかかる動詞の上位3語

イグ（行く）	75例(35.7%)
クル（来る）	17例(8.1%)
ユー（言う）	15例(7.1%)

動詞「イグ」「クル」「ユー」の3語にかかる「～サ」の用例数を合わせると107例に達する。
すなわち「～サ　イグ」「～サ　クル」「～サ　ユー」の用例数が「～サ」の全用例数(210例)の過
半数を占めることになる。当方言の「～サ」は、限られた動詞と強く結び付けられて使用されてい
ることが分かる。

なお、「イグ」「クル」「ユー」の他に、「～サ」のかかる例が比較的多く見られた動詞をその用例

56　第Ⅱ部　文法

とともに挙げておくと、次の通りである。

(58) 「オグ(置く)」…10例
ンー ゛ダガラ　ワダシ　ナゲテヤッガラ　(B　ウン)　オラエサ　オイデオグベシ。
(うーん　だから　私が　捨ててやるから　(B　うん)　私の家に　置いておこうよ。)
(1–35「ゴミ出しの違反を非難する―②従わない」007A)

(59) 「ハイル(入る)」…6例
スト　コゴサ　ユビッコ　ハイッガスト　コー　ニホン。(すると　ここに　指が　入る
でしょ　こう　2本。) (3–17「折り紙を折る」063A)

(60) 「カダル(話す)」…5例
ムスコサ　カダッデミロヤ。(息子に　話してみろよ。)
(2–13「嫁の起きるのが遅い」004B)

(61) 「デル(出る)」…4例
アレ　ナンカッサ　イマ　ソドサ　デダッケー　アヤシーノッサ、(B　ウン)　テンキ
ネ。(あれ　なんかさ　今　外に　出たら　怪しいのさ、(B　うん)　天気がね。)
(3–7「天気予報を不審がる」003A)

3.3.2 「～サ」の意味役割

動詞「イグ」「クル」「ユー」と強く結びつけられていることと表裏をなして、着点(本稿では「行くところ」「来るところ」「言う相手」を括って「着点」と言う)を表す用法で「～サ」は大活躍である。

既に挙げた(50)〜(57)は、その用例に当たる。たとえば(50)では「アダシ(私)」の行くところ(着点)は新しく開店したスーパーであり、そのことが「カイテンシタスーパーサ」と表され、(54)では「トモダジ(友達)」の来るところ(着点)は駅であり、そのことが「イギサ」と表されている。また(57)内の2例目では「アダシ」が何事かを言う相手(着点)は娘であり、そのことが「ムスメサ」と表されている。その他の例も同様。

「イグ」「クル」「ユー」にかかる「～サ」で、このように着点を表す用例は74例を数えることができた。

なお、次の(62)(63)のように、着点を表す際に「～ニ」を用いた例も見られた。しかし、このような例はわずか4例しか見られない。当方言で「～ニ」を用いて着点を表すことはほとんどないと考えてよさそうだ。

(62) キョー　ガッコニ　イッテー　ス　タンニンノセンセニ　アッタラー(今日　学校に
行って　×　担任の先生に　会ったら) (2–12「息子がよく勉強する」003A)

(63)　カーサンニワ　ユッテダンダゲントー、ヨルネ　ナライモノ　シテクッカラー。（母さん
　　　には　言っていたんだけれど、夜ね　習い事を　してくるから。）

(2–10「娘の帰宅が遅い」004A)

「〜サ」は、また、目的を表す用法も盛んである。以下、その用例の一部を挙げる。

(64)　デ　オトーサーン　アダシー、イマッカラ　カイモノサ　イグンダケントモー（B
　　　ハー）ナニガ　ホシーモノ　アッペガネ。（で［は］　お父さん　私、今から　買い物に
　　　行くんだけれども（B　はあ）何か　欲しい物は　あるだろうかね。）

(3–1「ティッシュペーパーを補充する―①了解する」001A)

(65)　ウーーン　イヌノサンポサイクジカンダカラッサ（うーん　犬の散歩に行く時間だからさ）

(4–1「遊具が空かない」008B)

(66)　チョッコラ　ハタケッコ　アンノデ　ニンジン　ヌキサ　イギデトオモッテー。（ちょっ
　　　と　畑が　あるので　人参を　抜きに　行きたいと思って。）

(1–47「朝、道端で出会う―①男性→女性」002A)

(67)　オシエライサ　キタンダケントモー。（教えてもらいに　来たんだけれども。）

(3–16「出店のことで話す」007A)

　たとえば(64)では、「アダシ」が外出する目的は買い物であり、そのことが「カイモノサ」と表
されている。また(66)では、この話し手が畑に行く目的は人参を抜くことであり、そのことが「ニ
ンジン　ヌキサ」と表されている。その他の例も同様。
　「イグ」「クル」にかかる「〜サ」で目的を表す用例は 33 例を数えることができた。「ユー」に
かかる「〜サ」で目的を表す用例はない。これは、共通語で「〜ニ」を用いて「○○しに行く」
「○○しに来る」とは言っても「*○○しに言う」とは言わないことと並行的である。
　なお、目的を表す「〜サ」の用例には、(64)(65)のような「名詞＋サ」の形と、(66)(67)のよ
うな「動詞連用形＋サ」の形とが見られるが[1]、前者と後者の用例数はほぼ同数であった[2]。
　以上をまとめれば、次のようになる。

表 4　「イグ」「クル」「ユー」にかかる「〜サ」の意味役割

着点	74 例(69.2%)
目的	33 例(30.8%)[※]

※目的を表す「〜サ」は動詞「ユー」にはかからない

ところで、目的を表す際には、次の(68)(69)のように「〜ニ」が用いられることもある。

58 第Ⅱ部 文法

(68) イマー ホラ エマ ユ <u>ヨータシニ</u> イグーガトオモッテー。(今 ほら 今 × <u>用足しに</u> 行くかと思って。)　　　　　　　　　　(2–29「バスの中で声をかける」008A)

(69) イマ ユービンキョクサ <u>ニモツ ダシニ</u> インカトオモッテ。(今 郵便局に <u>荷物を出しに</u> 行くかと思って。)　　　　(1–14「荷物を持ってやる―①受け入れる」002A)

このような「～ニ」の用例は、9例を数えることができた。「～サ」より勢力が弱いものの、当方言で「イグ」「クル」の目的を表す際には、「～ニ」が用いられることもあるようだ。

3.3.3 「～ニ」にはない「～サ」の用法

当方言の「～サ」には、共通語の「～ニ」にはない用法が見受けられる。当方言の「～サ」は、それ自体で場所性を持つことができるのである。そのことが見てとれる用例を次に挙げる。

(70) サギ <u>イヌサ</u> イッテクッガラ。(先に <u>犬［のところ］に</u> 行ってくるから。)　　　　　　　　　　　　　　　　　　(1–48「朝、家族と顔を合わせる」008A)

(71) アレ <u>アンツァンサ</u> オミマイサ イグノ（B ウン コ）ニチヨービダネ。(あれ <u>兄さんのところに</u> お見舞いに 行くのは（B うん ×）日曜日だね。)　　　　　　　　　　　　(3–13「見舞いと友人との再会で悩む―②妻が譲る」003A)

(72) ンデー オトーサンワー <u>アンツァンサ</u> ア イグー。(それでは お父さんは <u>兄さん［のところ］に</u> × 行く？)　(3–13「見舞いと友人との再会で悩む―①夫が譲る」017A)

以上(70)～(72)における「イヌサ」「アンツァンサ」は、それぞれ「犬のところに」「兄さんのところに」の意である。すなわち当方言の「～サ」は、それ自体で「～のところに」に相当する意味を表すために用いられ得るのである。

以下の(73)～(75)の「～ニ」の例(すべて作例)と比較されたい。

(73) 先に {??<u>犬に</u>／<u>犬のところに</u>} 行ってくる。

(74) {??<u>お兄ちゃんに</u>／<u>お兄ちゃんのところに</u>} お見舞いに行く。

(75) お父さんは {??<u>お兄ちゃんに</u>／<u>お兄ちゃんのところに</u>} 行く？

4. まとめ

本稿では、『会話集』から得た用例に基づいて、気仙沼市方言の格について次のようなことを述べた。

① 対格環境では、ゼロ格「～φ」が用いられる。対格「～オ」が用いられることはきわめて少ない。その用例数を表で示すと、次の通りである(再掲)。

表1　「〜φ」と「〜オ」の用例数

〜φ	395 例(94.3%)	
〜オ	24 例(5.7%)	フレーズ内　13 例(3.1%)
		非フレーズ内 11 例(2.6%)

　当方言で「〜オ」は、「キオツケル」等の固まったフレーズ内におけるものを除けば、物事を丁寧に一つ一つ順序立てて説明するような際に(わずかながら)用いられやすい。(以上 3.1)

②　主格環境でも、ゼロ格「〜φ」が用いられることが多い。しかし、主格「〜ガ」が用いられる場合も決して少数ではない。その用例数を表で示すと、次の通りである(再掲)。

表2　「〜φ」と「〜ガ」の用例数

〜φ	348 例　(87.2%)
〜ガ	51 例　(12.8%)

　当方言の「〜ガ」は、「〜オ」と比べると、用例数が多いばかりではなく用いられ方が自由である(用法が広い)。このことは「〜ガ」が一定の力をもって当方言に根付いていることをうかがわせる。(以上 3.2)

③　与格環境で用いられる向格「〜サ」は、少数の動詞と強く結び付いていて、動詞「イグ(行く)」にかかることがもっとも多い。「クル(来る)」「ユー(言う)」にかかることも少なくない。その用例数を表で示すと、次の通りである(再掲)。

表3　「〜サ」がかかる動詞の上位 3 語

イグ(行く)	75 例(35.7%)
クル(来る)	17 例(8.1%)
ユー(言う)	15 例(7.1%)

　また、「イグ」「クル」「ユー」にかかる「〜サ」の意味役割を観察すると、着点を表す用例が約7割を占め、目的を表す用例が約3割を占める。その用例数を表で示すと、次の通りである(再掲)。

表4　「イグ」「クル」「ユー」にかかる「〜サ」の意味役割

着点	74 例(69.2%)
目的	33 例(30.8%)[※]

※目的を表す「〜サ」は動詞「ユー」にはかからない

　なお、当方言の「〜サ」には、共通語の「〜ニ」にはない用法も見られる。すなわち、当方言の「〜サ」は、それ自体で「〜のところに」に相当する意味を表すためにも用いられ得る。(以上 3.3)

5. 今後の課題

5.1 主格環境・対格環境における有標形の使用について

　本稿が明らかにしたところの、対格環境よりも主格環境で有標形が用いられることが多いという事実には、大いに興味を惹かれる。

　言語類型論の成果によれば言語には「格の階層」がみとめられ、「主語・直接目的語・間接目的語・その他」の順で有標の格が用いられやすくなるという。すなわち、通言語的に、無標の格でもっとも現れやすいのは主語であり、直接目的語・間接目的語・その他の順で何らかの有標の格をもって現れやすくなる、という傾向が見られるのである(図1)。

その他 > 間接目的語 > 直接目的語 > 主語

図1　格の階層
(リンゼイ J. ウェイリー　大堀壽夫ほか訳 2006: 154)

　この傾向にしたがえば、主格環境にある名詞句が「〜ガ」の形で現れるよりは、対格環境にある名詞句が「〜オ」の形をとって現れるほうが多くなければならないだろう[3]。ところが、気仙沼市方言における「〜ガ」と「〜オ」に関するデータは、はっきりとその逆を示している。これは何故であろうか。また、同様の逆転現象は他方言(たとえば同会話集に収載の名取市方言)にも見てとれるだろうか。今後、調査・考察を進めたい。

5.2 「〜サ」の用法の地域差について

　東北方言の「〜サ」の用法については、地域差が指摘されてきた。たとえば小林隆(2004)は、国立国語研究所編(1989)を資料として、「<u>ミサ</u>　イッタ(<u>見に</u>行った)」のように「〜サ」を用いて目的を表す地域が「岩手・宮城・福島という太平洋側」(小林隆 2004: 370)に偏ることを指摘している。

　3.3で述べたように、『会話集』から得た用例を観察すると、気仙沼市方言の「〜サ」は目的を表すために(も)盛んに用いられるのであった。この観察結果は、小林の指摘を用例数の面から補強するものと言えるだろう。

　しかし、「〜サ」の用法の地域差は、目的を表す用法においてのみ見られるわけではない。たとえば「<u>ココサ</u>　アル(<u>ここに</u>ある)」のように「〜サ」を用いて存在の場所を表す地域は、逆に「山形を中心とした日本海側」(小林隆 2004: 370)に偏る。とすると『会話集』における気仙沼市方言の話者による用例には、存在の場所を表す「〜サ」は見受けられないことが予想される。が、実際のところはどうだろうか。本稿では、このような点に言及することができなかった。

　先学による「〜サ」の地域差に関する豊かな研究業績を、『会話集』に見られる用例によっていっそう補強していくことも、今後の課題の一つである。

図2 「〜サ」の用法の地域差
（小林隆 2004: 371）

5.3 与格環境で使用される格の多様性について

既に触れたように、当方言において与格環境で用いられる格には、与格「〜ニ」向格「〜サ」の他に、奪格「〜ガラ」ゼロ格「〜φ」があって、たいへん多様である。

その様子が見てとれる例をいくつか挙げる。

(76) <u>ミナサンガラ</u>　コリャ　ソダテテモラッテ（A　ウーン）ウン　ホントニ　カゾクデ　ヨロコンデオリシタ。（<u>みなさんに</u>　これは　育ててもらって（A　うん）うん　本当に　家族で　喜んでおりました。）　　　　　　　　　　（1-72「息子の結婚式でお祝いを言う」004B）

(77) ホントニネー　<u>ミナサンガラ</u>　ツネシゴロ　セワーナッテッサ(本当にね　<u>みなさんに</u>　常日頃　世話［に］なってさ)　　　　　　　　　　　（1-73「喜寿の会でお祝いを言う」004B）

(78) イマ　オホ　<u>オヒルφ</u>ナットオモッテー　ウドンデモ　カイサ　インカナートオモッテイタトコ。（今　××　<u>お昼［に］</u>なると思って　うどんでも　買いに　行くかなと思っていたところ。）　　　　　　（1-49「昼、道端で出会う―①男性→女性」002A）

(79) オラエノアニキモ　<u>コンナスガダφ</u>ナットオモワネガッタノッサ。（うちの兄貴も　<u>こんな姿［に］</u>なると思わなかったのさ。）　　　　　（1-74「兄弟の葬式でお弔いを言う」002B）

どうやら当方言では、「〜ニ」「〜サ」「〜ガラ」「〜φ」が協力して、与格環境における仕事を分

担しているようである。その分担のありさまについても、今後、調査・考察を進めたい。

注

1 「動詞連用形＋サ」は、厳密には格の定義から外れるだろう。しかし「動詞連用形＋サ」で目的を表す用法は「名詞＋サ」で目的を表す用法から発達したと考えられる（小林隆（2004: 357–392）に詳細な考察がある）。ここでは、格の定義を敢えてゆるめて「動詞連用形＋サ」も向格「〜サ」の用法ととらえておく。

2 ここで「ほぼ同数」と曖昧に述べたのは、名詞であるか動詞連用形であるか、判別しがたい例が数例見られるからである。たとえば「ンジャ　イマカラデモ　ア　オミマイサ　イガスペ。（それじゃあ　今からでも　×　お見舞いに　行きましょう。）(1-25「約束の時間に遅刻する―①許す」008B)」の「オミマイ」は、接頭辞「オ」をともない、また「オミマイノ ジカンガ　アルイッチャ。（お見舞いの時間が　あるだろうよ。）(3-13「見舞いと友人との再会で悩む―①夫が譲る」028B)」のような連体助詞による接続の例も見られるので、名詞と認めてよさそうである。しかし「アソビサ　キテケライン。（遊びに　来てください。）(1-32「寂しくなった相手をなぐさめる」012B)」の「アソビ」は、どうか。当方言の「アソビ」の形態論的ふるまいをあらためて調べないと、正しく判断できない。とは言え、当方言で「〜サ」が目的を表す際、「名詞＋サ」「動詞連用形＋サ」のいずれかに大きく偏ることはなさそうである。

3 主格環境にある名詞句が必ずしも主語であるとは限らない。しかし、互いに大きく重なり合うことも確かである。したがって、傾向として論ずる限り、これらを一括して取り扱うことに重大な欠陥はないと考える。対格環境にある名詞句と直接目的語についても同様。

文献

国立国語研究所編（1989）『方言文法全国地図』第 1 集、財務省印刷局

小林隆（2004）『方言学的日本語史の方法』ひつじ書房

玉懸元（2012）「格助詞相当形式「ンドゴ」」東北大学方言研究センター編『東日本大震災において危機的な状況が危惧される方言の実態に関する予備調査研究』文化庁委託事業報告書、pp.243–248

リンゼイ J. ウェイリー　大堀壽夫・古賀裕章・山泉実訳（2006）『言語類型論入門―言語の普遍性と多様性』岩波書店（Whaley, Lindsay J.(1997) *Introduction to Typology: The unity and diversity of language.* Thousand Oaks: Sage Publications.）

条件表現の形式と用法

櫻井真美

1. はじめに

　条件表現とは、複文において条件表現形式を挟んで前を前件(以下 P)、後ろを後件(以下 Q)とした場合、Q の成立において P が何らかの条件になっていることを示す表現である。このうち、本稿では P という事態が起こったときに、順当な関係にある Q の状態が起こることを表す、順接仮定条件表現を中心として見ていく。このうち、周辺的または非条件的とされている評価的用法(慣用的用法)、終助詞的用法、接続詞的用法などについては、参考として適宜触れたいと思う。

　手法としては『生活を伝える被災地方言会話集』の共通語訳によりながら用例を抽出し、その用法をそれぞれ判定した。共通語の条件表現は、主に「ば」「と」「たら」「なら」の 4 形式がそれを担っている。しかし本資料によると、気仙沼市ならびに名取市の順接仮定条件表現で使用されている形式は共通語より多く、気仙沼市・名取市ともに「バ」「ト」「タラ」「ナラ」に加え、「ンダラ」「タッケ」の 6 形式の使用が見られた。

　次に、本資料で見られる条件表現形式について、その接続等を具体例を挙げながら見ていく。

　なお、資料内に(　)で示されているあいづちは省いている。また、元の資料の下線は省略し該当箇所に下線を付した。

2. 条件表現を担う形式

　条件表現を担う各形式の接続について、本資料から抜き出して示す。このため、形式毎に同じ動詞ないし形容詞では見比べられなかった。気仙沼市・名取市で使用される条件表現形式はほぼ変わりがない。

　「バ」は動詞・形容詞の仮定形に接続し、動詞「行く」なら「イゲバ」、「来る」なら「クレバ」となる。形容詞「よい」なら「ヨケレバ」となる。

　「ト」は動詞・形容詞の終止形に接続し、動詞「思う」なら「オモウド」、動詞「する」「見る」などルで終止する場合は促音化し、「スット」「ミッド」のようになる。形容詞「暑い」なら「アヅイド」となる。

　「タラ」は動詞・形容詞の連用形に接続する。動詞「行く」なら「イッタラ」、「来る」なら「キ

64 第Ⅱ部 文法

タラ」、形容詞「イイ」なら「イガッタラ」のようになる。ただし、「タラ」の最初の［t］音は有声化する場合があり、例えば動詞「頼む」に接続した場合は「タノンダラ」、「置く」であれば「オイダラ」のようになる。さらに、「タラ」に関して「ンダッタラ」という形式が名取市で２例あった。

（１）〔重い荷物を持ってもらおうとして〕Ｂサン　アンダ　ウジマデ　<u>カエンダッタラ</u>　オラエサ　スコシ　モッテッテケネー。（Ｂさん　あなた　家まで　帰るんだったら　うちに　少し　持っていってくれない？）　　（1-1「荷物運びを頼む―①受け入れる」名取 002A）

（２）Ｂサン、アンダ　ウジサ　<u>ケールンダッタラ</u>、オラエマデ　スコシ　タンガエデシテケネ。（Ｂさん、あなた　家に　帰るんだったら、私の家まで　少し　持ってくれない[1]？）
（1-1「荷物運びを頼む―②断る」名取 002A）

（1）（2）は同じ話者が発した回答であり、「ンダッタラ」はこの他では使用されていない。共通語「のだったら」にあたるもののように見える。また、「タラ」に「バ」が接続した「タラバ」という形があり、気仙沼市で３例、名取市で２例見られた。よって、その使用頻度は気仙沼市・名取市ともに高くはない。例を一つ挙げる。

（３）〔不在の人に対する伝言〕<u>キタラバ</u>　ヨロシグ　ハナシテケライ。（来たらば　よろしく　話してください。）　　　　　　　　　（3-6「夫の友人が訪ねてくる」気仙沼 013B）

「バ」を接続することで仮定であることを強調することはあるかもしれないが、共通語「たらば」との差異は特に見いだせなかった。「ンダッタラ」「タラバ」は「タラ」の用例として数える。
「ナラ」は、本資料全体を通して、動詞テイル形の「持っている」の語尾ルを撥音化して接続した「モッテンナラ」、名詞「いつも」に接続した「イズモナラ」、「そんな程度」に接続した「ソンナテードナラ」の３例だけであった。形容詞に接続した形は見つからなかったが、共通語と同じように接続されるものと思われる。また、「ナラ」は名詞にも接続する。このうち、名取市で用例が出た「イズモナラ」だけ用法に違いがあるため、確認する。

（４）〔帰宅が遅い孫を案じて〕<u>イズモナラ</u>　トックニ　カエッテルジカンダッチャナヤ。（いつもなら　とっくに　帰っている時間だよなあ。）
（1-43「帰宅の遅い孫を心配する」名取 004B）

蓮沼・有田・前田（2001）において、「なら」は条件を表す場合、助詞「は」に言い換えができないとしており、実際に言い換えてみると以下のようになる。

（４）’　<u>イズモワ</u>　トックニ　カエッテルジカンダッチャナヤ。

共通語としては違和感のないものと思われるが、厳密に気仙沼市・名取市方言話者が言えると判定できるかはこの資料からはわからない。ここではいわゆる主題を表す「ナラ」と判定し、条件表現の中心的用法からは外れた周辺的な用法とする。また、「(鍵が)かかってない」に接続した「カガッテネカッタンナラ」が名取市で1例見受けられた。この「ンナラ」は、「ナラ」の用例として数える。また、「ナラ」に「バ」が接続した「ナラバ」が気仙沼市で2例見られた。(4)と同じく助詞「は」と言い換えられるものが1例、もう一つは接続詞的用法で、条件表現の中心的用法からは外れた周辺的な用法に使われていた。「ンナラ」「ナラバ」は「ナラ」として数える。

「ンダラ」は、動詞の末尾の［ru］が脱落し、条件表現形式が接続した形となっている。本資料では4つの動詞に接続しており、動詞「食べる」「来る」「追い越しする」「ある」に接続した「タベンダラ」「クンダラ」「オイコシスンダラ」「アンダラ」といった形で用いられていた。三井(1998)によると、同じ宮城県旧中新田町においてもこの「ンダラ」という形式の存在が確認されており、元は［ru］が脱落しない「タベルンダラ」「クルンダラ」のような形であっただろうと分析されている。旧中新田町では［ru］が脱落しない後者は「やや丁寧な形」と認識され、かつ実際使用されることもあったようだが、本資料で［ru］の脱落しない形は、気仙沼市・名取市ともに見られなかった。筆者の内省がきく隣県山形県山形市方言では、後者の［ru］が脱落しない形式が条件表現形式として使用されており、［ru］が脱落するとややぞんざいな印象を受ける。さらに、気仙沼市・名取市の「ンダラ」はいわゆるソ形の指示詞に接続し、「ンダラ」「フーンダラ」「ホンダラ」といった形で、接続詞的用法で使用されていた。ただし、気仙沼市で3例、名取市では1例が確認されただけで、その使用頻度は高くはない。形容詞に接続した用例は見つからなかったため、改めて調査項目を設定して確認すべきであろう。隣県山形県山形市と同じなら、形容詞終止形に接続し、「タガインダラ」のようになると予想する。

「タッケ」は、動詞タ形に促音と「ケ」が接続した形で現れる。動詞「思う」「見る」であれば「オモッタッケ」「ミダッケ」のようになる。この「タッケ」が形容詞に接続した用例は見当たらなかった。これも、前述の「ンダラ」とともに、形容詞にどう接続すべきか、調査項目を設定すべきである。「タッケ」は山形県山形市では使用しないので、筆者内省では予想できない。

以上の6形式について、順接仮定条件表現の中でもそれぞれどういった用法で使用されているかを、気仙沼市・名取市と分けて見ていく。用法については、主に三井(2002)、前田(2009)の分類とその説明を引用または参考とする。

3. 仮定的用法

未実現の事態についてPで仮定し、Qでこれから起きうることを言う事態、ないしPで仮定し、Qで現実には起こらなかった事態を仮に実現したとして表現する用法について見ていく。

3.1 仮定的用法〔仮説的用法〕

未実現の事態について、実現した場合を仮定する用法であり、順接仮定条件表現の中心的な用法

66　第Ⅱ部　文法

である。共通語では「ば」「と」がその中心を担うが、気仙沼市では「バ」「ト」「タラ」「ンダラ」の４形式、名取市ではの「バ」「ト」「タラ」「ナラ」「ンダラ」の５形式が使用されている。

「バ」

（５）　*イゲバ*　ワガッペガー。（行けば　わかるだろうか。）

（1–22「店の場所を尋ねる」気仙沼 009A）

（６）　〔体調について、病院で〕*ケンサシテレバ*　アンシンダカラ。（検査していれば　安心だから。）

（2–29「バスの中で声をかける」名取 011A）

「ト」

（７）　〔ガソリンの値上げに対する対策の話をして〕ソーユーヤリクリデモ*シネト*　コリャ　ホントヌー　コマッテシマウ。（そういうやり繰りでもしないと　これは　本当に　困ってしまう。）　　　　　（2–25「ガソリンの値上がりについて話す」気仙沼 007B）

（８）　イマッカラ　デガゲンノニ　ハンカジ　*ネート*　フジュースッカラ。（今から　出かけるのに　ハンカチ　ないと　不自由するから。）

（4–33「ハンカチを落とした人を呼び止める―②相手が近所の知り合い」名取 014A）

「タラ」

（９）　ンデ　アシター　トモダジ　*カエッタラ*　スグ　イグスカ。（それで［は］　明日　友だち　帰ったら　すぐ　行きますか。）

（3–13「見舞いと友人との再会で悩む―①夫が譲る」気仙沼 025A）

（10）　〔戸締まりをしたか心配になって〕ジャ　*スンペーニ　ナッタラ*　モドルニコシタコトネーナ。（じゃ　心配に　なったら　戻るに越したことないな。）

（2–8「玄関の鍵をかけたか確認する」名取 009B）

「ナラ」

気仙沼市では仮説的用法において「ナラ」の用例は見当たらなかった。

（11）　カギ　*カガッテネカッタンナラ*　ゲンカンカラ　ダレデモ　ハイレダベッチャ。（鍵　かかってなかったのなら　玄関から　誰でも　入れただろうよ。）

（2–7「玄関の鍵が開いていて不審がる」名取 006B）

「ンダラ」

（12）　〔ウナギを買うようにすすめて〕ナーヌ　*タベンダラ*　イマノウチデガッツォー。（なに食べるなら　今のうちですよ。）　　　　　（1–75「客に声をかける」気仙沼 011B）

（13）　〔梅干しをもらう〕ンデ　キョネンナノ　*アンダラ*　モラッテクゾ。（それで［は］　去年のもの　あるなら　もらってくぞ。）　　　（4–15「働いている人の傍を通る」名取 013B）

以上、(5)〜(13)の P と Q の事態はいずれも未実現の状態であり、未来に実現する可能性のある事態である。例えば(5)なら、「イゲバ」という事態が今後実現すれば、それに伴って「ワガッペ」という事態が実現するということを示している。

本資料における用例数を以下に示す。

表 1　仮定的用法〔仮説的用法〕の用例数

	バ	ト	タラ	ナラ	ンダラ
気仙沼	13	14	7	0	3
名　取	7	13	28	3	2

気仙沼市では「バ」「ト」、名取市では「ト」「タラ」がよく使用されているのがわかる。よって、気仙沼市の方がより共通語に近い形式を使用していると言えよう。先行研究佐藤(1982)は、宮城県下での「(これから)行くなら」について、

中央部、南部に「エグンダラ」があるが、北部は「エゲバ」が一般である。　　　(1982: 348)

としており、本資料での使用状況もこれと合致している。

なお、Q の制限について、共通語「ば」は働きかけ・表出とは共起しないとされているが、気仙沼市の用例で 1 例、Q＝表出(意思)に関する例があった。

(14)　〔役員を依頼されて〕B サン　タイヘンダベガラ　オシエテモラエバ　ヤッカナ。(B さん　大変だろうから　教えてもらえば　やるかな。)　　(1–3「役員を依頼する」気仙沼 016A)

宮城県下では終助詞「べ」を使用して意思を表すようなので、(14)は Q が純然たる意思とは言えないかもしれない。しかし終助詞「べ」が意思を表さず、動詞終止形＋「ガ」もしくは「ガナ」で意思を表す山形県山形市方言話者の筆者にとっては、興味を引く用例である。これ以外の用例は見当たらなかったため、参考として挙げておく。

3.2　仮定的用法〔反事実的用法〕

現実には実現しなかった事態を、仮に実現したものと仮定する用法である。P は事実性において 2 つの場合に分かれ、P が Q とともに同じく事実に反する事態である場合と、P が現実に起こった事態である場合があり、前者を P＝反事実、後者を P＝事実とする。共通語では P＝事実の場合は「なら」しか使用できず、P＝反事実の場合は「ば」「たら」次いで「なら」が使用される。本資料で実際にあがった用例を見ていく。

68　第Ⅱ部　文法

「バ」

（15）〔忠告を聞かずに失敗して〕アンダノユーゴト　*キケバ*　イガッタノッサー。（あなたの言うこと　聞けば　よかったのさ。）　（1–20「病院の受診を促す」気仙沼006B）P＝反事実

（16）〔福引きで〕イヤイヤ　*アタレバ*　イーゲント。（いやいや　当たれば　いいけれど。）

（3–9「福引の大当たりに出会う」名取002A）P＝反事実

「タラ」

（17）シトゴド　*ヨゴシタラ*　イッチャーナー。（一言　〔連絡〕よこしたら　いいよな。）

（1–67「夫（妻）が帰宅する―②妻が帰宅する」気仙沼006B）P＝反事実

（18）〔いないと思った妻がいた〕イヤ　*イダラバヤ*　コヤ　ユッテグンダッタケッドモサ。（いや　いるならさ　これは　言っていくんだったけれどもさ。）

（4–31「夫（妻）が出かける―①夫が出かける、妻は行先を知らない」名取004B）P＝事実

　（15）は、P「キケバ」も、Q「イガッタノッサー」も未実現であり、P＝反事実となっている。（16）（17）についても同様である。これに対し、（18）のPの妻が「イダ」は実現しておりP＝事実だが、Q「ユッテグ」は、黙って外出しようとした事実と逆のことを述べている。「イダラバヤ」は対訳にあるように「いるならさ」であろう。これが、共通語「なら」にあたるものなら「イダ」に「ンダラ」が接続した「イダンダラ（バヤ）」もしくは、2で述べたように「イル」の［ru］が落ち、「インダラ（バヤ）」となりそうだが、「ン」が聞こえない。本稿ではそのまま「イダラ（バヤ）」とし、「タラ」として用例を数えた。実際に収集した用例数は、表2のようになる。

表2　仮定的用法〔反事実的用法〕の用例数

		バ	タラ
気仙沼	P＝反事実	9	3
	P＝事実	0	0
名　取	P＝反事実	2	1
	P＝事実	0	1

　条件調査の調査項目ではPが反事実である場合と事実である場合とをそれぞれ設定するが、本資料では全ては揃わず、気仙沼の反事実的用法、P＝事実の場合の用例は得られなかった。共通語ではP＝事実の場合は「なら」しか使用できないとされているが、名取市ではP＝事実のときに「タラ」が使用されている。

　形式としては、気仙沼市・名取市ともに「バ」と「タラ」のみが反事実的用法を担っている。

条件表現の形式と用法　69

4.　非仮定的用法

　3と違い、PとQが何度も生起する、もしくはPとQがともに既に起きた一回限りの事態を表す用法について見ていく。

4.1　非仮定的用法〔一般用法〕

　Pの下ではQがいつでも時間を超えて成り立つことを述べる用法である。表される事態は具体的な主体による個別の事態ではなく、不特定の主体による一般的な事態である。一般用法におけるQにはタ形は現れず、ル形が現れる。共通語では「ば」「と」がこの用法を担う。気仙沼市では「バ」「ト」、名取市では「ト」「タラ」の用例が資料より収集できたが、このうち気仙沼市の「バ」の用法は以下である。

「バ」

（19）　マー　<u>イソゲバ</u>マワレダガラナ。（まあ　急がば回れだからな。）

　　　　　　　　　　（1–9「町内会費の値上げを持ちかける―②同意しない」気仙沼013B）

　これはいわゆることわざの引用であるため、他の用例とは立場を異にしているかもしれない。共通語で決まり切った形のものを、敢えて方言として言い換えないという例と言える。この例以外で、「バ」を使用した一般用法の用例は、気仙沼市でも名取市でも見つからなかった。「バ」以外で一般用法を担う形式を以下に挙げる。

「ト」

（20）　ボーシ　<u>カブンネート</u>　ホレ、コンナニ　<u>アズイド</u>　アダマ　イタクナッカラー。（帽子被らないと　ほら、こんなに　暑いと　頭　痛くなるから。）

　　　　　　　　　　　　　　　　　　　　（1–55「暑い日に、道端で出会う」気仙沼007A）

（21）　ノドズマンワネー　アーユーオドゲガ　ヒトリグレー　<u>イット</u>　オモシェグナンダ。（のど自慢はね　ああいうおどける人が　一人ぐらい　いると　面白くなるんだ。）

　　　　　　　　　　　　　　　　　　　（1–31「のど自慢での不合格をなぐさめる」名取003B）

「タラ」

　気仙沼では一般用法において「タラ」の用例は見当たらなかった。

（22）　ヤーッパリサ　オドゴワネ、サムイドゴカラ　<u>キタラ</u>　イッペーヤリタクナッゲンドモサ、マ　ホンナゴド　ウー　アドデ　イーガラ　マー　ハヤグ　ゴハンニスッペ　ハヤグ。（やっぱりさ　男はね、寒いところから　来たら　一杯やりたくなるんだけれどもさ、まあ　そんなこと　うーん　後で　いいから　まあ　早く　ご飯にしよう　早く。）

　　　　　　　　　　　　　　　　　　　　　　（2–24「外が寒いことを話す」名取009B）

前田(2009: 48)は先行研究を踏まえ、「与えられた条件文が一般的なものか個別的なものなのかを振り分けることは、両者の違いが文の形式として現れていないので、実際は困難なことである。」と述べている。(22)も仮定用法の仮説的用法か、非仮定的用法の一般用法かで迷うところである。この場合は話者が「男というものは全て」と男性一般に対する思いや特性を述べているものとし、本稿では一般用法として扱った。

共通語の条件表現形式「タラ」は、一般用法では使われにくい。しかし、隣県山形県山形市では「バ」自体を使用しにくいためか、「タラ」をあらゆる用法で使用する傾向があり、山形市方言話者は共通語文の用例の違いも判定しづらい。似たことが宮城県下でもあるかもしれないが、「タラ」が一般用法で使用されている例は気仙沼市にはなく、名取市の1例(22)だけであった。調査を行う際は、注意して項目を設定するべきであろう。では、気仙沼市と名取市ではどういった形式が一般用法を担っているのか、以下に示す。

表3　非仮定的用法〔一般用法〕の用例数

	バ	ト	タラ
気仙沼	1	3	0
名　取	0	6	1

一般用法自体の用例が少ないのだが、気仙沼市・名取市では「ト」が一番使用されていることがわかる。共通語でよく使用される「バ」は、前述(19)のことわざの引用以外では出てこなかった。

4.2　非仮定的用法〔反復・習慣用法〕

Pに伴ってQが実現する、ということが繰り返し起こる、もしくは起きたということを述べる用法である。一般用法と似ているが、反復・習慣用法では、ある事態が何度も起きるというところが特徴的である。共通語では「ば」「と」がこの用法を担う。気仙沼市と名取市での用例は以下であり、「バ」は使用されない。

「ト」

(23)〔魚を売ってくれた店員にお礼を言う〕オダグサ　<u>クット</u>　イッツモ　イギ　イーガラー。
　　（お宅に　来ると　いつも　活き　いいから。）　　　　　（1-63「商店を出る」気仙沼003A）

(24)〔暑いときに食べる冷たいうどんは〕タマニ　<u>タベット</u>　ンマイネー。（たまに　食べると美味いね。）　　　　　　　　　　　　　　　　　　　　（1-69「食事を終える」名取002A）

(23)は、P「クット」という事態が起こるといつもQ「イギ　イーガラー」という事態が繰り返し生起したことを示している。これに対し(24)ではたまにP「タベット」という事態がたまに起きるとQ「ンマイネー」という事態が繰り返し生起したということを示している。(23)(24)は、P・Qともに現在もその事態が起きているわけだが、これに対し、かつてPをすればQが起こるもの

だった、過去にその反復・習慣があった、という用例は見られなかった。調査項目を設定する場合は、表す事態が現在か過去かについて分けて設定すべきだろう。本資料に出てきた反復・習慣用法の用例は、全て事態が現在のものであった。

表4　非仮定的用法〔反復習慣用法〕の用例数

	バ	ト
気仙沼	0	2
名　取	0	3

　反復・習慣用法では、気仙沼でも名取市でも「ト」が使用されている。共通語と違い、「バ」は使用しない。

4.3　非仮定的用法〔事実的用法〕

　すでに実現した一回限りの事態について述べる用法である。共通語では「と」「たら」が主にこの用法を担っている。ひとくちに事実的用法と言っても表される状況は1種類だけでない。前田（2009: 49–50）は、P、Qの主体とQの動作性に着目し、以下の4種類に分けている。

　　連続…同一主体の連続する動作。
　　きっかけ…異主体の連続する動作。
　　発現…前件の状態の最中に後件の動作が発生する関係。
　　発見…前件の動作（主に視覚的動作）によって後件の状態を発見する場合。

このうち「発見」にあたると思われる用例を、気仙沼市と名取市で形式毎に挙げる。

「バ」
(25)　〔回覧板を回さない人が非常識だ、という指摘に対し〕ソーユワレレバ　ソーダゲントモー。（そう言われれば　そうだけれども。）
　　　　　　　　　　　　（3–12「隣人が回覧板を回さない―②同意しない」気仙沼018A）発見
(26)　マーサカ　ヨメニ　イガンネモ　シンパイダゲッドモ　イガレレバ　イガッタヨーニ　サミシーヨネ。（まさか　嫁に　行かれないのも　心配だけれども　行かれれば　行かれたように　寂しいよね。）　　　　（1–32「寂しくなった相手をなぐさめる」名取005A）発見

「ト」
(27)　〔玄関の鍵を掛けたか聞かれて〕ソーユワレデミッド　カゲダッゲガネー。（そう言われてみると　かけたっけかね。）　　　（2–8「玄関の鍵をかけたか確認する」気仙沼002A）発見

72 第Ⅱ部 文法

(28) 〔毎晩飲み歩くことをたしなめられ〕マイバンッテ<u>イワレット</u>　ホダナ。(毎晩っていわれ
ると　そうだな。)　　　　　　　　　　　　(2-9「夫が飲んで夜遅く帰る」名取003B)発見

「タラ」

(29) 〔帰宅の遅いことを指摘されて〕X チャント　ハナシ　<u>シテダラ</u>　ズイブン　イロイロ
アッテサー。(X ちゃんと　話　していたら　ずいぶん　いろいろ　あってさ。)
(1-67「夫(妻)が帰宅する②─妻が帰宅する」名取003A)発見

「タッケ」

(30) カキ゚　カゲタツモリデ　<u>デハッタッケ</u>　カガッテネガッタヤ。(鍵　かけたつもりで　出
かけたら　かかっていなかったよ。)
(2-7「玄関の鍵が開いていて不審がる」気仙沼001A)発見

(31) 〔柿を食べて〕アジ　<u>ミダッケ</u>　ナンダカ　マダ　シブ　ヌケデネネー。(味　みたら　な
んだか　まだ　渋　抜けてないね。)　　　　(4-11「渋い柿を食べる」名取003A)発見

　(25)は P・Q ともに実現した一回限りの事態を表している。さらに P の「ソーユワレレバ」と
いう一回限りの事態が実現したことに伴い、Q「ソーダ(非常識だ)ゲントモー」と思い至ったとい
う事態を示している。P が起きるとともに Q が起こるということについては、(26)から(31)も全
て同様であり、本資料での用例は、以下の通りである。

表5　非仮定的用法〔事実的用法〕の用例数

	バ	ト	タラ	タッケ
気仙沼	1	3	0	10
名　取	1	1	3	13

　事実的用法においては、気仙沼市・名取市ともに「タッケ」という形式が圧倒的に多用されてい
るのが特徴的と言える。タ形に「ケレバ」の縮約形が接続したものだろうか。

　次に、P・Q の関係についてだが、前出前田の分類において先に挙げた「発見」以外の「連続」
「きっかけ」の用例を挙げる。「発現」の用例は気仙沼市・名取市ともに見つからなかった。

「タラ」

(32) 〔知り合いのもとへ〕ヨー　アッテ　<u>イッタラ</u>　クイタデランネッツッテ　コダニ　ヤサ
イ　モラッテ　サグク　ミナ　モラッテキタンダゲンドモ　オモテグテサー、ヒトヤスミ
シテタンダッチャ。(用　あって　行ったら　食いきれないっていって　こんなに　野菜
もらって　遠慮なく　みんな　もらってきたんだけれども　重たくてさ、ひと休み　して
いたんだよ。)　　　　　　　　(1-1「荷物運びを頼む─①受け入れる」名取002A)連続

「**タッケ**」

- (33) 〔孫の帰りが遅く、約束に遅れる〕<u>マッデダッケ</u>　オソグナッテシマッタワ。（待っていた
　　　ら　遅くなってしまったよ。）　（1–25「約束の時間に遅刻する―①許す」名取 004B）連続

- (34) 〔ハンカチを拾ってあげる〕オレ　ウッショ　<u>トータッケー</u>　オ　オロシタノ　ミタン
　　　ダ。（私　後ろ　通ったら　×　落としたの　見たんだ。）
　　　　　　　　　　（4–33「ハンカチを落とした人を呼び止める―①相手が見ず知らずの人」名取 005B）連続

- (35) イェサー　<u>デンワシタッケァ</u>　アノー　トーフダナンカー　キレダガラー　カッテコッツ
　　　ガラ。（家に　電話したら　あの　豆腐やなんか　切れたから　買ってこいっていうか
　　　ら。）　　　　　　　　　　　　　　　　（4–19「スーパーで声をかける」気仙沼 004B）きっかけ

　(33)P「マッテダッケ」Q「オソグナッテシマッタ」ともに、主体が話者であり、「連続」であ
る。(34)においても同様である。また、(35)の P の主体は「デンワシタ」話者、Q の主体は「カッ
テコッツ」った電話の相手であり、P と Q の主体が異なる「きっかけ」である。「きっかけ」の用
法は、気仙沼市・名取市でこの(35)の 1 例だけであった。

　以上、3 と 4 をまとめ、気仙沼市・名取市それぞれにまとめると表 6・7 のようになる。本稿で
は実際に得られた用例数を示した。また、共通語の判定には前田(2009: 40)による。

　また、先行研究によると佐藤(1982)では宮城県北部に、三井(1998)では旧中新田町(現加美町)
に、仮定的用法において形式名詞「コト」に「タラ」が後接した「コッタラ」(「ゴッタラ」)という
形式があるとされている。しかし、本資料では 1 例も見当たらなかった。佐藤(1982)によれば、
「(これから)行くなら」について

　　　北部の老年層にエグゴッタラがみられるが、すたれつつある。　　　　　　　　（佐藤 1982: 348）

としており、現在、気仙沼市・名取市では「コッタラ」(「ゴッタラ」)という形式は、ほぼ使われな
くなったものと推察される。

5.　非条件的な用法

　ここでは 4 までの用法から漏れ、厳密に条件表現とは言いがたいが、同じ形式を持つ周辺的な
用法について見ていきたいと思う。気仙沼市・名取市の用例が特に共通語と違ったところに着目し
ていく。

5.1　慣用的用法（評価的用法）

　三井(2002)で慣用的用法とされる「義務」「すすめ」「困惑」「非難」を表す用法、前田(2009)で

74　第Ⅱ部　文法

表 6　気仙沼市方言の条件表現の形式と用法

用法			事態		気仙沼方言						共通語			
			前件	後件	バ	ト	タラ	ナラ	ンダラ	タッケ	ば	と	たら	なら
条件的用法	仮定的	仮説	一回	仮説	仮説	13	14	7	0	3	0	◎	○	◎	◎
		反事実		反事実	反事実	9	0	3	0	0	0	◎	■	◎	○
		事実的		事実	反事実	0	0	0	0	0	0	×	×	×	○
	非仮定的	一般	多回	(不問)	(不問)	1	3	0	0	0	0	◎	◎	■	×
		反復・習慣				0	2	0	0	0	0	◎	◎	■	○
		事実	連続	一回	事実	事実	1	0	0	0	0	0	△	◎	△	×
			きっかけ				0	0	0	0	0	1	○	◎	◎	×
			発現				0	0	0	0	0	0	△	◎	◎	×
			発見				0	3	0	0	0	9	○	◎	◎	×
非条件的	評価的用法					12	3	0	0	0	0	◎	○	◎	×
	終助詞的用法					68	1	0	2	0	0	○	×	○	×
	接続詞的用法					6	3	3	1	5	0	○	○	○	○

表 7　名取市方言の条件表現の形式と用法

用法			事態		名取市方言						共通語			
			前件	後件	バ	ト	タラ	ナラ	ンダラ	タッケ	ば	と	たら	なら
条件的用法	仮定的	仮説	一回	仮説	仮説	7	13	28	3	2	0	◎	○	◎	◎
		反事実		反事実	反事実	2	0	1	0	0	0	◎	■	◎	○
		事実的		事実	反事実	0	0	1	0	0	0	×	×	×	○
	非仮定的	一般	多回	(不問)	(不問)	0	6	1	0	0	0	◎	◎	■	×
		反復・習慣				0	3	0	0	0	0	◎	◎	■	○
		事実	連続	一回	事実	事実	1	0	2	0	0	3	△	◎	△	×
			きっかけ				0	0	0	0	0	0	○	◎	◎	×
			発現				0	0	0	0	0	0	△	◎	◎	×
			発見				0	1	1	0	0	10	○	◎	◎	×
非条件的	評価的用法					3	1	6	0	0	0	◎	◎	◎	×
	終助詞的用法					9	4	0	0	0	0	○	×	○	×
	接続詞的用法					5	3	12	0	1	0	○	○	○	○

前田（2009）の凡例
◎＝使用は十分に可能　　○＝一定の用例があり、使えると判断できる　　■＝不可能ではないが、用例はほとんどない
△＝近い用例はあるが、制限がある　　×＝使えない

「評価的用法」とされる用法について見ていく。「評価的用法」について前田は、

　　　条件接続辞に「いい」が付属した、「すればいい・したらいい・するといい」「しなければならない・したらいけない」「しなければならない・しないといけない」など当為的意味、あるい

は評価のモダリティを表現する複合的な文末表現に現れた場合　　　　　　　（前田 2009: 52）

としている。概ね気仙沼市・名取市ともに共通語と違いなく使用されているが、他県人が違和感を抱く「ナキャナイ」という言い方がこの「慣用的用法」あるいは「評価的用法」と言われる用法で、気付かない方言として使用されていると予想された。「ナキャナイ」に関連するだろう「ナゲナイ」という項目が、語源を「なけならない」として『仙台方言辞典』(1985)に収録されているので以下に引用する。

　　……なければならない。ナゲネェーに近く発音。「早グ行ガ──」。　　　（浅野 1985: 259）

「ナキャナイ」の用例を以下に示す。

(36)　ジーチャンバーチャンワ　<u>ミナキャネーベシ</u>　シゴドワ　イソガシーシ。(じいちゃんばあちゃんは　見なければいけないし　仕事は　忙しいし。)
　　　　　　　　　　　　　　　(3–11「食事の内容が気に入らない─②折れない」名取 004A)
(37)　アーノノッツォネゴ　<u>キツケナキャナイ</u>。(あの野良猫　気をつけなきゃいけない。)
　　　　　　　　　　　　　　　　　　　　　　(4–24「猫を追い払う」名取 009A)
(38)　〔晩酌を指して〕コレ　<u>ヤンナクテネスネ</u>。(これ　やんなくちゃいけないしね。)
　　　　　　　　　　　　　　　(4–26「夕方、道端で出会う─②女性→男性」名取 008B)

　筆者は山形県山形市出身であるが、山形市で学生であった折、もしくは宮城県仙台市で学生・高校教員として暮らしていた際、「ナキャナイ」を宮城県下の気付かない方言と認識していた。しかし、本資料を調べた結果、本資料の「ナキャナイ」「ナキャネー」「ナクテネ」は、名取の話者でたった9例しかなく、そのうち8例は名取市のインフォーマントA女性のものであり、B男性によるものは(38)の1例のみであることがわかった。また、気仙沼市で使われている例は無かった。「ナキャナイ」類は宮城県下の気付かない方言というより、かつて若者ことばとして存在し、女性によく使われたものだったと推測される。言わば高年層では余り使われないものではないだろうか。

5.2　終助詞的用法
　宮城県下で条件表現形式に関わる終助詞的用法の「デバ(有声化しないテバも含む)」は高年層でもよく使用されているが、本資料を見ると地域でかなりの差異があった。

76　第Ⅱ部　文法

表8　非条件的用法〔終助詞的用法〕の用例数

	デバ	バ	ト	タラ
気仙沼	66	2	1	2
名　取	8	1	4	0

　「デバ」は気仙沼市でよく使われ、名取市ではそれほど使われていなかった。宮城県の北と南で使用の差が見いだされるのではないかと思われた項目である。
　また、前田(2009: 40)によると共通語「と」は、終助詞的用法では「使えない」と判定されている。しかし、気仙沼市・名取市ともに「ト」の終助詞的用法の用例があり、違和感なく使われていることがわかる。

(39)　カラダ　<u>キツケネドネー</u>、トシダガラネ。(体［に］　気をつけないとね、年だからね。)
　　　　　　　　　　　(2–5「朝、起きない夫を起こす―②理由が納得できない」気仙沼007A)
(40)　〔食事の希望〕セメデ　ヤーサイ　モースコス　オーク××<u>シテモラワネードナ</u>ー。(せめて　野菜　もう少し　多く××してもらわないとなあ。)
　　　　　　　　　　　　　　(3–11「食事の内容が気に入らない―①折れる」名取009B)

6.　条件を担う「ドギ」(時)

　日本語記述文法研究会(2008)は、同時を表す時間節として、

　　従属節の事態と主節の事態の成立が、ほぼ同時であることを表す時間節を、同時を表す時間節という。　　　　　　　　　　　　　　　(日本語記述文法研究会 2008: 169)

とし、従属節と主節の事態の成立がほぼ同時の場合として、共通語「とき」「ときに」「とき(に)は」が使われるとしている。気仙沼市・名取市でも「ドギ」の後の副助詞「は」が落ち、「ナラ」のように用いている状況のように見える、以下のような例文が得られた。

(41)　<u>オソグナットギ</u>　デンワスッカラー。(遅くなるとき　電話するから。)
　　　　　　　　　　　　　(1–67「夫(妻)が帰宅する―②妻が帰宅する」気仙沼007A)
(42)　コノ<u>アッツイドギ</u>　ウドンモ　イーナ。(この暑い時　うどんも　いいな。)
　　　　　　　　　　　　　　　　　　　(1–69「食事を終える」名取003B)

　筆者は櫻井(2002)において山形市方言で条件表現の「ドギ」が条件表現を示すことについて記述した。同じように気仙沼市・名取市でも「ドギ」が、仮定的用法の〔仮説的用法〕のように使われている例を示す。

（43）　*イードジー*　カダッテケロー。（いいとき　話してください［＝誘ってください］。）

（1–2「お金を借りる―②断る」気仙沼 016B）

（44）　コンドー　オジャノミデモ　*アッタドギ*　キズグ　ユッドゲヤ。（今度　お茶飲みでも
あったとき　きつく　言っとけや。）

（3–12「隣人が回覧板を回さない―①同意する」名取 005B）

　（43）の共通語訳は「いいとき」、（44）「あったとき」とされているが、（41）（42）のように「ドギ」
に副助詞「は」を接続して「いいときは」「暑いときは」と言い換えるより、（43）は「よかった
ら」、（44）は「あったら」とするのがより自然であり、3.1 の仮説的用法を担っているように見え
る。これは隣県山形県山形市の「ドギ」の用法と重なっており、仮定的用法の仮説的用法と、非仮
定的用法の事実的用法を担っていることがわかった。具体的には、全 6 例のうち（42）のみ非仮定
的用法の事実的用法であり、それ以外の 5 例は仮定的用法の仮説的用法であった。後者の場合、Q
は命令か提案である。

7.　考察を終えて

　本資料、『生活を伝える被災地方言会話集―宮城県気仙沼市・名取市の 100 場面会話―』を通
し、順接仮定条件表現を中心に見てきた。条件表現は、方言調査の中でも特に高年層話者には不評
で、「運転免許試験の筆記試験のように紛らわしく、差異がわからない」「同じことを何回も聞かれ
ている気がする」などと言われることもある。本資料を使用することにより、より自然に近い会話
からその使用例を採ることができた。例えば、方言の文法を扱うにあたって文法的には言えるが、
実際には使用しづらい例というものが出てきて、混乱を来すことがある。本資料を使用すればそう
いった不自然な用例を自ずと回避してまとめることができる。

　ただし、用法によって起こりうる制限の有無を調べる場合や、本稿であれば仮定的用法の反事実
的用法における P＝事実であるか P＝反事実であるかで使用する形式をそれぞれ見たい場合などで
は、用例が出揃わないということがあった。そのときは追って調査項目を設定し、確認するべきで
あろう。

注

1　「タンガエデシテケネ。」の対訳は（持ってくれない？）とされているが、厳密には「シテ」を活かし、（持っ
　　て来てくれない？）とすべきであろう。音声データを確認したところ、「シテ」部分は「シテ」と「チテ」の
　　中間のように聞こえる。

文献

浅野建二編(1985)『仙台方言辞典』東京堂出版

櫻井真美(2002)「山形市方言の条件表現形式「ドギ」」『言語科学論集』6: pp.73–83. 東北大学大学院文学研究科

佐藤亨(1982)「11　宮城県の方言」飯豊毅一・日野資純・佐藤亮一編『講座方言学　4―北海道・東北地方の方言―』pp.333–361. 国書刊行会

日本語記述文法研究会(2008)『現代日本語文法6　第11部　複文』くろしお出版

蓮沼昭子・有田節子・前田直子(2001)『日本語文法セルフマスターシリーズ7　条件表現』くろしお出版

前田直子(2009)『日本語の複文　条件文と原因・理由文の記述的研究』くろしお出版

益岡隆志編(1993)『日本語の条件表現』くろしお出版

三井はるみ(1998)「11.　条件表現」加藤正信・遠藤仁編『宮城県中新田町方言の研究』(科研費報告書)pp.83–95.

三井はるみ(2002)「条件表現」大西拓一郎編『方言文法調査ガイドブック』(科研費報告書)pp.85–101.

アスペクトの周辺的意味
―「(危なく)シタ」形式をめぐって―

津田智史

1. はじめに

　日本語方言において、アスペクト研究の蓄積は多くある。しかし、多くの場合、完成相と対立する継続相などを中心に体系立てがおこなわれており、そのほかのアスペクトの周辺的な意味(将然、習慣、恒常的特性、パーフェクト、非実現など)まで含むものはそう多くない。各地方言の記述的な報告は、全国各地でおこなわれているが、その地域に特徴的にみられる形式や意味に特化し取り上げられるものが多く、周辺的な意味に限れば、方言間の差異や形式の分布が必ずしも明らかになっているとは言い難い。それは、東北方言についても同様である。東北方言では、シテダ(シテイタ)という形式でテンス現在の継続相を表すことや、テンス過去で使用されるシタッタ(シテアッタ)などが特徴として取り上げられることが多い。一方で、東日本の諸方言と同様にスルとシテイルの2項対立という体系をみせ、形式としても標準語と同様のものが多いため、アスペクトの周辺的な意味への言及はそれほど多くなく、とくに形式面で特徴のある形式が扱われる研究が多くみられる。

　本稿で取り上げる過去の非実現形式については、全国的に「するところだった」や「しそうだった」「しかけた」といった形式が広く使用されており(後掲図1、2参照)、先行研究においてとりたてて取り上げられるのは西日本諸方言にみられるショッタ形式がほとんどである。ところが、『生活を伝える被災地方言会話集』3・4(以下、『会話集』)をみると、気仙沼市の会話の中で過去の非実現を表すものとして「(危なく)シタ」というものがみられる。構成要素としては標準語でもみられる形式であるが、表現としては若干の違和感を覚えるものである。だが、『会話集』において同一話者からではあるが、この表現は複数回みられることから、気仙沼方言の過去の非実現形式と認められよう。そこで、本稿では『会話集』にみられるこの「(危なく)シタ」の用法について考察していく。用法や使用条件について気仙沼市で実施した臨地調査の結果より明らかにしつつ、また形式の分布とバリエーションについても言及する。

　本稿の流れは次のとおりである。2節で、これまでの方言アスペクト研究の概要を示し、その対象について述べる。そして、『会話集』でみられる「(危なく)シタ」の具体例を確認し、アスペクトの周辺的意味を表す形式の研究の可能性を提示する。3節では、気仙沼方言調査の結果から、「(危なく)シタ」形式の使用される条件を、①動詞分類、②ヴォイスの面から検討する。4節では、

80　第II部　文法

方言地図類や記述報告を参照しつつ、「(危なく)シタ」形式のバリエーションと分布を明らかにする。それにより、過去の非実現形式について、③地域差という点から考察を加える。最後に、5節でまとめと会話分析によるテンス・アスペクト研究の可能性を示す。

2.　アスペクト研究の対象

　ここでは従来のアスペクト研究で対象とされてきた意味や形式についてみていくことにする。まず、方言アスペクト研究の対象とされる基本的意味と周辺的意味について、その種類と概要についてみていく(2.1)。次に、本稿で取り上げる気仙沼方言にみられる過去の非実現形式の様相を談話から確認する(2.2)。そして、今後のアスペクト研究において周辺的意味の研究が重要となる点について述べることにする(2.3)。

2.1　アスペクトの基本的意味と周辺的意味

　従来の日本語方言アスペクト研究においてはスラブ諸語研究の影響もあり、事態が完了しているのか、していないのかに焦点がある。標準語では、スルとシテイルが完成相と継続相で対立するとされる。前者は時間的な区切り方をせずにひとまとまりとして事態をとらえるものであり、後者は事態の内部的な時間構造をとらえるものである。Comrie(1976)をみても、完成相(Perfective)と不完成相(Imperfective)の対立が基本的なアスペクトの対立であることがわかる。この不完成相には、上記継続相(Durative)などの下位分類がみとめられるとする。東日本諸方言においても、基本的に完成相スルと継続相シテイル(／シテダなど)の2項対立であることが先行研究で述べられている(工藤 2014 など)。また、この継続相は、動作進行を表す進行相(Progressive)と結果継続を表す結果相(Resultative)を含むことが知られている。標準語では、シテイルが継続相を表し、動詞の種類によって進行相を表すか、結果相を表すかが決まるものとされる。西日本諸方言では、完成相スルと進行相ショル、結果相シトルの3項対立であることが知られている。以上のようなアスペクト的意味を基本的なものとして、記述および体系立てがおこなわれている。

　しかし、ここで取り上げられる基本的意味を表す形式の多くは、そのほかにも派生した意味を表すことができる。それらは周辺的意味として、各地方言において特徴的な用法や形式の使用がみられる場合にのみ記述がおこなわれている状況である。周辺的な意味には、将然や習慣、恒常的特性、パーフェクト、非実現などがある。工藤編(2001)などは、日本全国の方言を対象として、体系的・網羅的にアスペクト的意味を記述するものであるが、取り上げられる形式は標準語のシテイルに相当する形式がほとんどである。それは、いずれの方言においても基本的意味を表す形式の語構成が類似しており、またいずれも存在動詞を含むものであることが要因であろう。

　このように、従来のアスペクト研究においては、基本的意味を中心として、標準語シテイル相当形式を扱うものがほとんどである。周辺的意味についても、それらシテイル相当形式や特徴的な形式の場合にのみ記述されることが多い。その点で、周辺的意味の記述は十分であるとは言い難いのが現状である。

アスペクトの周辺的意味　81

2.2　『会話集』にみる過去の非実現形式

　ここでは、アスペクトの周辺的意味のうち、過去の非実現形式に注目してみたい。過去の非実現
については、『方言文法全国地図 4』(以下、GAJ)において、「(もう少しで)落ちるところだった[1]」
をどのように言い表すかの全国分布が示されている。そこでは、全国的に「するところだった」や
「しそうだった」「しかけた」などの形式が使用されており、シテイル相当形式としては、西日本諸
方言のショッタが大きな分布をみせる。そのため、過去の非実現形式が注目される場合、西日本諸
方言を対象とした研究が多い。しかし、『会話集』をみてみると、東日本とくに東北方言において
興味深い表現がみられる。それは、「(危なく)シタ」というものである。

　以下、実際に『会話集』でみられた気仙沼方言「(危なく)シタ」がどのように使用されているの
か、実際の例からみていきたい。(1)および(2)は、『会話集』3 の「14　猫を追い払う」場面の実
演会話である。例をみてわかるように、「(危なく)モッテガレダ／カジライダ」といった表現がみ
られる。なお、この場面については名取市でも同様の場面について集録・公開されているが、この
表現は気仙沼市のみで確認できるものである。また、『会話集』3 には(1)(2)のような会話例がみ
られたのだが、ここに収録されていないものの、3 回目の実演の際にも「(危なく)シタ」が確認で
きたということである。つまり、同一話者の発話とはいえ、かなり気仙沼方言では頻繁に使用され
る表現であることが窺える。なお、ここでは資料元の下線は省略し、該当箇所は太字で強調した。

（１）　004B：アー　サガナ　カレダカ。
　　　　　　　あー　魚　　　食われたか。

　　　　005A：クワネドオモーケントー　ドゴノネゴダベー。
　　　　　　　食わないと思うけれど。　どこの猫だろう。

　　　　006B：アーーー　ソガー。
　　　　　　　あー　　　そうか。

　　　　007A：イヤー　**アブナグ　モッテガレダヤー。**
　　　　　　　いや　　危なく　　持っていかれる［ところだった］よ。

　　　　　　　　　　　　　　　　　　　　　　　　(3–14「猫を追い払う—①実演 1」気仙沼)

（２）　005A：アー。　サガナ　カジッタイベガ。　アラ　カジッテ、ア　イダネ。
　　　　　　　あー。　魚　　　かじっただろうか。あら　かじって、あ　あるね。

　　　　　　　サガナ　アッタ。**アブナグ　カジライタデバ。**
　　　　　　　魚　　　あった。危なく　　かじられる［ところだった］ってば。

82　第Ⅱ部　文法

006B：アーーー　イガッタ　ホンデア。{息を吸う音}ホンデモナー　カラスーモ
　　　　あー　　　よかった　それでは。{息を吸う音}それでもなあ　カラスも

　　　　クッカモシンネガラー　アミ　カッテククッガラー。
　　　　来るかもしれないから　網　　買って×くるから。

007A：アミ　カゲダホ　イーベガネ。
　　　　網　　掛けた方　いいだろうかね。

008B：ウーーーン。　ソノホ　イー。
　　　　うーん。　　　その方　いい。

009A：イヤーイヤ　**アブナグ**　**モッテガレダヤ**。
　　　　いやいや　　危なく　　持っていかれる［ところだった］よ。

　　　　　　　　　　　　　　　　　　　（3–14「猫を追い払う―②実演 2」気仙沼）

　一方で、同一の場面設定会話を収録する『会話集』4 では、(3)をみるとわかるように「(危なく)シタ」は確認できない。ただし、これは文脈による影響があるためだと思われる。(1)(2)は猫が魚を持っていきそうになったこと(しかし、現実には持ち去られなかったこと)を話しているが、(3)では現実に猫がくわえていってしまったことを話している。つまり、「もう少しで」という文脈でなかったために確認できなかったものと考えられる。なお、名取方言においては、『会話集』4 でも同形式は確認できない[2]。

（3）　002B：ナニシタヤ。
　　　　　　　どうしたよ。

　　　003A：ネーゴ　ホラ　イマ　サガナ　クワエデ　アレ（B　ウン）コッチ　ミーミー
　　　　　　　猫　　ほら　今　　魚　　　くわえて　あれ（B　うん）こっち　見ながら

　　　　　　　イッタデバー。
　　　　　　　行ったってば。

　　　004B：アー　ソー。
　　　　　　　あー　そう。

　　　　　　　　　　　　　　　　　　　（4–24「猫を追い払う[3]」気仙沼）

さて、非実現形式についてみていく際に、気をつけなければならないことがある。それは、使用される表現のうち、どの要素が非実現の意味を表しているのか、という点についてである。この点に関しては、西日本諸方言を対象としたものではあるが、次のような言及がある。

> 非実現といった意味がシヨッタというヨル形によって表される意味なのか、「もう少しで」といった副詞的な要素、もしくはそれとの関わりにより表される意味なのかは確認する必要がある。
>
> (津田 2014)

先述のとおり、西日本諸方言ではシヨッタという形式が広く使用されていることがわかるが、「非実現」の意味は、「もう少しで」などと共起するか、それに準ずる文脈の上で成り立つものである（本多 2000、津田 2014）。そうであるならば、気仙沼方言においても、過去の非実現を「危なく」の部分が表しているのか、シタが表しているのか、もしくは表現全体の「(危なく)シタ」が表しているのかについては、しっかりと検討する必要があるということである。結論から述べれば、「(危なく)シタ」はこの表現全体で過去の非実現形式としてとらえられる。なぜなら、気仙沼方言の「(危なく)シタ」については、『会話集』において(1)(2)のいずれの例でもアブナグが付随しており、この要素は非実現の事態を表す際に必須であると考えられる。それは、シタの形式からも窺える。東北方言、特に気仙沼方言のシタ形式は、運動動詞ではテンス過去を、存在動詞ではテンスに限らず継続的な事態を表すものの、それだけで非実現を表すことはない。そうであるならば、「(危なく)シタ」全体によって過去の非実現を表しているととらえられよう。

2.3　周辺的意味を表す形式研究の可能性

「(危なく)シタ」は GAJ などをみると確かに東日本に散見される[4]。しかし、先述のように方言アスペクト研究においては、とりたてて取り上げられることはされてこなかった。それは、標準語のシテイル相当形式ではなく、かつ「危なく」もシタも標準語に同一の形式があり、特異性があまり感じられなかったためであることが考えられる。加えて、『会話集』では同一話者からの発話が確認できたが、GAJ などをみると地域も数も限られる。その使用も、かなり状況や文脈など限られた場面であることが想定される。そのような状況の中で、過去の非実現形式自体、西日本諸方言以外での言及は多くなく、東日本諸方言では扱われる研究はほぼみられない。

一方で、東北方言では、過去に体験した出来事の思い出しを表すケなどは特徴的である。標準語などのケとは用法が異なることから、東北方言の特徴としても記述される。とくに、山形県の方言についての報告が多くみられるようである（渋谷 1999、竹田 2004 など）。もちろん、アスペクトの基本的な意味においても形式の地域差は確認できるが、このような周辺的な意味においても形式の地域差は十分に確認できるように思われる。過去の非実現については、西日本諸方言のシヨッタ形式、東北方言の「(危なく)シタ」形式のようにどちらも専用の形式を持つことが考えられる。しかし、先述の東北方言のケによる過去の体験した出来事の思い出しの用法については、西日本諸方言では専用形式がないように思われる。そうであるとすると、ある事態を言い表すのかどうか、そし

84　第Ⅱ部　文法

てそれを言い表すために専用形式を持つのかどうか、そういった点での地域差もありうるということである。それを明らかにするために、とくにアスペクト研究においては、周辺的な意味も含めて網羅的に調査する必要がある。それにより、どういった時間的局面を切り出すのか、またその必要があるのかといった方言間の差異が浮き彫りになってくるはずである。

3.　気仙沼方言における「（危なく）シタ」形式

　ここからは、気仙沼市において実施した隣地面接調査の結果から、過去の非実現形式「（危なく）シタ」の用法についてみていくことにしたい。

3.1　調査概要と考察の視点
　調査は、3回にわたって実施した。話者は高年層の男女計6名、話者情報は（4）のとおりである。

　（4）　話者情報

	時期	話者 ID	生年
第1回	2017年8月3日〜5日	F1	昭和19年
		M1[5]	昭和11年
第2回	2018年8月2日〜4日	M2	昭和15年
		M3	昭和24年
第3回	2018年8月17日	M4	昭和12年
		F2	昭和15年

　第1回と2回については、東北大学国語学研究室が実施した気仙沼方言調査においておこなったものである。会場は、気仙沼市民会館であった。また、第3回については、話者宅でおこなった。

　調査は、テンス・アスペクトの全般についておこなったが、ここでは過去の非実現形式の内容についてのみ考察の対象とすることにする。調査に際しては、動詞による使用の可否を確認するため、①動詞分類による観点を用いている。また、『会話集』の用例から、受身形での使用しやすさが窺えるため、②ヴォイスによる観点についても加えた。ところで、「危なく」の要素は、同様の意味を表す複数の表現が想定できる。「もう少しで」やそれに類する表現などである。シタについても同様の意味を表す場合には、形式にバリエーションがみられる地域がある。そのため、③形式の地域差も考慮に入れておく必要がある。本稿では、それらのバリエーションを併せて、「（危なく）シタ」形式として扱うことにする。調査項目は次の（5）のとおりである。

（5） 調査項目

調査項目	観点①・②
1.「もう少しで落ちるところだった」	主変・能動（GAJ）
2.「もう少しで魚がとられるところだった」	主動客変・受動（『会話集』）
3.「夕飯を食べ始めるところだったよ」	主動・能動［緊急性低］
4.「もう少しで食べるところだった」	主動・能動
5.「よかった、全部食べられるところだった」	主動・受動
6.「もう少しで鍵を閉めるところだったよ」	主動客変・能動
7.「もう少しで鍵を閉められるところだった」	主動客変・受動
8.「もう少しで怒られるところだった」	心理・受動
9.「もう少しで濡れるところだった」	主変・意味的に受動
10.「もう少しで見つかるところだった」	主変・意味的に受動

　項目には、それぞれ状況設定があるが、いずれも、「もう少しでその事態が起こるところだった」という内容である。1、2の括弧内は参照した先行研究である。3〜10の状況については用例とともに示すにとどめ、取り上げないものについてはここでは省略する。

　調査の結果、F1 および M2 の話者（（4）話者情報中の網掛け）については、そもそも「（危なく）シタ」形式を使用しないということであった。そのほかの話者については、使用するということであった。以下、調査結果をもとに、気仙沼方言における過去の非実現形式について、その様相を探っていく。

　なお、①動詞分類による観点、②ヴォイスによる観点については、本節で扱うことにする。ただし、最後の考察の観点、③地域差については、次節で扱うこととする。

3.2　①動詞分類による観点

　まずは、動詞分類による形式使用の可否についてみていくことにする。日本語方言のテンス・アスペクト研究では、動詞分類との関わりからとらえられることが多い。そこで、工藤（1995）などで示される限界性の有無を基準とした主体動作動詞、主体動作客体変化動詞、主体変化動詞に分けて調査をおこなった。また、心理動詞についても項目に含んでいる。調査項目と動詞分類の関係については、（5）に示したとおりである。

　結論から先に述べれば、動詞分類による「（危なく）シタ」の使用の可否は認められない。

86 第Ⅱ部 文法

（6）（公民館で催しがあり、倉庫で片付けをしていると、外から鍵を閉められそうになりました。慌てて制し、事なきを得て、「もう少しで鍵を閉められるところだった」と言うとき、どのように言いますか。）[M1]

アブナグ　カギ　シメラレットコダッタナー／カケライタナー。

（7）（おやつのために大好物のお饅頭を買っておきました。用事が一段落し、お饅頭を食べようと居間に行くと、{兄弟／姉妹}が全部食べ切ろうとしていました。それを制止して、「よかった、全部食べられるところだった」と言うとき、どのように言いますか。）[F2]

イマスコシデ　ゼンブ　タベライタゼ。

いずれも受身形ではあるが、主体動作客体変化動詞である(6)「閉める／かける」についても、主体動作動詞である(7)「食べる／食う」についても、「（危なく）シタ」形式は使用可能ということである。また、心理動詞の(8)「怒る」の場合にも、使用可能である。

（8）（小さいときのことを思い出してください。学校の掃除時間中に遊んでいると、向こうから先生がやってきたので、急いで逃げました。「もう少しで怒られるところだった」と言うとき、どのように言いますか。）[M3]

アブナグ　オコライットコダッタナー／オコライタナー。

なお、とくに調査項目2などでは調査文指定の動詞が出てこない場合もあった。ただし、上記のように動詞分類の別により使用の偏りはみられない。「（危なく）シタ」形式については、動詞分類の別について考慮する必要はないことがわかる。

3.3　②ヴォイスによる観点

次に、ヴォイスの観点からみていきたい。『会話集』においては、場面設定談話の状況が「魚をとられそうになって追い払う」というものであるため、意味も形式も受動的なものである。また、GAJの「（もう少しで）落ちるところだった」は、「落ちる」という事態を被る状況である。そうであるならば、「（危なく）シタ」形式は受動的な意味合いで使用されやすいのではないかという予測が立つ。そこで、調査項目にヴォイスの観点を導入したものである。

それでは、実際に調査結果を確認していく。まず、意味的に受動のものについて使用可能かどうかをみていくことにする。「（もう少しで）落ちるところだった」は、能動の形であるが、発話者がなんらかの事態の影響を被るものである。この状況については、後述の図2で複数地点使用が散見できるように、使用可能である。それと同様に、事態の影響を受ける(9)「濡れる」についても使用可能のようである。

（9）　（役場に行きました。用事を済ませ、歩いて家に向かっていると、雲行きが怪しくなってきました。急いで帰り、ちょうど家の前に着いた時に雨が降り出しました。家に入り、「もう少しで濡れるところだった」と言うとき、どのように言いますか。）[F2]

アブナガッタ。イマスコシデ　ヌレタゼ。

すでに『会話集』の例や（6）〜（8）でみたように、受身形では十分使用される。以上から、受動的な意味が含まれる場合には使用可能であることが分かる。それでは次に、受動の意味合いがない場合においても、能動の形で使用可能かどうかについてみていこう。

（10）（公民館で用事を済ませ、鍵を閉めようとすると、忘れ物があるという友達がきました。「もう少しで鍵を閉めるところだった」と言うとき、どのように言いますか。）[M4]

イマスコシデ　シメター。マニアッテ　エガッタ。

（11）（家に帰ると、お饅頭がたくさん置いてありました。おいしそうなので、ひとつ食べようとすると、お客さん用だから食べるなと家族に止められました。「もう少しで食べるところだった」と言うとき、どのように言いますか。）[M1]

アブナグ　クッタヤー／クットコダッタヤー。

（10）の「閉める」についても、（11）の「食う（食べる）」についても、使用できるようである。やや使用にゆれがみられるものの、能動的な内容においても、状況さえそろえば「（危なく）シタ」形式は使用可能ということである。

　以上のように、調査項目で用意したものに関しては、個人差はあるものの、「（危なく）シタ」形式は広く使用されていることが窺える。しかし、注意を要する点もある。今回得られた結果において、多くの場合は調査者の誘導による回答が多かった点である。先に示したいくつかの用例をみてもわかるように、「するところだった」というような表現がまず答えられている場合がある。これは、状況説明はおこなっているものの、調査対象の表現についての標準語からの翻訳という形に近いこともひとつの要因であろう。もしくは、「（危なく）シタ」形式の使用範囲について、話者によりゆれがあることも考えられる。それについては今後の課題となろう。

　また、表現の使用可否の確認をする際に、受動や事態の影響を被る場合には使用されやすいが、能動の場合にやや使用にゆれがみられることがある。一部話者においては、部分的に使用できないとする項目もあった。例えば、調査項目3においては、項目設定の段階で緊急性の度合いも考慮に入れていたが、この点もどうやら関わってくるようである。話者M3の内省によると、先行して「先に食べたらダメだよ」という約束があれば「（危なく）シタ」形式を使用できるということであった。これはつまり、より差し迫った状況であれば使用されやすいということであろう。この点についても、さらに考察を深める必要があろう。

88　第Ⅱ部　文法

4.　過去の非実現形式の地域差

　ここからは、「(危なく)シタ」形式の地域差についてみていきたい。テンス過去を表す形式としては、日本語ではシタ形式が使用される地域が多い。ところが、東北方言(とくに山形県方言)のテンス過去を表す形式には、いくつかバリエーションがみられる。山形県を中心に、スルガッタやシタガッタのように、カッタ形式がみられる(金田 1983、津田 2011 など)。また、主に回想を表す際に用いられるが、山形県山形市においては違ッケ、要ッケなど状態用言にケが接続した場合には、テンス過去を表すという(渋谷 1999、竹田 2004 など)。非実現を表す形式として、「(危なく)シタ」自体の報告はほぼみられないが、上記のようにタ形ではないが、テンス過去相当の意味を表す形式の場合についても、さらに確認する必要があるだろう。

　まず、工藤編(2001)の各地方言のテンス・アスペクト調査のデータから、山形県南陽市における過去の非実現のデータをみていく。(12)は南陽方言のデータを抜き出したものである。

(12)　南陽方言における過去の非実現形式(工藤編 2001 より)

地域	共通語例文・方言語形	動詞分類など
山形県南陽市	(死にかけたが実際は死ななかったのを話題にして)金魚が<u>もう少しで死ぬところだった</u>	主変
	キンギョ　**イマチットデ　シヌガッタ**／シヌドゴダッタ	死ぬ
	(学校に行きかけたが結局行かなかったのを話題にして)<u>もう少しで学校に行くところだった</u>	主変
	イマスコシデ　ガッコーサ　**インカッタ**／イグドゴダッタ	行く
	(窓を開けかけたが結局開けなかったのを話題にして)<u>もう少しで窓を開けるところだった</u>	主動客変
	イマスコシデ　アゲッカッタ	開ける
	(飲みそうになったが結局飲まなかったのを話題にして)<u>もう少しでお酒を飲むところだった</u>	主動
	イマスコシデ　ノムドゴダッタ／ノムドゴダケ／**ノムガッタ**	飲む

　これをみると、南陽方言では「イマスコシデ　スルガッタ」という形式が頻繁に使用されていることがわかる。この資料からも、動詞分類に関わらず使用されていることが窺える。また、渋谷(1999)では、「危惧的思い出し」と名付け、ここで扱う「(危なく)シタ」形式を扱っている。

(13)　もう少しでそのお菓子を**クーケハー**

　ここでのハーは詠嘆を表すもので、「すべきでないことをしかけた／した」という話し手の気持ちを表出するものだとしている。それにより、(13)は「あやうく食べかけた」という意味を表す

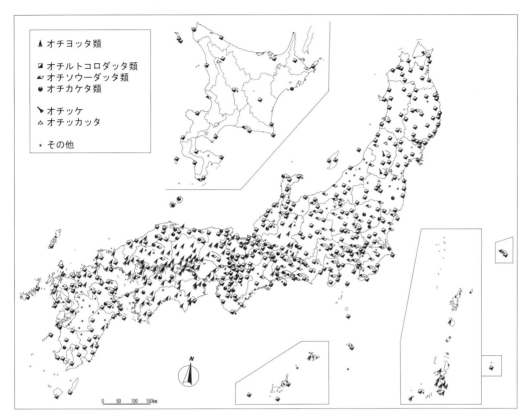

図1 「〈もう少しで〉落ちるところだった」(津田 2016 を改編)

としている(渋谷 1999)。渋谷(1999)は、この用法は一人称でも使用可能なことから、ケの思い出し用法からの拡張用法とする。いずれにしろ、これらはまさしく「(危なく)シタ」と同じく非実現を表すものであろう。

　それでは、これらの形式はどういった分布を成しているのだろうか。まず、2010〜2013 年に実施された全国調査(FPJD「方言の形成過程解明のための全国方言調査」)のデータをみていく(図1)。

　図1の「〈もう少しで〉落ちるところだった(将然相・回想)」の分布をみると、スルガッタ(オズッカッタなど)は秋田県本荘市、山形県戸沢村、宮城県七ヶ宿町で、スッケ(オジッケなど)は山形県西川町や山形県米沢市でみられることがわかる。山形県を中心にその周辺地域でも確認できる。

　次に、GAJ の分布についても確認する(図2)。図2では、スルガッタはみられないが、スッケが山形県と茨城県で確認できる(山形県東根市、山形県西川町、山形県飯豊町、茨城県八千代町)。そして、シタ(オテタなど)が岩手県岩泉町、岩手県川井村、岩手県大船渡市と、鹿児島県十島村および伊仙町で確認できる。気仙沼方言は岩手県南部と方言的な類似性も認められるが、この過去の非実現形式においてもその連なりが窺える。さらに、GAJ では「[もう少しで]落ちるところだった」という、「もう少しで」の表現に注目した地図も存在する。それをみると、鹿児島県伊仙町の

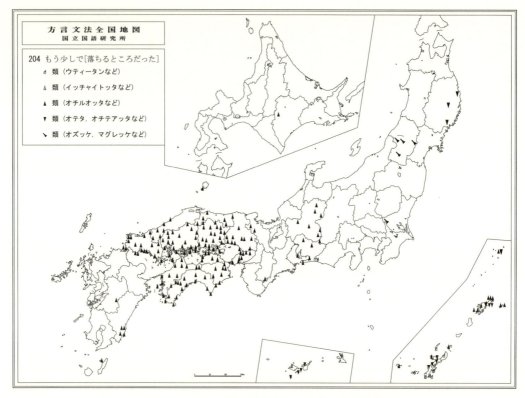

図2 「もう少しで［落ちるところだった］」(GAJ を改編)

　一回答を除いて、「もう少しで」に相当する表現が回答されており、全国的にこの表現が非実現の意味を表す際には必要であることが窺える。ここで必須としないのは、西日本諸方言においては、文脈上で示されれば必ずしも「もう少しで」という表現を明示しなくてもいい場合があるためである。一方で、本稿でみた気仙沼方言はじめ東北方言の「(危なく)シタ」形式については、「もう少しで」相当の表現が必ず現れる。これを文脈でもって代えることができるかどうかは、今後の課題である。

　さて、以上みてきたことをまとめると、過去の非実現を表す形式については、東北方言ではいくつかバリエーションが確認できることがわかる。まず、山形県を中心に「(危なく)スルガッタ／スッケ」が確認できる。また先行研究の記述等みても、「もう少しで／危なく」の要素は非実現の意味を表すために必須である。次に、気仙沼方言でみられる「(危なく)シタ」であるが、岩手県沿岸部や鹿児島県の島嶼部で確認できる。いずれの場合も、「もう少しで／危なく」などの要素が付随していることがほとんどである。この点からも、「(危なく)シタ」形式全体で非実現の意味を表していることが窺える。

　ここで問題となるのは、「(危なく)シタ」形式が東北地方にかたまって分布しているという点である[6]。とくに山形県に多くみられることが先行研究から窺える。しかし、その形式は一様ではない。それぞれのテンス形式とも大きく関わっていることが予想される。金田(1983)をみると、カッ

タ形式は形容詞の活用語尾が接辞化したもので、切り離された過去の事態を状態的に述べるものであることがわかる。また、ケについても竹田（2004）が述べるように、「反復する出来事を恒常的な出来事として表す」用法が基本であるとする。つまり、いずれも状態的に事態をとらえているということである。さらに山形方言において、過去を明示する際には、シタッタ（シテアッタ）といった形式もみられる。これらの形式からみえてくるのは、山形方言では過去を表す際にはカッタ形式やケのように状態的にとらえたり、シタッタのように存在に言明したりする必要がある、何かしらの接辞を必要とするということではないだろうか。ただし、まだ予測の域を出ない。このことを明らかにするためには、山形方言においてシタはどのような意味を表しているのか、それを明らかにする調査をおこない、それぞれの形式との差異を明確にする必要があろう。

　加えて、今後の課題となりうる点についても言及しておく。まず、本稿のための調査は、あくまで広くテンス・アスペクト全般についての調査である。それは、「（危なく）シタ」形式が気仙沼においてどれほど使用されるのかという危惧があったためである。そのため、調査の観点も多く設定できなかった。今回の調査で「（危なく）シタ」形式がかなり使用されることは明らかであるが、用法についてはさらに調査が必要である。例えば、人称の問題である。今回は一人称で統一しているが、三人称ではどうであろうか。(12)をみると、山形方言では三人称でも表せるようであるが、気仙沼方言ではどうであろうか。また、「（危なく）シタ」形式は、いずれの方言においてもほぼすべての例で終助詞を伴っている。終助詞がつかない場合でも、語尾を長音化し、イントネーションが平叙文と異なる。終助詞の有無の調査や、つかない場合には、イントネーションに関する調査も必要となろう。

5.　おわりに―会話分析の可能性

　以上、気仙沼方言の「（危なく）シタ」形式について、同地でおこなった調査の結果と先行研究から述べてきた。内容を繰り返すことはしないが、その用法の一端は明らかにできたと考える。しかし、本稿でも都度述べてきたが、いまだ明らかにできていない面が多くある。それらはすべて今後の課題である。

　最後に、談話や会話からのテンス・アスペクトの分析の可能性と必要性を述べておく。本稿で扱った「（危なく）シタ」形式は、『会話集』を編集する際に、標準語と異なる用法であるということがみえてきたものである。編集に携わった者からその用法について尋ねられたものの、その形式自体も先行研究についても心当たりがなく、非常に忸怩たる思いであった。しかし、裏を返せば、これは会話を資料としたテンス・アスペクト研究の可能性を示している。従来の研究では、本稿で述べたように標準語シテイル相当の形式が中心に扱われており、それ以外の形式（とくに標準語に同一形式が存在する場合に）はあまり取り上げられてこなかった。そういった形式は、面接調査においても見落とされがちであった。テンス・アスペクト研究自体が、形式偏重になっていたといえる。その点で、自然な発話を記録する会話・談話といった資料は、形式の宝庫であるといえるだろう。また、本稿でも述べたが、どういった時間的意味を言い表すのか、言い表すのであれば専用形

92 第II部 文法

式を持つのか、といった点は、時間的局面をどのようにとらえているのかということにつながるものである。言い換えれば、時間に関する事態の描写の姿勢が明らかになるということである。そのためにも、どのような形式が使用されているのか、漏れなく知る必要がある。その資料として、会話資料は重要な役割を担うはずである。今後、テンス・アスペクト研究の充実のためにも会話資料の活用が大きな課題になろう。

注

1 具体的な質問内容は、「あなたは崖から足を滑らせてもう少しで落ちそうになりました。家に帰って、『もう少しで落ちるところだった』と言うとき、どのように言いますか」である。

2 名取市の会話データは、『会話集』3では魚を狙っていた猫を近づく前に追い払うという内容で、『会話集』4では猫が咥えてしまったのを追い払うという内容である。そのため、「(危なく)シタ」形式がみられないのは、文脈によるものか、そもそも名取方言では使用されないのか、その点については検討の必要がある。

3 4-24は『会話集』3-14と同じ場面のものである。ただし、『会話集』4では『会話集』3と異なり、収録会場に猫や魚の模型を持ち込んでの実演の「行動式(疑似的環境)」ではなく、セリフのやりとりのみの「着座式」の収録である。

4 GAJにおいては、気仙沼では使用を確認できない。GAJの分布については、図2および4節の説明を参照のこと。

5 話者M1については、福岡県門司の出身であり、北海道を経て、6歳〜12歳まで岩手県下戸郡、13歳〜15歳まで気仙沼市新町、16歳〜20歳まで東京都、その後は気仙沼市在住である。言語形成期に外住歴が多いが、調査の結果はほかの話者と大きく差はみられない。本稿では、M1の話者の回答についても考察の対象とした。

6 図2では、東北方言の「(危なく)シタ」形式と同系統の記号を琉球方言の回答に当てているが、奄美大島の一部や沖縄本島、南琉球でみられるそれらの記号は、テアッタ相当であることが考えられるため、本稿では考察の対象外とする。

文献

金田章宏(1983)「東北方言の動詞のテンス—山形県南陽市—」『琉球方言と周辺のことば』pp.107–133. 千葉大学教養学部総合科目運営委員会

工藤真由美(1995)『アスペクト・テンス体系とテクスト』ひつじ書房

工藤真由美(2014)『現代日本語ムード・テンス・アスペクト論』ひつじ書房

工藤真由美編(2001)『方言のアスペクト・テンス・ムード体系変化の総合的研究』文部省科学研究費成果報告書2 大阪大学文学研究科

国立国語研究所編(1998)『方言文法全国地図 第4集』大蔵省印刷局

渋谷勝己(1999)「文末詞「ケ」—三つの体系における対照研究—」『近代語研究』10: pp.207–230. 武蔵野書院

竹田晃子(2004)「山形市におけるテンス・アスペクトと文末形式ケ」『国語学研究』43: pp.319(26)–307(38).「国語学研究」刊行会

竹田晃子(2012)「テンス・アスペクト」小林隆編『宮城県・岩手県三陸地方南部地域方言の研究』pp.87–98. 東北大学国語学研究室

津田智史(2011)「テンス形式「―カッタ」」小林隆編『宮城県・山形県陸羽東線沿線地域方言の研究』pp.87–99. 東北大学国語学研究室

津田智史(2014)「方言アスペクトを再考する―山口市方言のヨル・トルの表す意味―」『地域言語』22: pp.1–16.

津田智史(2016)「107. 〈もう少しで〉落ちるところだった(将然相・回想)」大西拓一郎編『新日本言語地図―分布図で見渡す方言の世界―』pp.214–215. 朝倉書店

本多啓(2000)「方言文法と英文法(1)―宇和島方言の進行形をめぐって―」『駿河台大学論叢』20: pp.91–111.

Comrie, Bernard.(1976)*Aspect*. Cambridge: University Press.

想起に関わる表現

吉田雅昭

1. はじめに

　本論は、『生活を伝える被災地方言会話集―宮城県気仙沼市・名取市の100場面会話―』(以下、『会話集』)に収められている会話から、当該地域の想起に関わる表現について、考察を行うものである。「想起」は昔の出来事を思い出したり思い浮かべたりすることを意味し、会話の中では、過去のことを述べる、今まで忘れていた事柄を思い出す、会話の相手から何かを思い出すよう求められる、それに対し何らかの応答をする、などの様々な場面で現れる用法である。

　本論で行うのは、想起の意味を基にした考察である。具体的には、何らかの事態の思い出しに関わる発話場面で使用される文末形式(文末詞)を主とし、共通語で使用される形式についても言及を行う。ただし、想起の場面でよく使用される動詞や応答表現などの形式についても扱っている。

　『会話集』に見られる方言形は、想起だけでなく様々な意味を表している場合も多いのだが、方言形の特徴を明らかにするため、典型的な想起の意味から外れた場面を扱う場合も存在する。その点、雑多な文例を取り上げている印象もあるが、『会話集』の、特に方言形式の特徴を明らかにすることは、当該地域の言語実態を考察する上で重要な点だと考え、想起の意味を中心としながら、方言形の例については詳しく取り上げ考察を行う。

　被災地方言の想起表現については、気仙沼市を対象とした吉田(2012)において、調査者が場面を設定し、各場面に当てはまる文末形式を被調査者が答える方法で、年代別と男女別に考察している。気仙沼市の想起表現の概要について、吉田(2012: 116–117)から引用してみる。

　　現在から離れた事態を表現する際、また過去の事態についての質問文では、共通語と同様に、当方言でもケ形が全体的に用いられている。時間を経ていなく、明確な認識を持って事態を述べる際は、ネ・ナ、ヨネ・ヨナといった形式が使用されている。　　　　　　　　　(p.116)
　　話し手と聞き手が共通認識を持っている場合、チャ形が使用され高校生などの若い世代でも、ある程度盛んにチャが使用されていることも示された。また、確認する場面ではべも使用され、こちらも若い世代でもある程度使用され続けているということができる。方言形として、チャ・べはまだ命脈を保っている形式だが、融合形のベッチャは上の世代の使用が多く、若い世代の使用は衰退した状況である。　　　　　　　　　(p.117)

96　第Ⅱ部　文法

発話時から遠ざかった過去や発話時には認識が不明確な場合はケ、明確な認識を持つ場合はネ・ナやヨネ・ヨナが用いられること、そして、聞き手との関わりの中で共通認識があればチャ、確認をしたい場合はベを用いることが、この引用文では指摘されている。

　本論では気仙沼市と共に名取市も調査対象である。また自由会話から用例を拾うという方法なので、上記引用のような傾向がそのまま当てはまるというわけではない。そして、調査対象は高齢者で概ね伝統的な方言と見ることができるが、更に古い方言形の衰退が生じ得ることを注意しておきたい。

　なお、吉田(2012)では、事態が生じた時間の差(昔か現在から近いか)や質問・応答といった、文脈や場面の違いを基にした人数調査が行われているが、ここでは『会話集』の分析であることを踏まえ、以下、節を『会話集』1〜4 に分ける。また、各節の中でも気仙沼市、名取市に区分し、それぞれの話者の会話の中から想起に関わる文脈と捉えられる箇所の表現を調べる、という流れで進めていくことにする。その文脈には、昔の事態のような典型的な想起場面だけでなく相手に対し思い出すことを求める内容や、相手から過去のことを聞かれた際の応答など、想起に関する周辺的な場面も含まれている。

2.　『会話集』1

　『会話集』1 は、2013 年に行われた調査の会話を文字化したものである。

2.1　気仙沼市

　『会話集』1〜4 において、気仙沼市の会話は全て、1941 年生まれの女性 A と 1940 年生まれの男性 B の会話である。これ以降の引用で、「ケ」「チャ」など各節で取り扱う形式には下線を引いている。また、それ以外の「ウン」など、元の資料の下線は省略して記した。

（1）　014B：　ウン　アノー　アレ　ムガイノー　アレ　ナンタッ<u>ケ</u>ナ　アノヒト　サソッテミ
　　　　　　　　ダラ。（うん　あの　あれ　向かいの　あれ　なんていったっけかな　あの人
　　　　　　　　誘ってみたら。）　　　　　　　　　　　　　　　　　　（5「コンサートへ誘う」）

　この発話は、「アノヒト(あの人)」の名前が分からずに発話されている。「ナンタッケナ」は「なんて言ったっけかな」という共通語訳が付されているように、共通語で使用される文末詞「ッケ」に表れる意味と共通したものである。ケ形は、共通語では必ず促音が伴う。その傾向は(1)のように東北方言でも当てはまることが多いが、促音を伴わず発話される場合も見られる。

　共通語については「記憶の確認を表す「っけ」」(益岡・田窪 1992: 52)と述べられように、ケを記憶と結び付ける研究が多い。ただ、記憶がはっきりしないことを示す用法も多く、平叙文か疑問文か、対話文か独白文かの区別が曖昧な場合もある。むしろ、それらの区別を曖昧にしたいためにケを使うと解釈することもできる。この例文も、当該事態(あの人の名前)の想起の程度が不十分であ

ることを示しながら、不十分な想起であると会話の相手に伝えることを意図していると解釈できる
用例であろう。

（2）　007B：ンー。　ンナケド　ケサカラ　ミ　アッタンデネーノ　クルマ。（うーん。そうだ
　　　　　　　　けれど　今朝から　×　あったんで［は］ないの　車。）
　　　008A：アー　ホンダッ<u>ケ</u>オンネー。（あー　そうだったもんね。）

（37「車を出せずに困る」）

　男性が「今朝から車があったのではないか」と発話し、応答した女性は、「そうだったもんね」
という意味で「ホンダッケオンネー」と言っている。『会話集』に出てくる「オン」に関しては、
小原(2017)で詳細に調べられていて、(2)の会話にも言及がある。「オン」はモノ系終助詞の一種
と見なされ、小原(2017)では「対立的な情報の提示」と「理由の提示」を有しているかどうかで、
オンなどのモノ系終助詞の用法を4つ示している(2)の会話については、対立的な情報の提示も理
由の提示も共にない用法と捉えているのだが(p.219)、この場合のオンは、話し手の自明な事実を
伝達する際に用いられている、ということになる(p.215)。
　(2)「ホンダッケ」のケは共通語でも「そうだっ(たっ)け」と言えるように、まさに発話時の想
起を示す形式である。ただ、共通語では「〜ダッタッケ」と、タに下接することが多く、過去を表
すテンスマーカーとしての機能はかなり衰えている。一方、東北方言のケはテンス性をかなり有
し、この例のケは、〈過去に自分が見たり聞いたりして体験した事態を明確な事実として相手に提
示する〉という意味合いが強い。だからこそ、自明な事実を伝達するオンと共起できるし、テンス
性の強いケが先に出現するのである。
　なお、このケは、自分自身の経験を平叙文として伝えていることから、吉田(2004)で〈経験用
法〉と分類された用法の一種とも捉えられよう。
　(1)(2)は、記憶や思い出しに関するといわれるケが現れる文だったが、最初に述べた通り、様々
な形式が想起の文脈では出現する。

（3）　001B：オーイ。　イッテクッゾー。（おーい。行ってくるぞ。）
　　　002A：アラ　ドゴサ　イグッツッタ<u>ベ</u>。（あら　どこへ　行くっていっただろう。）
　　　003B：ナーンダッ<u>ケ</u>ー。　キョー　ハヤバンダデバー。（なんだよ。今日　早番だって
　　　　　　　ば。）
　　　004A：ア　ホンダーッ<u>タ</u>ネー。（あ　そうだったね。）

（66「夫（妻）が出かける―①夫が出かける」）

　この文は、出かけようとする夫に「どこに行く？」と妻が聞き、「なんだよ、今日早番だって
ば」「あ、そうだったね」という流れの会話である。
　002Aの「イグッツッタベ」は、夫に対し「どこに行くと言っていたのかが分からない＝思い出

98 第Ⅱ部 文法

せない」ということを伝えている。その際に'べ'が用いられているということになる。べは、東北方言で幅広く使用されている文末形式であり、『会話集』の「宮城県気仙沼市の方言概観」にも、推量・意志・確認・勧誘などの用法があることが述べられている。この例のべは、仙台市方言のべについて考察した玉懸(1999: 45)が確認用法の特徴として挙げた「話し手が現実のこととして認定できないが自らの思念上において想定されることとして、ある事態を提示する(中略)その事態が現実のことであるかどうかを聞き手に確認している」に当てはまり、確認用法に分類されると考えられる。確認の内容は「どこに行くと(あなたが)言ったか分からない。何と言ったか確認したい」ということである。つまり、

◆(3)の「べ」→①ある事態が想起できないことを相手に伝える
②ある事態の内容を確認したいと相手に伝える

この①②を同時に担うのがべなのである。べの直接的機能はある事態を現実のことと認定できないことを示しているが〈ある事態=想起できない事態〉である。そこから、②を発話意図として相手に伝えているといえる。

このべに対する男性の答えの「ナーンダッケー」は「なんだよ」との共通語訳があるように、自分自身の想起を述べる用法ではない。まず「早番だ」と自分が言ったことを伝えつつ、早番であることを思い出すよう相手の女性に伝える際、使用されたケという側面がある。吉田(2004)では想起要求用法と設定された用法で、相手に想起を求める用法だが、「これでいいんだっけ?」のような、質問文で使用されるケも、相手への想起を求めていて、想起要求としては共通している。しかし、実際の意味としては「なんだよ」と訳されているように、相手に対するやや非難めいた〈あきれ〉を表す文として発話されていると解釈できる。このケは、想起に関する機能からかなり遠ざかったものだが、ケの原形である古典語の「けり」にも詠嘆といわれる用法があり、話し手の直接的感情を表す場合は存在している。

〈あきれ〉といわれる用法が文末形式にあるのは、「ものだ」「ことだ」の〈感心・あきれ〉の用法を調べた高橋(2016)などの研究で示されている。高橋は、これらの用法の「ものだ」は「よく(も)」が使用される例が多いことを指摘しているが(p.21)、(003B)のケは「ナーン(何)」と共起している。何を意味する語句と共起しながら〈あきれ〉の意味を表す、東北方言のケの中でも特殊な用法と位置づけられる。なお(3)の「ホンダーッタネー」だが、同様の意味で、(2)の発話では「ホンダッケオン」とケが使用され、発話時の思い出しにおいて、タも使用されることが確認できる。

（４）　001A：ワタシ　ワスレテシマッタンダケントモ　アレ　ナンジダッタ<u>べ</u>ネー。（私　忘れてしまったんだけれども　あれ　何時だっただろうね。）

(23「開始時間を確認する」)

あることを忘れ―非想起―、その内容を尋ねる際は質問文としてべが出現する。確認用法のべであるが、背景には話し手の非想起が存在している。

（5）　001A：アラ　ココニ　カサ　アルヤー。コレ　Ｂサンノデネガッタ<u>ベカ</u>。（あら　ここに

　　　　　　傘　あるな。これ　Ｂさんのでなかっただろうか。）

(21「傘の持ち主を訪ねる―①相手の傘だった」)

　（5）は傘がＢさんのものだと思うが、そのことを明確に思い出せないという想起の程度が不十分な状態において、ベを用いた質問文を発している。このように、日常の質問文では、過去の事態に関する想起ができない場合や明確でない、非想起の状態を背景に発話がなされることも多い。その際、気仙沼市方言では、ベがよく使用されることが分かるのである。

　ここまで、気仙沼市の会話から、特徴的形式であるケとベを主に考察してきたが、最後に、語彙的な例として(4)にもある「忘れる」を用いた文に関して述べていきたいと思う。「忘れる」も、よく使用されているのである。

（6）　002B：アノスガ゚ターツジー　ナンカ　Ｄサンデネーノカナー。（あの姿つき　なんか

　　　　　　Ｄさんでないのかな。）

　　　003A：アー　ホンダエガネー。シバラク　ミナイカラ　アタシモ　ナンダカ　<u>ワスレテ</u>

　　　　　　<u>シマッタヤー</u>。（あー　そうだろうかね。しばらく　見ないから　私も　なんだか

　　　　　　忘れてしまったな。）　　　　　　　　　　　(8「人物を特定する―②同意しない」)

（7）　004B：ンーダ。キョーワ　ブンゲ゚　アズイオンネー。（そうだ。今日は　特別　暑いも

　　　　　　んね。）

　　　005A：ンダネーー。ボーシモ　カブンナェデ　ダレーー。（そうだね。帽子も　被らない

　　　　　　で　どうしたの。）

　　　006B：ンー　ハエ　ア　スッカリ　<u>ワスレタッタ</u>ヤ。（うーん　はい　あ　すっかり　忘

　　　　　　れていたよ。）

　　　007A：ンダガラ、ボーシ　カブンネート　ホレ、コンナニ　アズイド　アダマ　イタク

　　　　　　ナッカラー。（そうだよ、帽子　被らないと　ほら、こんなに　暑いと　頭　痛く

　　　　　　なるから。）　　　　　　　　　　　　　　　　　　(55「暑い日に、道端で出会う」)

　（6）は「あの人がＤさん」なのかどうか聞かれ、Ｄさんという認識がはっきりせず〈思い出せない＝忘れた〉ことを伝えている。(7)は「暑いのに帽子も被らずにどうしたの」と言われ、「帽子を被ることを忘れていた」つまり「暑い時に帽子を被るという対策を思い出せなかった」ことを伝えている。

　これらはケやベのような文末詞(文末形式)ではなく、動詞の「忘れる」を使用し、思い出せない〈非想起〉状態だと語彙的に明示していることになる。「忘れる」に「テシマッタ」「タッタ」が下接し、非想起の状態をより強調した言い回しになっている点には、注意を要する。

　「タッタ」は東北方言で広く使用される形式で、吉田(2008a: 56)には、現在の東北方言では基本的に過去完成相(現在とは離れた過去の事態をまるごと示す形式)として機能する形式であることが

100　第Ⅱ部　文法

述べられている。(7)は、発話時では帽子を被ることに気付いたがそれまで忘れていた状態だった。この文では「過去に帽子を被るのを忘れた」ことをより強調し、現在の思い出した状態と、過去の状態を対比するためにタッタが現れた例であろう。

◆(7)タッタ→話し手の〈過去に認識した事態の非想起状態〉を明確に示すために、過去専用のテンス形式を用いている

これは、テンス形式の文末詞化現象の一つともいえるのである。

以上、『会話集』1の気仙沼市の例から当該方言の想起表現の特徴について、文末形式を中心に述べてきた。ケ・べが中心となり、「忘れる」という語彙形式も含めて想起表現が成り立っていることが掴めたと思われる。

2.2　名取市

『会話集』1〜4において、名取市の会話は全て、ともに1947年生まれの女性Aと男性Bの会話である。

（8）　006B：ンデ　アシタダッ*ケ*オンナ。（それで［は］　明日だったもんな。）

（35「ゴミ出しの違反を非難する─①従う」）

(8)は、ゴミ出しの指定日が違うという話の文脈で男性が「(ゴミの指定日が)明日だったもんな」という意味の発話をした文である。(2)の例で見たが、東北方言のケは過去のテンス性を帯びた使用がなされることがある。名取市でも気仙沼市同様、自分が想起した事態を平常文として相手に伝える際にケが用いられ、伝達を表すオンを下接できることがこの例から分かる。

（9）　003A：アーレ　Bサン　キョー　ゴミノヒデネッ*チャ*。アシタダヨー。（あれ　Bさん
　　　　　　今日　ゴミの日じゃないよ。明日だよ。）

　　　　004B：ンダッ*ケ*ガヤ。（そうだったかな。）　（35「ゴミ出しの違反を非難する─①従う」）

(9)は(8)と同じ場面で、「今日はゴミの日ではない、明日だ」との言葉に対し「ンダッケガヤ(そうだったかな)」と答えている。共通語でも「そうだっ(った)っけ(か)」と述べることはあり得るので、ケの用法としては共通している。(1)でも述べた不十分な想起であることを表すケの例であり、疑問を表すカを下接した平叙文と疑問文の中間的な文だといえる。

(8)(9)のケは、気仙沼市の例にも見られるものだが、(9)の女性が発した文では「今日はゴミの日ではない」ことを相手に確認するよう求めるためにチャを使用している。こうした、いわゆる確認要求用法を持つことは、(3)でべの例を示したように、様々な文末形式に見られる現象である。また、1節で気仙沼市の想起表現に関する吉田(2012)の引用を示したが、そこで話し手と聞き手が共通認識を持っている場合はチャが使用される、と述べられていた。この原則は(9)の例でも当てはまるものである。

『会話集』の気仙沼市の例にもチャは確認できるが、想起の文脈において、名取市の会話ではチャが生産的に使用されることがうかがえる。

(10)　003A：ホイ　コノカサ。(ほれ　この傘。)
　　　004B：アーー　ホダッタナヤ。オレ　ケサ　モッテキタッ<u>チャ</u>ナ。(あー　そうだったなあ。私　今朝　持ってきたよな。)

　　　　　　　　　　　　　　　　　(21「傘の持ち主を訪ねる─①相手の傘だった」)
(11)　006B：モスコス　イグト　ギンコー　アッ<u>チャ</u>。(もう少し　行くと　銀行　あるでしょ。)　　　　　　　　　　　　　　　(22「店の場所を尋ねる」)

(10)は「傘を忘れていないか」と聞いている文脈の例である。男性は「傘を今朝持ってきたよな」とのニュアンスで答える際、チャを使用している。(11)は銀行の場所を相手に確認する際のチャである。(10)は今思い出したことを独白文的に伝え、(11)は相手が銀行の場所を知っていることを前提にその場所を思い出すよう求めていて、傘や銀行が話し手と聞き手で共通の知識になっている中で、その思い出しに関してチャが用いられている。

　宮城県のチャについては、仙台市方言を考察した玉懸(2001: 40)に「当の事柄Xが相手のそもそも知っていること・分かることのうちに含まれるはずだという話し手の捉え方を示す標識」との本質的規定が示されている。また、同論文にはチャが独言用法を持つことも述べられている。上記のチャの例もこの規定に当てはまり、知っていることの想起を表す場合、ケと共に、チャも名取市方言では使用されやすいのだと考えられる。

(12)　001B：ンデ　イッテクッカンネー。(それで［は］　行ってくるからね。)
　　　002A：アラ　ナンサ　イグノ。(あら　なにに　行くの。)
　　　003B：ナーンダ<u>ベッチャ</u>、ケーサ　ユッタ<u>ベッチャ</u>。(なんだろうよ、今朝　言っただろうよ。)　　(66「夫(妻)が出かける─①夫が出かける、妻は行き先を知らない」)

　名取市方言でもべは使用されるが、想起の用例だと、名取市ではべの代わりにチャの方が好まれるのかもしれない。しかし、(12)のようなベッチャという例が確認できる。この例は「なんだよ(行くと)今朝言ったじゃないか」といったニュアンスの文で、ベッチャが出現している。ベッチャについてはすでに吉田(2012)の引用で見たように、気仙沼市でも使用はあるのだが、『会話集』だと気仙沼市の例は1例しか確認できない。ベッチャは方言形であるべとチャが融合した特徴的な形式であり、本論でも最後にあらためて述べることにしたい。

　名取市の例からは、ケとチャが想起表現としてよく用いられることがうかがえたが、それ以外の形式としては、以下のような例が見られる。

（13）　012A：イヤイヤ　Ｂサン　チャッコイトギカラ　ウタ　ジョンダッタ<u>モノ</u>。（いやいや
　　　　　　　　Ｂさん　小さい時から　歌　上手だったもの。）（27「のど自慢への出演を励ます」）

　この例は文末にモノが使用されている。すでに言及した小原（2017）は、『会話集』の文末形式の
モノを考察した論文だが、同論でも、モノの使用例が示されている。モノ単独の例は、『会話集』
全体では気仙沼8例、名取6例で（小原 2017: 212）、両地域で共通にみられる形式である。（13）
は、「ちゃんと歌えるようにしていかないとだめだと思っている」という相手の発話に対し、「歌が
上手だった」という相手の過去の状態を相手自身に伝えている文であり、「イヤイヤ」から始まっ
ているように、小原の言う、対立的情報と理由を共に提示した用法だと考えられる。結果として
「歌が上手だった」という過去の事態の想起を求めることにつながっているといえよう。

（14）　003A：アリャ　Ｂサン　アンダ　カサ　<u>ワッセデ</u>ネ。アサ　モッテダ<u>ヨネ</u>。（あら　Ｂさ
　　　　　　　　ん　あなた　傘　忘れていない？　朝　持っていたよね。）
　　　　004B：ア　ホダッ<u>チャ</u>ナヤー。サイキン　<u>ボケテチタ</u>ナヤ。（あ　そうだよなあ。最近
　　　　　　　　呆けてきたなあ。）　　　　　　　　　　　　　　　　（13「傘忘れを知らせる」）

　この会話は「傘忘れを知らせる」という場面の応答例だが、ここには想起に関する複数の形式が
見られる。
　文末形式としては、すでに述べたチャが、発話時における話し手自身の明確な想起を表す例とし
て確認できる。また、「朝に傘を持っていた」ことの思い出しを相手に求める際にヨネが使用され
ている。ヨネは共通語として広く使用され様々な用法があるが、この例のような聞き手に関する情
報を言う場合の用法は、吉田（2008b: 45）の「共有認識と考えている情報の真偽判断を聞き手に求
める」もので、「確認要求性の表出」だと捉えられる。つまり、今朝の事態の確認を求める、想起
要求といえる文脈の使用例である。
　そして、（6）（7）の例でも見た「忘れる」を用いた例が出てくるが、ここでは「忘れて」が促音
化し「ワッセデ」と変化している。その他、「呆けてきた」が「ボケテチタ」という形で現出して
いる。「呆ける」は高齢層になるにつれて使用頻度が高くなると考えることができるが、こうした
語彙を用いて〈非想起〉状態だと明示するのは、気仙沼と共通する現象であり、高齢層の会話に特
徴的に見られる現象ではないだろうか。なお、「忘れる」については同じ女性話者が「ワスレデ
ネ」と発話した例が存在する（21「傘の持ち主を訪ねる―①相手の傘だった」001A）。同一話者の
中で促音化する形式としない形式が両方見られ、音変化の有無についての揺れの現象も確認でき
る。
　以上、『会話集』1の名取市の例について見てきた。想起表現に関してはケとチャ（ベッチャを含
む）がよく使用され、その他ヨネ・モノや語彙形式が見られることが分かった。本節で示した形式
が気仙沼市と名取市の想起表現の一般的形式だといえる。次節以降も引き続き、会話例の紹介を中
心に述べていく。

3. 『会話集』2

『会話集』2 は、2014 年に行われた調査の会話を文字化したものである。

3.1 気仙沼市

(15)　001B：アレー。サッギー　トノグジサー　カギ　カゲタッ<u>ゲ</u>ガ。（あれ。さっき　玄関に
　　　　　　　　鍵　かけたっけか。）
　　　002A：アレ。ソーユワレデミッド　カゲダッ<u>ゲ</u>ガネー。（あれ。そう言われてみると　か
　　　　　　　　けたっけかね。）　　　　　　　　　　　　　　（8「玄関の鍵をかけたか確認する」）

　この例では、両方の発話に、文末形式のケが用いられている。この場面は、「玄関のかぎをかけ
たか確認する」という状況である。「鍵をかける」という過去の自分の行為に対し不確実な認識を
発話時に抱いているために確認の行為が生じることから、結果的に自分の記憶が不鮮明であること
を示すケが適合しているのであろう。問いかけられた女性も記憶が不鮮明なので、「自分もよく分
からない」ことを伝えるためにケを使用している。
　本例のケは、共通語においても見られる用法である。「記憶の確認を表す」と述べた先行研究を
挙げたが、共通語のケは、次のように言えるだろう。
◆（共通語の）ケ→〈記憶が不鮮明＝過去に認識した事柄に対する不確実な認識〉を表す
　東北方言のケは 2 節で述べたように記憶が鮮明な場合とこの例など不鮮明な場合と、共に使用
されていて、使用範囲が広くなっている。想起の機能を核としつつ、想起の程度（確実–不確実）の
幅が大きいため、様々な用法を混在させた形式となっているのではないだろうか。

(16)　006B：ホンダガラ　イッツモ　イッテルッ<u>チャ</u>ー。（そうだから　いつも　言っているだ
　　　　　　　　ろう。）　　　　　　　　　　　　　　　　　　（20「買ってくるのを忘れる」）

「いつも言っているだろう」という意味の発話でチャが現れている。相手に思い出し（確認）を求
めるチャが気仙沼市でも使用されることが分かる。

(17)　003A：アレ　タシカニ　カッタハズナンダ<u>ゲントモ</u>ナー。（あれ　たしかに　買ったはず
　　　　　　　　なんだけれどもなあ。）
　　　004B：ナーンダッ<u>ケ</u>ア　セッガグ　イッテイナガラー。（なんだい　せっかく　行ってい
　　　　　　　　ながら。）　　　　　　　　　　　　　　　　　（20「買ってくるのを忘れる」）

　(17)の女性は「（人参を）確かに買ったはずなんだけれども」の意味で発話している。文末は「け
れども」を表す「ゲントモ」にナが付加した形だが、佐藤(1982: 348)には、宮城県方言のこれら

104 第Ⅱ部 文法

の形式に関し「「フルケンドモ」「サムエケンドモ」は、中央部から北部にかけてあるが、南部には「サムエゲントモ」がある」と述べられている。気仙沼市は宮城県の最北に位置するが、『会話集』では「ゲントモ」が現出していて、南部から北部にこの形式が広がっていった可能性を示している。なお、「けれど（も）」が文末詞化し断定を避けるために用いられるのは共通語でも一般的で、不確実な想起のために断定を避けようとし、使用された例だと捉えられる。

　また、応答の「ナーンダッケァ」のケは、2節の気仙沼市の(3)の例文に現れたケと同じ〈あきれ〉を表す用法である。ただし、その例文に見られた相手への想起を求める側面は存在せずに、あきれたり非難したりするという話し手の感情を表す意味に特化した、かなり派生的なケと考えられる。

(18)　007B：アー　ナンダ　ハシカミデアー、アノ　ツナミー　アワナガッダ。(あー　なんだ　波路上では、あの　津波に　遭わなかった？)
　　　008A：アー　ジッカネー、(B　ウン) ナガサレダノー。(あー　実家ね、(B　うん) 流されたの。)
　　　　　　　　　　　　　　　　　　　　　(30「近所の家に来たお嫁さんに出会う」)

　(18)は東北方言的発音が見られるが、形式自体は共通語的な文である。「津波に遭ったかどうか」尋ねるときはタ形の質問文として発話し、応答では「流されたの」と文の最後にノを付加しているが、このノは「ノダ」のダが脱落して文末詞化した形式である。「実家が流された」ことは、忘れることのできない出来事である。質問に対する答えなので、過去の事態の想起というプロセスは存在するはずだが、いつでも明確な事実として記憶されているわけでこの例では事実の説明として、説明を表すノが用いられたのである。

　以上、『会話集』2の気仙沼市の用例に関し、特徴的な文を取り上げてみた。

3.2　名取市

(19)　001B：ゲンカンノカギ　カシェダ　カケダカ　ドーカ　チョット　ワスレダヤ。カケタッケガヤ。(玄関の鍵　××××　かけたか　どうか　ちょっと　忘れたな。かけたっけかな。)　　　　　　　　　(8「玄関の鍵をかけたか確認する」)
(20)　009B：トコロデ　ドッカラ　チタンダッケガ。(ところで　どこから　来たんだっけか。)
　　　　　　　　　　　　　　　　　　　　　(30「近所の家に来たお嫁さんに出会う」)

　(19)の「カシェダ」は言い間違えだが、(19)(20)の両文とも文末にケを用い、自分の過去の認識が不明確であることを表している。(19)は独白文的、(20)は質問文的で、疑問を表すカを下接し、想起の程度が不十分なことを示している。(14)で述べたがこの例でも「忘れる」が使われ、過去の出来事を確認する場面では「忘れる」がよく使用されることがうかがえる。

（21）　001A：カレーライス　ツクットオモッテ　ニンジン　カイサ　イッタンダゲッド　アイ
　　　　　　　　ヤ　ワシェデキタンダイッチャワー。（カレーライス　作ると思って　人参　買い
　　　　　　　　に　行ったんだけれど　あいや　忘れてきたんだわ。）

　　　　　　　　　　　　　　　　　　　　　　　　　　　　　　（20「買ってくるのを忘れる」）

　「忘れる」が「ワシェ（デ）」という形で出てくる。なお、同じ名取市の女性話者の(14)の会話例
では「ワッセ」という形式が出現している。
　このチャは、〈知っているべき事柄に対する気づき〉という意味である。過去の事態に改めて気
づいたわけで典型的な想起とは異質だが、想起の周辺的な例と考えられるかもしれない。チャに文
末詞のワが下接していて、チャの方がより事態の認識に関わる形式であることを示している。

（22）　007B：ヤーッパリネ　ムカシダッタラ　モー　ミンナシテ　ハヤグ　ヤメローッテユッ
　　　　　　　　タワナ。（やっぱりね　昔だったら　もう　みんなして　早く　やめろっていった
　　　　　　　　よな。）　　　　　　　　　　　　　　　　　（14「冷房の効いた部屋から外へ出る」）

　(21)同様、この例でも最後に文末詞のワが現れている。〈昔の状況では〜と言った〉という想定
を断定的に伝達した文で、ワは話し手の事態認識の強さを表したものと考えられる。現実に起こっ
た事態の想起ではなく過去の時代を想起した上で、「言った」ことを想像して発話している。(21)
は、想起の周辺的な状況でワが使用された例と考えられるのである。
　以上、『会話集』2の名取市の用例に関し、想起と関係する文を取り上げた。

4.　『会話集』3

　『会話集』3は、2015年に行われた調査の会話を文字化したものである。

4.1　気仙沼市

（23）　004B：アー　ソーガ。アー　キーサーノヨホーデア　ハレダッケナー。（あー　そうか。
　　　　　　　　あー　今朝の予報では　晴れだったけどなあ。）
　　　　　005A：ンダガラネ。（そうだからね。）　　　　　　　　　　（7「天気予報を不審がる」）

　本例の男性は、天気が怪しい(雨が降りそう)のを受けて発話し、それに女性が応答している。ケ
は平叙文として用いられているが独白的な文とも解釈できる。「天気予報で言っていたことと実際
が違う」との状況で、〈記憶していた情報と現実との違いへの疑義〉に基づいた発話だと考えられ
る。自分の持つ情報の真偽を確認したいと思い、「晴れ」という想起した情報を提示しつつ、断定
を避けて聞き手に対しその情報の確認を求めているのである。結果として、曖昧な言い方のために

106　第Ⅱ部　文法

ケが使用された例だと捉えられよう。

　それに対する「ンダガラネ」は、同意を示した応答である。この形式は、『会話集』の気仙沼市の方言概観において、強い同意・共感を表す用法があると述べられているが、この例もその用法の典型例である。(23)は、天気予報の内容は地域の人たちが共通して知っているという前提で、その内容への疑義を伝えたい意図から男性が言葉を発し、その男性の気持ちへの共感から女性が言葉を発したものである。想起した内容は、二人とも「晴れ」という今朝(過去)の天気予報であり、その天気予報は確かなものとして確認されたことになる。ただ、現実には天気が悪いので、現実に沿った会話がその後も展開されることになるのである。

(24)　005A：ンダゲド　キョー　ニチヨービデ　バス　アレ　ナイヒ　ナイジカンガ　アンダ
　　　　　　　　ヨネー。(そうだけど　今日　日曜日で　バス　あれ　ない×　ない時間が　ある
　　　　　　　　んだよね。)
　　　　006B：アーー　ソーガ。(あー　そうか。)
　　　　007A：ウン。(うん。)
　　　　008B：ア　ソイズ　ワスレッタヤー。(あ　そいつ　忘れていたよ。)
　　　　009A：ンダガラ　アダシモ　キズカネガッタケントー。(そうだから　私も　気づかな
　　　　　　　　かったけれど。)　　　　　　　　　　　　　　　　(2「バスの時間が近づく」)

　この例は、男性がバスで出かけるという状況の発話である。会話の流れの中で、「忘れていた(ワスレッタ)」と男性が述べ、それに女性が「ンダガラ」で始まる応答をしている。「気づかなかった(キズカネガッタ)」と言っているように、この女性も会話の中で「バスのない時間がある」ことを想起し、想起した内容を男性に伝えているが、その際に「ヨネ」が用いられている。ヨネについては名取市の(14)の例で考察したが、本例のヨネもその例と同じく相手に関する事態内容(バスに乗るのは男性)を伝え、その内容の想起と共に何らかの対応を相手に促す意図を持った発話である。

　「ワスレッタ」と答えた男性は、発話時に「ソイズ(そいつ＝バスの時間)」を思い出したわけで、気づいていなかったことへの驚きも伝えている。最後の女性の文は、(23)のように「ンダガラ」で終わることもあり得るが、相手の発話に共感しつつ更に会話を展開することも当然可能となる。女性は「キズカネガッタケント」と言い、自分も忘れていて、ようやく思い出したことを共感の文脈で伝えているのである。そこで「ケント(けれど)」が使われるが、「気づかなかった」ことを婉曲的に述べるための使用だと思われる。ところで、この女性は(17)だと「ゲントモ」を発している。宮城県の北部に「ケンドモ」があるのは、佐藤(1982)が指摘しているが、(24)は佐藤の指摘に沿いつつモが脱落した形だといえる。気仙沼市では「けれど」の方言形に揺れが見られることを示す例だと考えられるのである。

想起に関わる表現　107

4.2　名取市

（25）　005A：ナイヨワ、バス。ハヤグ　イガナイト　ノリオクレルヨ。（ないよ、バス。早く
　　　　　　　　　　行かないと　乗り遅れるよ。）
　　　　006B：アー　ホンダッ_ケ_ガ。アー　ナドリ　イナガダガラ　イッポンシカ　ネガッタン
　　　　　　　　　ダッ_ケ_ガヤ。（あー　そうだっけか。あー　名取　田舎だから　一本しか　なかっ
　　　　　　　　　たんだっけかな。）　　　　　　　　　　　　　　　　（2「バスの時間が近づく」）

　ケの例は、『会話集』3 の名取市の例文にも散見される。(15)の気仙沼市の例でも述べたが、ケ
にカが付加して用いられ、ケを使用する文の事態認識が不明確な場合が多いことが分かる。この例
の女性は、「日曜日だからバスがなく、早く行かないと乗り遅れてしまう」と男性に注意の意味を
込めて発話している。それを受けた男性は「名取は田舎だから（バスが）一本しかない」という意味
の応答をしている。つまり、バスの便数が少ないことを言いたいと考えられる。日曜日のバス運行
に関する正確な便数や発車時間が分かっているのではなく、休日だからバスの便数が少ないだろう
という漠然としたイメージから発している言葉であって、そもそもバスに関する事態認識は不明瞭
だと思われるのである。結局、不明瞭な記憶を基に話しているので、ケに疑問のカを付けた表現が
連続して現れているのだといえよう。

（26）　004B：アーレ　ムガシ　インクデ　ハナ　マーックロッケニ　ナッタ_べ_。（あれ　昔　イ
　　　　　　　　　ンクで　鼻　真っ黒けに　なっただろう。）
　　　　　　　　　　　　　　　　　　　　　　　　　（1「ティッシュペーパーを補充する─①了解する」）

　(26)はティッシュペーパーに関する話題なのだが、新聞紙で鼻をかむという話が出て、それを
受けて発話された文である。本例のべは、昔の出来事の想起の場面に使用されたものだと捉えられ
る。名取市ではチャがよく用いられるが、このようにべも使用されていることが確認される。この
発話では、過去の事柄についての推測と共に、その事柄に関する相手への確認をも、べを用いて表
していると考えられるのである。

5.　『会話集』4

『会話集』4 は、2016 年に行われた調査の会話を文字化したものである。

5.1　気仙沼市

（27）　007B：_バ_　ナンダッ_ケァ_。アンダエサ　ツナガッタンダ。（あ　なんだい。あなたのうち
　　　　　　　　　に　つながったんだ。）　　（6「間違い電話をかける─②相手が近所の知り合い」）

108　第Ⅱ部　文法

(28)　006B：<u>バ</u>　ナンダッ<u>ケ</u>ア。シブガーキダイッチャー。（あら　なんだい。渋柿だろうよ。）

(11「渋い柿を食べる」)

　(17)で「ナーンダッケァ」という気仙沼市男性の例を見たが、『会話集』4にも、同じ男性から
2例が観察される。これらは〈あきれ〉を表す際に用いられたケだが、この意味でケを使用するの
は、『会話集』では気仙沼市の男性のみに見られる現象である。口癖のようにも考えられるが、あ
きれは相手への非難にもつながるので、男女で使用頻度に差が生じているのかもしれない。

(29)　003A：ケサ　カサ　モッテキタ<u>ヨネ</u>。（今朝　傘　持ってきたよね。）
　　　004B：アー　<u>オンダオンダオンダ</u>。（あー　そうだそうだそうだ。）
　　　005A：コラ　コレ　ホンダッ<u>チャ</u>。（××　これ　そうだよね。）
　　　006B：<u>アリャリャリャリャ</u>　ハレダカラ　スッカリ　<u>ワスレダヤ</u>。{笑}（あらららら　晴
　　　　　　れたから　すっかり　忘れたよ。){笑}
　　　007A：<u>ンダカラー</u>。（そうだから。）　　　　　　　　　　　　　　（21「傘忘れを知らせる」)

　(29)は、傘忘れを知らせる場面である。短い言葉のやり取りの中に、これまで言及してきた形
式を含め、想起に関わる言葉が頻出している。確認を表し、文脈では想起要求となる、ヨネ・チャ
が使用されている。非想起状態を示す語彙のワスレダ（忘れた）も現れ、また同意をしながら会話を
展開させる「ンダカラ」もあり、想起に関する会話の典型例ともいえる展開である。
　こうした会話の展開において、あいづち表現や驚きなどを表す感動詞も、重要な役割を担ってい
る。(29)では、いずれも男性が「オンダ」「アリャ」と発して、会話を展開させている。オンダは
そうだの意味で、ここでは「傘持ってきたよね」と女性から確認を求められ、そうだったと気づい
た場面でオンダが出現している。また、女性からその傘を「コレ」と見せられた男性が「アリャ」
と言い、驚きながら、忘れていたことを述べている。特徴的なのは、これらの形式が繰り返し（反
復し）、発話されている点である。
　こうした反復を重音化と呼び、「バ」という形式を例に方言の感動詞について考察した、小林・
澤村(2017: 142–143)は、「重音化単独形式は〈動揺的感動（＝表層的でばたばたした感情）〉を表
し」「重音化・長音化の度合いは、〈動揺的感動〉〈感慨的感動〉の程度を表す。感動の程度が大き
いほど重音化・長音化の度合いも大きくなる」と述べている。上記の例は重音化に当たり、オンダ
やアリャを反復して発話し、忘れていたことに気付いた際の驚き・動揺がまさにバタバタした気持
ちであると、率直に伝える場面となっている。この例からも、実際の会話では感情のうねりと相
俟って、想起などの意味を表していることが確認できる。想起と直接関わるのは主に文末形式だ
が、その他の形式も一定の役割を果たしていることを示す例である。

5.2　名取市

(30)　001B：ドーレ　サトーサンガー。{受話器を取る音}デンワシナクチャネーナ。ナンバン
　　　　　　　　　ダッ<u>ケヤ</u>。（どれ　佐藤さんか。{受話器を取る音}電話しなくちゃいけないな。
　　　　　　　　　何番だっけなあ。）　　　　　（6「間違い電話をかける―②相手が近所の知り合い」）
(31)　010B：アーンダ　チータコトアットオモッタ<u>ゲヤ</u>。（なんだ　聞いたことあると思ったら
　　　　　　　　　よ。）　　　　　　　　　　　（6「間違い電話をかける―②相手が近所の知り合い」）

　この 2 例は、間違い電話をかける場面の、男性の発話である。文末形式のケ（(31)はゲと聞こえ
るが、ケの有声化と判断した）が現れるが、(30)は疑問を表すケなのに対し、(31)は平叙文で用い
られていて、すでに述べたように東北方言のケが多機能的に使用されていることを示している。
(31)は「聞いたことあると思った」という自分に関することを伝え、吉田(2004)では経験用法と
名づけられた用法に含まれると考えられる。(30)のヤは、共通語的なケだと「何番だっけな」の
ようにナが付加すると思われる。しかしナは独白的な印象を受けるがヤは(31)の通り相手への伝
達の機能が強く、(30)は単純な疑問ではなく、平叙文的な伝達の意味合いも含まれた(疑問文より
であるが)疑問文と平叙文の中間的存在と捉えられるのである。

(32)　004B：ナーン　ンーー　アノグレ　ユッテダ<u>ベッチャ</u>、モッテガレッドーッテ。（なに
　　　　　　　　　うーん　あれほど　言ってただろうよ、持ってかれるぞって。）
　　　　　　　　　　　　　　　　　　　　　　　　　　　　　　　　　　（24「猫を追い払う」）

　猫を追い払う場面の発話である。(12)で名取市男性のベッチャの例を記したが、この例におい
ても、「言っていた」ことを強く相手に伝える際に用いられている。用法としては想起要求に含ま
れる例だが相手への批判のニュアンスも帯びていて、強い調子の発話で使われやすい形式である。

(33)　001A：B サン　サッキ　コエ　カケラッテダヒト、アイサツシッタッ<u>チャ</u>ネー。（B さん
　　　　　　　　　さっき　声　かけられてた人、挨拶していたよね。）
　　　　　　　　　　　　　　　　　　　　　　　　　　　　　　　　　（5「知らない人について尋ねる」）
(34)　007B：コイズー　アンダノダッ<u>チャ</u>。（こいつ　あなたのだよね？）
　　　　　　　　　　　　　　　（33「ハンカチを落とした人を呼び止める―②相手が近所の知り合い」）

　(33)と(34)は相手への確認(想起要求)を表す文脈で、男女ともにチャを使用している。名取市
ではチャの使用が盛んであることを示している。
　以上、『会話集』1〜4 の例文を中心に、気仙沼市と名取市の想起に関する表現について考察を
行った。次節では、補足を含め全体の考察を述べる。

6. まとめ

5節までの考察から、以下のことが指摘できる。想起に関する表現として、全般的に文末詞のケが使用される。共通語的な、疑問を表すことも多く、その際は疑問を表すカとの共起も見られる。ただし、平叙文として使用されることや、あきれ・非難を表す用法も存在する。その他の文末詞としては、東北方言的なベ・チャが確認され、ベッチャが用いられることもある。ケにオンが下接して、事実の伝達を表す場合もある。共通語に見られる文末詞としてヨネ・ワ・モノ・ノなどが見られる。なお、確認要求や事実の伝達など、用法と想起の程度には様々な場合がある。

文末詞以外では、忘れていたことを強調するために、過去のテンス形式として機能するタッタ形が用いられることもある。語彙形式として「忘れる」「呆ける」などの形式が用いられることがある。また、忘れていた状態を強調するために「オンダ」「アリャ」などの感動詞が用いられることもある。会話において、特に女性で「ンダカラ」が用いられていることも確認される。

表 1　想起を表す場面で使用される文末詞

・想起を意味する基本(主な)形式：「ケ」 　→ケは平叙文でも使用される。男性はあきれ・非難の意味でも用いる。
・(二次的に)想起の意味も表す方言形：「ベ」「チャ」
・(二次的に)想起の意味も表す共通語形：「ヨネ(主に女性が使用)」 　その他、「ワ」「モノ」「ノ」の使用も見られる。

表 2　会話集から見られる想起に関わる特徴的な表現と形式

・忘れていたことの強調に使用される、過去を表す方言形の「タッタ」
・動詞「忘れる(方言形のワシェ、ワッセを含む)」「呆ける」
・感動詞の方言形式「オンダ」「アリャ」
・応答場面で、主に女性の発話でよく用いられる「ンダカラ」

全体的には、上記のような特徴が見られるといえよう。文末詞の中では、確認要求用法が見られる形式は想起に関する場面で使用されやすい。そのため、想起を表す直接的な形式としてケが存在するのだが、想起と絡む文脈において、ベ、チャ、ヨネなども使用されると考えられるのである。

以上で、『会話集』から見られる気仙沼市と名取市の想起に関わる表現の概略は述べたのだが、補足として、ベッチャという形式について取り上げてみたい。この形式は、『会話集』において、気仙沼市では男性1例、名取市では男性14例、女性1例の計15例で、全体では16例の使用が確認された。つまり、ベッチャは名取市の男性が頻繁に使用する形式であり、地域としては名取市、性別としては男性に認められるということになる。

佐藤(1982: 349)には「推量の強意は「ベッチャ」で、つとに〝仙台べっちゃ〟として有名である」と記されているが、仙台を中心とした宮城の県南地域が主な使用域と捉えてよいだろう。県南から気仙沼市などへの派生も少しはあるが、使用頻度は低い。男性の使用が圧倒的に多いが例(12)

や(32)からわかるように、強い口調で相手への批判の意味を出すこともある敬意の低い形式なので、女性はあまり使用せず、男性は普段からよく用いる形式だと考えられる。ケの〈あきれ〉の例は、男性のみが使用していることが確認されたが、相手へのマイナスの感情を表す形式の使用には男女差があることを、ベッチャも示しているといえよう。

　本論を通じて想起という、過去の事態に対する発話時の認識を表す意味に焦点を当てて考察してきたのだが、そこから派生した、様々な状況や方言形など周辺的な表現も盛り込んだ内容となった。こうした豊富な会話例を、他の年代や地域に増やしていくことで、更にきめ細かな研究を行うことができると思われる。過去の様々な会話集なども利用し、継続して追求したい。

文献

小原雄次郎(2017)「宮城県方言におけるモノ系終助詞の形態と用法―気仙沼市と名取市の談話資料の調査から―」『国語学研究』56: pp.209–223.「国語学研究」刊行会

小林隆・澤村美幸(2017)「感動詞の方言学」『方言学の未来をひらく―オノマトペ・感動詞・談話・言語行動―』pp.87–205. ひつじ書房

佐藤亨(1982)「宮城県の方言」『講座方言学 4 北海道・東北地方の方言』pp.333–361. 図書刊行会

高橋雄一(2016)「〈感心・あきれ〉の「ものだ」「ことだ」について」『専修国文』99: pp.1–25. 専修大学日本語日本文学文化学会

玉懸元(1999)「仙台市方言の「ベー」の用法」『言語科学論集』3: pp.37–48. 東北大学文学部日本語学科

玉懸元(2001)「宮城県仙台市方言の終助詞「ッチャ」の用法」『国語学』52(2): pp.30–43. 日本語学会

益岡隆志・田窪行則(1992)『基礎日本語文法―改訂版―』くろしお出版

吉田雅昭(2004)「東北方言における文末表現形式「ケ」の用法」『国語学研究』43: pp.320–332.「国語学研究」刊行会

吉田雅昭(2008a)「東北方言における基本的時間表現形式について：形式の変化と文法体系との相関」『日本語の研究』4(2): pp.45–60. 日本語学会

吉田雅昭(2008b)「終助詞「ヨネ・ヨナ」の機能・意味について」『言語科学論集』12: pp.37–48. 東北大学大学院文学研究科言語科学専攻

吉田雅昭(2012)「想起表現」小林隆編『宮城県・岩手県三陸地方南部地域方言の研究』: pp.99–117. 東北大学国語学研究室

推量・意志・勧誘・命令表現の形式

竹田晃子

1.　はじめに

　方言における文法形式を記述する目的で話者に面接調査を行うとき、研究者は、自らが立てた仮説の証拠となるような例文を用意する。例えば、意志表現であれば、「これから学校へ行こう。」「もう少し眠りたい。」などのように動作動詞の意志形（活用形）や助動詞タイによる共通語例文を用意し、下線部を当該方言でどのように言うかを話者に確認し、分析することになる。そのような場合、提示された共通語形の影響を受け、活用形や専用の助動詞ばかりが回答されがちである。

　実際のネイティブ同士の日常会話では、動詞の意志形や助動詞で終わる意志表現だけでなく、動詞の終止形相当の形やさまざまな助動詞相当形式が使われており、それらに後接する形式も多様である。上のような記述面接調査では回答されにくい形式は、談話資料の類には豊富に含まれることがある。本論が対象とする『被災地方言会話集』は、この点で、各形式のより自然な用法を観察できる資料である。

　これらのことをふまえて、本論は、『被災地方言会話集』に所収された気仙沼市方言と名取市方言における推量・意志・勧誘・命令表現に用いられる形式を網羅的に把握する。具体的には、ムードと呼ばれるこれらの文法カテゴリーにおいて、どのような形式がどのように用いられているかという、ごく基礎的な文法的特徴の把握を主な目的とする。なかでも意志表現は、記述的調査では意志表現であることを話者が強く意識すると意志形や助動詞タイなどが回答されやすくなると考えられるが、本会話集では、記述的調査では把握しにくい形式や、形式のより自然な用法を把握できると考えられる。

2.　方法

2.1　データの整理

　本章の対象は、気仙沼市と名取市における、「場面設定会話」と「自由会話」の文字化データと音声である。具体的には、『伝える、励ます、学ぶ、被災地方言会話集』および『生活を伝える被災地方言会話集』1～4の5冊に収録されている。

　これらのデータは、内部に、「場面設定会話」と「自由会話」という違いがある。また、収録年

114 第II部 文法

や話者の違いもあるが、本論では基本的には各地点のネイティブの発話として扱うこととする。収録年は 2012 年 6 月 30 日～2016 年 7 月 8 日、話者は気仙沼市 1937～1941 年生まれ（男性 2 名・女性 1 名）、名取市 1924～1947 年生まれ（男性 2 名・女性 2 名）である。

2.2　分類整理とタグ付けの方法

　文字化データについては、掲載資料・話者・発話番号などを保持した状態で、実現形にバリエーションが多い（実際の音声ではさまざまな形式がさまざまに発音されている）ことに考慮しつつ、次の(1)～(3)のような手順で再整理と分類を行った。なお、特に述部形式においては語の承接関係が共通語とは異なるため、共通語訳とは一致しない場合が多い。

（1）　最初に、文字化データを 1 文ずつに細かく切り分けた。元データでは 1 文扱いだったものを 2～10 文以上に分割した場合がある。（9560 文）[1]

（2）　次に、文を句ごとに区切った。元データの句をさらに分割あるいは統合した場合がある。統合は、例えば同一の感動詞や副詞の連続発話を一つとして扱うなどの処理である。（約 29000 句）

（3）　さらに、句を単語に分け、目視で確認しながら、品詞等の情報と、表される意味のタグを付けた。主な品詞・タグの種類は次の通りである（主要形式の概数は次の通り：名詞 5820、副詞 2740、接続詞 860、連体詞 660、擬音語擬態語 120、感動詞 6610、挨拶形式 420、動詞 5110、形容詞 1690、形容動詞 100、名詞述語 790、など）。

・名詞、副詞、接続詞、連体詞、擬音語擬態語、感動詞、挨拶形式、形式名詞（こと、場所、瞬間など）

・動詞、形容詞、形容動詞、名詞述語とそれらの活用形（連用形、終止形、連体形、命令形、意志形など）

・格助詞、係助詞、副助詞、終助詞

・接続助詞の意味（原因、逆接、条件、ナラ相当など）

・助動詞と助動詞相当形式の意味（受身、使役、可能、授受、過去、現在、否定、推量、命令、意志、勧誘、希望、義務、様態、丁寧、感嘆など）

　この整理作業を経たことで、文法形式を分析するうえで重要な文・句という単位で検索が可能になり、さらに、具体的な語形の異なりを考慮することなくさまざまな表現形式を横断的に取り出すことが可能になった。

　以降では、推量・意志・勧誘・命令表現に用いられる形式の種類と用法について、順に述べる。

3. 推量表現

3.1 推量表現形式の種類

　推量表現に用いられる形式には、表1の6種類がある。会話集から当該語形を抜き出し、共通語とともに表2に示した。ベが後に続く終助詞相当の形式モノ／オンと融合し、ビョンの形になることがある。ゴッテ類はコトに由来する形式で、イ類（イ／エ）は由来が明確ではない[2]が、いずれも宮城県の北に連続する岩手県で推量表現に用いられており、地理的連続性が確認できる。ただし、ゴッテ類は様態表現（～ようだ）の意味でとることもできる。

表1　推量表現形式の種類

形式	気仙沼	名取	計
ベ	204	104	318
ベ＋オン	4	3	7
ベ＋モノ	1	0	1
ビョン	0	2	2
ゴッテ類	5	0	5
イ類	18	11	29

表2　推量表現形式の例

形式	例
ベ	シタ<u>ベ</u>(しただろう)、マッタ<u>ベー</u>(待っただろう)、イッタ<u>ベー</u>(行っただろう)、アッ<u>ベ</u>(あるだろう)、イー<u>ベ</u>(いいだろう)、ナイ<u>ベ</u>(ないだろう)、ナンダ<u>ベー</u>(何だろう)、ナゾッタ<u>ベ</u>(どうだろう)、など
ベ＋モノ	シタ<u>ベモノ</u>(しただろうね)
ベ＋オン	イタ<u>ベオン</u>(いるだろう)、マイデオガナクテワネー<u>ベオン</u>ナー(巻いておかなくてはならないだろうなあ)、イー<u>ベオン</u>ネ(いいだろうものね)、イームスメッコダ<u>ベオン</u>(いい娘だろうよ)、ダイジョブダ<u>ベオン</u>(大丈夫だろうよ)、など
ビョン	デッタ<u>ビョン</u>(出ているだろう)、ダイジョブダッタ<u>ビョン</u>(大丈夫だったろう)
ゴッテ類[3]	アガッタ<u>ゴッテ</u>(緊張しただろう／緊張したようだ)、ワルイ<u>ゴッテー</u>(悪いだろう／悪いようだ)、イー<u>ゴッテー</u>(いいだろう／いいようだ)、オガシー<u>ゴッテ</u>(おかしいだろう／おかしいようだ)、イー<u>ゴッデ</u>(いいだろう／いいようだ)
イ類	オロシタンダ<u>イ</u>(落としたんだろう)、アル<u>イッチャ</u>(あるだろうよ)、アンダ<u>イ</u>ネ(あるんだろうね)、イーンダ<u>イ</u>ガネー(いいんだろうね)、ンダエガネー(そうだろうかね)、ラクダ<u>イッチャ</u>ナ(楽だろうな)、トシナンダ<u>イ</u>ガネ(年齢なんだろうかね)、など

116　第Ⅱ部　文法

3.2　推量表現形式の前後に付く形式

　推量表現形式は主に表3のような品詞に付く（多い形式を抜粋）[4]。べが付く形式で最も多いのは丁寧のスで、アルス<u>ペ</u>（あるでしょう）／カエリス<u>ペ</u>（帰りましょう）／アガネス<u>ペ</u>（開かないでしょう）／カダイス<u>ペ</u>（固いでしょう）／サムカッタス<u>ペー</u>（寒かったでしょう）などのように、実際にはペ／ペーで発話される。

表3　推量形式の直前の形式（上位）

べ		イ類	
ス［丁寧］	18	ダ	18
ナイ［否定］	17	ンダ	4
ンダ	14	タ［過去］	3
タ［過去］	13	動詞終止形	1
ダ	12		
形容詞終止形	5		
動詞終止形	4		
ダッタ	3		

　表4に、推量表現形式に後接する形式と、言い切りや句末の場合をまとめて示した（多い形式を抜粋）。

　べは言い切りが最も多く、終助詞（カ、ネ、ナ、ッチャ、ヤなど）を後接することも多い。イ類は終助詞カまたはッチャが後接する。

表4　推量形式に後接する形式（上位）

べ		イ類	
（言い切り）	66	カ［疑問］＋ネ	11
カ［疑問］	24	カ［疑問］	8
ネ［終助詞］	12	ッチャ［終助詞］	12
ナ［終助詞］	12		
ッチャ［終助詞］	12		
カ［疑問］＋ネ	8		
カラ	6		
ヤ［終助詞］	5		

4. 意志表現

4.1 意志表現の形式

　意志表現に用いられる主な形式には、表5のようなものがある。動詞終止形が最も多く、ベ、動詞意志形が続く。テクル以下は助動詞相当形式の終止形で、まとめると143例になり、動詞終止形、ベ、動詞意志形と合わせると400例にのぼる。このことから、気仙沼市方言・名取市方言における意志表現は、数の上からみると、終止形が主流であることがわかる。

　ただし、終止形が最文末に配置されて意志を表す例は見当たらず、表6に具体例を示したように、助詞カラ、カ［疑問］、引用形式のいずれかが付いた形で用いられる。この傾向は、テクル／テミルなどでも同様である。

表5　意志表現形式の種類（上位）

形式	気仙沼	名取	計
動詞終止形	113	144	257
ベ	16	11	27
動詞意志形	3	1	4
テクル	27	31	58
テミル	26	17	43
テオク	9	15	24
テモラウ	2	2	7
テイル	5	1	6
テイク	3	2	5

表6　意志表現形式の例

形式	例
動詞終止形	助詞カラ：<u>アゲッ</u>カラ（あげるから）、<u>マヤウ</u>ガラ（弁償するから）、<u>スッ</u>カラ（するから）、など カ［疑問］＋ナ：<u>カダッ</u>ガナ（話そうかな）、<u>スワッ</u>カナ（座ろうかな）、<u>スッ</u>カナ（しようかな）、など 引用形式：<u>ツクッ</u>トオモッテ（作ろうと思って）、など
ベ	イグ<u>ベ</u>（行こう）、ノバス<u>ベ</u>（伸ばそう）、ケッ<u>ペ</u>（やろう）、スッ<u>ペ</u>（しよう）、クッ<u>ペ</u>（来よう）、など
動詞意志形	ダソー（出そう）、トーソー（通そう）、タノモー（頼もう）、など
テクル	イッ<u>テクッ</u>ガラ（行ってくるから）、カッ<u>テクッ</u>カラ（買ってくるから）、サガシ<u>テグッ</u>カラ（探してくるから）、モラッ<u>テクル</u>ガラネ（もらってくるからね）、ヨン<u>デクッ</u>ガラ（呼んでくるから）、など

118　第Ⅱ部　文法

テミル	タベ<u>テミッ</u>ガラ(食べてみるから)、カクニンシ<u>テミッ</u>カラ(確認してみるから)、ヤッ<u>テミッ</u>カ(やってみるか)、など
テオク	カダッ<u>テオク</u>カラ(話してみるから)、ユッ<u>テオッ</u>カラ(言っておくから)など
テモラウ	マダセ<u>テモラ</u>ガラー(待たせてもらうから)、カタズケ<u>テモラウ</u>トオモッタノニ(片づけてもらおうと思ったのに)、など
テイル	マッ<u>テッ</u>カラー(待っているから)、タノシミニシ<u>テッ</u>ガラ(楽しみにしているから)、など
テイク	カリ<u>テイッ</u>カラ(借りていくから)、モラッ<u>テイン</u>カラー(もらっていくから)、など

4.2　意志表現形式の前後に付く形式

　意志表現形式の前に付く形式を見ると、ベには動詞終止形またはテクル／テミル／テオク／テイク／テスケル／テモラウなど助動詞相当形式の終止形がくる。

　後に付く形式は表7のようになる[5]。全体に、カ［疑問］、ト［引用］、終助詞が多いが、この後には「オモッテ」(思って)や「オモーノ」(思うの)などが続き、多数を占めている。

　ベにはカラが付かないが、動詞終止形にはカラが付く例が多い。平行して、動詞終止形とテクル／テミルなど助動詞相当形式の終止形に付くカラを合わせると、206例と多い。

　このカラは、原因・理由表現の接続助詞カラであると考えられるが、原因・理由を表しているのではなく、従属節のみで終結している。シナリオや会話などから用例を得て言いさし表現を分析した白川(2009)は、これらのような理由を表さないカラを談話的な機能によって(4)のようにまとめている(白川2009: 51の(26))。

表7　意志表現形式に後接する形式(上位)

動詞終止形		ベ	
カ［疑問］	2	ワ［終助詞］	4
カ［疑問］＋ト［引用］	2	ネ［終助詞］	3
カ［疑問］＋ナ［終助詞］＋ト［引用］	2	ナ［終助詞］	2
カ［疑問］＋終助詞(ワ／ナ)	2	終助詞(ヤ／ド)	2
ト［引用］	2	カ［疑問］＋ネ［終助詞］	3
ド［終助詞］	2	カ［疑問］＋ナ［終助詞］	1
カラ	5	カ［疑問］	1
カラ＋終助詞(サ／ナ／ネ／ヤ／ワ)	14	ト［引用］	2
カラ＋ッテ［引用］(＋ンダ＋ッチャ／カラ［原因］)	4	ナ＋ト［引用］	1

推量・意志・勧誘・命令表現の形式　119

（4）　理由を表さない「から」の共通特徴[6]：
　　　①S$_2$には、必ず、命令・禁止・依頼・勧誘など、聞き手に何らかの行為をするよう働きかける表現が来る。
　　　②S$_1$には、聞き手にS$_2$を実行させることを、ⅰ）可能にする情報（「お膳立て」用法・「段取り」用法）、もしくは、ⅱ）促進する情報（「条件提示」用法）が来る。

　気仙沼市方言、名取市方言でも理由を表さないカラが使われており、意志表現では次のような例がある（引用にあたっては、元の資料の下線を省略し、新たに下線を付した。以下同）。

（5）　007A：ウン　コナイダモ　カラス　イッパイ　ツッズイデ　チラガッダノッサ。（B　アララララララ）ンー　゙ダガラ　ワダシ　ナゲテヤッガラ（B　ウン）オラエサ　オイデオグベシ。（うん　この間も　カラス　いっぱい　突いて　散らかったのさ。（B　あらららら）うーん　だから　私　捨ててやるから（B　うん）私の家に　置いておこうよ。）

　　　　　　　　　　　　　　　（1–35「ゴミ出しの違反を非難する―②従わない」気仙沼）

（6）　003B：アー　イヤ　ワルイゲッド　カシテケネガヤ。（あー　いや　悪いけれど　貸してくれないかな。）
　　　　004A：ンー　タブン　マニアウトオモーカラ　イーヨ。（うん　多分　間に合うと思うから　いいよ。）
　　　　005B：ン　カシテケロワ。アド　カエッタラ　スグ　モッテイッカラ。（うん　貸してくれよ。あと　帰ったら　すぐ　持っていくから。）
　　　　006A：ン。　イガス。（うん。　いいです［よ］。）

　　　　　　　　　　　　　　　　　　（1–2「お金を借りる―①受け入れる」名取）

　（5）では指定日までゴミを預かってやるという提案によって、相手が指定日ではない日にゴミを出さないことを可能にしている。（6）では先に依頼し、家に帰ったらすぐに返金することを約束し、お金を貸してもらえるように働きかけている。
　いずれも（4）（白川 2009: 51）にあげられた①②の特徴を確認できる。（5）では、下線部のカラが用いられた意思表現の後で、同じ話者によって二重下線部の働きかけ（勧誘（オイデオグベシ）や依頼（カシテケネガヤ、カシテケロワ））の表現が用いられている。（6）では、依頼の後で、依頼内容を促進する条件がカラで示されている。
　今回の分析対象である会話集データには、（5）（6）のような理由を表さないカラの例が非常に多く、全文末の12%にのぼる。この会話集の「場面設定会話」では、話者2名がお互いに働きかける場面設定（命令・禁止・依頼・勧誘表現などが必須の場面設定）が多いため、（5）（6）のようなカラの用法が多くなっているものと考えられる。

120　第Ⅱ部　文法

　一方で、同会話集の「自由会話」のデータにおけるカラを見ると、理由を表さないカラや相手に
働きかけるような表現は少なく、次の(7)(8)のように原因・理由を表す例が多い。「自由会話」の
データは気仙沼市・名取市ともに2013年のみで、「場面設定会話」と比べると分量がかなり少な
いものの、理由を表さないカラや相手への働きかけに関わる項目を比べてみると質的な違いが明確
である。

　なお、白川(2009: 40)によると、「筆者の観察によると、理由を表さない「から」は、もっぱら、
対話場面で用いられるようである。」とあり、本データの「場面設定会話」の特徴と一致する。

（7）　（車の燃料タンクに必ず半分は入れておくという習慣について）
　　　　011A：シテ　アダシモネー　アノ　チチオヤガ、ナグナッタ　チチオヤガネ、　クル
　　　　　　　マッツノ　ハンブ　イッツモ　{コーヒーを飲む音}　ハンブンマデ　アブラ　イレ
　　　　　　　トゲッテイワレダノ。（B　ウン。）デ　ソレ　イッツモ　マモッテンノネ。（B
　　　　　　　ウン。）ダガ　ケッコー　ハシレタノサ　ハンブン　<u>アッタカ</u>。（B　アー　ホン
　　　　　　　ダー　イガッタナー）（そして　私もね　あの　父親が、　亡くなった　父親がね、
　　　　　　　車というの　×××　いつも　{コーヒーを飲む音}　半分まで　油　入れておけっ
　　　　　　　ていわれたの。（B　うん）で　それ　いつも　守っているのね。（B　うん）だ
　　　　　　　から　結構　走れたのさ　半分　<u>あったから</u>（B　あー　それなら　よかった
　　　　　　　なー））　　　　　　　　　　　　　　　　　　　　　　　　　（「自由会話」気仙沼）

（8）　（震災の被害に遭った場所の地名には特徴があることについて）
　　　　018A：デモ　コーユー、　コーユー　オッキー　ズスント　ツナミ、　ダデーマサムネー
　　　　　　　ズダイニモ　アッタンダドネ。（でも　こういう、　こういう　大きな　地震と
　　　　　　　津波［は］、　伊達政宗［の］時代にも　あったんだってね。）
　　　　019B：アッタンダ。（A　ウン。）ウン。（あったんだよ。（A　うん）うん。）
　　　　020A：ンダガラ　ナンビャグネンニ　イッカイ。（だから　何百年に　一回。）
　　　　021B：ウン。　ンダネ。（うん　そうだね。）
　　　　022A：コノヘン　ソ　ソノアダリ、　コノヘン　<u>ウミダッタンダズガラ</u>。（B　ウン。）ウ
　　　　　　　ン。　ダガラ　ソゴニ　ホラ、　メデシマドガ　カサスマッツードゴ　アンノ、
　　　　　　　チメー。（この辺　×　その辺り、　この辺　<u>海だったっていうから</u>。（B　うん。）
　　　　　　　うん。　だから　そこに　ほら、　愛島とか　笠島っていうところ［が］　あるの、
　　　　　　　地名［で］。）　　　　　　　　　　　　　　　　　　　　　　　（「自由会話」名取）

5. 勧誘表現

5.1 勧誘表現の形式

　勧誘表現に用いられる形式には、ベ(47 例)、ベシ(8 例)／ベス(3 例)、動詞終止形(1 例)がある。

　動詞終止形は、「マー　ミンナデ　ヤルヨーニ　<u>タノムッチャ</u>ナー。」(まあ　みんなで　やるように　<u>頼も</u>うな。)(3–16「出店のことで話す」名取 026B)のように用いられたもので、現時点では類例がみあたらない。

表 8　勧誘表現形式の種類

形式	気仙沼	名取	計
動詞終止形＋ベ	15	22	47
動詞終止形＋ベシ	8	0	8
動詞終止形＋ベス	3	0	3
動詞終止形	0	1	1

表 9　勧誘表現形式の例

形式	例
ベ	イグ<u>ベ</u>(行こう)、クー<u>ベ</u>(食べよう)、ミデモライッス<u>ベ</u>(診てもらいましょう)、カエリス<u>ベ</u>(帰りましょう)、ガンバッテッ<u>ベ</u>(がんばっていよう)、カッテグ<u>ベ</u>ナ(買っていこうな)、カエッ<u>ベ</u>ワ(帰ろうよ)、スッ<u>ベ</u>ワ(しようよ)、など
ベシ	タノシム<u>ベシ</u>(楽しもう)、カエッ<u>ベシ</u>(帰ろう)、ナゲッ<u>ベシ</u>(捨てよう)、タベッ<u>ベシ</u>(食べよう)、など
ベス	スッ<u>ベス</u>(しよう)、ダス<u>ベス</u>(出そう)

5.2 勧誘表現形式の前後に付く形式

　勧誘表現形式のうち、ベの直前にくる形式には、動詞終止形(26 例)、テイク(4 例)、テイル(2 例)、テヤル(2 例)など、終止形相当形式のほか、ス［丁寧］(12 例)がある。当該方言の丁寧のスは動詞連用形に付き、ベに後接することはない。

　ベシ／ベスの直前の形式は動詞終止形で、後接する形式はない。また、ベシ／ベスのシ／ス部分は単独で他の形式に後接した例が見あたらない。これらのことから、このシ／スは、丁寧形式ではなく、勧誘表現でのみ、ベとともに用いられると考えられる。ベシ／ベスの同様の現象は、宮城県の北部に位置する岩手県でも観察され、この点でも地理的連続性が確認できる。

　後接する形式を見ると、ベは終助詞(ワ 7 例／ヤ 4 例)が付くが、前述のようにベシ／ベスは言い切りで他の形式が後接しない。

6. 命令表現

6.1 命令表現の形式

命令表現に用いられる形式には、命令形のほか、動詞ア段末尾（表10では a と表記した）＋イ／イン、セ、ハリセ、動詞連用＋テコセ類、動詞連用形＋テなどがある。

表 10　命令表現形式の種類（上位）[7]

形式	気仙沼	名取	計
命令形	41	93	153
禁止命令形	5	5	10
a イ	43	58	101
a イン	44	60	104
セ	2	33	35
ハリセ	11	0	11
テコセ類	0	9	11
テ	12	11	24

　使われている場面から見て、この中では命令形が最もくだけた言い方である。命令形は、聞き手に対してそのまま用いられた例もあるが、会話集では、けんか腰で言い争う場面だけでなく、相手に指示を出したり、やってほしいことをお願いしたりするような場面でも使われている。テも、同様にかなりくだけた場面で用いられている。a イ／a インは家族以外へのお願いや挨拶表現など、命令形やテより丁寧さが必要な場合に用いられる。セ／テコセ類はさらに丁寧な場面に使われ、ハリセはこの会話集では最上級に丁寧さが要求される場面や挨拶で用いられている。なお、テコセ類は気仙沼に例がなく、ハリセは名取に例がない。

推量・意志・勧誘・命令表現の形式　123

表 11　命令表現形式の例（上位）

形式	例
命令形	<u>ケロ</u>（くれ）、<u>ヤメロ</u>（止めろ）、<u>コー</u>（来い）、<u>ミロ</u>（見ろ）、<u>スロ</u>（しろ）、カッテキテ<u>ケロ</u>（買ってきてくれ）、<u>アデロ</u>（当てろ）、など
禁止命令形	<u>カダンナヨー</u>（話すなよ）、<u>ユーナヨ</u>（言うなよ）、<u>イグナッツーノニ</u>（行くなっていうのに）、など
aイ	オン<u>ナイ</u>（おいでなさい）、<u>ダイ</u>（おいでなさい）、カエッ<u>サイ</u>（帰りなさい）、ガンバ<u>ライ</u>（頑張りなさい）、イラッシャイ（いらっしゃい）、ミ<u>ライ</u>（見なさい）、ミセ<u>ライ</u>（見せなさい）、ヤス<u>マイ</u>（休みなさい）、など
aイン	<u>ア</u>バ<u>イン</u>（歩きなさい／来なさい）、<u>イガイン</u>（いらっしゃい）、オジ<u>サイン</u>（降りなさい）、カエッテゴ<u>ザイン</u>（帰りなさい）、<u>ガイン</u>（来なさい）、ス<u>サイン</u>／シ<u>サイン</u>（しなさい）、ミ<u>サイン</u>（見なさい）、イッテ<u>ダイン</u>（行ってらっしゃい）、ネデ<u>サイン</u>（寝ていなさい）、マッテ<u>サイン</u>（待っていなさい）、など
セ	イガ<u>セ</u>（行きなさい）、スッ<u>セ</u>（しなさい）、ヤッ<u>セ</u>（やりなさい）、スッケ<u>セ</u>（してくださいよ）、ネ<u>セ</u>ワ（寝なさいよ）、カッテガン<u>セー</u>（買っていきなさい）、ガンバッ<u>セ</u>ヨー（がんばりなさいよ）、クダン<u>セ</u>（ください）、など
ハリセ	クダ<u>ハリセ</u>（ください）、ノマ<u>ハリセ</u>（飲みなさい）、ヤラ<u>ハリセ</u>（おやりなさい）、オヤスミナ<u>ハリセ</u>（お休みなさい）、アガッテクダ<u>ハリセー</u>（お上がりください）、など
テコセ類	イッ<u>テコセ</u>（行ってきなさい）、ミ<u>テコシェ</u>（見てきなさい）、ミデモラッ<u>テコセ</u>（見てもらってきなさい）、など
テ	キオツケ<u>デ</u>（気をつけて）、オギ<u>デ</u>（起きて）、マッ<u>テ</u>（待って）、など

6.2　命令表現形式に後接する形式

　命令形は言い切りで用いられる場合が最も多く、命令形の後には終助詞（ヨ／ヤ／ワ／ナ）が付くこともある。他には引用形式（ト／ッテ／ッテユ／ッツなど）が多く、キョーイク<u>スロト</u>（教育しろと）、<u>イレトゲッテ</u>（入れておけって）、<u>サソエッテユーノ</u>デ（誘えというので）、<u>コイッツ</u>ンダ（来いというのだ）などのように付く。

表 12　命令形に後接する形式（上位）

形式	気仙沼	名取	計
（言い切り）	13	29	42
ヨ［終助詞］	1	15	16
ヤ［終助詞］	2	12	14
ト／ッテ／ッテユ／ッツ［引用］	5	8	13
ワ［終助詞］	1	6	7
ナ［終助詞］	1	4	5

　aイ／aインも言い切りが最も多く、終助詞（ヨ／ワ／ネ）などが後接する。例えば、<u>ヤライン</u>

ヨー(やりなさいよ)、カエッ**サイヨ**(帰りなさいよ)、シテケ**サイワ**(してくださいよ)、ネ**サインワ**(寝なさいよ)、イガ**インネ**(行きなさいね)、カダッテスケ**ライネー**(話してやってくださいね(スケルは「助ける」に由来))のような例がある。

表13　a インに後接する形式(上位)

形式	気仙沼	名取	計
(言い切り)	53	59	120
ヨ［終助詞］	12	6	18
ワ［終助詞］	0	10	10
ネ［終助詞］	2	5	7

7.　おわりに

　以上、本章では、方言を対象にした大規模な談話資料・会話資料の本格的な分析の試みとして、気仙沼市方言と名取市方言の会話集データから、推量・意志・勧誘・命令表現を取り上げ、用いられる形式の種類とデータ上の傾向について述べた。

　会話集データに品詞類や意味のタグを付けて整理したことによって、特定の形式を追うのではなく、表現や意味から会話集データを分析することができ、さらに、広くそれぞれの表現に用いられる形式やその様子を把握することができた。細かな使い分けに関する情報は、今後の記述調査での課題となる。

　ほかの課題としては、このようなタグ付きデータの活用がある。タグを手がかりに、例えば、「場面設定会話」と「自由会話」に現れる形式やその用法の違いや、各方言にどのような文型や句のタイプがあるかを分析することも可能になる。

　今後は品詞類や意味のタグを充実させ、ほかの談話資料と比較しながら、整備・分析を進めたい。

注

1　なお、イ／エのうちイは、イガッタ**イ**ヤー(よかったな)／アイテンダ**イ**ネー(開いているんだよね)／イガレネーンダ**イ**ヤ(行けないんだよ)／ンダ**イ**ガ(そうですか)／ンダ**イ**ッチャネー(そうだよね)などのように、推量の意味でとりにくい表現にも用いられている(気仙沼4例、名取11例)。これらは除外した。

2　調査者による発話を除く(以下同)。

3　ただし、ゴッテ類は様態表現(〜ようだ)の意味でとることもできる。これらの意味領域の連続性の検討は今後の課題である。

4 ビョンとゴッテ類は表3、表4では省略した。ビョンは「動詞連用＋テイタ［現在］＋ビョン［推量］。」「名詞＋ダッタ＋ビョン。」の2例のみ、ゴッテ類は、形容詞(4例)とタ［過去］(1例)に付き、言い切りが4例、ネ［終助詞］が後接する例が1例である。

5 表では、1種類しか形式がない場合は、形式を挙げ、うしろにその品詞または意味を示した。2種類以上の形式がある場合は、その逆順で示した。

6 S_1 と S_2 について、白川(2009: 39)では、「一般に、「S_1 カラ S_2」という文において、S_1 が理由を表しているなら、S_2 は、「どうして」で問う質問文に対する答えになるはずである。」などのように抽象化されている。

7 表10のように気仙沼市より名取市のほうが命令表現をより多く使っているが、地域差によるものかどうかは不明である。

文献

白川博之(2009)『「言いさし文」の研究』くろしお出版

感動詞化する接続詞
―コミュニケーションにおけるソレデ類、ダカラ類―

甲田直美

1.　はじめに

　『生活を伝える被災地方言会話集』には宮城県気仙沼方言話者によるさまざまな場面会話が収録されており、交渉、ゆずりあい、挨拶、弔いなど、生活に根ざしたさまざまなコミュニケーション場面における言語使用を観察することができる。本会話集は音声とそれを書き写した文字転記、その共通語訳が納められており、標準語翻訳方式では得ることの出来ない音声のバリエーションや話者交替のある会話での言葉遣いを知る上で重要なものである。

　本稿は気仙沼方言における接続詞の用法を記述し、当該方言の特徴とともに、コミュニケーション場面における接続詞の機能を考察する。次節では気仙沼方言会話における接続詞使用について示し、第3節、第4節では共通語に見られない接続詞用法として接続詞ダカラ類、ソレデ類について論じる。

2.　『生活を伝える被災地方言会話集』における接続詞

　『生活を伝える被災地方言会話集』1〜4(以降『会話集』)に収められている宮城県気仙沼市の全会話[1]を対象としたところ、接続詞は全部で477例見られた。

　本節では、本会話集における接続詞の全体像を記す。

2.1　使用された接続詞のバリエーション

　次は天気についての会話(括弧内の平仮名・漢字による表記部分は共通語訳)であり、「ホンダケッドモ」(そうだけれども)が見て取れる(以下、接続詞に二重線、その共通語訳に波線を付す)。

（1）　007A：アイッタネー　カサ　モッタホー　イーゴッテー。（あれだね　傘　持った方　いいようだね。）

128　第Ⅱ部　文法

008B：アー　ソーガー。（A　ウン）アーー　**ホンダケッドモナ**　ジャマクセーカラ
　　　ナー。ナルベグ　テブラデ　イギデノサー。（あー　そうか。（A　うん）あー
　　　そうだけれどもな　邪魔くさいからなあ。なるべく　手ぶらで　行きたいのさ。）

（3-7「天気予報を不審がる」気仙沼）

　接続詞とは、典型的には表現間に位置して前後の関係を明示するものである。「ホンダケッド
モ」にあるように、接続詞の語構成は、多くは複合語的であり、「ホン＋ダ＋ケッドモ」（そう＋だ
＋けれども）と、「指示語部分＋コピュラ＋関係表示部分」となっている。接続詞は指示詞や提示
語、代名詞と同様、実際の使用場面では、多様な音形で発話される。このような特徴のために、接
続詞は一語としての認定、定着度に幅があるが、本稿では広くその語形を収集する。全国的にも
「方言音韻総覧」（『日本方言大辞典』、1989 所収）の記載にあるように、ソシテ→ホシテ、ソレ→ホ
レのように s→h の対応や、ソシタラ→ソイタラ（サ行イ音便）などが指摘されており、ある文脈上
で、どのような音形で出現したか、それを詳細に観察・記述することが重要である（甲田 2018）。
　『会話集』においてどのような接続詞が用いられていたか、全 477 例を関係表示部分ごとに整理
した。意味関係は代表的なものを載せる（表 1）。

表 1　関係表示部分ごとの使用数

指示語部分	コピュラ・関係表示部分	意味関係	使用数
{オン・ソン・ホイ・ホン・フン・ン}	デ・デー	状況／仮定	226
{ン・ホ・ホン・オン・ϕ^2}	ダカラ	順接	94
{ウン・オン・ソイ・ホン・ン・ϕ}	デァ	順接仮定	43
{ン・ホン・オン・フン・ϕ}	{ダ・ナ} ケッド・ケッドモ・ケド・ケンド・ケンドモ	逆接	24
{フン・ホン・ン・ϕ}	ジャ	順接仮定	18
{ウン・ソーン・ホン・ン}	デモ	逆接	18
{ン・ホン・オン・フン・ϕ}	ダッテ	逆接	15
{フン・ホン・ン・ソー}	ダデバ・イエバ・シタラバ・スレバ・バ	順接仮定	11
{ソ・ϕ}	シテ	列記	7
{シ・ホン・ソ}	タラ・シタラ	列記	6
{ホー・ソ・ϕ}	スト	順接仮定	4
{ホン・ϕ}	デワ	順接仮定	3
その他			8
計			477

　会話での接続詞の機能を考察するためには、一定量の範囲と繰り返しの中で接続詞を考察するこ

とが重要である。接続詞の 477 例中、ソンデ、ンデなど「デ」「デー」を関係表示部分とするものが 226 例と、全体の半数近くを占め(47%)、次いでダカラ系が 94 例(20%)、ソイデァ、ンデァなどの順接仮定、ケッド、ケンドモなどの逆接がこれに続く。逆接は関係表示部分のバリエーションは多い(ケッド・ケッドモ・ケド等)が、順接はダカラ一辺倒である。

2.2　接続詞研究からみた会話データの重要性

　書き言葉では基本的に、前件と後件は一人の書き手によって構成される。

（２）　昨日は雨だった。だから地面が濡れている(作例)。

　一方、話し言葉では、接続詞の前後件が別の話者によって構成される場合がある。次は、晴れの日に A と B が道ばたで出会った際の会話である(元の資料では下線が付されているが、その下線は表示しない)。

（３）　003A：キョー　ナントー　イーテンキダネー。(今日　なんと　いい天気だね。)
　　　　004B：ホンダネー。キモジ（A　ウン）イーネー。(そうだね。気持ち（A　うん）いいね。)
　　　　005A：ダカラー。ナント　ハルダネーー。(そうだね。なんと　春だね。)
　　　　006B：ウーン　オンダ。(うーん　そうだ。)

(1–53「晴れの日に、道端で出会う」気仙沼)

　005A では接続詞ダカラが発話の冒頭で、前の発話への同意として用いられている(共通語訳「そうだね」と同意に用いられているが、このようなダカラの用法は次節を参照)。接続詞は会話では(2)のように前後の表現間に位置する場合と、(3)のように発話の冒頭に位置する場合がある。接続詞が『会話集』でどのような位置で用いられているかを整理した(表2)。

表 2　発話内での接続詞の位置

	冒頭	感動詞の後	中途	末尾	計
使用数	186	182	99	10	477
割合	39%	38%	21%	2%	100(%)

　「冒頭」は発話の冒頭、「感動詞の後」は発話の冒頭の位置にあるが接続詞の前に「え、でも」など感動詞が付加されているもの、「中途」は前後件が同一の話者によって述べられているもの、「末尾」は倒置によって発話の末尾にあるものである。発話の冒頭に位置する例が多く、感動詞が付加されて発話の冒頭に位置したものと合わせると全体の 77%(39%＋38%)を占める。接続詞は連文以上で機能するため、二人以上の話し言葉では話者構成が一様ではなく、発話における位置も一様

ではない。このような多様な用法を記述するためには会話データから接続詞を収集することが重要である。書き言葉での接続詞研究の成果は、話し言葉での用法すべてをカバーできるものではない。

　これらの多様な発話内での位置が示すことは、会話が会話参加者による即興的な相互行為であるということである。例えば発話の冒頭部分における接続詞は、相互行為の中で接続詞がどのように使われているかを考察するために重要である。接続詞は、すでに知っている前後の関係をモノローグ的に述べるだけではなく、その場で相手の発話を受けて「ジャ」で推論を導いたり、相手の発話に「デモ」を用いて反論をしたり、コミュニケーション上の多様な行為を導いている(甲田2000)。また、感動詞の後に用いられる例(「えーと、それで……」)などの言い淀みは、あらかじめ定まった発話形式ではなく、その場で発話を産み出すことによる現象である。書き言葉や準備されたスピーチと異なり、日常の話し言葉ではその場で即興的に発話するため、表現を整える時間がない。このような現象における接続詞の使用は、書き言葉によるデータや、考える時間がある標準語翻訳式の方言データでは扱うことができない。

　本稿では、気仙沼方言において接続詞が会話のどのような機能を担っているか、会話における現象を書き言葉に捨象することなく、音声特徴を踏まえ記述する。会話の特徴を等閑視することなく、相互行為の中で接続詞がどのような機能を担っているか考察したい。

3.　同意・共感を表す「ダカラ」

　本節ではダカラ類(そのバリエーションとしてンダカラ、ホンダカラ等が見られ、カが濁音ガとなるものもあるが、ダカラ類として記す)が相手の発話への同意・共感を表すという用法をもとに、接続詞の機能が前後の論理関係を表すというよりは、独立して同意の応答や相手との共感を表す事例を分析する。

　このような接続詞ダカラの用法は、仙台市や、仙台市南東に隣接する名取市にも見られ、一定の分布範囲を持っている。『会話集』における解説「気仙沼市の方言概観」、「名取市方言の概観」でも、このようなダカラの用法は指摘されている。それによると、気仙沼市、名取市ともに「ンダガラ(ホンダガラ、ダガラ)」が、単独で相づちのようにも使われ、相手の言ったことへの強い同意・共感を表す用法もあります」と記載されている。この指摘は的確に用法を捉えていると考えられるが、当該地域の方言に見られる概観を記すという性格上、これ以上の記述はなされていない。そこで本稿では、これらのダカラの用法について文脈、音声特徴とともに詳細に記述する。そして、接続詞的用法との違いを考察し、接続詞ダカラ類が、いわば感動詞的用法を担っていることを指摘する。

　感動詞は、応答や挨拶、言い淀みなど多様な表現を雑多に含む品詞分類の一つである。これらの語類は、談話における働きに着目して談話標識、表現間の隙間を埋めることに着目して言い淀み、フィラーなど、さまざまな呼び方が存在する。品詞分類の定義によれば、自立語で活用のないもののうち、主語や修飾語、述語にもならず、他の分節とは独立して用いられる単語とされる。前後の

関係を明示するものが接続詞、それだけで完結した文となることができるのが感動詞とされる(鈴木(1968)に品詞論における感動詞の位置づけの検討がある)。本稿は接続詞のある種の用法を感動詞に含めるか否かという品詞分類の議論の展開を意図するものではない。しかしながら、会話における接続詞の用法のうち、接続詞でありながら後件を伴わずに独立した単位で機能する用法があること、そしてそれは接続詞であることによって、他の感動詞では担えない表現効果を持つことを指摘したい。

(4)は、話者 A が話者 B の兄が亡くなったことにお弔いを述べる場面である。

(4) 001A：ナント　Bサン　コノタビワー　タイヘンダッタネー。(なんと　Bさん　この度は　大変だったね。)
002B：ンダカラー。オラエノアニキモ　コンナスガダナッドオモワネガッタノッサ。(そうなんだよ。うちの兄貴も　こんな姿[に]なると思わなかったのさ。)
003A：ウーン。ナント　チョーシデモ　ワルガッタベガ。(うーん。なんと　調子でも悪かったんだろうか。)　　　　　　(1-74「兄弟の葬式でお弔いを言う」気仙沼)

001A の弔いの言葉の後、話者 B は、002B「ンダカラ」が共通語訳として「そうなんだよ」が当てられているとおり、同意・共感を示す。「ンダカラ」の前後の発話をつなげてみると「「この度は大変だったね」ンダカラ「兄貴もこんな姿になると思わなかったのさ」」となり、理由や根拠など何らかの論理的関係によって前後が連接されているようには見えない。

発話の音声的特徴を見ると(図1)、「ンダカラー」と最後の母音は引き延ばされ(「ラー」の音は0.53 秒持続)、他の音「ン」「ダ」「カ」よりそれぞれ5倍の長さを占める。接続詞の前後にはそれぞれ 0.54 秒、0.4 秒のポーズがあることから、前後の表現とは独立して発話されていることが分か

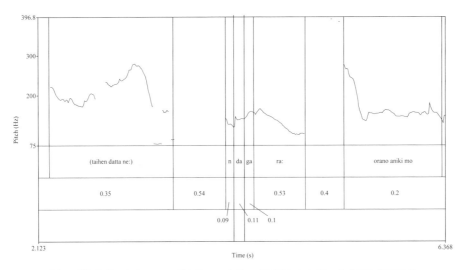

図1　「大変ダッタネー。ンダカラー。オラエノ兄貴モ」のピッチ曲線と発話時間

る。「ンダカラー」は岩崎(2009)のいう発話の区切りである一つのイントネーション単位
(IntonationUnit：以下IUと表記)を構成している。この接続詞部分には上昇しそして下降すると
いう一つのピッチ曲線の山が見られ、IU全体を覆うまとまったピッチ曲線、IU前後のポーズ、IU
終わりのシラブル引伸し、というこれらの特徴は音調単位として独立していることを示している。
そして「ンダカラ」の次の発話「オラエノアニキモ」は冒頭が高く始まっており、「ンダカラー。」
の母音引き延ばしが低く終わった後にピッチの切り替えが起こっていることを示している。

　接続詞前後の意味関係と音声特徴から、ここでの「ンダカラ」は後続する表現を前の表現に関連
付けるのではなく、独立してしみじみと共感とともに同意を表す感動詞的用法を担っているといえ
る。先に示した(3)「ダカラー。ナント　ハルダネーー。(そうだね。なんと　春だね。)」も同様で
あり、このような接続詞ダカラの用法は気仙沼方言において頻繁に見られるものである。

　なぜ同意にダカラが使われるのか、このような感動詞用法を接続詞用法と対比する。次の例で
は、買い忘れをした話者Aとそれを批判する話者Bとの会話である。ダカラ類は2回用いられて
おり、005Aでは感動詞用法(共通語訳として「そうだね」)、006Bでは接続詞用法(共通語訳とし
て「そうだから」)が用いられている。

（5）　003A：アレ　タシカニ　カッタハズナンダゲントモナー。(あれ　たしかに　買ったはず
　　　　　　　なんだけれどもなあ。)
　　　　004B：ナーンダッケァ　セッガグ　イッテイナガラー。(なんだい　せっかく　行ってい
　　　　　　　ながら。)
　　　　005A：ンダーガラ。カッタツモリナンダゲッド　ホデネグナッテ　コマッタヤー。(そう
　　　　　　　だね。買ったつもりなんだけれど　ぼけてしまって　困ったよ。)
　　　　006B：ホンダガラ　イッツモ　イッテルッチャー。カウドギャ　チャント　メモシテ
　　　　　　　イガインヨッテ。(そうだから　いつも　言っているだろう。買うときは　ちゃん
　　　　　　　と　メモしていきなさいよって。)　　　　　(2-20「買ってくるのを忘れる」気仙沼)

　買い忘れたことを批判する004Bの発話を受け、話者Aは「ンダーガラ。」(そうだね。)と同意す
る(005A)。そして005Aの同意の後、話者Bは「ホンダガラ」以降で自身の前の発言(004B)と同
趣旨の批判を繰り返している。ここでの006B「ホンダガラ」は共通語訳が「そうだから」となっ
ているように接続詞的に用いられている。「買ったつもりなんだけれど　ぼけてしまって困った
よ」という相手に対して「そうだから(＝あなたが分かっていない(同じ状況を繰り返す)カラ、い
つも　言っている」とダカラを用いて後件を関連づけている。

　このように006Bのホンダガラの帰結は発話内容にあるが、一方005Aでの「ンダーガラ」の帰
結は、明示的には発話内容にはない。005A「ンダーガラ」の前件は「せっかく(買い物に)行って
いながら、(買い忘れた)」という相手による非難であり、「ンダーガラ」はそれに同意・納得する
現在の困った状況を内包している。005Aの後件部分は、あえて文脈を復元すれば相手が指摘した
現在の状況であるのだが、それを接続詞のみで表し、後件を分離して言わないことによって、相手

が非難する状況がそのまま相手の言うとおりであることを共有しようとする。

「そうだね」のような同意の仕方と 005A にあるような接続詞ダカラ類の感動詞用法を比較すると、同意の仕方が異なっている。「そうだね」は単に相手の発言に自分も同意するというだけの意味であるが、ダカラ類を用いた接続詞による同意の仕方は、相手の発言内容(この場合、非難対象)が示す現実を前件としてそれに自分も強く同意するという意味が込められていると考えられる。

受け入れることを言語的に表明しないまま、相手の発言で述べられた事実(カラの前件)を既定のものとして肯定しつつ現在の状況(後件)と結びつけ、しかも後件をも明示しない。すなわち、「そうだね」のような明示的言語標識を用いるのとは異なり、さらには後件をも明示せず、後件の状況を言葉にせずに相手にゆだねることによって、相手の非難が現在の状況を妥当に把握しているという話者の認識を提示している。このような同意の仕方は、言葉で明示的に同意自体を示すこととも、また、前後の論理関係を明示的に示すこととも異なり、状況や相手の解釈に依存させた表現となっている。

それぞれの接続詞の音声特徴をみると、(5)005A の同意「ンダーガラ」では、ダが長く 0.35 秒となっており、「ン」の 2 倍、「カ」「ラ」それぞれの 3 倍近くの長さを占める(図 2)。これに対し (5)006B「ホンダガラ　イッツモ　イッテルッチャー。」では指示部分「ホン」は短いものの「ダガラ」の各音はそれぞれ 0.1 秒を上回る秒数でほぼ同じ速さとなっている(図 3)。

感動詞用法では、接続詞の各音の持続時間の長さに長短をつけることにより、同意に情感を込めて表現している。これに対し接続詞用法では各音の持続時間はほぼ等しい。

次は、寒い日に道ばたで出会った時の会話で、寒さへの共感が接続詞ダカラ類によって語られている。

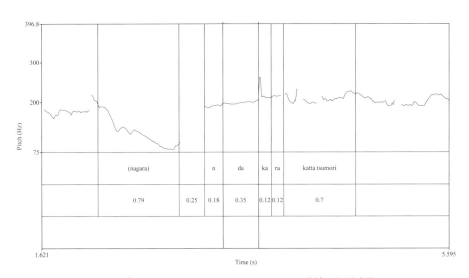

図 2 「ンダーガラ。買ったつもり」のピッチ曲線と発話時間

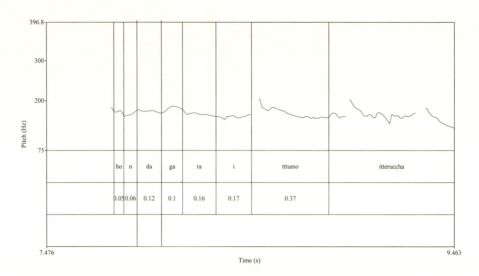

図3 「ホンダガラいっつも言ってるっちゃ」のピッチ曲線と発話時間

（6） 004B：ウーン。トシトットネー（A　ウーン）ズンケネーデバ。（うーん。歳とるとね（A　うーん）やりきれないってば。）

005A：ンダカラー[3]、ナントナントヤ、テーノサギャ　イテーコトネー。（そうだよね、なんとなんと、手の先が　痛いことね。）

006B：ダガラー。（A　ホンデ）アンダモー　コロバネヨーヌ（A　ハイ）ホッカミシネデ　アルガインヨ。（そうだよね。（A　それで）あなたも　転ばないように（A　はい）よそ見しないで　歩きなさいよ。）

007A：ホンダガラネー。（B　ハイ）ホントニ　シバレネバイーケントモネー。（そうだよね。（B　はい）本当に　冷え込まなければいいけれどもね。）

008B：ンダネ。（そうだね。）

009A：ウーン。オンデマズ。（うーん。それじゃあね。）

(1-56「寒い日に、道端で出会う」気仙沼)

005Aから007Aまで3回、ダカラ類が繰り返して用いられている。ここでのダカラ類はどれも帰結を導く用法にはなっていない。ダカラ類の前に位置する相手の発話内容が現状に即したものであるという同意を表している。

ダカラ類の前に位置する相手の発話内容はそれぞれ004B寒さへのやりきれなさ、005A手の先の痛さという心情や感覚を述べたものである。これらの接続詞は前後関係を表示するのではなく話し手と聞き手が一体となって共感しあうために用いられている。

感動詞用法では接続詞の各音のいずれかが引き延ばされて発話される現象が多く見られる。本稿に挙げた(3)～(6)におけるダカラ類の各音の持続時間を図4に示す。

接続詞としての用法、話者の主張を導く(5)ホンダガラ　イッツモ　イッテルッチャーでは、ダ

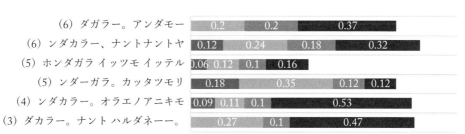

図4 ダカラ各音の持続時間(秒)

カラ部分の各音の引き延ばしは見られない。これに対し感動詞用法では、ダ音、ラ音を延ばす(3)、ラ音を延ばす(4)ンダカラー、ダを延ばす(5)ンダーガラなど、話者の感情とともに発せられる。話し手はこれまでの文脈や相手の発話に同意したり共感を表示したりする際にダカラ類の感動詞用法を用いており、込められた同意や共感は接続詞自体に独特の音声的特徴を加えることにより発話される。このようなダカラ類は、論理的関係の帰結が後続するのではなく、単独で相手との同調、同意の時に使われている。論理的関係を表す接続詞と対比して整理すると表3のようになる。

表3 ダカラ類の用法の比較

感動詞用法		接続詞用法	
感性・情意的	応答、同意、共感の表示	情報的	前後の原因理由―結果の関係表示
	単独で使用		前後件と共に関係を表示
	即興性、場面、音調に依存		音調に依存しない

次節では、共通語に見られない気仙沼方言特徴としてソレデ類の順接仮定用法をみる。

4. ソレデとソレデワ

4.1 共通語との違い

「デ」を構成要素とする接続詞「{オン・ソン・ホイ・ホン・フン・ン・φ}デ・デー」は『会話集』で全接続詞477例中226例あり、最も多く用いられていた。これらの接続詞を便宜上、一括してソレデ類と呼ぶことにする。これらの共通語訳を見ると、「それで／それで[は]／それでは」が当てられており、「では」と「それでは」の意味を「ソレデ」で表現していることは共通語との大きな違いである。会話例を見ると、「は」に括弧がついた「それで[は]」と「それでは」の間に違いはないようである。以下に例を挙げる。

次はBの留守中に届いた親戚の荷物を預かっておいたという場面である。

136　第Ⅱ部　文法

（7）　005A：ア　サッキネー（B　ウン）シンセギノヒト　ナンカ　ニモツモッテキタノッ
　　　　　　　　　サー。（あ　さっきね（B　うん）親戚の人　なんか　荷物［を］持ってきたの
　　　　　　　　　さ。）
　　　　006B：ホー。（ほー。）
　　　　007A：ンデー　モッケダガラ　アズガッテオイダノッサー。（それで　かわいそうだから
　　　　　　　　　預かっておいたのさ。）
　　　　008B：アーー　オラェサ。（あー　うちに。）
　　　　009A：ハイハイ。ンデー　イマ　モッテクッガラ、イェガラ。（はいはい。それでは　今
　　　　　　　　　持ってくるから、家から。）　　　　　　　　（4-4「預かった荷物を届ける」気仙沼）

　「ンデー」は二回用いられており、007A は共通語と同様の例であるが、009A は用法が異なる。
　007A では説明が「ンデー」に引き続いて説明され、共通語「それで」と同様、前件で表される
事態に継起的に引き続いて起こった事象を付け加えている。
　ンデーは 009A でも用いられているが、007A のンデーがなだらかに下降していく音調であるの
に対して 009A はンからデにかけて上昇する。009A の共通語訳が「それでは」となっているよう
に、「はいはい、それでは今持ってくるから」と前件の状況が整ったことを受ける用法である。共
通語の感覚では「は」で卓立させるところだが、「ワ」はついていない。
　共通語の研究で「それでは、それなら、そうしたら、だったら、じゃ、すると」などと同様、
「では」は条件節系の接続語(浜田 1988: 28)として扱われており、いわゆる「条件節」またはその
一部の転用から出来たものである。関係づける意味関係として、順接既定を表す「それで」とは区
別される。
　そこで、『会話集』におけるデ、デア／デァ、デワがそれぞれ、どのような意味関係を表してい
るかを、共通語訳との対応をもとに、表 4 に整理する。
　デワ、デア／デァはすべて共通語訳は「では」となっている。一方、「デ」「デー」をみると、共
通語訳では「で」と「では」「で(は)」の訳が当てられている。

表 4　デ、デー、デア／デァ、デワの用法

気仙沼方言	デ	デー	デア／デァ	デワ
共通語訳	で／で(は)	で／では	では	では

　「デ」を関係表示部分に持つ接続詞 226 例の共通語訳を調べたところ、「それで」の訳が当てら
れているものが 45 例で 20％であり、残りの 80％は「それでは」57 例(25％)と「それで(は)」124
例(55％)となっている。

感動詞化する接続詞　137

表5　〔オン・ソン・ホイ・ホン・フン・ン・φ〕デ・デーの共通語訳

それで	45	20%
それでは	57	25%
それで［は］	124	55%
計	226	100%

　このことから、共通語とは異なり、「それでは」で訳される仮定の意味関係と「それで」で訳される既定の意味関係のどちらもがソレデ類で表されていることが分かる。以下では例をもとに、これらの表現の特徴を考察する。

4.2　音声特徴

　(8)は夕食のおかずについての夫婦の会話である。相手の言ったことを受けて共通語であれば「(それ)では」で後件へ続けていく意味関係であるが、ンデ、オンデが用いられている。

（8）　008B：（前略）タマニア　カワッタノモー　インデネガ。(たまには　変わったのも　いいんでないか。)
　　　　009A：アー　オトーサーン　<u>ンデ</u>　アギダノスカ。(あー　お父さん　それで［は］飽きたのですか。)
　　　　010B：ウーーン。ダレアー　ソンナニ　タビタビデアナー。(うーん。なに　そんなにたびたびではなあ。)
　　　　011A：ダーレー　オラー　マイニチデモ　イーケントネー。<u>オンデ</u>　オトーサンダゲヒラメニ　スッガラ。(なに　私は　毎日でも　いいけれどね。それで［は］お父さんだけ　ヒラメに　するから。)

　　　　　　　　　　　　　　　　　　（3-3「夕飯のおかずを選ぶ―②しぶる」気仙沼）

　ソレデ類は2回用いられており、008Bの夫の発言(おかずの変更)を受け「それでは飽きたのですか」と妻Aが発話する。その後010Bで夫がおかずの不満を述べた後、それを受けて011Aで妻は「オンデ」以降、「それではお父さんだけヒラメにするから」と、「そのように言うなら～」の意味関係でおかずの変更を述べる。

　011Aの音声的特徴をみると、接続詞ンデのデの部分が強調され、図5のようにンからデへ向かってピッチ曲線は上昇している。共通語のように対比・強調のワは付加されていないが、音声的にデを卓立させることで仮定の意味が表されている。

　これに対し図6のピッチ曲線は(7)007Aの「ンデ　モッケダカラ」の部分であるが、ンデのピッチ曲線を見ると上昇していない。

　共通語でデワ相当の意味関係を表すものであっても、すべての事例でデが上昇しているわけではなく、デとデワの区別は恒常的になされているわけではない。

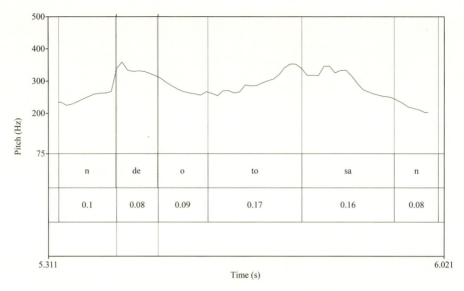

図5 「ンデ オトーサン」のピッチ曲線と発話時間

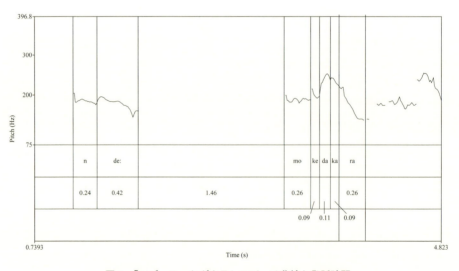

図6 「ンデ モッケダカラ」のピッチ曲線と発話時間

4.3 分離型視点と融合型視点

共通語で「それでは」に対応するソレデ類の事例は、前件に相手の発言を受けて、それをいったん仮のものとして距離を置きつつ後件へとつなげるものである。共通語では前件を既定として後件へとつなげる「それで」と、仮定の「それでは」は「は」の有無により明確に区別される。

これらの区分を検討するものに、Akatsuka(1985)、網浜(1990)に条件節と理由節の検討がある。

（9）　X「太郎が試合に出るんだって」
　　　Y「へえ。太郎が出るのなら、彼がピッチャーだろうね」
　　　　＊出るから　　　　　　　　　　　　　　　　　　　　　　　（網浜1990: 18）

　（9）において、話し手YはXから「太郎が試合に出る」ことを聞き、そのことを知っているのに、「ナラ」を用いている。ナラを用いるか、カラを用いるかは話し手Yの捉え方による。これについてAkatsuka(1985)は話し手が新規に獲得した情報は、いったんirrealis(非現実相)として扱われ、仮定条件形式ナラの領域に入り、その後カラのような事実的情報、現実相の領域へ入るというものである。一方神尾(1985, 1990)では、これらの表現の選択は現実相、非現実相としてではなく、話し手のなわ張りか聞き手のなわ張りのどちらに属する情報かによってナラのような間接形が用いられるかカラのような直接形とされる形式が選択されるとする。網浜(1990)は話し手が聞き手から新規に獲得したばかりの情報を根拠として聞き手にものを言う場合にはカラではなくナラを用いなければならないとして、このような関係を浜田(1988, 1991)が指摘するデハとダカラの関係とパラレル(ibid: 37)と述べている。
　以上のように、これらの表現の使い分けの原理についていくつかの見解が見られるものの、話し手は聞き手との関係の中で、今得たばかりの情報や聞き手側の情報であることを区別する標識によって、共通語では明確に区別している。
　これに対し気仙沼方言では、どちらもソレデ類で表しており、共通語に比べて区別は明確ではない。相手の発言を他者の発言として区別する共通語と、その区別を明示的に示さない気仙沼方言は対照的である。例(8)のようにソレデ／ソレデワの弁別をワの付加ではなくて音声特徴(ピッチ)が負担している場合もあるが、音声による弁別がなされていない例もあり、語形で対立していないこと自体、ソレデ／ソレデワの区別は共通語のように明確ではなく、自他は融合している。
　図7は、共通語で表し分けられる、話し手とその対話者の領域を模式的に表したものである。他者の領域(H)、話者の領域(S)は区別され分離している。接続詞を用いる話し手からみた聞き手による発言、その場で得たばかりの情報を、話し手の領域からはいったん距離を置いたものとして扱う標識が共通語の「それでは」である(図7のC)。これに対し、デとデワを区別しない気仙沼方言の場合(これを融合型と呼びたい)には、話し手は聞き手の発言を、他者のものという特別の表

図7　分離型視点と融合型視点

140 第Ⅱ部 文法

示をしないままに後件へとつなげている。

　以上、気仙沼方言におけるソレデ類が共通語と異なり、分離、融合の区別が明確ではないことを見てきた。会話において話者交替の受け渡しの部分で接続詞が用いられるということは、接続詞が相手の発言を受け、それを話者自身の発話につなげるという応答の機能があるということである。自らの発話を単独でするよりも、相手の発話に関連付けたり、同調したりするために接続詞が効果的に用いられている。接続詞は対象世界の現象間における関係を表すだけではなく、会話において話し手と聞き手とのやりとりの中で、その機能を発揮している。

4.4　挨拶表現としての接続詞

　次の例は話者Aがサンマを話者Bに分けてあげた後に、2人が場面を去るところである。

(10)　014B：オライドゴ　チョード　サンマ　キレダガラッサ。(うちで　ちょうど　サンマ
　　　　　　　　なくなったからさ。)(A　アー　ホンデ　イガッダヤ。(A　あー　それで［は］
　　　　　　　　よかったよ。))ウン　ウンウン。(うん　うんうん。)
　　　　015A：ハイ。(はい。)
　　　　016B：<u>ホンデネー</u>。(それで［は］ね。)
　　　　017A：ハイハイ。(はいはい。)
　　　　018B：アリガトーネー。(ありがとうね。)

　　　　　　　　　　　　　　　　　　　(1–1「荷物運びを頼む―①受け入れる」気仙沼)

　014Bで話者Bはサンマをもらう感謝を「ちょうどサンマがなくなったから」と内容的に述べ、話者Aは「それでは良かった」と述べる。この後、場面を辞去する挨拶として共通語でいう「それではね」を「ホンデネー」と述べる。「ホンデ」の前文脈をみると、サンマをもらったことへの感謝と感謝を受け入れたこと、それを確認し合う同意の言葉(014Bの最後で話者Bの「ウンウンウン」と話者Aの「ハイ」)が交わされている。お互いに感謝とその受領が終わり、それ以上実質的発話を交わさないことが、会話が終了へと向かい、その場を辞去する準備が整ったという状況を整える。ホンデの前件は具体的な事態や事柄ではなく辞去できる状況である。このような「ホンデネー」は前後と独立して具体的前件や後件を伴わずに挨拶として機能する。このような辞去の挨拶としての用法は気仙沼方言ホンデア(共通語「それでは」相当)にも見られるが、ホンデのみで挨拶の用法が存在することはこの地域の特徴である。

　挨拶で接続詞が用いられるのは、状況が整ったことを前件にし、退去の後件につなげることで、状況(前件)への配慮を示すことができるからである。第3節でみたダカラ類と同様、前後件の関係づけを表す用法とは異なり、前後と独立した音調を持ち、後件を伴わずに発話されている。感動詞には応答や相づちなど、多様な、ある意味雑多な表現が所属しているが、挨拶表現も感動詞に入れるのならば、ソレデ類は感動詞化している。

5. おわりに

　本稿では、気仙沼方言会話における接続詞の分析を通して、接続詞が相手の発話への同意や辞去の挨拶など、生活のコミュニケーション場面において重要な役割を果たしていることをみてきた。気仙沼方言において共通語にみられない用法を指摘し、ダカラ類が前後件を伴わず単独で用いられ、同意表現として機能することや、ソレデ類が会話での受け渡しに用いられ、相手の発話に融合的視点で関連付ける用法や辞去の挨拶としての用法を考察した。これらは会話において接続詞がその表現効果を発揮した事例である。

　接続詞が用いられた文脈や音声特徴の分析により、音調や引き延ばしの長さによって接続詞が話者の感情を巧みに伝えているという、情意の接続詞としての用法をみた。このような事例では接続詞は感動詞化している。接続詞が元来持つ、前後件の関係を表すという機能が、相手の発話に同意したり、自らの視点の採り方を位置づけたりすることに用いられている。例えば、ダカラにおいては、共通語において「そうですね」などの同意を表す用法とは異なり、春の暖かさや弔いの気持ちなどが、情感を込めた相手への同意や場面への配慮に用いられている。

　本稿では『生活を伝える被災地方言会話集』から、気仙沼方言における会話での接続詞使用について考察した。生活におけるさまざまなコミュニケーション場面を扱う資料において、人々が生活の中でどのように言葉を用いているか、どのような言葉が場面や話者と相手との立場によって選択されているのかを垣間見ることが可能となる。

注
1　話者の属性について、話者は気仙沼市在住で、収録当時、男性・女性とも 72 歳～75 歳。
2　指示語を伴わない例をφで表す。
3　『会話集』では005A「ダカラー」、006B が「ンダカラ」となっているが、音声をもとに筆者が判断し、005A「ンダカラー」、006B「ダカラ」とした。

文献
網浜信乃(1990)「条件節と理由節―ナラとカラの対比を中心に―」『待兼山論叢』24, pp.19–38.
岩崎勝一(2009)「イントネーション単位」坊農真弓・高梨克也編『多人数インタラクションの分析手法』pp.35–64. オーム社
上野善道・相澤正夫・加藤和夫・沢木乾栄(1989)「方言音韻総覧」徳川宗賢監修・尚学図書編『日本方言大辞典』小学館
神尾昭雄(1985)「談話における視点」,『日本語学』4(12), pp.10–21.
神尾昭雄(1990)『情報のなわ張り理論―言語の機能的分析』大修館書店
甲田直美(2000)「接続詞と対話」『国語語彙史の研究　十九』pp.255–272. 和泉書院
甲田直美(2001)『談話・テクストの展開のメカニズム―接続表現と談話標識の認知的考察』風間書房
甲田直美(2018)「接続詞の語形変化と音変化―方言談話資料からみた接続詞のバリエーション―」小林隆編『コ

ミュニケーションの方言学』pp.271–291. ひつじ書房

鈴木康之(1968)「感動詞」『月刊文法』1, pp.44–48.

浜田麻里(1988)「推論と接続語」第2回日本語文法談話会口頭発表資料

浜田麻里(1991)「「デハ」の機能―推論と接続語―」『阪大日本語研究』3, pp.25–44.

Akatsuka, Noriko 1985. Conditionals and epistemic scale, *Language*, 61, pp.625–638.

第III部

語彙

オノマトペ表現

川﨑めぐみ

1. はじめに

　方言の談話資料や会話集の中のオノマトペに関する研究は、これまでもいくつか行われてきた。『全国方言談話データベース　日本のふるさとことば集成』のオノマトペを収集し、各県のオノマトペの形態の特徴やオノマトペが現れやすい場面などを明らかにした三井・井上(2007)、『方言談話資料』の場面設定会話以外からオノマトペを抜き出し、県別のオノマトペ数を三井・井上(2007)と比較した川﨑(2017a)がある。どちらも全国の方言談話を対象とした研究である。

　今回、この論文集で取り上げる『生活を伝える被災地方言会話集』1～4は、宮城県気仙沼市と名取市、『伝える、励ます、学ぶ、被災地方言会話集』は宮城県沿岸地域15市町の談話集であり、多彩な場面の会話が収録されている。それぞれの場面においてどのようなオノマトペが現れるのか、本稿ではそのような視点から方言会話集に登場するオノマトペ表現の特徴を考察していく。

2. 先行研究

　オノマトペが現れやすい場面について、三井・井上(2007)では、オノマトペが多く現れる談話として(ⅰ)音のある情景の描写、(ⅱ)作業のやり方の説明、(ⅲ)民話的語りの3つを挙げている。

　まず、音のある情景の描写にオノマトペが用いられることがある程度予想されるということは、三井・井上(2007)も指摘していることである。これに加え、音の描写を中心としないオノマトペ、すなわち擬態語も多く見られることも述べられている。

　一方、作業のやり方の説明にも多くのオノマトペが現れる。ただし、同じ説明であっても、「当事者としてのめり込んで話すときにはオノマトペが出てきやすく、突き放して概要を説明するときには出てきにくい」(p.83)と三井・井上(2007)は指摘する。さらに、話し手と聞き手が現場の状況を共有している場面では、指示語を使用した「こうやって」「こうして」などが現れ、オノマトペが出てきにくいことにも触れられている。

　民話には、臨場感を演出するために多種多様なオノマトペが現れる。三井・井上(2007)で触れている『全国方言談話データベース』の談話には、談話の中に挿入された民話が存在しており、その民話的語りの部分にもオノマトペが含まれている。民話のオノマトペの特徴については、川﨑

146 第Ⅲ部 語彙

(2017b)で述べているとおり、一般的なオノマトペ表現もあるが、動物のせりふ内に現れる動物の鳴き声や、話のオチになっているもの、オノマトペの繰り返しによりリズム感を作るものといった特徴的な使用が見られる。

このように、オノマトペの使用には臨場感や話し手の意識、そして表現の意図が関わってくる。談話の場面の観点からオノマトペ表現を見ることは、話し手の表現の意図と、聞き手の受け取り方をどのように話し手が意識しているかを、具体的に浮かび上がらせることとなり、オノマトペの特徴を明らかにするために有用であると考えられる。それを踏まえ、本稿では、オノマトペが使用される具体的な場面を取り上げ、話し手がどのような意図でオノマトペ表現を用い、オノマトペ表現に対する聞き手の理解をどう想定しているかという観点から考察を行っていく。

3. 考察対象の資料について

今回主たる題材となっている『生活を伝える被災地方言会話集』1〜4は、ある場面を「想定して」作り出された場面設定会話を集めたものである。場面は数多くあるが、いずれも臨時的に作られた演技での会話である。そのため、具体的な描写対象を必要とする「よりオノマトペらしいオノマトペ」とは相性が悪いのではないかと推測する向きもあるだろう。もちろん、目の前に描写対象がなければ、臨時語や創作語はほとんど出てこない。ただ、普段から使用している語であれば、描写力のあるオノマトペであっても、話者の想像力、あるいは過去に経験した場面と重なるなど、場合によっては出てくる可能性はある。

一方、本論文集で中心的に取り上げられている『生活を伝える被災地方言会話集』の前に編集された『伝える、励ます、学ぶ、被災地方言会話集』は、2011年3月に発生した東日本大震災について話している自由会話が収録されている。ただし、談話の収録が震災の発生から間もない2012年7月から8月であることから、話者への配慮によりこの話題を避けた場合がある。また、収録した自由会話が3種類あり、震災以外のものが選択されて収録されている場合もある。結果、15市町のうち12市町の13談話(亘理町2件)において、震災の話題の談話が収録されている。これらの談話は自由会話であるため、具体的な事例が多く見られ、震災についても臨場感ある語りが展開されている。臨時的なオノマトペ使用も期待される。よって、オノマトペを扱う論考として、本稿は『伝える、励ます、学ぶ、被災地方言会話集』も使用していく。なお、両方の資料をあわせて指す場合には、『被災地方言会話集』と呼ぶこととする。

また、談話におけるオノマトペ研究において課題となっているのは、話題の統一である。1つの描写対象に対してオノマトペを使用するかどうか、また使用されるオノマトペがどのようなものであるか、といった観点では、自由会話の内容が統一的なものとなりえず、研究が困難であった。しかし、『生活を伝える被災地方言会話集』は、想定された会話ではあるものの、気仙沼市と名取市で場面が統一されている。さらに、『伝える、励ます、学ぶ、被災地方言会話集』は「震災のときのこと」という話題が統一されている。もちろん、震災のこととはいえ、収録されている10分間に同じ場面や状況が入っているわけではないが、震災のときの描写という大きなくくりとして見る

ことには意味があるだろう。

4. 『被災地方言会話集』に現れるオノマトペ

　それでは、『被災地方言会話集』に現れるオノマトペの用例数を確認する。表1は『伝える、励ます、学ぶ、被災地方言会話集』のオノマトペ用例数である。『伝える、励ます、学ぶ、被災地方言会話集』は、宮城県沿岸15市町の自由会話約10分と場面設定会話13場面から成っている。自由会話の話題は、震災の体験、地域の伝統文化、方言に対する思い入れの3つのおおまかな話題について自由に話してもらったものである。収録されている部分は、文字化しやすい話題と箇所を任意に選んだものであるため、会話の一番最初から最後までを収録しているわけではない。場面設定会話については、全部で13場面を提示し、『生活を伝える被災地方言会話集』と同様、話者に場面を想定して話してもらったものである。『生活を伝える被災地方言会話集』では、ほぼ同年齢の高年層話者で、知り合い同士の関係にある男女1組が話者になっている。それに対し、『伝える、励ます、学ぶ、被災地方言会話集』のほうでは話者の属性にばらつきがあり、場面設定会話13場面のうち会話が成立しなかった場面もある。

　一方、表2は『生活を伝える被災地方言会話集』のオノマトペの用例数である。気仙沼市と名取市の話者、それぞれ男性と女性の話者による用例数を一覧にした。場面の設定上、電話の音などの効果音を調査者がオノマトペで表現しているものもあり、それは調査者使用数として示した。

　表1と表2からわかることは、1点目として、男女での使用数に大きな差はないということである。表1の『伝える、励ます、学ぶ、被災地方言会話集』では、各市町の用例数が少なく、各市町での男女差について明確に言及することはできないが、男女での使用数の合計において、女性のみの話者の調査市町が2つ（亘理町が2地点での調査、地点数は3地点）あるので、10例の差は人数差としてとらえることができる。女性の使用数の平均は話者1人当たり2.5例である。表2においては、1〜4の合計で、表1とは逆に男性のほうが使用数が10例多い。このように男女での使用数に差はあまり見られず、差があるとすれば、個人がオノマトペ表現の使用を好むかどうか、また場面によるもの、そして場面設定会話においては会話における役割が要因だと考えられる。

　2点目は、表1の自由会話と場面設定会話のそれぞれの合計数において、自由会話のほうが倍程度、用例数が多くなっているということがある。発話の時間が異なるため、単純には比較できないが、場面設定会話はやはり具体的な場面が想像しづらかったのではないかと推測される。また、5節で触れるが、「説明」を行う場面では多彩なオノマトペが用いられやすいこともある。相手に働きかけを行う必要があるときには、聞き手がその語を確実に理解しなければならないため臨時的な表現が現れにくい。今回場面設定会話で提示された場面が働きかけを行う場面が多かったため、オノマトペの数も少なくなったのだろう。

　これに加え、秋田他（2012）は、Twitter及び国会会議録をコーパスとして用い、大規模なデータをもとに、「関与（巻き込み、involvement）」あるいは「インタラクション性」のある発話、すなわち相手との関与が高まる会話の後半のほうがオノマトペ使用が多いということを明らかにしてい

148　第Ⅲ部　語彙

表1　『伝える、励ます、学ぶ、被災地方言会話集』のオノマトペ用例数（場面・使用者）

市町名	全用例数	自由会話	自由会話話題	場面会話	男性使用数	女性使用数
気仙沼市	4	2	震災	2	1	3
南三陸町	8	7	震災（昔の仕事）	1	（話者女性のみ）	8
石巻市	2	0	震災	2	1	1
女川町	1	0	土地の文化	1	1	0
東松島市	6	5	震災	1	5	1
松島町	5	4	震災	1	3	2
利府町	7	4	震災	3	3	4
塩竈市	5	4	方言	1	1	4
七ヶ浜町	5	1	震災	4	1	4
多賀城市	4	2	方言	2	1	3
仙台市	7	7	震災	0	4	3
名取市	13	11	震災	2	11	2
岩沼市	8	7	震災	1	4	4
亘理町	5	2	震災	3	（話者女性のみ）	5
山元町	1	1	震災	0	0	1
合計	81	57		24	36	45

表2　『生活を伝える被災地方言会話集』のオノマトペ用例数（使用者）

	市名	全用例数	男性使用数	女性使用数	調査者使用数
1	気仙沼市	23	15	7	1
	名取市	29	15	14	0
	合計	52	30	21	1
2	気仙沼市	12	4	6	2
	名取市	28	18	10	0
	合計	40	22	16	2
3	気仙沼市	7	4	3	0
	名取市	15	3	12	0
	合計	22	7	15	0
4	気仙沼市	10	2	5	3
	名取市	19	11	5	3
	合計	29	13	10	6
1～4 合計		143	72	62	9

る。『伝える、励ます、学ぶ、被災地方言会話集』の自由会話は各市町それぞれ10分程度の会話ではあるが、会話が始まったところからの10分間をそのまま収録したものではなく、任意の箇所を収録している。そのため、ある程度関与性が高まった部分での会話が載せられているものもあり、その分、自由会話でのオノマトペの使用が多くなったのではないかとも考えられる。

　さらに、3点目として、「震災の体験」の話題を含む12の市町13地点の各会話のオノマトペ用例数の平均が3.8であるのに対し、震災の話題を含まない、つまり「地域の伝統文化」または「方言に対する思い入れ」の話題の会話である3つの市町の用例数の平均は2.0である。震災の話題を含まない会話の数が3地点のみと少ないため確実なことは言えないが、強烈な記憶となって残った体験であること、そして2012年の夏という震災の影響が目に見える形で残っていた時期であることから、震災の話題は臨場感をもって語られたであろうことは想像に難くない。その臨場感や話者の感情を伝えるのにオノマトペが表現として有効であったことが、この用例数の差に表れたものと考えられる。

　続いて、表3と表4は、『伝える、励ます、学ぶ、被災地方言会話集』と『生活を伝える被災地方言会話集』に頻繁に現れる語の数、そして種類ごとに数を示したものである。

　「ユックリ」「ズット」「チャント」「サッパリ」「ビックリ」は、いずれも会話集の中に多数見られる語で、オノマトペ由来ではあるが、様態や音、気持ちの描写性が薄まった、より一般的な語に近い語でもある。なお、「サッパリ」には「シャッパリ」「サッパ」「ハッパリ」といった語形のバリエーションが見られ、これらはすべて「サッパリ」の用例数に含めた。同様に、「ズット」も「ズーット」「ズート」という長音と促音によるバリエーションが見られるが、やはり「ズット」の用例数として数えてある。

　「名詞」は、「ベコ」（牛）や「ポットン／ボットン」（汲み取り式のトイレ）のように、オノマトペ由来、あるいはオノマトペを含んだ形の名詞の用例である。「ベコ」は「ベー」という牛の鳴き声が由来とされ、「ポットン／ボットン」は排泄物が落下する様子と音を表すものである。表4にある「状況説明」とは、場面の設定上、電話の音などの効果音を調査者もしくは話者自身がオノマトペで表現しているものである。

　そして、これら特殊なオノマトペ表現を除いたものが「その他」である。この「その他」の中には多種多様なオノマトペ表現が含まれており、震災の揺れやそのときの状況を説明するときや、折り紙の折り方を指示するときなどには、さまざまな表現が見られた。なお、「ユックリ」などと同様、より一般的な語に近く、複数回登場する語には、ほかに「ダンダン」「スッカリ」「ドッサリ」「ハッキリ」などがあるが、前出の語よりも数が少ないため、今回は「その他」として扱った。このように「その他」には、多様な形のオノマトペが入っており、この「その他」の割合を見ることでオノマトペ表現の多様さが判断できる。よって、その他の用例数を全用例数で割った割合を「その他率」としてパーセンテージで示した。

　表3、表4を比較すると、3を除いて『生活を伝える被災地方言会話集』のほうが「その他率」が『伝える、励ます、学ぶ、被災地方言会話集』よりも低くなっている。このことから、表4の『生活を伝える被災地方言会話集』のほうがオノマトペの種類が少ないと言える。これは場面設定

表3 『伝える、励ます、学ぶ、被災地方言会話集』のオノマトペ用例数（語の種類）

市町名	全用例数	ユックリ	ズット	チャント	サッパリ	ビックリ	名詞	その他	その他率
気仙沼市	4	1			1			2	50.0%
南三陸町	8				3	1	1	3	37.5%
石巻市	2				1			1	50.0%
女川町	1							1	100.0%
東松島市	6	1	1	1				3	50.0%
松島町	5				2		2	1	20.0%
利府町	7	1	1					5	71.4%
塩竈市	5					1		4	80.0%
七ヶ浜町	5	3						2	40.0%
多賀城市	4	1	1		1			1	25.0%
仙台市	7			2				5	71.4%
名取市	13	3		1				8	61.5%
岩沼市	8		1			3		4	50.0%
亘理町	5		2					3	60.0%
山元町	1							1	100.0%
合計	81	10	6	4	8	5	3	44	54.3%

表4 『生活を伝える被災地方言会話集』のオノマトペ用例数（語の種類）

	市名	全用例数	ユックリ	ズット	チャント	サッパリ	ビックリ	名詞	状況説明	その他	その他率
1	気仙沼市	23	6	1					1	15	65.2%
	名取市	29	7		7	5	1	1		8	27.6%
	合計	52	13	1	7	5	1	1	1	23	44.2%
2	気仙沼市	12	1		3	3			2	3	25.0%
	名取市	28	1	2	5	2	1		4	13	46.4%
	合計	40	2	2	8	5	1	0	6	16	40.0%
3	気仙沼市	7				1		1		5	71.4%
	名取市	15		1	4	2				8	53.3%
	合計	22	0	1	4	3	0	1	0	13	59.1%
4	気仙沼市	10	1	1	1				3	4	40.0%
	名取市	19	2	1	7	2			6	1	5.3%
	合計	29	3	2	8	2	0	0	9	5	17.2%
1〜4 合計		143	18	6	27	15	2	2	16	57	39.9%

会話よりも自由会話のほうにオノマトペが多く現れていることと関係しているだろう。

なお、表4の『生活を伝える被災地方言会話集』の3において、「その他率」が59.1%と高く、多様なオノマトペが出現しているのには、「17. 折り紙を折る」という場面が含まれているためである。2節でも述べたように、三井・井上(2007)において、オノマトペが多く現れる談話として「作業のやり方の説明」というものが挙げられている。「折り紙を折る」は、実際に折り紙を折りながらその手順を説明するという場面設定のものであり、作業のやり方の説明に当てはまる。5節では、このようにオノマトペ表現がまとまって現れている場面を取り上げていく。

5. オノマトペ表現がまとまって現れる場面

三井・井上(2007)で指摘があるように、談話の中でもオノマトペが多く用いられる部分が存在する。今回の『被災地方言会話集』においては、「震災のときのこと」と「折り紙の折り方」の場面がそれにあたる。本節では、この2つの話題(場面)を取り上げて、オノマトペの用いられ方を見ていきたい。

なお、以降で方言のオノマトペ表現には下線を引き、共通語訳の相当部分には点線での下線を引いておく。元の資料では発話が重なる部分に下線が付されれているが、その下線は表記しないこととする。また、あいづちも省略する。

5.1 震災の体験を語る

『伝える、励ます、学ぶ、被災地方言会話集』の特徴の1つは、15市町のうち12市町での自由会話の話題に「震災のときのこと」が収録されていることである。主観的な言い方となるが、オノマトペ表現が得意とするのは、体験を振り返って冷静にまとめあげて伝えるのではなく、体験したことをそのまま描写し、そのときの話し手の感覚や感情の情報も含めて、聞き手にできるだけ生のまま伝えることである。

筆者も2011年3月11日の地震発生時には仙台市の市街地におり、激しい揺れを経験した。そのときの状況を口頭で伝えるならば、やはりオノマトペ表現を使用したくなる。「ガダガダガダーッ」と揺れるのか、「ズドーン」と揺れが来るのか、異なるタイプの揺れであってもオノマトペならば簡潔に言い分けることができる。一般語彙を用いて「突然激しく揺れた」と表現することも可能であるが、やはりオノマトペが持つ情報量には及ばず、どうしても多言を費やす必要がある。

オノマトペのこのような特徴が、震災の描写にどのように生かされているのか、詳細を見ていきたい。本稿では、地震が起きた瞬間及び直後の様子のうち、地震そのもの揺れを表すオノマトペと、地震の影響を受けたものの様子を表すものを取り上げる。

まず、地震が起きた瞬間のうち、地震の揺れそのものにかかわる表現を見ていく。地震の揺れそのものを描写しているのは、次の(1)〜(4)の箇所である。

152　第Ⅲ部　語彙

（1）　ジシン　<u>ンダガーット</u>　キタッチャ。（地震　<u>ダガーって</u>　きたよね。）

（自由会話「震災のときのこと」東松島市001）

（2）　デー　トゴヤニ　イッテ、ヤ　エ　ンジャ　アノー　ハサミ　イレルネーツッテ　パチパ
　　　チシタラ　ガ　<u>ガラーット</u>　キテー。（それで　床屋に　行って、×　×　じゃあ　あの
　　　はさみ［を］　入れるねといって　ぱちぱちしたら　×　<u>ガラーっと</u>　きて。）

（自由会話「震災のときのこと」仙台市001A）

（3）　ホンデ　<u>ガダガダナッタガラ</u>、（それで　<u>ガタガタ［ト］</u>なったから、）

（自由会話「震災のときのこと」名取市004A）

（4）　ホシテ　チョット　ヌゲダラバ、<u>ガダガダガダーット</u>ナッタノ、ケッツァネ。ハー、マー
　　　ダ　コレー　ウッショノ　タイヤ　パンク　シタナードオモッタ。ンデ　<u>ガダガダト</u>
　　　ナッタンダド　オモッテネー。（そして　ちょっと　抜けたら、<u>ガダガダガダっと</u>なった
　　　の、尻がね。ああ、また　これ　後ろの　タイヤ　パンク　したなと思った。それで　<u>ガ
　　　ダガダと</u>　なったんだと　思ってね。）　　（自由会話「震災のときのこと」名取市013B）

　地震が来た瞬間の揺れを表す表現には、(1)(2)のように「ンダガーッ」「ガラーッ」のように揺
れが始まったときの急激さを表すものと、(3)(4)のように「ガダガダ」という揺れそのものと揺
れによる音を含んだ表現がある。「ンダガーッ」「ガラーッ」は具体的な揺れ方を表現するもので
なく、地震の激しさを強調して示すための表現である。一方、「ガダガダ」は地震の揺れを描写す
るものである。それに加えて、(3)は「ガダガダナッタガラ」という言い方で地震が発生したこと
を表し、「ガダガダ」が揺れの描写をしているというよりは、概念として地震そのものを指してい
るようである。言い換えれば、名詞的な使われ方をしていると言える。
　収録された談話の音源を聞くと、(1)(2)ではオノマトペの部分に無声音の部分があることがわ
かる。(4)では、「それで　ガダガダと　なったんだと思ってね」という、バイクがパンクで揺れ
たんじゃないかと思ったという、実際の描写というよりもそういう状態があることを仮定しての表
現の箇所以外が、オノマトペ全体が無声化して発音されている。この地域では、次の(5)の「ソト
サデロー」のような大声をなぞった部分や、強調したい部分において、声のボリュームを上げるの
ではなく、逆に無声化して発音されることがある。なお、(3)の「グラグラ」は無声化されること
なく発音され、やはり描写というよりは地震そのものを指し示す使われ方をしていることがうかが
われる。

（5）　ムスコヌ　ソトサ　デローッテワッタノ。（息子に　「外へ　出ろ」っていわれたの。）

（自由会話「震災のときのこと」名取市004A）

続いて、地震の瞬間及び直後に、地震の揺れの影響を受けたさまざまな物の様子を表すオノマトペを見ていく。これについては、地震の揺れそのものを表現する場合と異なり、地震発生当時、話者がどこにいて、どのようなものが近くにあったかによって異なってくる。そのため、多種多様なオノマトペが現れる。(6)〜(9)は、話者が状況に即して臨時的に作ったオノマトペだと考えられる。

（６）　ホナノ　ズスンデ　ンノー　シャンデリア　<u>ザク゚ザク゚ザク゚ザク゚ザク゚</u>ド。イッペ　ユ
　　　　レデッサ(そんなの　地震で　あの　シャンデリア　<u>ザク゚ザク゚ザク゚ザク゚ザク゚</u>と。いっぱい
　　　　揺れてさ)　　　　　　　　　　　　　　　　　（自由会話「震災のときのこと」南三陸町 020B）
（７）　アブ゚ラカンカ゚、ヒックリゲッテ。タンク。ホデ　<u>パクパッコンブクブク</u>と。(油缶が、
　　　　ひっくり返って。タンク。それで　<u>パクパッコンブクブク</u>と。)
　　　　　　　　　　　　　　　　　　　　　　　　　　（自由会話「震災のときのこと」名取市 013B）

　(6)は地震の揺れで、シャンデリアが落ちそうなほど揺れているものの描写である。揺れ方や発生する音はシャンデリアの形状によって異なるので、シャンデリアだからこのオノマトペで表現されるとは限らない。また音で聞くと「ザグザグ」というよりも「ザンザンザンザン」のように聞こえる。この地域で用いられている鼻濁音を生かした独特な表現である。同様に、(7)は油缶から油が流れ出る状況を描写したものであるが、油缶の口から油が出てくるときの音が見事に描写されている。具体的な状況を体験していないと、このような表現はなかなかできないだろう。
　次に、(8)は、文字で見ると「ガラガラ」であり、よく使用されるオノマトペのように思えるが、音では「ガ゚ラガ゚ラ」のように聞こえる。勢いよく発語されるのではなく、揺れに合わせて継続的に揺れている様子と音を表現している。(9)は、「ガタガタ」ではなく「ガッタンガッタンガッタンガッタン」とすることで、家が作業場の建物とぶつかり合う様子と音を表現しているものである。使用頻度の高いオノマトペではあるものの、スピードを変える、回数を増やす、促音や撥音を挿入するなどによって、描写対象に近づけようという意図がうかがい知れる。

（８）　ヒックリゲッテーミダッケー、ホノー　インターノ、カンバンカ゚　<u>ガラガラガラード</u>
　　　　ヤッテンダッチャー。(ひっくり返って見たら、その　インターの、看板が　<u>ガラガラガ</u>
　　　　<u>ラと</u>　なってるんだよ。)　　　　　　　　　（自由会話「震災のときのこと」名取市 013B）

（９）　アー　ウチナンテネ　サギョーバ　ド　<u>ガッタンガッタン　ガッタンガッタンッテ</u>　ブツ
　　　　カッタンダヨー。(あー　[私の]家なんてね　作業場　×　<u>がったんがったん　がった</u>
　　　　<u>んがったんって</u>　ぶつかったんだよー。)　　（自由会話「震災のときのこと」岩沼市 017B）

　最後に、(10)(11)は、様態の具体的な描写が目的ではなく、勢いのよさを表現するために用いられているオノマトペである。(10)は、地震の瞬間の揺れを表す(4)に続く発話であるので、揺れ

154　第Ⅲ部　語彙

自体を表すのか、バイクが倒れたことを表すのか、あるいは話者自身が倒れたのかが判然としない部分であるが、ひっくり返ったときの激しさが表現されている。(11)は液状化現象で水が勢いよく出てくる様子を表したもので、地震の瞬間のように短い時間ではないが、水が出てくる勢いをオノマトペで表現している。どちらも無声化された発音であり、強調した表現であることがわかる。

(10)　013B：ヨグ　ソレダガラ　ハスランネーガラ　チョット　ヨヒェデ、　アソ
　　　　　　　よく　それだから　走れないから　　ちょっと　寄せて、　足を

　　　　　　　ツイダンダワ。　ダーント　ヒックリゲーッタノ。
　　　　　　　着いたんだわ。　ダーンと　ひっくり返ったの。
　　　　　　　　　　　　　　　　　　　　　　　　（自由会話「震災のときのこと」名取市）

(11)　003A：マックロイミズガ　ワーッテ　デダノサ。
　　　　　　　真っ黒い水が　　わーって　出たのね。
　　　　　　　　　　　　　　　　　　　　　　　　（自由会話「震災のときのこと」利府町）

　このように震災の揺れやその影響を受けた物についてのオノマトペ表現は多様なものがあるが、その急激さに注目した表現と、具体的な状況をできるだけ細かく描写しようとした表現がある。そして、どちらも強調しようとする際には、オノマトペの部分が無声化して発音されているものが見られた。

5.2　折り紙の折り方を教える

　続いて、『生活を伝える被災地方言会話集』の3に見られる「折り紙の折り方」を教えている会話について取り上げる。こちらは前述のように、三井・井上(2007)でも多くのオノマトペが見られる「作業のやり方の説明」に当たるものである。
　オノマトペが多く見られるのは名取市のほうの談話で、(12)～(17)のような表現がある。気仙沼市のほうは(18)(19)の2例である。名取市は鶴の折り方、気仙沼市は兜の折り方を教えている場面である。

(12)　チャント　アワセンノサインネ。（ちゃんと　合わせ××なさいね。）
　　　　　　　　　　　　　　　　　　　　　　　　（3–17「折り紙を折る」名取020A）
(13)　コーヤッテ　ピチット　オッテケサイ。（こうやって　ピチッと　折ってください。）
　　　　　　　　　　　　　　　　　　　　　　　　（3–17「折り紙を折る」名取032A）
(14)　シカクノヒラヒラスルホーオ　ヒロゲンノ。（四角のひらひらする方を　広げるの。）
　　　　　　　　　　　　　　　　　　　　　　　　（3–17「折り紙を折る」名取056A）

(15) チャントネー　アワセナイト　ココモ　<u>ピッタリ</u>　クッツカンナイ(ちゃんとね　合わせ
　　　ないと　ここも　ぴったり　くっつかない)　　　　(3–17「折り紙を折る」名取086A)

(16) ハイ　<u>チャント</u>　<u>ピット</u>　イッカイ。(はい　ちゃんと　ピッと　一回。)
　　　　　　　　　　　　　　　　　　　　　　　　　　　(3–17「折り紙を折る」名取106A)

(17) シテ　シタカラ　<u>フット</u>　フクラマスト(そして　下から　ふっと　膨らますと)
　　　　　　　　　　　　　　　　　　　　　　　　　　　(3–17「折り紙を折る」名取118A)

(18) ンデ　マズ　コー　サンカグニ　オンノッサ。ハイ。<u>キチット</u>(それで[は]　まず　こう
　　　三角に　折るのさ。はい。きちっと)　　　　　　　(3–17「折り紙を折る」気仙沼013A)

(19) ンデ　コッチモー　コッチサー　アノー　<u>ピタットー</u>　ウン　アワセテー　コーユーフ
　　　ニー。(それで　こっちも　こっちに　あの　ぴたっと　うん　合わせて　こういう風
　　　に。)　　　　　　　　　　　　　　　　　　　　　(3–17「折り紙を折る」気仙沼019A)

　名取のほうの談話で多用されているのは、「ピット」「ピッタリ」といった折り紙の端を正確に合
わせることを表す表現である。同時に「チャント」という正確さを要求する一般語彙的なオノマト
ペが用いられていることも注目される。(15)では、「チャント」と言った後、「ピッタリ」を重ね
て用い、より正確さを求めるような使われ方が見られる。一方、気仙沼の談話では、「キチット」
「ピタット」が1回ずつ用いられているのみである。
　三井・井上(2007)は、オノマトペがほとんど現れない談話として、指示語を多用した状況依存
的な話し方があるとしている。今回の気仙沼と名取の談話を見てみると、目の前に折り紙があり、
情報を共有していると考えられ、どちらも「コー」「コーヤッテ」などの指示語を含んだ表現が多
く出現しており、状況に依存した会話であることがわかる。ただし、折り方を説明している気仙
沼・名取それぞれのAの話者による(20)(21)を比べると、気仙沼の話者のほうが指示語のみでは
なく、具体的な表現を用いているようである。(20)の気仙沼の話者が「コゴノチョーテンサ」と
合わせる位置を「頂点」と示しているのに対し、(21)の名取の話者は「コレニ」と状況依存的な
表現になっている。

(20) シテ　コー　オッ　コゴ　カドッコー　イッツモ　コゴノチョーテンサ　アワセナガラ
　　　コー　コー　オルノネ。(そして　こう　××　ここ　角　いつも　ここの頂点に　合わ
　　　せながら　こう　こう　折るのね。)　　　　　　　(3–17「折り紙を折る」気仙沼057A)

(21) ット　コンド　ハンタイモ　コンナフーニ。ハイ　コーナンノ。コレモ　マタ、コッチモ
　　　コレニ　アワセテ。(あと　今度　反対も　こんな風に。はい　こうなるの。これも　ま
　　　た、こっちも　これに　合わせて。)　　　　　　　(3–17「折り紙を折る」名取076A)

　三井・井上(2007)では、同じ「作業のやり方」を説明する話題であっても、概観的に話すか具
体的に話すか、状況依存的な度合いが高いか低いかなどのレベルの異なるいくつかの要因がオノマ
トペの現れ方に違いが生じていると指摘する。『生活を伝える被災地方言会話集』では、実際に折

り紙を折りながら説明しているため、具体的であり状況依存的な度合いが高い場面と言える。そして、折り紙で折ってもらうものが、気仙沼では兜、名取では鶴となっており、鶴のほうが手順が多少複雑で、折り紙の端を合わせる作業の回数が多くなっていることが、「ピット」「ピッタリ」「チャント」というオノマトペの数を増やしたものと考えられる。

6.　発話の目的から見たオノマトペ表現

　5節では、オノマトペが集中して現れる話題と場面設定のものを見てきたが、もちろんほかにもオノマトペが用いられている発話がある。それらのオノマトペがなぜ、どのように用いられているのか。それらを発話の目的とオノマトペ表現の必要性の関わりという観点から見てみたい。

　まず、発話をすることにおいて、自分が経験したことを説明するという目的が考えられる。5.1節で挙げた「震災のときのこと」で出てきたオノマトペのほとんどが、この説明を目的とした発話において用いられている。『伝える、励ます、学ぶ、被災地方言会話集』の自由会話では、説明をする相手（聞き手）は、対話の相手であり、また調査者でもある。この地震の揺れやそのときの状況を説明するための発話に現れるオノマトペには、相手が必ずしも知っているとは限らない臨時的なオノマトペも含まれていた。しかしながら、全く理解できないとは限らず、何について言及しているものかが共有できていれば、どのような状況を表現しているのかは伝わるものである。このようなオノマトペは音を模倣したり、様子を描写したりするものであり、より類像性の高いものであるからである。

　ただし、(22)(23)のような自分の感覚や感情を説明する場合は、相手に正確にその情報が伝わるには、相手にもそのオノマトペ表現が知識としてあることが求められる。竹田(2012)は、方言のオノマトペがわからないことによる不利益を解消するために編まれたものである。岩手県立大船渡病院院長の八島良幸氏が「臨床の現場では、『患者の言葉がわからない』という話題が、かなりの数で出ていました」(p.6)と述べており、また、「はじめに」で「この冊子は、『東北地方の被災地で活動なさる医療機関の方々が地元の方言を理解するときの手助けになるようなものがほしい』という今村かほるさん(弘前学院大学)の呼びかけに応えて作成したものです」(p.8)と述べられているとおりである。方言のオノマトペで表された身体症状は他の地域の人や若い人といった、その語を日常的には用いない人にはなかなか理解しづらい。しかし、発話者は相手が理解しているか否かには無頓着である場合もある。オノマトペだから伝わるだろうとう意識があるのかもしれないが、このように説明を目的とした発話に現れるオノマトペは、相手が必ず理解するとは限らない場合でも用いられる傾向がある。

(22)　カラダサ　<u>シュッシュスルナード</u>オモウドギ　チテ　ホイデ　ハダラガセ。（体×　<u>すーすー</u>するなあと思うとき　着て　それで　働きなさい。）

　　　　　（11「体調を崩しているＢに、Ａが体の調子を尋ねる際のやりとり」亘理町①002A）

（23）　アーー　ビリビリ　イタイ。（あー　ひりひり　痛い。）

　　　　　　　　　　　　　　　　（4-10「沸騰した薬缶に触れる」気仙沼 009A）

　この説明を目的とした発話に似たもので、説明はしているものの、相手の共感を求めているもの
もある。オノマトペが意味する感覚や付随するイメージをまるごと相手に伝えたいというときに用
いられる。例えば、（24）のようなものである。

　　（24）　ノッテデモ　ハカハカスルネ　ガソリンナグナットオモウド。（乗っていても　ドキドキ
　　　　　するね　ガソリンなくなると思うと。）

　　　　　　　　　　　　　　　　（2-25「ガソリンの値上がりについて話す」名取 006A）

　この（24）のような場合は、オノマトペが表す身体感覚や快・不快といったイメージを相手が理
解していないとスムーズな会話が成り立たなくなる。相手がそのオノマトペを使用していない場
合、実感としての身体感覚を想起できず、オノマトペを使って伝えようとした感覚が伝わらないと
いうことである。よって、相手が理解することを前提とした表現であると考える必要がある。
　（25）では、「ビックリ」がお互いの感情を共有するために用いられており、同じ談話の中で「ビッ
クリ」が３回使用されている。驚くことを表す言葉は、ほかに「おどろく」「たまげる」などがあ
るが、地震が起きたときの驚きを「ビックリ」で表現することにより、地震発生の状況や感情をす
べてひっくるめて記号化し、感情の体験の共有を確認しているものと考えられる。

　　（25）　デモ　アレダナ　ビックリシタモンネー。（でも　あれだな　びっくりしたものねー。）
　　　　　　　　　　　　　　　　（自由会話「震災のときのこと」岩沼市 041A）

　さらに、相手が理解することを必要とするものには、相手への命令や指示、勧めといった相手の
行動を促すために用いられる表現がある。『被災地方言会話集』では、場面設定会話において「ユッ
クリ」が多用されている。オノマトペではない一般語に近づき、類像性も薄れている「ユックリ」
は、（26）（27）のような相手に行動を促す発話でよく用いられている。

　　（26）　ンジャー　ユックリネ　イワッテケライン。（それじゃあ　ゆっくりね　祝ってくださ
　　　　　い。）　　　　　　　　　　　（1-72「息子の結婚式でお祝いを言う」気仙沼 006B）
　　（27）　ユックリ　ヤスマイン。（ゆっくり　休みなさい。）

　　　　　　　　　　　　　　　　（1-55「暑い日に、道端で出会う」名取 011A）

　このように相手の行動を促すときには、当然ながら相手が確実に理解できるような表現が使用さ
れる。その表現は、一般語に近づいている語であったり、お互いに慣用的に用いていることが認識
される表現であったりする必要がある。結果、多様な語形のオノマトペは出てきにくくなる。

158　第Ⅲ部　語彙

次の(28)～(31)は、相手の行動や様子を指摘し、評価を加える表現である。

(28)　キョワ　マダー　カッコイーゴド。ビッシリ　キメテガラニ。(今日は　また　かっこい
　　　いこと。びっしり　決めちゃって。)
　　　　　　　　　　　　　　　　　　(1-64「友人が出かける─②女性→男性」気仙沼 001A)

(29)　アラ　Bサン　ビシット　キメデ　ドコサ　イッテキタドコダカ。(あら　Bさん　びしっ
　　　と　決めて　どこに　行ってきたところだか。)
　　　　　　　　　　　　　　　　　　(1-65「友人が帰ってくる─②女性→男性」気仙沼 001A)

(30)　ウインカー　アゲナイデ　グット　マーッタガラ　コンナゴトンナッタンデス。([あなた
　　　が]　ウインカー　上げないで　ぐっと　曲がったから　こんなことになったんです。)
　　　　　　　　　　　　　　　　　　　　　　(4-13「自動車同士が接触する」気仙沼 009A)

(31)　ミギガラ　キテー　ヒダリサ　グート　マガッタンダスペ。(右から　来て　左に
　　　ぐっと　曲がったんでしょう。)　　　　(4-13「自動車同士が接触する」気仙沼 013A)

　(28)(29)は、相手の服装が決まっていることを「ビッシリ」「ビシット」というオノマトペで表
現している。(28)においては、「カッコイー」の内容をオノマトペで具体的に示しているものと
なっており、具体的な様態を指摘して評価を加えているものである。(28)(29)は相手に対する好
意的評価であるが、(30)(31)は逆に非難する表現となっている。「グット」「グート」の共通語
訳として「ぐっと」という語が当てられているが、飛田・浅田(2002)の「ぐっ」の項目の解説で
触れられている「ぐい」のほうが近い。飛田・浅田(2002)では「ぐっ」と「ぐい」の違いの1つ
として、「ぐい」には「勢いと唐突・乱暴の暗示がある」(p.112)としている。相手の運転が乱暴で
あったことを、オノマトペを用いて指摘し、相手に責があることを述べているのである。この場
合、相手も状況を見ているのであるから、必ずしも相手に確実にわかる表現である必要はない。た
だし、その状況が好意的なものか、非難されるものであるかがお互いに共有されていなくてはなら
ない。
　このように、発話の目的によってオノマトペの種類が限定されるということが起こっているよう
である。説明を目的としている場合が最もオノマトペ表現の自由度が高く、相手の行動を促す命
令・指示・勧めなどでは相手がその表現を理解している必要があり、オノマトペの種類が限定され
ている。多様な発話場面が用意された『被災地方言会話集』だからこそ見いだせた特徴である。

7.　まとめと今後の課題

　本稿では、『生活を伝える方言会話集』と『伝える、励ます、学ぶ、被災地方言会話集』を併用
し、オノマトペ表現の用例数をまとめ、さらに場面ごとのオノマトペの特徴の一部を見てきた。場
面ごとのオノマトペの特徴として、まず震災にかかわるオノマトペ表現は多様ではあるが、揺れの
急激さに焦点を当てた表現と、揺れの様子や揺れによる影響を受けたものの具体的な様態を表した

表現があることを指定した。次に、作業の指示をする場面でのオノマトペ表現については、先行研究と比較し、オノマトペ使用の寡多は作業の内容などの状況に依存している可能性を指摘した。

一方、発話の目的からオノマトペ表現を見た場合、相手がオノマトペによる表現を理解する必要性があるかどうかで、オノマトペの種類が限定されることがあることに触れた。語形や意味に着目した語の単位での研究がオノマトペの研究には多い中で、発話の中でのオノマトペという本稿の着眼点は、従来とは異なる視点を与えるものとなるだろう。

紙幅の関係で今回触れられなかったものに、調査者や話者本人が、状況を説明するために用いているオノマトペ(電話の音や抽選機が回る音を表すもの)や、時間的な長さや物の量を表す一般語彙にかなり近づいているオノマトペ、またオノマトペを利用した名詞といったものがある。ほかにも細かく見れば、6節で触れたような発話の目的はさらに細分化でき、それぞれで使用されるオノマトペの特徴が存在するだろう。これらは今後の課題とする。

文献

秋田喜美・中村聡史・小松孝徳・平田佐智子(2012)「オノマトペのインタラクション性に関する量的考察」人工知能学会『JSAI 大会論文集』JSAI2012, 2N1OS8c5-2N1OS8c5

川﨑めぐみ(2017a)「『方言談話資料』におけるオノマトペの地域的差異についての考察」『名古屋学院大学ディスカッションペーパー』120

川﨑めぐみ(2017b)「東北地方の民話に見るオノマトペ表現の特徴」小林隆編『感性の方言学』pp.207–230. ひつじ書房

小林隆(2017)「オノマトペ機能の東西差―言語的発想法の視点から―」小林隆編『感性の方言学』pp.23–24. ひつじ書房

椎名渉子・小林隆(2016)「談話の方言学」小林隆・川﨑めぐみ・澤村美幸・椎名渉子・中西太郎『方言学の未来をひらく―オノマトペ・感動詞・談話・言語行動―』pp.207–337. ひつじ書房

竹田晃子(2012)『東北方言オノマトペ(擬音語・擬態語)用例集―青森県・岩手県・宮城県・福島県―』国立国語研究所

飛田良文・浅田秀子(2002)『現代擬音語擬態語用法辞典』東京堂出版

三井はるみ・井上文子(2007)「『全国方言談話データベース』に見る方言のオノマトペ」小林隆編『シリーズ方言学 4 方言学の技法』pp.66–89. 岩波書店

大正期以降の方言語史

作田将三郎

1. はじめに

　筆者は作田将三郎(2000・2003・2012)において、宮城県仙台市、石巻市、気仙沼市の伝統的方言語彙を取り上げ、平成期高年層では使用語として存在しているのに対し、中年層や若年層では理解語化している語形も少なからず見られるものの、基本的にはあまり使用されず、主に共通語を使用語としている傾向にあることを指摘した。つまり、これらの地域では伝統的方言語彙の使用に世代差が見られ、特に中年層や若年層において共通語化による伝統的方言語彙の衰退が進んでいるという実情が垣間見えた。ただ、このような現象は、上記地域に限らず、全国各地で起きていることが予測される。

　そのような言語状況を反映してか、近年、方言をさまざまな形で記録し後世に残すという試みが盛んに行われており、本稿で扱う『伝える、励ます、学ぶ、被災地方言会話集(宮城県沿岸15市町)』、『生活を伝える被災地方言会話集—宮城県気仙沼市・名取市の100場面会話—』、『生活を伝える被災地方言会話集—宮城県気仙沼市・名取市の100場面会話—』2〜4といった〈方言会話集〉もその一つと言える。そして、記録された資料がある程度増えてくると、それを利用した方言研究が行われるようになる。

　本稿は、その試みの一つとして、宮城県気仙沼市を例に、先述した〈方言会話集〉において使用されている方言語彙の歴史、いわゆる方言語史研究について見ていくことにしたい。

　ところで、方言語史を構築していくうえで、方言集のようなその地域の方言が反映されている、いわゆる地方語文献資料が必要不可欠である。気仙沼市の場合、大正期からの方言資料が存在するため、約100年の歴史を辿ることができる。また、昭和初期・昭和中期・平成期において方言調査が行われており、その結果を利用することで、調査当時だけではなく、同時期における地方語文献資料記載語形の使用状況を詳細に把握できる。

　そこで、本稿では、具体的には〈可愛い〉・〈恥ずかしい〉・〈可哀そう・気の毒〉を意味する語形を取り上げ、さまざまな方言資料を繋ぎ合わせて気仙沼市方言語史年表を構築することで、気仙沼市方言が大正期以降の約100年でどのように変化していったのか、さらには気仙沼市方言が今後どうなっていくのかについて検討していきたい。

　なお、気仙沼市は現在に至るまでに町や村の合併により、行政上の範囲が変動しているが、本稿

162　第Ⅲ部　語彙

では、昭和 28(1953) 年以前は旧気仙沼町を、昭和 28(1953) 年からは旧気仙沼町・旧鹿折町・旧松岩村、旧階上村・旧新月村を含む旧気仙沼市を、平成 18(2006) 年以降は旧気仙沼市・旧唐桑町・旧本吉町を含む現在の気仙沼市を対象地域とし、気仙沼湾に浮かぶ旧大島村、および現在の気仙沼市大島は対象外とした。

2.　資料紹介

ここでは、気仙沼市方言語史年表作成に使用した各種資料を紹介しておく。

〈文献資料〉

○『東北方言集』: 仙台税務監察局編、大正 9(1920) 年刊、昭和 50(1975) 年に国書刊行会より再刊。大正 7(1918) 年から 2 年間かけて収集した東北地方の方言をまとめたもの。本稿では、刊行当時の気仙沼町が属していた本吉郡を含む宮城県仙北地方を意味する「(宮北)」が使用地域として示され、かつ以降の調査資料で回答、もしくは文献資料に記載されているものについて、刊行当時の気仙沼町で使用していた語形と判断し、採取した。

○『本吉郡誌全』: 本吉郡町村長会編、昭和 24(1949) 年刊、昭和 48(1973) 年に名著出版より再版。本吉郡各町村で行った方言調査で得られた語形を記載していることから、昭和中期の方言が反映されている資料として扱う。

○『気仙沼町誌』: 気仙沼町誌編纂委員会編、昭和 28(1953) 年刊。町誌編纂室が収集した方言だけではなく、東条操編『全国方言辞典』といった当時の辞書類から補充した方言も記載されているようであるが、昭和中期の方言を反映している資料として扱うことにする。

○『けせんぬま方言ア・ラ・カルト』: 菅原孝雄編、平成 4(1992) 年刊。平成 3(1991) 年に『三陸新報』で連載した内容を大幅に加筆再編したもの。1000 を超える「この地(筆者注: 気仙沼)に生まれ育って還暦を過ぎた採集者が実際自分で耳にし、語ってきたことば」(「はじめに」)が収録されていることから、平成期高年層の言語を反映している資料として扱う。

○『気仙沼市史Ⅶ　民俗・宗教編』: 気仙沼市史編さん委員会編纂、平成 6(1994) 年刊。気仙沼地方で使用されている方言のうち、音韻や語法を中心に収録され、特に語法については、「形容詞・副詞・助詞・接頭語・接尾語・感動詞・音便の特徴・語尾として用いられる表現・主な挨拶ことば・人の呼び名・人体部分呼称・消えかかっている方言」などが示されている。

○『けせんぬま方言ア・ラ・カルト　増補改訂版』: 菅原孝雄編、平成 18(2006) 年刊。『けせんぬま方言ア・ラ・カルト』の増補改訂版であるため、平成期高年層の言語を反映している資料として扱う。なお、『けせんぬま方言ア・ラ・カルト』刊行以降の収集語句は、喜寿を過ぎた編者が自ら使用したものが中心であるが、先人たちから聞いたものも加えられているようである。

○『気仙沼のこばなし』: 三陸ことば研究会編、平成 27(2015) 年刊。高校まで気仙沼市で育った昭和 49(1973) 年生まれの村上雄策氏が、三陸地方の日常会話で頻繁に使用される約 200 語を用いながら作成した子供のころの思い出ばなし 10 編の原作を三陸ことば研究会メンバーと文章の読み合わせをして作り上げたもの。方言を意図的に使用している可能性もあるが、本稿では平成期

中年層の言語が反映されている資料として扱う。

〈調査資料〉[1]

○「第1〜3回小林好日博士東北通信調査資料」：東北大学大学院文学研究科学研究室保管。東北帝国大学(現在の東北大学)教授であった小林好日氏が東北地方の方言を対象に計3回行った通信調査票。当時の宮城県本吉郡気仙沼町(現在の宮城県気仙沼市)の記入調査票として、昭和13(1938)年第1回の2名分2通、昭和14(1939)年第2回の5名分5通、昭和16(1941)年第3回の2名分2通存在するが、いずれも異なる男性が回答している。本稿ではこれらを昭和初期の言語資料として扱う。なお、これ以降、「第○回小林資料」と記すことにする。

○「東北方言語彙調査票」：東北大学大学院文学研究科国語学研究室保管。岩手県から宮城県にわたる三陸地方南部の音韻、アクセント、文法、語彙に関して、東北大学文学部国語学研究室が昭和41(1965)年から46(1971)年にかけて5回にわたり、合計26地点で行った面接調査票[2]。このうち、宮城県気仙沼市分記入調査票は3通存在するが、本稿では昭和41(1965)年8月に調査された明治19(1886)年生まれの女性(以降、【M19生・女】とする)の1通を昭和中期高年層の言語資料として扱う[3]。

○「気仙沼市方言調査票」：東北大学大学院文学研究科国語学研究室保管。東北大学国語学研究室が平成17(2005)年7月・8月に行った宮城県気仙沼市方言調査のうち、筆者の作成した「伝統的方言語彙」面接調査票。被調査者は高年層(60歳以上)男女各1名、若年層(20・30歳代)男女各1名の計4通あり、それぞれを平成期の高年層と若年層の言語として扱う。

〈方言会話集〉

○『伝える、励ます、学ぶ、被災地方言会話集(宮城県沿岸15市町)』：東北大学方言研究センター編、平成25(2013)年3月発行。東日本大震災被災地のうち、特に宮城県内でも津波による被害が大きかった沿岸部15市町を対象に、さまざまなテーマに関する自由会話や場面設定会話を収録。本稿では、平成24(2012)年8月に収録された宮城県気仙沼市生え抜きの高年層である昭和12(1937)年生まれ男性(以降、【S12生・男】とする)と昭和16(1941)年生まれ女性(以降、【S16生・女】とする)の会話を使用し、以降、本資料を『伝える』と記すことにする。

○『生活を伝える被災地方言会話集―宮城県気仙沼市・名取市の100場面会話―』・『生活を伝える被災地方言会話集―宮城県気仙沼市・名取市の100場面会話―』2〜4：いずれも東北大学方言研究センター編、平成26(2014)年3月〜平成29(2017)年3月発行。被災地である宮城県気仙沼市・名取市の高年層を対象にさまざまな場面を設定した会話を収録。本稿では、宮城県気仙沼市を取り上げ、同市における生え抜きの高年層である昭和15(1940)年生まれ男性(以降、【S15生・男】とする)と『伝える』と同じ話者である【S16生・女】の会話を利用する。なお、これ以降、平成25(2013)年6月・7月に収録された『生活を伝える被災地方言会話集』を『被災地方言会話集1』、平成26(2014)年6月・7月に収録された『生活を伝える被災地方言会話集』2を『被災地方言会話集2』、平成27(2015)年6月に収録された『生活を伝える被災地方言会話集』3を『被災地方言会話集3』、平成28(2016)年6月・7月に収録された『生活を伝える被災地方言会話集』4と『被災地方言会話集4』と記すことにする。

164　第Ⅲ部　語彙

3.　〈方言会話集〉に見られる形容詞・形容動詞の方言語形

　　本章では、〈方言会話集〉である『伝える』の被調査者【S12・男】、『被災地方言会話集1〜4』の被調査者【S15・男】、さらには『伝える』と『被災地方言会話集1〜4』の被調査者【S16・女】といった平成期高年層が使用している形容詞・形容動詞の方言語形について確認することにしたい。

　　そこで、表1として、〈方言会話集〉の被調査者である【S12・男】・【S15・男】・【S16・女】が使用している形容詞・形容動詞の方言語形一覧を示す。なお、方言語形は、前章の〈文献資料〉に記載されているもの、『日本方言大辞典』上・下において気仙沼市の近隣地域で使用されているもの、前章の〈調査資料〉において「使用語、または理解語」として回答されているもの、国立国語研究所編(1966)『日本言語地図』1における調査項目を主に採取した。

　　さて、表1を見ると、計26語のうち【S12・男】は2語、【S15・男】と【S16・女】はともに16語使用していることが分かる。このうち、〈可愛い〉を意味する「メンコイ」や〈嫌だ〉を意味する「ヤンダ」のように、【S15・男】と【S16・女】がともに同じ方言語形を使用しているものは26語中6語であった。また、方言語形と共通語形との併用については、【S15・男】が16語中3語であったのに対し、【S16・女】が16語中7語であった。

　　このことから、形容詞・形容動詞の方言語形について、気仙沼市の平成期高年層男性は比較的保持し、単独使用する傾向にあるのに対し、平成期高年層女性は使用するものの、共通語形との併用

表1　〈方言会話集〉に見られる形容詞・形容動詞方言語形一覧

意味	方言語形	【S12・男】	【S15・男】	【S16・女】
良かった	エガッタ・イガッタ	伝―①	1―⑩、2―①(※2―①)、3―⑤、4―②	1―⑧(※1―①)、2―①、3―④、4―①
いいですよ、いいです	イガッスヨー・イガッス・イガス	伝―①	3―①、4―①	1―④、3―①
可愛い	メンコイ		2―①	1―②、2―①
とんでもなく	オドゲデナク		2―①	2―②(※4―②)
嫌だ	ヤンダ		3―①	1―①
好きではない・嫌いだ	スカナイ		3―①	3―①
気が乗らない	シビズケネー		1―①	
小さい	チャッコイ		1―①、3―①	
細かい	コマコイ		1―②	
良くない	ウマクナイ		1―①	
塩辛い	ショッパイ		1―①	
惜しい・残念だ	イダマシイ		1―①(※1―①)	(※1―①)

うるさい・煩わしい	ズンケネー		1—②、2—①	(※1—①)
見苦しい	ミグサイ		2—①(※1—①)	
恥ずかしい	オショシイ		3—①	
具合がいい・調子がいい	アンバイイー		4—①	
適当に	ネンブンニ			伝—①、4—①(※4—①)
面白い	オモシェ			1—②(※1—①)
面白くない	オモシェグネ			1—①
容易でない・楽でない	ユルク(グ)ナイ			1—③、2—②
怖い	オッカネー			1—①
小さい	メチャコイ			1—①(※4—①)
いけない・だめだ	ワカンナイ			2—①
具合が悪い・調子が悪い	アンバイワルイ		(※1—①)	2—①(※伝—③、※1—①)
可哀そう・気の毒	モッケ			4—①
申し訳ない	モッケナコト	(※伝—①)	(※1—②、※4—④)	4—②(※伝—①、※1—⑩、※3—③、※4—④)

凡例

(1)表中の資料名は略称であり、本稿で使用している資料名とは以下のように対応する。

伝＝『伝える』、1＝『被災地方言会話集1』、2＝『被災地方言会話集2』、3＝『被災地方言会話集3』、4＝『被災地地方言会話集4』

(2)丸数字は用例数であり、例えば、『伝える』から用例が1例得られた場合には、「伝—①」と記している。

(3)共通語形が使用されている場合にはカッコ内に※印を付して示した。例えば、『伝える』で共通語形が1例使用されていた場合には、（※伝—①）と記した。

(4)【S12・男】は『伝える』、【S15・男】は『被災地方言会話集1〜4』、【S16・女】は『伝える』、および『被災地方言会話集1〜4』の被調査者である。

も目立つことから、方言語形の単独使用から方言語形と共通語形の併用へと移行している傾向にあると言えそうである。

次章では、〈可愛い〉・〈恥ずかしい〉・〈可哀そう・気の毒〉を意味する語形を例に、大正期以降の気仙沼市方言語史について見ていくことにする。

4. 気仙沼市方言語史

4.1 〈可愛い〉を意味する語形

平成期高年層の言語を反映している〈方言会話集〉である『被災地方言会話集1』、および『被

166 第Ⅲ部 語彙

災地方言会話集2』には、以下の用例(1)から(3)では【S16・女】が、(4)では【S15・男】が、〈可愛い〉を意味する語形として「メンコイ」を使用している。なお、用例中の該当語形に下線を、その語義には波線を筆者が付しておいた。ただし、元の資料の下線は省略した。以降の用例も同様に示すことにする。

（1） 009A：ンダネー。ダイジョブダネー。（B　ウン）ウーン。　マ　マゴー　ネ
　　　　　　そうだね。大丈夫だね。　　　（B　うん）うん。　　×　孫　　ね
　　　　　　メンコイカラネー、（後略）
　　　　　　可愛いからね、　　　　　　　　　　（1-25「約束の時間に遅刻する―①許す」）
（2） 007A：ホンダカラー。　　メンコイコトネー。
　　　　　　そうだね。　　　　かわいいことね。（1-71「相手の息子からの土産のお礼を言う」）
（3） 012A：ウン。メンコイゴドネー。
　　　　　　うん。かわいいことね。　　　　　　　　　　　（2-3「庭に来た鳥を見せる」）
（4） 015B：ナーンダガ　フダンヨリ　メンコグ　ミエルナ。
　　　　　　なんだか　普段より　かわいく　見えるな。（2-29「バスの中で声をかける」）

　ところで、気仙沼市では〈可愛い〉を意味する語形として「メンコイ」以外に使用されていなかったのだろうか。そこで、大正期以降の〈文献資料〉や〈調査資料〉を繋ぎ合わせて作成した〈可愛い〉を意味する気仙沼市方言語史年表を表2として示し、確認していくことにする。
　表2を見てみると、大正期の〈文献資料〉である『東北方言集』には「メゴイ」という語形が記されている[4]。

（5）　めごい(めごこい)【形】あいらしい〔愛〕あれ見なさい。めごい子供が通ります。「福中、
　　　　青南、宮南、青津、宮北」
　　　　　　　　　　　　　　　　　　　　　　　　　　　　　　（『東北方言集』）

　「メゴイ」は昭和初期の〈調査資料〉である「第1回小林資料」において、「メンコイ」ともに回答されていた。そのため、(5)に見られた「メゴイ」は大正期の気仙沼市で使用されていた可能性が高い語形であると推測される。
　「第1回小林資料」で回答されていた「メゴイ」と「メンコイ」であるが、加藤正信(1976)によれば、同資料の調査結果を地図化すると、昭和初期の宮城県内において、県中央部に位置する仙台市や県東部に位置する石巻市などでは「メンコイ」が優勢であるのに対し、その他の地域では両語が拮抗していることが指摘されている。すなわち、「第1回小林資料」で昭和初期の気仙沼町が「メゴイ」と「メンコイ」の2語を回答していたのは、当時、両語形の併存地域であったことを裏付けるものと言えそうである。
　その後、昭和中期の〈文献資料〉『本吉郡誌全』には「メゴイ」と「アイラシコイ類」が、『気仙沼町誌』には「メゴイ」と「メンコイ」がそれぞれ記載されている。

大正期以降の方言語史　167

表2　大正期以降の〈可愛い〉を意味する気仙沼市方言語史年表

年代	資料	被調査者・資料反映言語	メゴイ	メンコイ	アイラシコイ類	カワイイ
1920	東北方言集	大正期	○			
1938	第1回小林好日博士東北方言通信調査	昭和初期【男・2名】	②	②	―	―
1949	本吉郡誌全	昭和中期	○		○	
1953	気仙沼町誌	昭和中期	○	○		
1965	東北方言語彙調査	昭和中期高年層【M19・女】	○	○	―	
1992	けせんぬま方言ア・ラ・カルト	平成期高年層	○	○	●	
1994	気仙沼市史	平成期		○		
2005	気仙沼市方言調査	平成期高年層【S13・女】	○(昔)	○(今)	―	○
		平成期高年層【S18・男】	○	○	―	
		平成期若年層【S56・男】	―	○(稀)		
		平成期若年層【S59・女】	△	○		
2006	けせんぬま方言ア・ラ・カルト増補改訂版	平成期高年層	○		●	
2013	被災地方言会話集1	平成期高年層【S16・女】	―	2		
2014	被災地方言会話集2	平成期高年層【S15・男】	―	1		
		平成期高年層【S16・女】	―	1		
2015	気仙沼のこばなし	平成期中年層【S49・男】	1	3	―	―

凡例　○＝用例あり・使用語、○内数字＝回答人数、△＝理解語、―＝回答なし・発話なし、算用数字＝発話回数、
　　　（　）＝話者から得られた情報〔（昔）＝昔使用していた、（今）＝現在使用している、（稀）＝使用が稀である〕
　　　●＝エァラスグネェ（愛らしくない）で〈愛らしくない・小憎らしい〉の意で使用

（6）　めごい＝可愛い（古語）　　　　　　　　　　　　　　　　　　　　　　　（『本吉郡誌全』）

（7）　ええらしけい＝可愛らし　　　　　　　　　　　　　　　　　　　　　　　　（『同上』）

（8）　めごい。めんこい。＝愛らしい。可愛い。古語「めぐし」　　　　　　　（『気仙沼町誌』）

　また、昭和中期の〈調査資料〉である「東北地方語彙調査票」では、昭和中期高年層である
【M19・女】が「メゴイ」と「メンコイ」を回答している。なお、被調査者の言語形成期を勘案す
るならば、「メゴイ」と「メンコイ」の併用は明治30年代（1900年初頭）まで遡ることができそう
である。

　このように、昭和中期の資料類からは、「メゴイ」、「メンコイ」、「アイラシコイ類」といった3
語の使用を確認できるものの、〈調査資料〉の結果から、主に「メゴイ」と「メンコイ」が使用さ
れていた可能性が高いことが窺える。

　ところで、気仙沼市には昭和後期の〈文献資料〉や〈調査資料〉がないため、昭和後期における

168　第Ⅲ部　語彙

「メゴイ」と「メンコイ」の使用実態について確認できなかった。ただ、昭和54(1979)年から昭和56(1981)年にかけて行われた気仙沼・本吉・志津川地方を除く宮城県北部地域の方言調査結果一覧を示している小林隆(1982)を参照すれば、昭和後期高年層が「メゴイ」と「メンコイ」を併用していることから、小林(1982)で調査された地域に隣接する気仙沼市においても小林(1982)の結果と同様に、両語が併用されていた可能性が高いと解釈しておきたい[5]。

　ここからは、昭和中期に使用が確認できた「メゴイ」、「メンコイ」、「アイラシコイ類」の平成期における使用状況について見ていく。

　まず、「メゴイ」であるが、表2で確認してみると、〈文献資料〉では平成期高年層の言語が反映されている『気仙沼方言ア・ラ・カルト』、『気仙沼方言ア・ラ・カルト増補改訂版』、さらには平成期中年層の言語が反映されている『気仙沼のこばなし』において用例を確認することができた。

（9）　めごい　かわいらしい。「めごいごど、このわらすやー」

　　　　　　　　　　　　　　　　　　　　　　　　　（『けせんぬま方言ア・ラ・カルト』）[6]

（10）　めごい　めんこい。可愛い。「まんつまんつめごかったなぁ」

　　　　　　　　　　　　　　　　　　　　（『けせんぬま方言ア・ラ・カルト増補改訂版』）

（11）　「べつにいいでば、めごいまごぁつかわれね」
　　　　（「いやいや、そんな可愛い孫に買い物なんて」）　　　（『気仙沼のこばなし』「①おつかい」）

　しかし、〈調査資料〉である「気仙沼市方言調査票」において、平成期高年層【S18・男】は使用と回答したのに対し、【S13・女】は「昔使用していた」と内省している。ただし、平成期高年層の言語が反映されている『伝える』や『被災地方言会話集1〜4』では1例も発話されなかった。このことから、平成期高年層ではあまり使用されない語形になっていると考えられる。さらに、「気仙沼市方言調査票」の平成期若年層【S59・女】が理解語と認識しており、この世代では理解語化が進んでいる、あるいは廃語化している可能性があると言えそうである。

　次に、「メンコイ」であるが、〈文献資料〉からは以下の用例が得られた。

（12）　めんこい　めごいの転。「あのあねこ、わらすんどぎぁめんこがったけんとも」

　　　　　　　　　　　　　　　　　　　　　　　　　（『けせんぬま方言ア・ラ・カルト』）

（13）　めんこい（かわいい、小さい）　　　　　　　　　　　　　　　　　　　（『気仙沼市史』）

（14）　「まんつまんつ、にこかこってめんこいまごっこだごど。年なんぼ。みっつ。お〜よすよす、めんこめんこ」
　　　　〔「あらまあ、にこにこして可愛いお孫さん。年いくつ。3才。お〜よしよし、かわいいね」〕　　　　　　　　　　　　　　　　　　　　（『気仙沼のこばなし』・「①おつかい」）

（15）　「いだぁ、ちょこまこってめんこいなぁ」
　　　　〔「いた、ちょこちょこしてかわいいなあ」〕　　　　（『気仙沼のこばなし』・「②のろすけ」）

（16）　めんこい子っこも、年頃になってくっとぉ、

「おらいのせがれよひかりで困りゃした」

「年頃なったっけ、プライバシー、プライバシーって、せづねぇがら」

〔かわいい子供も年頃になってくると、「うちの息子は、夜更かしで困っています」「年頃になったらプライバシー、プライバシーってうるさいんです」〕

（『気仙沼のこばなし』・「⑥反抗期」）

　また、〈調査資料〉である「気仙沼市方言調査票」からは平成期高年層・若年層ともに使用するとの回答が得られ、〈方言会話集〉でも先に示した用例（1）から（4）のように使用されていた。これらのことから、「メンコイ」は昭和初期以降、現在に至るまで使用され続けている語形であると言える。

　すなわち、平成期になり、高年層では「メゴイ」と「メンコイ」の併用が認められるものの、使用語形は「メゴイ→メンコイ」と推移しつつあるのに対し、若年層では「メンコイ」が使用語であり、「メゴイ」が理解語、もしくは理解語から廃語化へと変化している状況にあることから、若年層における使用語形は「メゴイ→メンコイ」と移行したと考えられる。

　この「メゴイ→メンコイ」という推移であるが、加藤（1976）によれば、宮城県仙台市を例に、江戸時代以降、「江戸時代―メゴイ」→「明治・大正期―メゴイ・メンコイ併用」→「昭和初期―メンコイ優勢」→「昭和後期―メンコイ」と変遷したことが指摘されている。加藤（1976）の指摘と気仙沼市方言語史、および平成期の使用状況を比較するならば、変遷時期は異なるものの、変遷過程や推移はほぼ同様の傾向が見られると言えそうである。

　最後に、共通語形「アイラシイ」（愛らしい）に「コイ」が付いたと考えられる「アイラシコイ類」であるが、〈文献資料〉である『けせんぬま方言ア・ラ・カルト』と『けせんぬま方言ア・ラ・カルト増補改訂版』には「アイラシイ」の否定形が転訛したと思われる「エァラスグネァ」が〈愛らしくない・小憎らしい〉と意味で記載されている[7]。

　なお、共通語形「カワイイ」は、〈調査資料〉の「気仙沼市方言調査票」において使用すると回答したのが高年層1名のみであった。おそらく、平成期の気仙沼市では各世代において「メンコイ」の勢力が強く、「カワイイ」がその勢力を凌駕できない状況にあると考えられる。

　以上のことから、宮城県気仙沼市における大正期以降の〈可愛い〉を意味する語形は「メゴイ類→メンコイ類（・アイコラシイ類・カワイイ類）」と推移していると解釈できそうである。このうち、平成期においては、高年層と若年層で「メゴイ」の置かれている状況に違いがあること、さらには共通語形よりも方言語形が使用語として存在していることが明らかになった。

4.2　〈恥ずかしい〉を意味する語形

　〈方言会話集〉の『被災地方言会話集3』で、【S16・女】は〈恥ずかしい〉を意味する語形として、（17）のように「オショシイ類」を使用している。

170　第Ⅲ部　語彙

(17)　007B：ヨグモ　**オショスグナグー**　シニジ　スギダドギ　モッテシダナー。
　　　　　　　よくも　恥ずかしくなく　　日にち　過ぎたとき　持ってきたなあ。
　　　　　　　　　　　　　　　　　　　　　　　　（3-12「隣人が回覧板を回さない─②同意しない」）

　表3として示した大正期以降の〈恥ずかしい〉を意味する気仙沼市方言語史年表を見てみると、「オショシイ類」は大正期の〈文献資料〉『東北方言集』において記載されていることが確認できる。

(18)　おしよしい【形】はづかしい〔恥〕そんなことを言はれるとおしよしいこと「宮北、秋
　　　北」
　　　　　　　　　　　　　　　　　　　　　　　　　　　　　　　　　（『東北方言集』）

　この「オショシイ類」であるが、昭和初期の〈調査資料〉「第1回小林資料」において「ショシイ」ともに回答されており、両語形の併用が認められる。なお、この回答から『東北方言集』に記載されていた用例(18)の「オショシイ類」は大正期でも使用されていた可能性が高い語形であることが窺える。昭和中期の〈文献資料〉である『本吉郡誌全』と『気仙沼町誌』には(19)から(22)のように「オショシイ類」と「ショシイ」がともに記載されているが、『気仙沼町誌』には(23)「ツラッパシナイ類」という語形も記載されている。

(19)　おしよしい＝恥かしい　　　　　　　　　　　　　　　　　　　（『本吉郡誌全』）
(20)　しようしい＝恥かしい　　　　　　　　　　　　　　　　　　　　　　（『同上』）
(21)　おしよしい＝恥かしい。　　　　　　　　　　　　　　　　　　　（『気仙沼町誌』）
(22)　しよーしい＝恥かしい。　　　　　　　　　　　　　　　　　　　　　（『同上』）
(23)　つらつぱしない＝恥かしい。　　　　　　　　　　　　　　　　　　　（『同上』）

　同時期の〈調査資料〉である「東北方言語彙調査票」では、【M19・女】が現在の共通語である「ハズカシイ類」を回答していた。他の語形は回答されていなかったが、昭和中期の資料類から、「オショシイ類」・「ショシイ」・「ツラッパシナイ類」・「カワイイ類」の4語が併用されていたことが推測される。
　しかし、平成期の〈文献資料〉においては、以下の(24)から(27)のように、「オショシイ類」しか用例が得られなかった。

(24)　おしょすい(恥ずかしい)　　　　　　　　　　　　　　　　　　　（『気仙沼市史』）
(25)　おしょすい　お笑止い。恥ずかしい。「痛み入ります」「おそれ入ります」程度のあいさつ
　　　です。おしょすさまとも。「おしょすぐねぇんだべが」「おしょっさまでござりゃす」
　　　　　　　　　　　　　　　　　　　　　　　　　（『けせんぬま方言ア・ラ・カルト』）

大正期以降の方言語史　171

表3　大正期以降の〈恥ずかしい〉を意味する気仙沼市方言語史年表

年代	資料	被調査者・資料反映言語	オショ シイ類	ショシイ	ツラッパ シナイ類	ハズカ シイ
1920	東北方言集	大正期	○			
1938	第1回小林好日博士 東北方言通信調査	昭和初期【男・2名】	②	①	―	―
1949	本吉郡誌全	昭和中期	○	○		
1953	気仙沼町誌	昭和中期	○	○	○	
1965	東北方言語彙調査	昭和中期高年層【M19・女】	―	―	―	○
1992	けせんぬま方言ア・ ラ・カルト	平成期高年層	○		◆■	
1994	気仙沼市史	平成期	○			
2005	気仙沼市方言調査	平成期高年層【S13・女】	○	×	―	○
		平成期高年層【S18・男】	○	―	○	―
		平成期若年層【S56・男】	―	×	×	○
		平成期若年層【S59・女】	○	×	×	○
2006	けせんぬま方言ア・ ラ・カルト増補改訂版	平成期高年層	○		■▼	
2015	気仙沼のこばなし	平成期中年層【S49・男】	1	―	―	―
2015	被災地方言会話集3	平成期高年層【S16・女】	1	―	―	―

凡例　○＝用例あり・使用語、○内数字＝回答人数、―＝回答なし・発話なし、×＝不使用、算用数字＝発話回数、◆＝
ツラパスを〈厚かましい〉意で使用、■＝ツラッパスネェを〈厚かましい〉意で使用、▼＝ツラッパスネェを〈恥
ずかしいとも思わない〉意で使用

(26)　おしょすい「笑止」の二字をあて東北方言の1つという。「国語辞典」にも。恥ずかし
　　　い。恐れ入ります程度のあいさつ言葉となった。「いっつもかっつもおしょっすさまでご
　　　ざりぁす」　　　　　　　　　　　　　　　　　　　　　　　（『けせんぬま方言ア・ラ・カルト増補改訂版』）

(27)　外さ出っと<u>おっしょしくて</u>、猫借りだよにおどなすぐなっても、うづさいっと、えんなか
　　　べんけいつんだねぇ、「やがますね、あっつさいげ」なんて、きかねんだ。
　　　（外出すると<u>恥ずかしい</u>のか、柄にもなくおとなしくなるのに、家の中にいると内弁慶で
　　　「うるさい、あっちにいけ」なんて気が荒いんだ）　　　（『気仙沼のこばなし』・「⑥反抗期」）

　同時期の〈調査資料〉である「気仙沼市方言調査票」の結果を見ても、「オショシイ類」は平成
期高年層、および若年層で使用すると回答しており、大正期以降、使用され続けていることが分か
る。
　一方、「オショシイ類」の「オ」がない「ショシイ」であるが、平成期の〈文献資料〉からは用
例を得られず、〈調査資料〉の「気仙沼市方言調査票」では平成期高年層・若年層ともに不使用と
回答していることから、使用は昭和中期までであり、それ以降は理解語を経由せずに廃語化したと
言えそうである。
　さて、昭和中期の〈文献資料〉に見られた「ツラッパシナイ類」であるが、近世仙台方言集『浜

172　第Ⅲ部　語彙

荻』(1813 頃)で確認すると、本来〈面の皮が厚い・厚かましい〉という意味であった。

　(28)　つらハしなく　無面恥　活面なるをいふ　つらのかハのあつい　　　　　　　　（『浜荻』）[8]

　この意味としては、表 3 に示したように、平成期の〈文献資料〉において記載されていた。一方、〈恥ずかしい〉という意味では、(23)に示した昭和中期の〈文献資料〉の記述が見られ、かつ平成期の〈調査資料〉「気仙沼市方言調査票」において、高年層【S18・男】が使用すると回答していた。「ツラッパシナイ類」が〈恥ずかしい〉という意味としても使用されるようになったのは、本来有していた〈面の皮が厚い・厚かましい〉という意味が、共通語形「ハズカシイ」が表す意味と重なる部分があったため、「ツラッパシナイ類」が持つ厳密な意味がよく分からなくなってしまった結果、共通語形「ハズカシイ」が持つ〈恥ずかしい〉という意味を当てたことによるものと推測される。このように、意味の解釈には多少の疑問が残るものの、本稿では昭和中期から平成期にかけての「ツラッパシナイ類」が〈恥ずかしい〉という意味を表す語形として存在しているものとして扱うことにする。ただ、平成期の〈調査資料〉において、若年層 2 名はこの語形自体を不使用と回答しており、今後廃語化へと進んでいく可能性が高いように思われる。

　最後に、共通語形の「ハズカシイ」については、〈調査資料〉である「気仙沼市方言調査」の平成期高年層・若年層で使用語形として「オショシイ類」とともに回答されている。「ハズカシイ」は昭和中期の〈調査資料〉「東北方言語彙調査票」でも回答されており、被調査者である【M19・女】の言語形成期を考えるならば、明治 30 年代(1900 年初頭)といった比較的早い時期に現在の共通語と同じ語形が使用されていた可能性が窺える。

　したがって、昭和中期に使用語形として併用されていた 4 つの語形のうち、平成期でも認められるのは「オショシイ類」・「ツラッパシナイ類」・「ハズカシイ」であり、「ショシイ」だけが使用されなくなったということになる。

　以上のことから、宮城県気仙沼市における大正期以降の〈恥ずかしい〉を意味する語形は、「ショシイ→ツラッパシナイ類・オショシイ類・ハズカシイ」のように推移していると解釈できる。しかし、「ツラッパシナイ類」については平成期の〈調査資料〉において高年層で使用されているようであるが、若年層では使用されていないこと、また平成期の〈文献資料〉には記載されていないことから、今後「ショシイ→ツラッパシナイ類→オショシイ類・ハズカシイ」のように移行していく可能性が高いと考えられる。また、平成期の資料類より得られた使用状況から判断するならば、方言語形「オショシイ類」と共通語形「ハズカシイ」との併用が今後も続いていくものと思われる。

4.3　〈可哀そう〉を意味する語形

　平成期高年層の言語を反映している〈方言会話集〉である『被災地方言会話集』では、〈可哀そう〉を意味する語形として、(29)のように【S15・男】が共通語形「カワイソウダ」を使用している。

大正期以降の方言語史　173

(29)　004B：(前略)ウーン　ナガ゚ク　シトリミデ　インノモネー　<u>カワイソダガラッサ</u>。
　　　　　　　　うーん　長く　　独り身で　　いるのもね　　<u>かわいそうだからさ</u>。
　　　　　　　　　　　　　　　　　　　　　　　（1–32「寂しくなった相手をなぐさめる」）

　一方、【S16・女】が使用している(30)の方言語形「モッケダ」は、AさんがBさんに対し、B
さんの親戚が持ってきた荷物を預かっておいたことの報告という状況での発言であり、共通語訳と
して〈可哀そう〉の意味が当てられている。ただ、昭和中期以降の〈文献資料〉では(31)から(33)
のように〈気の毒・厚かましい・申し訳ないこと〉といった意味で記されており、(30)における
「モッケダ」はその発話状況から〈気の毒〉の意味としても解釈できそうである。おそらく、〈気の
毒〉と〈可哀そう〉は意味的に深い関わりがあり、「モッケダ」は〈気の毒〉から〈可哀そう〉へ
と意味を派生させたとも考えられるが、本稿では主に〈可哀そう〉の意味を表す語形のみを取り上
げ、〈気の毒〉という意味を含む「モッケダ」は扱わないことにする。

(30)　007A：ンデー　<u>モッケダガラ</u>　　　アズガッテオイダノッサー。
　　　　　　　それで　<u>かわいそうだから</u>　預かっておいたのさ。
　　　　　　　　　　　　　　　　　　　　　　　（4–4「預かった荷物を届ける」）
(31)　もつけ＝気の毒、厚かましい　　　　　　　　　　　　　　　（『本吉郡誌全』）
(32)　もつけ＝気の毒　　　　　　　　　　　　　　　　　　　　　（『気仙沼町誌』）
(33)　もっけ　気の毒。申し訳のないこと。あるおばぁさんの話…「もっけなごど、こんなにも
　　　らって」　　　　　　　　　　　　　　　　　（『けせんぬま方言ア・ラ・カルト』）

　さて、表4として示した大正期以降の〈可哀そう・気の毒〉を意味する気仙沼市方言語史年表
を見ると、多くの語形が使用されていたことが分かる。
　まず、大正期の〈文献資料〉である『東北方言集』を見てみると、「ムゾコイ」と「モゾイ」が
示されている。

(34)　むぞこえ【形】〔ふびん〔不愍〕むぞこえ話をされて、涙が出た「宮北」
　　　　　　　　　　　　　　　　　　　　　　　　　　　　　　　（『東北方言集』）
(35)　もぞい【形】ふびんな〔不愍〕あの樽拾いは此の大雪に、もぞいこと「宮南、宮北」
　　　　　　　　　　　　　　　　　　　　　　　　　　　　　　　　　（『同上』）

　次に、昭和初期の〈調査資料〉である「第1回小林資料」では、方言語形の「ムゾコイ」と「モ
ゾコイ」、および共通語形の「カワイソウダ」が回答されており、すでにこの時期には方言語形と
共通語が併用されていたことが窺える。なお、(34)に示した大正期の〈文献資料〉『東北方言集』
に見られた「ムゾコイ」は、「第1回小林資料」において回答されているため、大正期には気仙沼
で使用されていた可能性が高いと考えられる。

174　第Ⅲ部　語彙

表4　大正期以降の〈可哀そう〉を意味する気仙沼市方言語史年表

年代	資料	被調査者・資料反映言語	ムゾコイ	モゾイ	ムゾイ	モゾコイ	カワイソウダ
1920	東北方言集	大正期	○	○			
1938	第1回小林好日博士東北方言通信調査	昭和初期【男・2名】	②			②	①
1949	本吉郡誌全	昭和中期		○			
1953	気仙沼町誌	昭和中期			○		
1965	東北方言語彙調査	昭和中期高年層【M19・女】	—	—	○	—	—
1992	けせんぬま方言ア・ラ・カルト	平成期高年層				○	
1994	気仙沼市史	平成期			○		
2005	気仙沼市方言調査	平成期高年層【S13・女】	×	×	×	×	○
		平成期高年層【S18・男】	×	○	×	×	○
		平成期若年層【S56・男】	×	×	×	×	○
		平成期若年層【S59・女】	×	×	×	×	○
2006	けせんぬま方言ア・ラ・カルト増補改訂版	平成期高年層			○	○	
2013	被災地方言会話集1	平成期高年層【S15・男】	—	—	—	—	1
2016	被災地方言会話集4	平成期高年層【S16・女】	—	—	—	—	—

凡例　○＝用例あり・使用語、○内数字＝回答人数、—＝回答なし・発話なし、×＝不使用、算用数字＝発話回数

　昭和中期の〈文献資料〉である『本吉郡誌全』には(36)のように「モゾイ」が、『気仙沼町誌』には(37)のように「ムゾイ」が記載されている。

(36)　もぞい＝可愛そう　　　　　　　　　　　　　　　　　　　　　　　　（『本吉郡誌全』）
(37)　むぞい＝かわいそうだ。ふびんだ。　　　　　　　　　　　　　　　　（『気仙沼町誌』）

　このうち、「モゾイ」は先の(32)に示した大正期の〈文献資料〉である『東北方言集』でも用例が確認できたため、少なくとも大正期から使用されていた語形と解釈できる。
　一方、昭和中期の〈調査資料〉である「東北方言語彙調査票」では、昭和中期高年層【M19・女】が「ムゾイ」を回答しており、同時期の〈文献資料〉に見られた(37)が実際に使用されていたことが窺える。ただ、この被調査者の言語形成期を勘案すれば、少なくとも明治30年代(1900年初頭)の気仙沼において「ムゾイ」が使用されていた可能性があると言えそうである。
　以上、大正期から昭和中期までの使用状況を確認しておくと、大正期において「ムゾコイ」・「モゾイ」・「ムゾイ」の3語を使用していたところ、昭和初期になり「モゾコイ」・「カワイソウ」も使用されるようになり、5語が共存することになった。その後、「ムゾコイ」が昭和中期に姿を消したため、昭和中期には、4語が併用されていたことになる。なお、「東北方言語彙調査票」を使用し、岩手県から宮城県にわたる三陸地方南部地域の方言語彙調査結果を報告している真田信治

(1972)によれば、〈可哀そう〉を意味する語形のうち、「ムゾイ」と「モゾイ」はほぼ調査地域全域に分布しているが、「モゾコイ」は当時の宮城県本吉郡本吉町津谷で回答されていることが述べられている。

また、加藤(1976)には「東北方言語彙調査票」と異なる昭和中期の〈調査資料〉をもとに作成された〈可哀そう〉を意味する方言分布図があり、それを図1として示すが、この図から当時の使用状況が把握できる[9]。加藤(1976)によれば、岩手県南部から福島県北部にかけての旧仙台藩領を中心とした方言分布について、かつて仙台藩一帯には「ムゾイ」が分布していたが、福島県から「ムゴイ」が侵入してきた結果、「ムゾイ」と「ムゴイ」が併用されるようになったこと、「ムゾイ」が「モゾイ」と訛り、さらには「モゾコイ」にも変化し周囲に広まっていたことが指摘されている。

図1で気仙沼市の使用状況を確認すると、「ムゴイ」と「ムゾイ」が分布していることが分かる。なお、これらの語形について、加藤(1976)は、「ムゾイは「無慙」に由来すると思われ、ムゴイはそれからの転訛か、あるいは「惨い」に由来するものであろう」(p.619)と述べている。

このうち、「ムゴイ」については、気仙沼市における大正期以降の資料類から用例を確認することはできなかったが、近世仙台方言集の『方言達用抄』(1827頃)においては(38)のように「ムゾイ」とともに記載されていた。

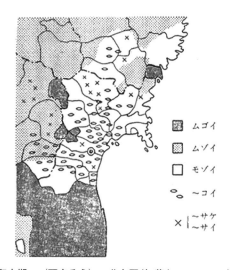

図1 昭和中期の〈可哀そう〉の分布図（加藤(1976、p.619)より引用）

(38) むぞひ又むごひ又むぞふさかい　皆かあいそふ也　　　　　　　　　　　　（『方言達用抄』）[10]

この用例と加藤(1976)の指摘から、図1において気仙沼市に分布している「ムゴイ」と「ムゾイ」は、「ムゴイ」が新しく、「ムゾイ」が古い語形であり、両語が併用されていたものが残存していると解釈できそうである。

176　第Ⅲ部　語彙

　図1を見ると、宮城県内において、「ムゴイ」は県北部の旧気仙沼市と仙台市西部の一部地域、および大和町の一部地域に、「ムゾイ」は旧気仙沼市、および旧本吉町といった県北部の一部地域にのみといった限定された地域に分布している。このうち、江戸時代に「ムゴイ」と「ムゾイ」の両語形を併用していた仙台市について、加藤（1976）によれば、大正期に「モゾイ」へ移行し、昭和初期に語尾が「〜サカイ」から「〜コイ」へと変化したと考えられ、その結果「モゾコイ」と変化したことが指摘されている。

　ところで、昭和中期の気仙沼市においては、〈文献資料〉と〈調査資料〉、さらには図1から「ムゾイ」・「モゾイ」・「モゾコイ」・「カワイソウダ」・「ムゴイ」の5語が併用されていた。ただ、仙台市では使用されていない古い語形と思われる「ムゾイ」が使用されているため、仙台市で見られた「ムゾイ・ムゴイ→モゾイ」という語形の推移が気仙沼市では起きていないこと、仙台市では語尾が「〜コイ」へ変化した「モゾコイ」が分布しているのに対し、気仙沼市では「ムゾコイ」や「モゾコイ」を含め分布が確認できないことなど、両地域には語形の推移や使用語形に違いが見られる。なお、気仙沼市における「モゾコイ」であるが、表4を見ると、昭和中期の資料には見られないものの、後述する平成期の〈文献資料〉において確認できるため、ここでは昭和初期以降、平成期まで使用されているものとして処理しておきたい。

　最後に、平成期であるが、〈文献資料〉からは昭和中期において共存されていた語形のうち、「ムゾイ」・「モゾコイ」・「モゾイ」3語の用例を確認することができる。

(39)　むぞい　むごい。かわいそうな。ふびん。「なんともむぞい話だごど」

（『けせんぬま方言ア・ラ・カルト増補改訂版』）

(40)　もぞこい　ふびんな。かわいそうに。「なんとももぞこいこどやぁ」　　　　（『同上』）

(41)　もぞい（ふびん、かわいそう）　　　　　　　　　　　　　　　　　　（『気仙沼市史』）

　これらの語形のうち、「ムゾイ」と「モゾコイ」は平成期の〈調査資料〉「気仙沼市方言調査」において高年層・若年層ともに不使用と回答し、「モゾイ」は高年層1名のみが使用すると回答している。一方、共通語形の「カワイソウダ」は高年層・若年層ともに使用すると回答していることから、現在において主に使用されている語形であると言える。

　以上のことから、大正期以降の気仙沼市における〈可哀そう〉を意味する語形について、平成期高年層では「ムゾコイ→ムゾイ・モゾコイ・モゾイ・カワイソウ」というように方言語形と共通語形が複数共存しているのに対し、平成期若年層では「ムゾコイ→ムゾイ・モゾコイ・モゾイ→カワイソウ」というように方言が廃語化し、共通語の単独使用へと移行していると解釈できる。ただ、平成期における〈調査資料〉の結果から、高年層でも今後急速に共通語化が進んでいくことが予想される。

5. おわりに

　以上、〈可愛い〉・〈恥ずかしい〉・〈可哀そう〉を意味する語形を例に、大正期以降の方言資料類を繋ぎ合わせた気仙沼市方言語史を構築し、大正期から平成期における使用状況を把握したうえで、使用語形の変遷について検討してきた。さらには、気仙沼市方言の将来についても予測を試みた。

　その結果、約100年という期間ではあるものの、気仙沼市方言に見られる歴史的推移の一端を明らかにすることができた。

　ただ、本稿では、宮城県気仙沼市という特定地域を対象としたため、ここで指摘した変遷や推移、さらには使用状況が気仙沼市独自のものなのか、あるいは隣接地域や他地域でも見られるのかといった地理的な広がりを持った観点による検討ができなかった。今後は、そのような観点による検討を加えることでより詳細な気仙沼市方言語史の構築、および解明に努めていきたい。

　最後に、方言語彙研究のための〈方言会話集〉の資料的価値について述べることにする。〈方言会話集〉には、本稿で考察したように、伝統的方言語彙を含めた平成期高年層における使用語彙の現状が把握できるという特徴を持っている。本稿で取り上げた形容詞・形容動詞以外にも、例えば昭和初期の〈調査資料〉である「第1〜3回小林資料」において調査、および回答され、かつ『被災地方言会話集1』において平成期高年層が使用している伝統的方言語彙として、名詞であれば、〈体〉を意味する「カバネ」（3「役員を依頼する」）や〈弟〉を意味する「シャデー」（65「友人が帰ってくる―②女性→男性」）、動詞であれば、〈弱る・困る〉を意味する「ガオル」（32「寂しくなった相手をなぐさめる」）、〈出かける〉を意味する「デハル」（35「ゴミ出しの違反を非難する―②従わない」）、さらには〈難儀する〉を意味する「ウザネハク」（36「退任した区長をねぎらう」）など、比較的多くの語形が認められる。また、本稿では取り上げなかったが、〈方言会話集〉には同じ意味を表す方言語形と共通語形の併用や性差による使用語形の違いといった事例も確認することもできる。

　このように、伝統的方言語彙の使用が確認できる〈方言会話集〉は、方言語彙研究、さらには方言語史研究を行ううえで非常に有効な資料であると言える。

注

1　本来ならば、国立国語研究所編（1966〜1974）『日本言語地図』1〜6も含まれるべきものであるが、本稿で取り上げた気仙沼市方言語史の項目について調査されていなかったため示さなかった。

2　この調査結果は佐藤喜代治・加藤正信（1972）で報告されている。

3　他の2通は宮城県気仙沼市大島に住む男性2名分である。

4　『東北方言集』には〈可愛い〉を意味する語形として「宮北」を使用地域とする「メグイ」も挙げられている。しかし、以降の気仙沼市の方言資料において確認することができないため、ここでは考察の対象外とする。

178　第Ⅲ部　語彙

5　小林（1982）で示されている「語彙調査結果一覧表」の〈可愛い〉の項目を見てみると、「メゴイ類」が20
　　地点中16地点で、「メンコイ類」は20地点すべて（うち、単独回答は2地点のみ）で回答されている。

6　『けせんぬま方言ア・ラ・カルト』および『けせんぬま方言ア・ラ・カルト　増補改訂版』には、鼻濁音（半
　　濁音）を表す場合、〇ルビを付すことが述べられている。

7　小林（1982）では、本稿で言うところの「アイラシコイ類」に相当すると思われる「イラスケ」という語形
　　が宮城県北部海岸部の3地点（調査当時の桃生郡北上町・同雄勝町・同河北町）で回答されている。気仙沼
　　市も宮城県北部海岸部に入ることから、昭和後期には主にこれらの地域で使用されていた語形であったのか
　　もしれない。

8　佐藤武義ほか編（1999）を利用した。

9　加藤（1976）によれば、昭和47（1972）年に文部省科学研究費（代表・佐藤喜代治氏）による東北大学通信調査
　　結果から竹浪聡氏が作成した全国分布地図を自身が簡略化したものであることが述べられている。

10　佐藤ほか編（2000）を利用した。

文献

加藤正信（1976）「江戸時代以降の仙台方言語史」佐藤喜代治教授退官記念国語学論集刊行会編『佐藤喜代治教授
　　退官記念　国語学論集』pp.603–624. 桜楓社

国立国語研究所編（1966〜1974）『日本言語地図』1〜6 大蔵省印刷局

小林隆（1982）「3. 語彙」〔加藤正信・佐藤和之・小林隆「宮城県北地方の方言調査報告」所収〕『日本文化研究所
　　研究報告』別巻19 pp.14–28. 東北大学日本文化研究所

作田将三郎（2000）「10. 伝統的方言語彙」小林隆編『宮城県仙台市方言の研究』pp.116–129. 東北大学国語学研究
　　室

作田将三郎（2003）「伝統的方言語彙」小林隆編『宮城県石巻市方言の研究』pp.84–102. 東北大学国語学研究室

作田将三郎（2012）「伝統的方言語彙」小林隆編『宮城県・岩手県三陸地方南部地域方言の研究』pp.118–136. 東北
　　大学国語学研究室

佐藤喜代治・加藤正信（1972）「三陸地方南部の言語調査報告」『日本文化研究所研究報告』別巻8・9 pp.1–51. 東
　　北大学日本文化研究所

佐藤武義ほか編（1999）『近世方言辞書』1 港の人

佐藤武義ほか編（2000）『近世方言辞書』2 港の人

真田信治（1972）「第4章　語彙」〔佐藤喜代治・加藤正信（1972）「三陸地方南部の言語調査報告」所収〕『日本文
　　化研究所研究報告』別巻8・9 pp.32–42. 東北大学日本文化研究所

尚学図書編（1989）『日本方言大辞典』上・下　小学館

第IV部

言語行動・談話

出会いのあいさつの定型性と反復性

中西太郎

1. はじめに

『生活を伝える被災地方言会話集』（以下、『会話集』）は、多様な場面でのあいさつを、あいさつ後の展開まで含めて収録した資料と言える。言ってみれば、談話単位のあいさつの研究の恰好の素材である。本稿ではその特徴を活かし、『会話集』における出会いのあいさつの特徴について、多角的な観点から明らかにする。

2. 談話資料を用いた挨拶研究の利点

従来のあいさつ研究は、言語形式を問題にしたものが多かった。しかし、近年、言語行動研究や談話研究の立場からあいさつを捉えることが意識され、あいさつ研究に新たな展開を促している（沖 1993、中西 2017、2018）。そのような流れに乗り、あいさつを談話論的立場から扱い、地域差を明らかにした研究には、椎名・小林（2017）、小林（2017、2018）がある。特に、小林（2017）は、朝の出会い（他家訪問）時のあいさつについて、方言談話資料を用いて地域差を明らかにするものであり、あいさつを談話論的に見ることの有効性について、次のように述べている。

①より現実に近い挨拶表現を把握できる。
②挨拶を会話の流れの中で観察できる。

このような考えに基づいて方言談話資料を分析し、①の点については、あいさつの発話対において、「おはよう―<u>はい</u>、おはよう」のように、余分な要素を伴う不完全な反復が行われる地域と、「おはよう―おはよう」のように完全な反復を行う地域の差があること、そこに定型化の段階性が認められることを明らかにした。応答詞などの付随的要素は、面接調査では回答から落ちる可能性があるため、談話資料を用いたからこそ導き出せた特徴と言える。

②の点に関しては、①の第二発話における反復性の地域差のほか、訪問時のあいさつの定型化のあり方について、訪問のあいさつ＋朝のあいさつという重層的な定型化を目指す地域と、朝のあいさつのみという単純な定型化を目指す地域の、異なる志向があることを明らかにした。これも、そ

の後のあいさつの展開に注目したからこそ導き出せた特徴と言える。

このように、本題に入る前の一連のやりとりを視野に含めることで、あいさつの連鎖を捉えることができ、あいさつの展開の仕方に地域差を見出すことができることを示した。あいさつを談話論的に見ることの意義は、こうした地域差の可能性を追求し、あいさつ形成論に資する考察を得ることもできる点にある。

本稿は、このような問題意識と分析姿勢に賛同し、『会話集』の資料を用いて、談話論的研究視点でのあいさつ研究を試み、その方向での研究を促すものでもある。なお、本稿では、あいさつ研究深化のために、ある特定のあいさつ場面で行われる表現すべてを射程に入れるという筆者の立場をとり、従来の研究であいさつ言葉を主として指す意味合いの強い「あいさつ」という用語を敢えて避け、以降、ある特定のあいさつ場面において行われる表現すべてを指す「あいさつ表現」という用語を用いていく。

3. 『会話集』の出会いの場面について

今回、『会話集』で考察の対象とするのは、出会いの場面のあいさつ表現である。出会い時のあいさつは、人と人が会ったときに、必ず交わす機会に直面するという点で、最も基本的なあいさつの1つと言え、その特徴を見ることであいさつ表現の特徴をつかむことができる。

出会い時のあいさつについては、これまでも研究の蓄積が多く、朝の出会いの場面に関してだけでも、加藤(1973)、徳川(1978)、真田(1981、1985)、篠崎(1996)、方言研究ゼミナール幹事会編(1997)、江端(1997、1999、2001)、齋藤他(2001)、三井(2006)、中西(2015)などがある。先に挙げた小林(2017)も、訪問時という要素こそ含むが、朝の出会いのあいさつを扱っている。

出会い時のあいさつ表現について、全国的な分布を捉えた方言文法全国地図(以降GAJ)第349図の結果からは、次のようなことが言える(三井 2006)。

（1）「おはようございます」や「こんばんは」にあたる定型的表現を持たない地域が存在する。天候を話題とするイーテンキダ類、相手の行く先を尋ねるドコエイクカ類、デカケルカ類も琉球まで広がりつつ類似の分布を示す。(中略)これらが回答されているということは、出会いの際のやりとりが、一言の定型的なあいさつことばに集約されてはいない、という事情を反映する。

（1）は、あいさつの成立経緯についてまとめたものであり、あいさつが古くは決まり切った言い方ではなかった状態から、次第に決まりきったことばに変化したという定型化の成立過程が読み取れるとしている。

なお、『会話集』の対象となっている気仙沼市と名取市は、上記地図からは「オハヨーゴザイマス」類を用いる定型的表現使用地域と判断できる。ただし、一方で、朝の出会い時の、第一発話という限られた場面だけから、この地域を特徴づけられるかは分からない。先に述べたように、付随

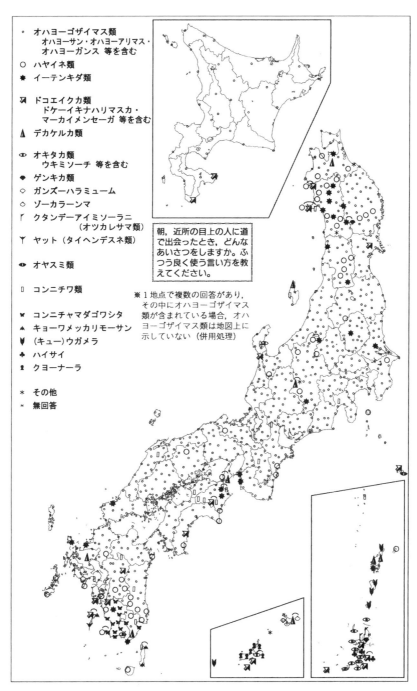

図1 GAJ349 図「おはよう」の解釈地図（三井 2006: p.81）

的要素の有無やその後の展開の仕方において、地域差があるかもしれないからである。談話論的研究視点が必要になるゆえんである。

また、多様な出会いの場面での表現を比較して見る視点も重要である。出会い時のあいさつ表現

184　第IV部　言語行動・談話

は、他のあいさつ表現と交わす機会を一にすることがある。例えば、日本語では、過日恩恵を受けた相手に会ったときは、「先日はどうもありがとうございました」のように言うのが習慣化しているが、中国語ではそのような表現は用いない（施 2007 など）。つまり、一方は、出会いの場面において「再感謝」の表現を選択するが、もう一方は通常の「出会い」の表現などを選択するという差があるということである。このことを定型性の観点から見ると、前者は「再感謝」、後者は「出会い」のあいさつ表現の定型化が進んでいるということとも解せる。このように、複数の影響要因が重なったときにどの表現を選択するかという点に、文化性、地域性などの特徴が現れる。

　様々な出会いの状況でのあいさつ表現を俎上に載せて考えるということは、こういった表現選択の差を洗い出すことにもつながるという意義がある。先に挙げた小林（2017）も、朝×訪問という複数の影響要因を持つ場面を扱うことで、あいさつ表現定型化の重層性という特徴を導き出したと言える。このように、出会いの場面という切り口で様々な場面を取り上げて考察を行うことで当該地域の「定型性」について考察を深めることができる。

　それを踏まえて『会話集』を振り返ると、本資料は、様々な言語行動の会話を収録しているが、その言語行動収録の過程で様々な状況における出会い時のあいさつ表現も一緒に収めているのである。その意味で複数の影響要因を持つ場面でのふるまいを検討する考察の材料として適している。

　言ってみれば、この資料を活用し、出会い時の表現について考察をすれば、気仙沼、名取市は定型的表現使用地域だということ以上のことが見えるのではないかという趣旨である。

　したがって、今回、考察の対象としたのは、場面設定会話収集のための調査において、話者への説明のための「場面詳細」の文章の中に「出会い」の要素が含まれる場面である。具体的に挙げると、例えば、次のような場面設定がある。

（2）　AとBは、朝、道端で会いました。出会ってから別れるまでのやりとりを実演してみてください。　　　　　　　　　　　　　　　　　　　　　　　　　　　（1–47「朝、道端で出会う」）

　ただし、対象とした場面の中には、説明の文章表現に、直接的に「出会い」の表現がないものも含まれる。例えば次のような場面である。

（3）　Aが近所の畑でたくさん野菜をもらって帰ってきました。ところが、たくさんもらいすぎて重かったため、家までもう少しのところまで来て疲れてしまい休んでいました。ちょうどそこにBが通りかかったので、家まで一緒に運んでほしいと頼みます。そのときのやりとりを実演してみてください。　　　　　　　　　　　　（1–1「荷物運びを頼む」）

　このような場面設定の場合、AとBの出会いの場面の会話が収録談話に含まれることが想定される。実際に、この設定で収録された会話を見ると、

（4）001B： ナーンダ。　ソゴサ　　クタビレタカッコ　　シテインノ、
　　　　　　なんだ。　　そこに　　くたびれた格好　　　しているの、

　　　　　　Ａサンデネーノガ。　　ナン　スッタノ。
　　　　　　Ａさんじゃないのか。　なに　していたの。

　　　002A： {笑} アノサー　Ｘチャンドゴニ　　　　　　　イッテ、ヨー　アッテ　イッタラ
　　　　　　 {笑} あのさ　　Ｘちゃん［の］ところに　行って、用　　あって　行ったら

　　　　　　クイタデランネッツッテ　コダニ　　ヤサイ　モラッテ　サグク
　　　　　　食いきれないっていって　こんなに　野菜　　もらって　遠慮なく

　　　　　　ミナ　　　モラッテキタンダゲンドモ　オモテグテサー、　ヒトヤスミ
　　　　　　みんな　もらってきたんだけれども　重たくてさ、　　　ひと休み

　　　　　　シテタンダッチャ。　Ｂサン　アンダ　ウジマデ　カエンダッタラ　オラエサ
　　　　　　していたんだよ。　　Ｂさん　あなた　家まで　　帰るんだったら　うちに

　　　　　　スコシ　モッテッテケネー。
　　　　　　少し　　持っていってくれない？

（1–1「荷物運びを頼む―①受け入れる」名取）

　このように、道端に座っているＡをＢが見つけ、話しかける場面から会話が始まっており、出会いの場面での自然な声かけが収録の中で実践されているのが分かる。このような基準で選別した「出会い」を含む会話場面一覧は、次のとおりである。

表 1　分析対象場面一覧

場面番号	場面	言語行動の目的
1–01	荷物運びを頼む	頼む―①受け入れる
		頼む―②断る
1–03	役員を依頼する	頼む―受け入れる
1–04	旅行へ誘う	誘う―①受け入れる
		誘う―②断る
1–05	コンサートへ誘う	誘う―断る
1–06	駐車の許可を求める	許可を求める―許可する

1-07	訪問の許可を求める場面	許可を求める―許可する
1-10	不法投棄をやめさせる	やめさせる
1-11	車の危険を知らせる	注意する
1-12	工事中であることを知らせる	注意する
1-14	荷物を持ってやる	申し出る―①受け入れる
		申し出る―②断る
1-15	野菜をおすそ分けする	申し出る―受け入れる
1-18	頭痛薬を勧める	勧める―受け入れる
1-19	入山を翻意させる	忠告する
1-20	病院の受診を促す	忠告する
1-22	店の場所を尋ねる	尋ねる―答える
1-25	約束の時間に遅刻する	謝る―①許す
		謝る―②非難する
1-26	孫の大学合格を褒める	褒める
1-28	道端で息子の結婚を祝う	祝う
1-30	道端で兄弟を弔う	弔う
1-35	ゴミ出しの違反を非難する	非難する―①従う
		非難する―②従わない
1-47	朝、道端で出会う	朝の挨拶　①男性→女性
		朝の挨拶　②女性→男性
1-48	朝、家族と顔を合わせる	朝の挨拶
1-49	昼、道端で出会う	昼の挨拶　①男性→女性
		昼の挨拶　②女性→男性
1-50	夕方、道端で出会う	夕方の挨拶　①男性→女性
		夕方の挨拶　②女性→男性
1-51	夜、道端で出会う	夜の挨拶　①男性→女性
		夜の挨拶　②女性→男性
1-53	晴れの日に、道端で出会う	天候の挨拶
1-54	雨の日に、道端で出会う	天候の挨拶
1-55	暑い日に、道端で出会う	天候の挨拶
1-56	寒い日に、道端で出会う	天候の挨拶
1-57	正月の三が日に、道端で出会う	時候の挨拶
1-58	大晦日に、道端で出会う	時候の挨拶
1-59	お盆に、道端で出会う	時候の挨拶

1-60	友人宅を訪問する	訪問の挨拶　①男性→女性
		訪問の挨拶　②女性→男性
1-62	商店に入る	訪問・辞去の挨拶
1-64	友人が出かける	出発・帰着の挨拶　①男性→女性
		出発・帰着の挨拶　②女性→男性
1-65	友人が帰ってくる	出発・帰着の挨拶　①男性→女性
		出発・帰着の挨拶　②女性→男性
1-67	夫(妻)が帰宅する	出発・帰着の挨拶(夫)
		出発・帰着の挨拶(妻)
1-70	お土産のお礼を言う	謝礼の挨拶
1-71	相手の息子からの お土産のお礼を言う	謝礼の挨拶
1-75	客に声をかける	物売りの呼び込み
2-05	朝、起きない夫を起こす	促す　①納得
		促す　②納得できない
2-06	いじめを止めさせるよう話す	申し入れる―①受け入れる
		申し入れる―②受け入れない
2-09	夫が飲んで夜遅く帰る	非難する
2-17	久しぶりに友人に出会う	驚く
2-21	生徒の成績を説明する	説明する
2-23	外が暑いことを話す	教える
2-24	外が寒いことを話す	教える
2-26	町内会の連絡を伝える	伝える
2-27	回覧板を回す	伝える
2-28	遠くにいる人を呼び止める	呼び止める
2-29	バスの中で声をかける	声をかける
2-30	近所の家に来たお嫁さんに出会う	自己紹介する
2-31	結婚相手を紹介する	人を紹介する
3-04	訪問販売を断る	頼む(売り込む)―断る
3-05	主人がいるか尋ねる	尋ねる―答える
3-06	夫の友人が訪ねてくる	尋ねる―答える
3-08	魚の新鮮さを確認する	確認する―答える　①古い
		確認する―答える　②古くはない
3-15	よそ見をしていてぶつかる	謝る

3–16	出店のことで話す	説明する
3–19	ハンカチを落とした人を呼び止める	呼び止める　①見ず知らずの人
		呼び止める　②近所の知り合い
4–01	遊具が空かない	頼む—受け入れる
4–04	預かった荷物を届ける	申し出る—受け入れる
4–08	孫が粗相をした	謝る—許す
4–09	景品がみすぼらしい	呆れる
4–12	頼まれたものを買って帰る	報告する
4–15	働いている人の傍を通る	働いている人への挨拶
4–16	市役所の窓口へ行く	訪問・辞去の挨拶
4–18	入院中の知り合いを見舞う	見舞いの挨拶
4–19	スーパーで声をかける	声をかける

（69 種 86 パターン）

　場面番号は、会話集の巻数と場面番号を表している（1–01＝1 集 1 番）。分析対象とする場面は、パターン分岐がある場合も網羅した。例えば、1–01 は、「頼む」に対して「受け入れる」と「断る」の 2 パターン、両方を対象としており、全部で 69 種の言語行動、全 86 パターンを対象とした。

　そして、最後に、本稿の考察を進める上で留意すべき前提に触れておく。それは、気仙沼市、名取市いずれも、すべての場面を男女 2 名の同一の話者によって収録しているという点である。それぞれの地域の代表性を持つ話者としての条件（生地・在住歴など）はクリアしているものの、言語行動のような分野を考える場合、ある程度、個人差があることも想定しておかなければならない。つまり、本稿の検討を通して得られた差を地域差と言ってよいかは慎重に判断する必要があるということである。

4.　出会いの場面の実態

　まずは、あいさつ表現にとって、研究の大きな観点となる「定型化」の度合いについて、資料の中でどのような特徴が見られるか分析を行う。

　分析にあたっては、主に第一発話と第二発話を取り上げ、それぞれの発話の中に定型的表現が見られるかというところに焦点を置いて分析する。第三発話以降を扱わない点については、両地点の第一、第二発話とそれ以降の定型的表現の現れ方を見た上で判断した。というのも、あいさつ表現の出現順においては、実質的表現の後に定型的表現が来ることは通常なく、差が出るとすれば、定型的表現のあとに定型的表現などが連なり、重層的な構造になるかという点においての差が考えられるからである。両地点の傾向を見ると、第一、第二発話に、実質的表現などが多く現れ、定型的表現が完全に行き届いていない。つまり、第三発話以降に差が見られる可能性が低いということで

ある。また、定型的表現の有無を判断するにあたっては、辞書・方言集などにあいさつとして記されている表現の形式を基準にして、次のように分類した。

表2　出会いの場面に現れる定型的表現の分類

分類	発話の内容
定型	オハヨー類、コンニチワ類、オバン類（「オバンデス」など）を含む発話
準定型	ハヤイ類を含む発話
(感謝)定型	アリガトー類を含む発話
(帰宅)定型	タダイマ類を含む発話
(帰宅迎え)定型	オカエリ類を含む発話
(呼びかけ)定型	スミマセン類を含む発話
(謝罪)定型	ゴメン類を含む発話
(訪問)定型	ゴメンクダサイ類を含む発話

「オハヨー」のような典型的な出会いの表現以外にも、出会いの状況に応じて、「(感謝)定型」のような多様な表現が用いられていることが分かる。また、定型的表現が含まれず、実質的な会話をしている発話は、定型的表現がない発話という意味で「なし」として分類した。

4.1　出会いの場面の表現の定型性

4.1.1　数量的に見た出会いの場面の表現の特徴

前節で示した分類に基づき、第一発話、第二発話の特徴をそれぞれ地点ごとに集計したのが表3、4である。

それぞれ、気仙沼市と名取市を比べると、発話の性質が大きく異なることが分かる。例えば、第一発話、第二発話に出会いの定型的表現を含む割合では、気仙沼市が18.3％／3.3％（第一発話／第二発話）、名取市が49.5％／32.0％（第一発話／第二発話）と、ともに気仙沼市より名取市の方が高い。

一方、定型的表現「なし」の割合を比べると、気仙沼市が75.3％／92.4％（第一発話／第二発話）、名取市が40.0％／51.5％（第一発話／第二発話）と、今度は、いずれも名取市より気仙沼市の方が「なし」の割合が高い。

また、準定型的表現や、その他の定型的表現のバリエーションにおいても名取市の方が多い。

第一発話と第二発話を比べると、定型的表現の割合は、第一発話は24.7％／60.0％（気仙沼市／名取市）、第二発話は7.6％／48.5％（気仙沼市／名取市）と、いずれの地域でも第一発話の方が高く、受ける側が必ずしも定型的なあいさつ表現を使って返事をしていないことも窺える。この点に関しては、4.2節「反復性」についての分析で詳しく言及する。

このように、言語地理学的調査から同じ定型的表現使用と推測される地域でも、多様な場面につ

表3　出会いの場面における第1発話の定型性

定型的表現の種類	気仙沼	名取	合計
定型	18.3%	49.5%	34.8%
準定型	0.0%	1.0%	0.5%
（感謝）定型	1.1%	0.0%	0.5%
（帰宅）定型	1.1%	5.7%	3.5%
（帰宅迎え）定型	0.0%	1.0%	0.5%
（呼びかけ）定型	1.1%	1.0%	1.0%
（謝罪）定型	0.0%	1.9%	1.0%
（訪問）定型	3.2%	0.0%	1.5%
なし	75.3%	40.0%	56.6%

表4　出会いの場面における第2発話の定型性

定型的表現の種類	気仙沼	名取	合計
定型	3.3%	32.0%	18.0%
準定型	0.0%	1.0%	0.5%
（歓迎）定型	0.0%	3.1%	1.6%
（帰宅）定型	0.0%	4.1%	2.1%
（帰宅迎え）定型	2.2%	5.2%	3.7%
（呼びかけ）定型	0.0%	1.0%	0.5%
（謝罪）定型	2.2%	1.0%	1.6%
（謝意）定型＋（依頼）定型	0.0%	1.0%	0.5%
なし	92.4%	51.5%	71.4%

いて比較すると、今回の資料では、気仙沼市に比べて名取市の方が定型的表現の使用率が高いということが分かった。

　先にも述べた通り、この気仙沼市と名取市の差を、地域差に結びつけるのには慎重にならなければいけないが、先行研究による示唆、及び両地域の社会的性格を考えた時、多場面を横断的に見て、なおはっきりと現れるこの定型化の傾向の差は、外的要因に支えられたデータ差として、意味があるものと考えてよいように思われる。

　その外的要因とは、あいさつ表現における都市化と定型化との関連である。中西(2015)では、あいさつ表現の定型化については、都市部と非都市部で、定型化の進度が異なり、都市部の方が非都市部に比べて定型化が進んでいる地域があるということを示している。

　これを踏まえて、宮城県における気仙沼市と名取市の位置づけを考えると、名取市は仙台市のベッドタウンとして存在し、気仙沼市に比べて都市化が進んでいる。平成27年度国勢調査の結果（総務省統計局2017）をもとにした人口密度の面で比較しても、気仙沼市が195.5人/km² なのに対し、名取市は781.0人/km² と、名取市の方が人口が密集しており、その意味で都市であることが窺える。つまり、この2地点の定型的表現の使用率の差は、都市化による定型的表現の浸透度の差の現れかもしれないということである。

出会いのあいさつの定型性と反復性　191

　一連の考察を通して、2つの重要なことが示唆される。1つは、このような調査手法を用いて収集した談話資料においても、都市化による定型化の度合いの差が見られる可能性があるということである。もう1つは、多様な出会いの場面を扱い、その特徴を横断的に見ることでその地域のあいさつ表現の定型性の度合いをより精密に判断することができるということである。

4.1.2　特定の相手に呼びかける表現

　談話資料を用いた分析のメリットは、より現実に近いあいさつ表現を把握できるという点であった。そこで、定型的表現の有無以外の観点から発話の特徴を分析すると、会話冒頭の発話対に「名前を呼ぶ」表現が多いことに気づく。例えば、次のような場面である(以下の用例では元の資料にある下線を削除し、必要に応じて独自に加えた)。

（5）　001A：アラ　　Ｂサン　　オハヨーゴザリス。
　　　　　　　　あら　　Ｂさん　　おはようございます。

　　　　002B：ハイ。Ａチャン　　オハヨー。
　　　　　　　　はい。Ａちゃん　　おはよう。　　　　　　　　　　　　　　　（1–47 ②気仙沼）

　また、同様の機能を果たす「呼称」(「オトーサン」 など)も見られる。そこで、第一発話、第二発話における「名前を呼ぶ」「呼称」の割合を分析、比較することにする。これらを集計すると、次のような結果となった。

表5　第一、第二発話における名前・呼称の出現割合

発話の種類	第一発話			第二発話		
	気仙沼	名取	合計	気仙沼	名取	合計
名前を呼ぶ	49.5%	24.5%	36.4%	6.1%	2.1%	4.0%
呼称	5.4%	3.9%	4.6%	0.8%	2.8%	1.8%
名前・呼称がない発話	45.2%	71.6%	59.0%	93.2%	95.1%	94.2%

　気仙沼市の第一発話における「名前を呼ぶ」の割合は、49.5％と、表3の定型的表現の割合(18.3％)を大きく上回っており、名取市の定型的表現の割合(表3: 49.5％)と等しい。特定の相手を呼ぶ機能の面で共通する「呼称」と合わせると、50％を上回る。また、名取市においても、これらの割合は合わせると、30％弱と、同地域の定型的表現の割合に比べても低くない使用率と言える。つまり、気仙沼市、名取市の方言談話の第一発話においては、名前や呼称を用い、特定の相手に呼びかけるということが、目立った特徴として捉えられるということである。
　また、使用率を比較すると、定型的表現の割合と反比例するような出方をしている。気仙沼市より定型的表現の使用率が高い名取市では、気仙沼市より特定の相手に呼びかける割合が低くなって

192　第Ⅳ部　言語行動・談話

いるということである。この点は、より多くのデータによる検証が必要だが、定型的表現の使用率が少なく、特定の相手に呼びかけるという行為が多い気仙沼市などは、呼びかけることが、出会いのあいさつの機能を担っている可能性が考えられる。

　なお、第二発話における「名前を呼ぶ」「呼称」の割合は第一発話に比べて極端に減っている。002Bでは、第二発話にも呼びかける表現が見られたが、むしろ、同発話に見られる「ハイ」のような応答詞と対をなすと考えたほうが良い可能性もある。この第一発話への応答詞のふるまいについては、4.2節の反復性の点で検討する。

　以上の分析により、「名前を呼ぶ」「呼称」という特定の相手に呼びかける行為が、気仙沼市、名取市における出会いの場面の表現の特徴の1つと考えられることを洗い出した。このことは、大変興味深い結果と言える。例えば、同じ話者に、(5)のような「朝、道端で出会う」場面での表現を質問した面接調査の結果では、「名前を呼ぶ」、「呼称」を用いるという回答は得られていない。この点についての比較の詳細は別稿に委ねるが、この結果の差の背景を考えると、面接調査の質問の特性が関わっているのではないかと考えられるのである。

　面接調査の質問は、一般的に、具体的な相手を想定した形で質問することは少ない。そのため、特定の相手を想定して発される「名前を呼ぶ」「呼称」という、本来なら自然に行っている言語行動が、抜け落ちてしまったという可能性がある。

4.1.3　質的な面から見た定型的表現の特徴

　『会話集』で、出会いの場面の表現の定型性を考える上で特に注目したいのは1–47～1–59の場面である。「朝、道端で出会う」「朝、家族と顔を合わせる」「昼、道端で出会う」「晴れの日に、道端で出会う」など、道端での単純な出会いの場面だが、出会う状況を少しずつ変えて会話の収録を行っているのである。これらは、「出会い」の場面を主たる観察対象とした場面設定会話という点において、3節で広くとった、他の分析対象の出会いの場面と質が異なる。本節では、場面分岐も含めたこの16場面を「出会い(主)場面」と呼ぶことにする。

　この時注目したいのは、出会った場面で話題性のある素材がある状況で、定型的な表現を交わさずに、その素材を話題にして会話をするかという点である。例えば、「54. 雨の日に道端で出会う」の場面を以下に示す。

（6）001B：イヤイヤ　スバラクダナ　<u>コンニチワー</u>。
　　　　　　いやいや　久しぶりだな　こんにちは。

　　　002A：ア　　<u>コンニチワ</u>。
　　　　　　あ　　こんにちは。

　　　003B：ナンダイ　コーンナ　アメ　フッテッドギ　　ドコ、ドコサ　デカゲンノ。
　　　　　　なんだよ　こんな　雨　降っているとき　どこ、どこへ　出かけるの。

004A： ンダヨネ　　コダニ　　フンノニネー。デモ　イガネグテナイ　　　　ヨー
　　　　そうだよね　こんなに　降るのにね。　でも　行かなくてはいけない　用

　　　　アッテ　　ヤンダゲンドモ　　シャネンダネ。
　　　　あって　　嫌だけれども　　　仕方ないんだね。　　　　　　　　（1–54 名取）

（7）　001A： <u>アラ　Bサン　ドゴサ　イグドゴダベ</u>、　　コンナ　アメ　イッペ
　　　　　　　<u>あら　Bさん　どこへ　行くところだろう</u>、こんな　雨　　いっぱい

　　　　<u>フッテットギー</u>。
　　　　<u>降っているとき</u>。

　　　　002B： ウン。イマネー、アノー　アレダデバ、　トナリノネ　オバチャンガ
　　　　　　　うん。今ね、　　あの　　あれだってば、隣のね　　　おばちゃんが

　　　　ナンダガー　　グエー　ワルイッツカラッサ、ソイズ　ミサ　イグトコ。
　　　　何だか　　　具合　　悪いっていうからさ、そいつ　見に　行くところ。
　　　　　　　　　　　　　　　　　　　　　　　　　　　　　　　（1–54 気仙沼）

　　名取市の会話は下線のように「コンニチワ」を交わし合ってから、波線部の「雨が降っているにもかかわらずどこに出かけるのか」という行き先を尋ねる質問に入っている。一方の気仙沼市は、定型的なあいさつ表現なしに波線部の「雨が降っているにもかかわらずどこに出かけるのか」という行き先を尋ねる質問に入っている。

　　ここに定型的表現の定着度の差が見られる。定型的表現が決まり文句として定着している地域なら、あいさつ表現を交わした後に、話題になりそうな素材に言及すると予想できる。一方、定着度が低い地域では、定型的表現がなく、そのまま話題の素材への言及に進むというわけである。ここでは、(6)の名取市が前者、(7)の気仙沼市が後者の例として捉えられる。

　　そして、この差はこの雨の日の場面設定でたまたま定型的表現の有無が生じたのではないという証拠に、他の出会い（主）場面を含めた定型的表現の出現割合を見ると、気仙沼は 3/16 場面（18.6％）であるのに対し、名取は 14/16（87.5％）と、圧倒的に定型的表現の出現率が高いことが挙げられる。つまり、名取市は、天候など、話題性がある素材があっても、その話題に触れる前に、ほぼ定型的なあいさつ表現を交わすということである。

　　また、名取市の出会いの場面でのやり取りに、定型的表現が根付いているということは、次のような使用実態からも窺える。

194　第Ⅳ部　言語行動・談話

（8）　001B：ハイ　オハヨー。
　　　　　　　はい　おはよう。

　　　002A：オハヨーゴザイマスー。
　　　　　　　おはようございます。

　　　003B：ハーイ　ズイブン　ハヤイゴダ。ドコサ　イグノ。
　　　　　　　はい　　ずいぶん　早いこと。　どこへ　行くの。

　　　004A：エーットネ　カイランバン　スコシ　トマッテダガラ　　モッテイグトコ。
　　　　　　　えっとね　　回覧板　　　少し　　止まっていたから　持っていくところ。

（1–47 ①名取）

　（8）では、第一発話（001B）で話者Bが「オハヨー」と声をかけたあと、続く発話（003B）下線部で「ハヤイゴダ（早いこと）」と述べている。だが、「オハヨー」は本来、相手が早いことを述べる表現である。それにもかかわらず、「オハヨー」の直後に同じ内容の表現を自然に交わすことができるということは、最初の「オハヨー」の「早い」という本来の意味はもはや無視され、形だけ交わすことになっていることを示している。このような使用実態が自然になされることからも名取の出会いの場面でのやり取りの定型化が進んでいることが分かる。

4.2　出会いの場面の表現の反復性

　2節でも述べたように、小林隆（2017）では、方言談話資料を用いて、全国の挨拶の反復性について検討を行っている。その結果、「おはよう―おはよう」とあいさつ言葉のみで反復を繰り返す地域が近畿を中心に広がっていること、さらに第二発話に「はい」を伴う「おはよう―はい、おはよう」のパターンが、「おはよう―おはよう」に至る前段階の形であり、その組み合わせが、東日本と西日本の周辺部に多いことを指摘している。そして、これを踏まえて、あいさつの発達段階について、次のような段階を推定している。

（9）　最初、「起きたか」のような実質的な表現に対して「はい」や「はい、起きた」のような
　　　返事をするやりとりがなされていた。そこへ定型表現の「おはよう」が入り込んだが、前
　　　の段階の「はい」と返事をする習慣は残り、「おはよう」に対しても「はい、おはよう」
　　　と答えるパターンのやりとりが生じた。その後、「はい」は脱落し、完全な「おはよう―
　　　おはよう」のやりとりが成立した。

　そこで、本節では、『会話集』の談話資料としての特質を生かし、あいさつ表現としての発話の反復性に注目し、本資料の性質の分析と、それぞれの地点の反復性の特徴の検討を行う。

分析に当たり、具体的な分類として、第二発話に現れる「ハイ」「エー」などの返事は、応答表現(「応答」)として分類した。また、出会いの定型的表現(「オハヨー」「コンニチワ」「オバンデス」など)は「定型」、出会いの準定型的表現(「ハヤイネ」など)は「準定型」、その他の定型的表現(「タダイマ」「ゴメンクダサイ」など)は「定型(出会い以外)」とした。加えて、4.1.2節で特徴として洗い出した、特定の相手に呼びかけるということも、あいさつ表現相当の機能を担っている可能性があると考え、「名前を呼ぶ」、「呼称」を合わせて「呼称・名前」の分類として採用することにした。さらに、(8)の「001B：ハイ、オハヨー」のように、応答側だけでなく、発信側も「ハイ」のような呼びかけを伴って、定型的表現を行う特徴が見られる。これも、定型的な表現のみの完全な反復を完成形として捉えるという面から考えると不完全な状態であり、定型化の段階性を考える視点の1つになると捉え、第一発話に特有の「呼びかけ」として分類を設けることにした。そして、これらの表現に含まれないものを「その他」(文頭以外の位置のものは「〜」と表示する)とした。この分類基準により、気仙沼市、名取市の第一発話、第二発話の反復の使用実態を分析すると、表6(気仙沼市)、表7(名取市)のようになる。

表6　第一発話と第二発話の反復性(気仙沼市)

第一発話	第二発話	使用率
定型	応答	9.5%
	応答、定型	2.4%
	応答、呼称・名前	1.2%
定型、(〜)	応答	1.2%
	応答、定型	1.2%
定型、呼称・名前	応答、呼称・名前	1.2%
呼びかけ	応答	2.4%
	応答、(〜)	1.2%
呼びかけ、(〜)、呼称・名前	呼称・名前、(〜)	1.2%
呼びかけ、(〜)	応答、定型(出会い以外)	1.2%
	応答、(〜)	2.4%
	応答、定型、定型(出会い以外)	1.2%
呼びかけ、呼称・名前、定型(出会い以外)	応答	1.2%
	応答、(〜)	1.2%
呼称・名前	応答	8.3%
	応答、(〜)	1.2%
	呼称・名前、(〜)	1.2%
	その他	1.2%

	応答	1.2%
呼称・名前、定型	応答、呼称・名前、定型	1.2%
	応答	1.2%
呼称・名前、(〜)	応答、(〜)	19.0%
	その他	9.5%
	応答	2.4%
定型(出会い以外)	応答、定型(出会い以外)	2.4%
	その他	1.2%
	応答	4.8%
	応答、(〜)	7.1%
その他	応答、呼称・名前、(〜)	1.2%
	呼称・名前	1.2%
	その他	4.8%
その他、呼称・名前	応答、(〜)	1.2%
	その他	1.2%

表7 第一発話と第二発話の反復性(名取市)

第一発話	第二発話	使用率
	定型	4.4%
	応答	2.2%
	応答、定型	4.4%
定型	応答、定型(出会い以外)	3.3%
	応答、(〜)	1.1%
	応答、定型、定型	1.1%
	応答、定型、定型(出会い以外)	1.1%
	応答、定型、(〜)	1.1%
定型、準定型	応答、呼称・名前、(〜)	1.1%
	定型	1.1%
	定型、(〜)	1.1%
	応答、定型	1.1%
定型、(〜)	応答、(〜)	3.3%
	応答、定型、定型(出会い以外)	3.3%
	応答、定型、(〜)	1.1%
	その他	1.1%

定型、呼称・名前	応答、定型	1.1%
定型、呼称・名前、（〜）	応答、（〜）	3.3%
	その他	1.1%
呼びかけ	呼称・名前	1.1%
呼びかけ、定型	定型	6.6%
	定型(出会い以外)	1.1%
呼びかけ、定型(出会い以外)	応答、定型(出会い以外)	1.1%
	定型(出会い以外)	1.1%
呼びかけ、（〜）	応答、（〜）	1.1%
	その他	1.1%
呼びかけ、定型、（〜）	応答、（〜）	1.1%
	応答、定型、定型(出会い以外)	1.1%
呼びかけ、帰宅、（〜）	定型(出会い以外)	1.1%
	その他、（〜）	1.1%
呼びかけ、定型、（〜）、呼称・名前	応答、（〜）	1.1%
呼びかけ、呼称・名前、（〜）	その他	1.1%
呼称・名前、定型	応答、定型	2.2%
呼称・名前、準定型	応答、定型	1.1%
呼称・名前、定型(出会い以外)	応答、定型(出会い以外)	1.1%
呼称・名前、（〜）	応答、（〜）	5.5%
	応答、定型(出会い以外)、（〜）	1.1%
	その他	2.2%
定型(出会い以外)	応答	1.1%
	応答、定型(出会い以外)	2.2%
	その他	1.1%
定型(出会い以外)、定型	定型	1.1%
	応答、定型(出会い以外)	1.1%
	応答、定型、定型(出会い以外)	1.1%

その他	応答	1.1%
	応答、定型	1.1%
	応答、定型(出会い以外)	1.1%
	応答、(〜)	4.4%
	応答、定型(出会い以外)、(〜)	1.1%
	定型(出会い以外)	2.2%
	定型(出会い以外)、(〜)	1.1%
	呼称・名前	1.1%
	その他	5.5%
	その他、呼称・名前、(〜)	1.1%
その他、定型(出会い以外)	応答、定型(出会い以外)、呼称・名前、(〜)	1.1%
その他、定型(出会い以外)、呼称・名前	応答、(〜)	1.1%

　表6を見ると、まず特徴的なのは、第二発話における応答を伴う表現の多さである。応答から始まる発話は合計で全体の78.6％に及ぶ。定型的表現に対しても、「ハイ、オハヨー」のように「応答」を添えて応じるか、単に「ハイ」のように「応答」だけで応じるパターンが多いことが見てとれる。そして、4.1.2節で予測した通り、「呼称・名前」にも「応答」で応じることが多いと分かる。第一発話に「呼称・名前」を含む発話に対する第二発話での「応答」を含む割合は72.1％と高い。

　第一発話の「呼びかけ」については、定型的表現と共起せず、単独で第一発話をなすこともあると分かる。

　そして、特徴的だと言えるのは、気仙沼市のデータには、「オハヨー―オハヨー」のような定型的表現による完全な反復が1つも見られないことである。こういった点から見て、気仙沼市のデータは、定型化の途中段階の性格を持つと考えられる。

　表7は、名取市の反復性の実態を表したものである。第二発話に注目した場合、応答を伴う表現は61.5％と、気仙沼市に比べてやや低い。そして、定型的表現に応答表現を伴う割合は35.2％となっており、やや多い。

　一方、第一発話との組合せに注目すると、気仙沼市の場合と異なり、定型的表現に対しても、応答表現を伴わない定型的表現で返すことがあり、「オハヨー―オハヨー」のような、定型的表現の完全な反復で会話冒頭のやり取りがなされる場合もある。

　このことから、反復性という面でも、完全な定型化には及んでいないものの、気仙沼市よりも定型化が進んでいるということが分かる。

　さらに、表7では、第一発話の定型的表現のあり方にも注目すべき点がある。それは、「オー、オハヨー」のように、定型的表現単独ではなく、「呼びかけ」を伴った定型的表現で始まる発話も少なくないということである（22.4％）。名取市が完全な定型化に至る途中の段階であり、その第一

発話の特徴に、このような「呼びかけ」＋「定型的表現」の組み合わせが見られるということを考えると、第一発話に「呼びかけ」を伴うかどうかという点にも、完全な定型化への変化の段階性を見出せる可能性がある。

なお、名取市でも「呼称・名前」には、「応答」で応じることが多いと言える(80.0%)。これらの点から考えて、「呼称・名前」には「応答」というパターンが、反復性を満たした対となる組み合わせだと捉えてよいだろう。

これらを総合して考えると、本資料の分析より、定型化に関して次のような仮説が導ける。

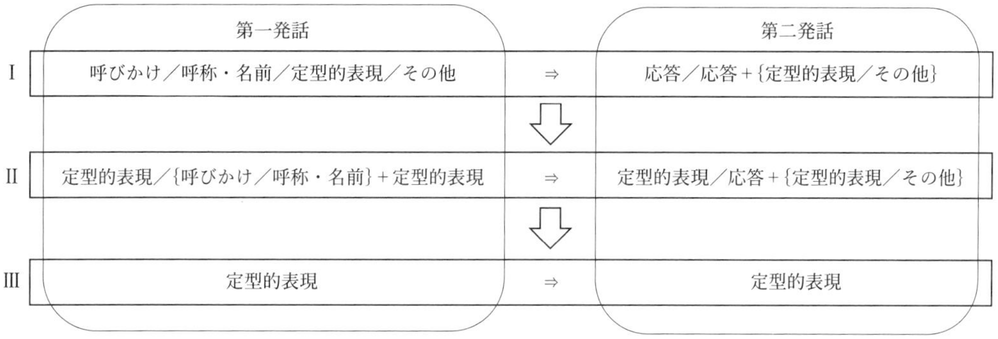

	第一発話		第二発話
I	呼びかけ／呼称・名前／定型的表現／その他	⇒	応答／応答＋{定型的表現／その他}
II	定型的表現／{呼びかけ／呼称・名前}＋定型的表現	⇒	定型的表現／応答＋{定型的表現／その他}
III	定型的表現	⇒	定型的表現

図2　発話対で考えた定型化モデル

図中「／」で区切っているのは発話を構成する要素である。{ }の中の「／」はどちらかの選択を示している。左の枠が第一発話、右の枠が第二発話の特徴であり、I〜IIIへと変化が進むことを想定している。今回のデータに照らして言えば、Iは気仙沼市、IIは名取市のデータを参照した段階である。IIIは、その先に予測される定型化のあり方の1つである。IIIについては、小林(2017)の指摘により、「定型的表現」＋「その他」という形も考えられるが、当該地域が東日本であることを考えてこのように示した。

以上の一連の考察を通して、あいさつの反復性という側面で、小林(2017)の指摘するような、応答表現の有無の度合い差による定型化の差が見られる可能性が本資料でも示唆された。また、本節の検討を通して、応答表現の有無という定型化を測る視点が、朝の出会いのあいさつのみならず、他のあいさつの定型化の検証の視点となり得る事(「ハイ、コンニチワ」)を示した点も意義あるものと言える。さらに、本資料の検討においては、第一発話における「呼びかけ」表現の有無という点にも定型化の段階性を見出す可能性を示した。それを受けて、図2のような発話対での定型化モデルを示し得た。

本節の検討で、談話資料を扱いその発話のあり方を検討することで、定型化について、より深く考察する研究視点を見出すことができたと言える。

5. おわりに

本稿では『会話集』の出会いのあいさつ表現について、定型性、反復性の観点で分析を行い、その特徴を明らかにすることを試みた。その結果、次のようなことを明らかにすることができた。

〈定型性について〉
- ・気仙沼市より名取市のデータの方が、定型化が進んでいる。
- ・多様な出会いの場面を扱うことで定型性の段階を精密に判断できる。
- ・談話資料においても都市化による定型化の度合いの差が見られる可能性がある。
- ・気仙沼市、名取市ともに、特定の相手に呼びかける特徴が見られる。

〈反復性について〉
- ・気仙沼市、名取市ともに、呼びかけ表現や応答表現を伴っており、完全な定型化には至っていない。
- ・呼びかけ表現や応答表現の付随要素を視野に入れた発話対レベルでの定型化モデルが求められる。

本稿の試みで、談話資料を用いてあいさつ表現を分析することで、その定型性の考察を深化させ、あいさつ表現の形成論に資する示唆を得られるなど、あいさつ表現研究の様々な可能性を示すことができたと言える。

ただし、これらの結果は限られた資料から導き出したものであり、結果の確度を高めるため、本稿の中でも触れたように、他の調査手法と組合せ数量的な検討などを行うことが必要となる。これらは今後の課題である。

本稿の結果の検証という課題も含め、今後、同じような談話資料を用いた取り組みを促す道筋をつけたという点が、本稿の意義と言える。

文献

江端義夫(1997)「挨拶言葉の分布と歴史―家族との朝の出会いの挨拶」『国文学解釈と教材の研究』42(7): pp62–65.

江端義夫(1999)「あいさつ交換儀礼の研究」『日本語学11月臨時増刊号地域方言と社会方言』18(13): pp230–236. 明治書院

江端義夫(2001)「日本のあいさつ表現とあいさつ行動の地理言語学的研究」『社会言語科学』3(2): pp27–38. 社会言語科学会

沖裕子(1993)「談話からみた東の方言／西の方言」『月刊言語』22(9): pp44–51. 大修館書店

加藤正信(1973)「全国方言の敬語概観6 挨拶ことばと敬語」林四郎・南不二男編『敬語講座第6巻現代の敬語』pp25–83. 明治書院

国立国語研究所(2006)『方言文法全国地図第 6 集』財務省印刷局

小林隆(2017)「談話からみた挨拶の定型性―「おはよう」の地域差をめぐって―」『方言の研究』3: pp77–101. ひつじ書房

小林隆(2018)「儀礼性と心情性の地域差―弔問の会話に見る―」小林隆編『コミュニケーションの方言学』pp65–92. ひつじ書房

小林隆・内間早俊・坂喜美佳・佐藤亜実(2015)「第 4 章　言語生活の記録―生活を伝える方言会話集―」大野眞男・小林隆編『方言を伝える―3・11 東日本大震災被災地における取り組み―』pp89–116. ひつじ書房

齋藤孝滋・森節子・工藤香寿美(2001)「『方言資料叢刊』を用いた全国挨拶行動の言語行動学的・方言学的研究」『玉藻』37: pp12–25. フェリス女学院大学国文学会

真田信治(1981)「あいさつ言葉の地域差」文化庁編『ことばシリーズ 14 あいさつと言葉』pp73–83. 大蔵省印刷局

真田信治(1985)「あいさつ言葉と方言―地域差と場面差―」『日本語学』4(8): pp43–52. 明治書院

椎名渉子・小林隆(2017)「談話の方言学」小林隆・川越めぐみ・澤村美幸・椎名渉子・中西太郎『方言学の未来をひらく―オノマトペ・感動詞・談話・言語行動―』pp207–337. ひつじ書房

篠崎晃一(1996)「家庭におけるあいさつ行動の地域差」言語学林 1995–1996 編集委員会編『言語学林 1995–1996』pp547–558. 三省堂

施暉(2007)「再感謝表現についての日中比較」『中國學研究論集』19: pp100–108. 広島中国文学会

徳川宗賢(1978)『日本人の方言』筑摩書房

中西太郎(2015)「言語行動の地理的・社会的研究―言語行動学的研究としてのあいさつ表現研究を例として―」『方言の研究』1: pp77–102. ひつじ書房

中西太郎(2017)「言語行動の方言学」小林隆・川越めぐみ・澤村美幸・椎名渉子・中西太郎『方言学の未来をひらく―オノマトペ・感動詞・談話・言語行動―』pp339–408. ひつじ書房

中西太郎(2018)「あいさつの方言学のこれまでとこれから」小林隆編『コミュニケーションの方言学』pp37–64. ひつじ書房

方言研究ゼミナール幹事会編(1997)『方言資料叢刊第 7 巻方言の待遇表現』広島大学教育学部国語教育学研究室方言研究ゼミナール

三井はるみ(2006)「おはようございます、こんばんは」『月刊言語』35(12): pp80–83. 大修館書店

Web サイト

総務省統計局(2017)「平成 27 年国勢調査都道府県・市区町村別主要統計表」『統計局ホームページ』(http://www.stat.go.jp/data/kokusei/2015/kekka.html、2018 年 7 月アクセス)

依頼会話に見られる特徴

小林隆

1. 分析に先立ち

1.1 依頼会話と対象場面

　何かを頼んだり、受け入れたりするといったやりとりは、私たちの日常生活では頻繁に経験するものである。また、そうした場面における言語による交渉は、人間の生活にとって不可欠な行為だとも言えよう。このように、言語行動の中でも特に基本的なものの一つである「依頼」と「受託」について、ここでは見ていくことにしたい。

　本書資料編の解説に示した目的別言語行動の枠組みの中で、依頼と受託はそれぞれ「要求表明系」と「要求反応系」に位置づけられている。そして、現実の生活の中で、両者はセットで出現するのが普通であり、話者交替を伴いながら、依頼→受託という方向性で実現する。ここでも、依頼と受託の両方を視野に入れることにし、それらが含まれる会話を「依頼会話」と呼ぶことにする。特にここでは会話の一部を取り上げるのではなく、全体の展開の中で依頼会話の特徴を明らかにすることを試みる。

　『生活を伝える被災地方言会話集』(以下、『会話集』)の中で、依頼会話の場面として挙げられるのは次の6つである(1–1は第1集の第1場面であることを示す)。

　　　1–1(4–20)　荷物運びを頼む

　　　1–2　お金を借りる

　　　1–3　役員を依頼する

　　　2–1　醤油差しを取ってもらう

　　　2–2　ハサミを取ってきてもらう

　　　4–1　遊具が空かない

　ここでは、このうち「1–1 荷物運びを頼む」の場面を中心に見ていく。また、「1–2 お金を借りる」の場面を比較対象として取り上げる。その他の場面については、いずれ総合的に分析することとし今回は補助的に扱う。なお、「荷物運びを頼む」場面は、第4集(4–20)でもあらためて収録しているが、そちらは結果として申し出と受託の会話展開に近い内容になっているので、やはり参考的に扱うことにする。

　『会話集』には気仙沼市方言と名取市方言の会話が収録されているが、今回は気仙沼市方言に焦

204　第Ⅳ部　言語行動・談話

点をしぼって見ていく。

1.2　ここでの方法論

　ある場面の会話を眺めたときに、そこにどのような方言的特徴が現れているかをにわかに把握するのは難しい。音韻や文法・語彙的な面での特徴は目についても、言語行動や談話のレベルでの特徴はすぐには浮かび上がって来ない。それは、そうした言語運用面の特徴が、言語構造面の特徴に比べて明確な地域差を示さないことに原因がある。小林(2017)で述べたように、言語行動や談話の地域差は、1本の境界線で区切られるような明瞭なものではなく、量的な傾向の違いとしてとらえられる場合が多い。そのため、ある地域の会話を見たときに、それが他の地域とどう異なるのか、瞬時には判別できないのである。

　しかし、会話の観察者の目から見て、この言語行動はどうも違和感があるとか、この談話展開はどこか一般的ではないなどといった直感を抱くことはある。それは観察者なりに普通はこうだろうと思い描いている規範意識、ある種の共通語感覚が基準になって生じるものと考えられる。そうした感覚は、会話の分析の手がかりや糸口としては非常に重要である。まず、観察者なりの共通語感覚を頼りに、対象となる会話を見ていくのがよいだろう。

　ただし、そうした感覚のみに頼ることは、分析の客観性の面で問題を含むこともまた確かである。やはり、他地域の会話との比較や、共通語の会話(そういうものがあるとして)との対比といった実証的なアプローチが望ましい。しかし、「荷物運びを頼む」と同一場面の会話の収録は、同じ宮城県内の名取市方言では行っているものの、より大きな差異が期待される日本の他地域では実施していない。もちろん、類似の場面についての共通語の会話データも存在しないようである。

　だが、上で述べたような、観察者なりの共通語感覚による特徴の把握、という方法を補うやり方はいくつか思いつく。例えば、同一場面は難しくとも、類似の場面の会話と比較することで、当該場面の特徴とみなした点の妥当性を補うことはできる。この場合、同一地域の類似場面としては、1.1に示した『会話集』の6つの場面が該当するし、他の地域の類似場面としては、全国規模のものでは椎名・小林(2017)の「方言談話資料(場面設定会話)の場面一覧」に整理した「要求表明系—要求反応系」の場面などが挙げられる。

　また、会話によらない調査データ、つまり、面接調査やアンケート調査などの結果で参考にできるものがあれば、それとの対比で会話の特徴を補強することもできそうである。例えば、熊谷・篠崎(2006)で分析されている国立国語研究所の全国主要4地点における面接調査や小林(2014)の全国500地点規模のアンケート調査などの結果を参考にできそうである。また、今回、「1–1 荷物運びを頼む」と同じ場面について、気仙沼市方言で面接調査を実施しており、その結果も利用できる。

　このように、利用可能なデータを積極的に活用することで、観察者の共通語感覚で抽出した当該方言の会話の特徴の確からしさを補強することができそうである。ここでもいくつかのデータを補助的に用いていくことにする。

　以下、考察に入るが、論の進め方は次のようにしたい。

(1)『会話集』の分析
　(1–1)主たる対象としての「1–1 荷物運びを頼む」の場面の考察
　　この会話集の「1–1 荷物運びを頼む」の場面を紹介し、気仙沼市方言の依頼会話の特徴を見ていく。まず、筆者の共通語感覚を頼りに、気仙沼市方言の特徴と思われる点を指摘する。
　(1–2)比較対象としての「1–2 お金を借りる」の場面の考察
　　話者の設定が同じで、私的な頼み事という点でも共通する「1–2 お金を借りる」の場面を取り上げ、「1–1 荷物運びを頼む」の場面と比較しながら検討する。
(2)「疑似会話型面接調査」の結果の分析
　　「1–1 荷物運びを頼む」の場面と同じ設定で行った、会話を模した面接質問調査の結果を分析し、会話集に見られた特徴との異同について検討する。
(3)先行研究に見られる各地の言語行動・談話の特徴との比較
　　「依頼」と「受託」に関わる各地の会話資料や調査データの分析結果を概観し、それらと上記(1)(2)の検討結果を比較していく。
以上のような進め方で、気仙沼市方言の依頼会話の特徴を明らかにする。

2.　『会話集』の分析

2.1　会話場面の設定

　ここで取り上げる「1–1 荷物運びを頼む」とは次のような場面である。会話の収録に際して、話者に提示した場面情報を以下に示す。

　【AとBは近所に住む友人という設定でお願いします】Aが親戚からたくさんサンマをもらって帰ってきました。ところが、たくさんもらいすぎて重かったため、家までもう少しのところまで来て疲れてしまい休んでいました。ちょうどそこにBが通りかかったので、家まで一緒に運んでほしいと頼みます。そのときのやりとりを実演してみてください。
　　　①Bが受け入れる場合
　　　②Bが断る場合：例えば、Bは急ぎの用事が入っていて先を急がなければならないため、手伝いができないという場合。

　このうち、「依頼(頼む)」と「受託(受け入れる)」の会話に当たる①の場合を対象とする。なお、当初の場面設定では、品物としてサンマではなく野菜を想定したが、話者によれば気仙沼市の場合、日常的に魚をもらう機会が多いということで、そうした生活実態に合わせて変更を行った。また、話者に提示した場面情報は以上のみであり、ロールプレイ会話によく見られるシナリオの指示は行っていない。会話の展開は、まったく話者に委ねられている。

206　第IV部　言語行動・談話

2.2　「荷物運びを頼む」場面の会話

「1-1 荷物運びを頼む」の場面の収録は、2013(平成25)年6月に行った。話者Aは1941(昭和16)年生まれ(当時72歳)女性、話者Bは1940(昭和15)年生まれ(当時72歳)男性であり、ともに気仙沼市生え抜きである。

以下に実際の会話を掲げる(原文にある発話の重なりを示す下線は省略)。

001A：　Bサーン　アダシ　コレ　サンマ　モラッテ、イッパイ　モライスギダヤー。
　　　　Bさん　　私　　　これ　さんま　もらって、いっぱい　もらいすぎたよ。

002B：　ナーント　ドッサリデー。
　　　　なんと　　どっさりで。

003A：　ンダカラー。　アノ　モジキレネモンダガラ
　　　　そうなんだよ。あの　持ちきれないもんだから

　　　　モッテスケテモラッテイーベガネー。
　　　　持って[助けて]もらっていいだろうかね。

004B：　アンダノゴッダカラ　ヨグタゲダンダベヨ。
　　　　あなたのことだから　欲張ったんだろうよ。

005A：　ンダカラー。　ナーニ　イッパイ　モッテゲモッテゲッテユーガラネ
　　　　そうなんだよ。なに　　いっぱい　持って行け持って行けっていうからね

　　　　(B　ウン)ダレガサ　アゲテモイーガドモッテ　モラッタノッサ。
　　　　(B　うん)だれかに　あげてもいいかと思って　もらったのさ。

006B：　アーアー。イー　イーガスヨ　モッテスゲッガラ。
　　　　あーあー。××　いいですよ　持ってやるから。

007A：　ハー。ホンデ　　　　タスカルガラ　(B　ウン)Bサンモ　ハンブン
　　　　はい。それで[は]　助かるから　　(B　うん)Bさんも　半分

　　　　モッテッテケライン。
　　　　持っていってください。

008B： ナーヌ　イーガスー。コゴデ　ワゲルスカ。
　　　　なに　　いいです。　ここで　分けますか。

009A： ンダネー（B ウン）モジキレネガラ　　（B　ウンウンウンウン）
　　　　そうだね（B うん）持ちきれないから（B　うんうんうんうん）

　　　　タベキレナイシー。
　　　　食べきれないし。

010B： ホンデァ　　コゴデ　ワゲッガ。
　　　　それじゃあ　ここで　分けるか。

011A： ンダネー。
　　　　そうだね。

012B： ウン　ソースレバ（A　アー　ヤ）アンダモ　ラクダイッチャナ。
　　　　うん　そうすれば（A　あー　×）あなたも　楽だろうな。

013A： ンダネー（B　アー　ヤ）モーシワゲネーケッド　ンデ。
　　　　そうだね（B　あー　×）申し訳ないけれど　　それで。

014B： オライドゴ　チョード　サンマ　キレダガラッサ。
　　　　うちで　　　ちょうど　さんま　なくなったからさ。

　　　　（A　アー　ホンデ　　　イガッダヤ。）ウン　ウンウン。
　　　　（A　あー　それで［は］よかったよ。）うん　うんうん。

015A： ハイ。
　　　　はい。

016B： ホンデネー。
　　　　それで［は］ね。

017A： ハイハイ。
　　　　はいはい。

208　第Ⅳ部　言語行動・談話

018B：　アリガトーネー。
　　　　ありがとうね。

019A：　ハーイ　カエッテ　アリガトゴザリシター。
　　　　はい　　かえって　ありがとうございました。

　　　　　　　　　　　　　（1–1「荷物運びを頼む―①受け入れる」気仙沼）

　以下、筆者の共通語感覚に照らし、気仙沼市方言の会話で気の付く点を4つ指摘する。

(1)感動表現による共感の形成

　まず、会話の冒頭に注目してみよう。001Aでは、「Bサーン」という呼びかけに続けて、自分が置かれている困難な状況を、「イッパイ　モライスギダヤー」と説明する。そこでは、文末に終助詞「ヤー」を使用し、事態を感動的に相手に訴えかけている。こうした表現に呼応するように、002Bでは「ナーント　ドッサリデー」と、驚きを表明する感動表現で応じている。感動に対して感動で返す方式であり、相手に対して共感を示す会話になっているのが特徴的である。

　さらに、002Bを受ける003Aの「ンダカラー」も共感的な応答と言える。この「ンダカラ」は「それだから」に当たる接続詞が独立し、応答詞化したものである。「そうなんだよ」と共通語訳したように、相手への同意を表す形式であるが、そこには強い共感の気持ちが込められている（こうした「だから」の用法については本書の甲田論文を参照）。

　以上のようなやりとりは、筆者の共通語感覚からするとやや大げさなものに感じてしまう。気持ちが前面に押し出された会話のようにも見える。

(2)相手を非難する発話

　004Bの発話も気になる。003Aで「モッテスケテモラッテイーベガネー」と依頼が行われるが、004Bでは、あたかもそれを無視するように、「アンダノゴッダカラ　ヨグタゲダンダベヨ」という言葉が発せられる。これは相手への非難の発話であるが、同時に相手を茶化す意図も読み取れる。それに対して、005Aでは、ふたたび「ンダカラー」と相手への同意・共感が示される。

　こうした会話の展開は、(1)に述べた「共感の形成」に関わるものかもしれない。Bにとって、Aが困難な状況に陥った原因にあえて言及することは、ある意味、Aの事情や心境を自分は十分理解しているというメッセージの発信とも受け取れる。したがって、Aは、Bの発言に怒ることもなく、むしろ、自分の心持ちをよくぞ言い当ててくれたとばかりに、「ンダカラー」と同意の言葉を発している。

　しかし、「欲張る」という、相手にとって都合の悪いマイナス面に踏み込む発言は、筆者の共通語感覚ではかなりきつい言い方に感じる。こうした相手のメンツにかかわる言語行動は、たとえそこに茶化しやからかいの意図が含まれていたとしても、共通語では避けられるのが普通ではなかろうか。

(3) 率直な話しぶり

(2)で取り上げた相手への非難もそうであるが、率直な話しぶりが随所に見られる。007Aのサンマを半分持っていくようにという勧めに対して、008Bでは「ナーヌ　イーガスー。コゴデ　ワゲルスカ」と遠慮のない提案がなされている。また、012Bの「ソースレバ　アンダモ　ラクダイッチャナ」は負担の軽減、すなわち、相手が利益を受けることをそのまま指摘しており、恩を売るような発話にも見える。さらに、014Bの「オライドゴ　チョード　サンマ　キレダガラッサ」という発言も、相手への配慮というよりは、自分にとって好都合であることを正直に述べているのではないかと思われる。

共通語の感覚では、以上のような点にストレートで率直な発話態度を感じる。共通語ならば、このような場合、もう少し遠慮がちで控えめな言い方をするのではないかと思うが、いかがだろうか。

(4) 配慮性の弱い会話

(2)(3)の点は、この会話に感じる配慮性の弱さとも関わってくる。その点が現象として端的に現れたのが、恐縮表明や感謝表明の欠如である。003Aは相手に対する依頼発話であるが、「申し訳ないが」「悪いけど」などといった恐縮表明が含まれていない。共通語ならば、「すみませんが、持ってもらえませんか」などのように恐縮の言葉を添えるのが一般的に思われるが、そうした恐縮の要素は見当たらない。

また、007Aは006Bの受託に対する返答であるが、特に感謝の言葉というものが現れていない。このような場合、共通語の感覚では、「ありがとう」などの感謝表明が行われるのが普通ではなかろうか。もっとも、007Aでは「ハー。ホンデ　タスカルガラ」と、「助かる」という表現は使っている。しかし、「助かる」という言葉は窮地から救われるという意味であり、自分の立場を説明したものに過ぎない。「ありがとう」のように相手に向けられた感謝の表明とは異なり、あくまでも自分本位の表現なのである。

その点では、008Bの「ナーヌ　イーガスー」も同様に注意すべき発話である。サンマを半分分けてあげようという007Aの申し出に対して、「いいです(よ)」に当たる了解の返事として「イーガスー」が発せられている。この場合、共通語の感覚では、たとえ奉仕の対価としてであっても、相手が何かを提供してくれようとするときには、受託発話として「ありがとう」などの感謝表明が行われるのが一般的ではなかろうか。「イーガスー」は相手の申し出を自分の立場で「よし」と判定しただけに過ぎず、相手に向けられた配慮の表現とは言い難い。

ただし、会話の展開を先まで追っていくと、013Aで「モーシワゲネーケッド」と恐縮表明が現れてくる。さらに、会話の最後の部分で、018Bで「アリガトーネー」、019Aで「カエッテ　アリガトゴザリシター」と、話の切り上げの役割も兼ねつつ互いに感謝し合うやりとりが行われている。すなわち、会話全体として見れば、何らかの位置でこうした配慮的な発話がなされているわけである。しかし、共通語の感覚では、上で述べたように、依頼発話と恐縮表明が、また、受託発話への返答(申し出の場合は受託発話)と感謝表明が、それぞれセットになって現れることが多いので

210　第Ⅳ部　言語行動・談話

はないかと思われる。そうした共起性が見られない点で、この会話にはやはり違和感が残るのである。

　以上、「1–1 荷物運びを頼む」の場面を観察し、筆者の共通語感覚に照らして注目すべき点として、(1)感動表現による共感の形成、(2)相手を非難する発話、(3)率直な話しぶり、(4)配慮性の弱い会話、という4点を指摘した。

2.3　「お金を借りる」場面との比較

　ここでは、「1–2 お金を借りる」の場面を対比的に取り上げ、「1–1 荷物運びを頼む」の場面で観察された(1)～(4)の特徴が同じように現れるか見ていく。この場面も、AとBは近所に住む友人同士であり、次のような設定とした。

　　AとBは共通の知り合いであるCさんのお見舞いに行きます。病院に行く前に見舞いの品を買いにやってきました。品物を選んでお金を払おうと思ったところ、Aは手持ちのお金が足りないことに気付きました。そこで、一緒にいたBからお金を借りようと思います。そのときのやりとりを実演してみてください。

収録された会話は次のとおりである。

001A：　Bサン　アダシ　コマッタヤー　ナント　イマ　サイフ　ミダッケ　コレ　オガネ
　　　　Bさん　私　　困ったな　　　なんと　今　　財布　　見たら　　これ　お金

　　　　タンネノッサー。
　　　　足りないのさ。

002B：　バー　アンタ　イソガシー　ズイブン　イソガシグ　デテジタネー。
　　　　えー　あなた　×××××　ずいぶん　慌てて　　　出てきたね。

003A：　ホンダーカラー　タンナクテー。モシ　イガッタラ　カシテケンネベガ。
　　　　それだから　　　足りなくて。　もし　よかったら　貸してくれないだろうか。

004B：　ウーン　イーガスイーガス。（A　ウン）チョードネ　オレ　キョー
　　　　うーん　いいですいいです。（A　うん）ちょうどね　私　　今日

　　　　キューリョー　モラッタノッサ。（A　ウン）ウン。ナンボー　ツカウガ。
　　　　給料　　　　もらったのさ。　（A　うん）うん。いくら　　使うか。

005A： アー　タスカルヤ　ナントー（B　ウン）ズイブン　スコダマー　モッテダゴド。
あー　助かるな　　なんと　（B　うん）ずいぶん　たくさん　　持っていたこと。

006B： コマコイノホー　モ　イーンデネヤ。　　ツカイヤスクテ。
細かい×方　　　×　いいんではないか。使いやすくて。

（A　ンダネーンダネー）ウン。
（A　そうだねそうだね）うん。

007A： ホンデ　カシテケンネベガー。
それで　貸してくれないだろうか。

008B： ウン。（A　アー　タスカリマシター　ウーン）ホンデネ　　　　コマコイノ　　ヤ
うん。（A　あー　助かりました　　　うん）　それで［は］ね　細かいの　　　　×

ヤッカラ。
やるから。

009A： ハイハイ（B　ハイ）ナント　タスカルヤー。
はいはい（B　はい）なんと　助かるな。

010B： スグニ　カエサナクテモイーガラー。
すぐに　返さなくてもいいから。

011A： ア　ホンデネ、　{笑}
あ　それではね、{笑}［そうさせてもらいますね。］

012B： ネ　ウン　アンダノ　ツゴーノイードギデ　イーカラ。
ね　うん　あなたの　都合のいい時で　　　　いいから。

013A： アリガトゴザリスー。
ありがとうございます。　　　　　　（1–2「お金を借りる―①受け入れる」気仙沼）

（1）感動表現による共感の形成という点について
　この特徴はこちらの場面にも現れており、会話の開始部の展開が「1–1 荷物運びを頼む」とよく
似ている。すなわち、まず、001A で「アダシ　コマッタヤー」と終助詞「ヤー」による訴えかけ

212 第IV部 言語行動・談話

から会話が開始されている。そして、そのあとに、「ナント」を使用した感動文が続く。次に、これを受ける002Bの発話では、冒頭に「バー」という感動詞が使用されており、Bの驚嘆が表明されている。

さらに、003Aでは「ホンダーカラー」と、1–1の場面で見られた「ンダカラー」と同種の共感の応答パターンが認められる。ただし、こちらでは、「タンナクテー」と文が続くため、この「ホンダーカラー」は接続詞的に解釈し、「それだから」と訳しておいた。しかし、「ホンダーカラー」で一旦文が切れると考え、「そうなんだよ」の意の応答詞として解釈することも可能かもしれない。いずれにしても、この「ホンダーカラー」には共感のニュアンスが強く感じられる。

このほかにも、005Aの「アー　タスカルヤ」と「ナントー　ズイブン　スコダマー　モッテダゴド」、さらに、009Aの「ナント　タスカルヤー」など、相手の心情に訴えかける表現が随所に観察される。

なお、「1–3 役員を依頼する」の場面の冒頭部においても、次のように感動表現の往復による共感の形成が認められる。町内会の役員の一人であるBが、Aの家に役員を引き受けてほしいと依頼に訪れる場面である。

001B：　イヤイヤ　コマッタヤー。チョーナイカイノ　Xサンガ゜　カバネ
　　　　いやいや　困ったな。　　町内会の　　　　　Xさんが　体

　　　　コワシテシマッテッサ。
　　　　壊してしまってさ。

002A：　アラララ。
　　　　あらららら。　　　　　　　　　　　　　　（1–3「役員を依頼する」気仙沼）

このように見てくると、依頼側と受託側が共に感動表現を用いて共感の形成を図るという点は、気仙沼市方言の会話の一つの特徴とみなしてよさそうである。しかも、そうした感動表現が、開口一番、会話開始部から出現し、一気に共感が高められるという点にも注目したい。

（2）相手を非難する発話という点について

こちらの場面では、1–1の場面に見られたような強烈な皮肉は見当たらない。ただし、002Bの「アンタ　ズイブン　イソガシグ　デテジタネー」は、単に推測を述べているのではなく、お金の不足を招いたAの行動への非難が込められていると理解することもできる。もちろん、この場合も、非難と一緒に茶化しやからかいの意味が込められていると考えるべきであろう。

（3）率直な話しぶりという点について

1–1の場面ほど印象的ではないが、こちらの場面でも率直な話しぶりが観察される。上記(2)の

相手への非難はその一つである。また、004B の「チョードネ　オレ　キョー　キューリョー　モラッタノッサ」や「ナンボー　ツカウガ」、さらに、005A の「ズイブン　スコダマー　モッテダゴド」といった発話も、金銭に関わるデリケートな内容を躊躇なく話題にしているという感がある。

（4）配慮性の弱い会話という点について

　こちらの場面でも、依頼発話に該当する 003A に恐縮表明は現れていない。この点は、1–1 の場面と同じである。ただし、003A では、「モシ　イガッタラ　カシテケンネベガ」のように、「モシイガッタラ」という「状況確認」の表現が使用されている。これは一種の配慮表現であり、こうした表現が使われることは 1–1 の場面と異なる点である。両者の違いは、荷物を持ってもらうことと、お金を借りることとの、相手に対する負担の大きさの違いに起因していると考えられる。

　もっとも、要求表現の部分に着目すると、こちらは「カシテケンネベガ」であるのに対して、1–1 の場面では「モッテスケテモラッテ　イーベガネー」と、相手に許可を求める形式が使用されている。この 2 つの形式を比べると、後者の方が配慮性が強いと判断される。すなわち、こちらの場面では「もしよかったら〜」と、仮定形式で表現するのと同趣旨の配慮を、1–1 の場面では「〜してよいだろうか」と許可要求形式を使用することで表現していると解釈することもできそうである。そうすると、両者の配慮性の強弱は、大きくは変らないということになるかもしれない。

　また、1–1 の場面では、相手が依頼を受託してくれたことに対して、「ありがとう」のような典型的な感謝表明が見られなかった。その点は、こちらの場面も同様である。ただし、1–1 の場面で「タスカルガラ」と発言していたことと呼応するように、こちらでも、005A で「アー　タスカルヤ」、008B の (A)で「アー　タスカリマシター」、009A で「ナント　タスカルヤー」と、A は頻繁に「助かる」を口にしている。1–1 の場面と合わせて考えると、気仙沼市方言では、「ありがとう」などの相手に向けた感謝の言葉の代わりに「助かる」という表現を使うことで、困難な状況からの解放を、自分に視点を置いて表明する傾向があると言ってよいだろう。

　以上のように、こちらの場面でも、共通語では期待される依頼時の恐縮表明や、受託に対する感謝表明が出てこないという点で配慮性の弱さを感じる。しかし、会話全体として見た場合、配慮性が非常に弱いということではなさそうである。すなわち、B の発話では、010B「スグニ　カエサナクテモイーガラー」や、012B「アンダノ　ツゴーノイードギデ　イーカラ」のような、貸したお金を返す方法についての配慮的な申し出がなされている。また、012B に対して、013A では「アリガトゴザリスー」と感謝表明もなされている。このように、会話の終結部に近い位置で配慮的なやりとりがなされる点は 1–1 の場面と類似する。

3.　「擬似会話型面接調査」の結果との比較

3.1　「疑似会話型面接調査」と調査の実際

　「疑似会話型面接調査」については小林(2018)で解説した。詳細はそちらに譲るとして、ここで

214　第Ⅳ部　言語行動・談話

は簡単に説明しよう。

　この調査方法は、会話の展開を想定し、その進行に沿って各発話(ターン)をどう行うかを質問によって明らかにする方式である。1人のインフォーマントに、2人の話者を演じ分けてもらい、あたかも会話をしているかのように調査を進める。1人のインフォーマントが二役を演じるという点でいわば「独り芝居」であり、面接による質問式の調査でありながらも、場面設定会話を収録するような趣をもった調査方式とも言える。実際の会話の補助データとして使ったり、会話の特徴を量的に把握したりするときに有効ではないかと思われる。

　ここで取り上げるデータは、2017年8月に気仙沼市で行った調査の結果であり、インフォーマントは2名、いずれも気仙沼市生え抜き話者である。

　　インフォーマント1：1953(昭和28)年生まれ(当時64歳)、男性
　　インフォーマント2：1941(昭和16)年生まれ(当時76歳)、男性

　この調査では複数の場面を対象としたが、ここでは、会話集の「1–1 荷物運びを頼む」の場面と対応する部分を取り上げる。

　具体的な調査内容を次に示そう。これは、調査票から質問部分を抜粋したものである。インフォーマントに対して、まずどのような場面かを提示し、次いで、会話の展開に沿って、1.1、1.2、1.3、1.4の順に質問していく。さらにやりとりが続く場合は、会話が終了するまで質問を続ける。なお、(　)内に依頼、承諾、感謝、謙遜と入れてあるのは、共通語の会話の場合、その位置で期待される発話内容であり、話者に対する指示ではない。この調査においても、会話の展開(シナリオ)に関する指示は一切行わなかった。

　　○AさんとBさんは、近所の知り合い同士です。このAさんとBさんになったつもりで、会
　　　話をしてみてください。
　　【場面提示】Aさんは、親戚からサンマをもらって帰ってきました。ところが、たくさんもらいすぎて重かったため、家までもう少しのところまで来て疲れてしまい休んでいました。ちょうどそこにBさんが通りかかったので、家まで一緒に運んでもらおうと思います。
　　1.1　このとき、あなたがAさんなら、Bさんにどんなふうに言いますか。(依頼)
　　1.2　それでは、あなたがBさんなら、Aさんにそんなふうに言われたとして、どのように言
　　　葉を返しますか。(承諾)
　　1.3　それでは、あなたがAさんなら、Bさんにそんなふうに言われたとして、何か言葉を返
　　　しますか。(感謝)
　　1.4　それでは、あなたがBさんなら、Aさんにそんなふうに言われたとして、何か言葉を返
　　　しますか。(謙遜)

　これを見てわかるように、登場人物と場面設定は会話集とほぼ同じである。会話集では、登場人物の関係は「近所に住む友人」としたが、こちらでは、「近所の知り合い」としている。厳密には違いがあるが、近所づきあいが緊密なコミュニティでは、両者はほぼ似たような関係と考えられ

る。また、会話集では、「家まで一緒に運んでほしいと頼みます」と依頼を前提にした設定としたが、こちらでは、「家まで一緒に運んでもらおうと思います」のように、特に依頼という用語を使っていない。これはインフォーマントに依頼という先入観を与えないためであるが、両者の違いが結果に影響することはなかったと思われる。

　また、この調査では、インフォーマントがその場面を理解しやすいように、補助道具として該当する場面の絵を用意し、それを見せながら調査を行った。登場人物の2人を配置したもので、話者交替を行うたびに、どちらの人物の発話の番であるか、調査員が指さしながら調査を進めた。

図1　補助道具としての場面の絵

3.2　調査の結果

　これらの質問に対するインフォーマントの回答は次のとおりである。①②③は回答に複数のバラエティがあったことを示す。インフォーマント2は1.2以下の質問に対して、2通りの展開を回答したので、そのように表示してある。（　）内は、その部分は発話されなかったものの、回答の流れから見て、直前の回答の一部を補って考えることができることを表す。なお、「スケル」は「助ける」が語源であり、気仙沼市では「〜テスケル」のように補助動詞化した用法が認められる。

図2　調査の様子

216　第IV部　言語行動・談話

▼インフォーマント1の結果

1.1　①コノサンマー　モラッテキタンダケントモ、アノー　ハコンデスケネスカ。

②イマ　サカナ　モラッテキタンダケントモ、チョット　オモタクテー　イエマデ　ヒトリ
デ　ハコベネンデ、ハコンデスケネスカー。

1.2　①ンー　ワカッタ。イーヨー。

②(ンー　ワカッタ。)イーテバ。

③(ンー　ワカッタ。)スケッカラ。

1.3　①ンデ　コイズ　モッテケロ。

②ンデ　コイズ。

③タノム。

1.4　①何も言わない。

②ン。

▼インフォーマント2の結果

1.1　①コレー　イッパイ　サカナッコ　モラッテ　ココマデ　キタンダケントモ、ツカレテシ
マッタカラ、スコス　モッテスケロヤ。

②(コレー　イッパイ　サカナッコ　モラッテ　ココマデ　キタンダケントモ、ツカレテシ
マッタカラ)、チョット　ウチマデ　モッテスケロヤー。

【展開1】

1.2　①ホンデ　ソンナニ　イッペ　モラッタンダラバ、オレサモ　スコス　ワケテクレ。

②(ホンデ　ソンナニ　イッペ　モラッタンダラバ、オレサモ　スコス)オスソワケステケ
ロ。

③(ホンデ　ソンナニ　イッペ　モラッタンダラバ、オレサモ　スコス)オスソワケスロヤ。

1.3　①ホンデヤ　オメニ　ニンズーブン　アゲルガラ。

②(ホンデヤ　オメニ　ニンズーブン)ケッカラ。

③(ホンデヤ　オメニ)スゴヒキ(ケッカラ)。

1.4　アー　アリガト。

【展開2】

1.2　①ンデ　オレ　モッテスッカ。

②(ンデ　オレ)モッテスッカラ。

1.3　ンデ　タノムカラ。モッテスケロヤ。

1.4　何も言わない。

3.3 会話集との比較

この結果と、先に見た会話集の「1–1 荷物運びを頼む」の場面を比較してみよう。まず、両者には会話量(情報量)に大きな違いがあることがわかる。実際の会話は開始から終了まで19個の発話(ターン)から構成されているが、疑似会話型面接調査の方は3〜4発話で終わっている。前者にはさまざまな情報の交換が盛り込まれているのに対して、後者は会話の骨組みとして必要最小限の内容から成り立っていると言ってよい。実際、二人の話者の間で会話が交わされる場面設定会話と、一人のインフォーマントが調査員の質問に答えるかたちで進行する疑似会話型面接調査とでは、やはり結果に違いが出ることがわかる。

今度は、会話集の分析によって得られた特徴、すなわち、(1)感動表現による共感の形成、(2)相手を非難する発話、(3)率直な話しぶり、(4)配慮性の弱い会話、という4つの観点から結果を検討してみよう。

(1)感動表現による共感の形成という点について

疑似会話型面接調査の結果には、特に感動表現が現れていない。インフォーマント1・2とも、落ち着いたやりとりを回答しており、会話集で見られた共感の形成は、ここでは観察されない。

会話集の「1–1 荷物運びを頼む」では、次のように、依頼する側が自分の置かれている困難な状況を感動的に言い放ち、それに受け手の側が感動的に応じるというやりとりが観察された。

001A： Bサーン　アダシ　コレ　サンマ　モラッテ、イッパイ　モライスギダヤー。
　　　　Bさん　　私　　　これ　さんま　もらって、いっぱい　もらいすぎたよ。

002B： ナーント　ドッサリデー。
　　　　なんと　　どっさりで。

こうした依頼側の状況説明の部分は、疑似会話型面接調査では次のように依頼文の従属節の中に押し込められてしまっていて、相手に訴えかける表現にはなっていない(①の回答のみ挙げたが、②の回答も同様である)。感情的・動的な表現と論理的・静的な表現との違いがここに見られる。

○コノサンマー　モラッテキタンダケントモ、アノー　ハコンデスケネスカ。
　　　　　　　　　　　　　　　　　　　　　　　　　　(インフォーマント1の1.1①)
○コレー　イッパイ　サカナッコ　モラッテ　ココマデ　キタンダケントモ、ツカレテシマッタカラ、スコス　モッテスケロヤ。　　　　　　　(インフォーマント2の1.1①)

このような違いをどう解釈したらよいだろうか。一つには、疑似会話型面接調査の方が実際に近い姿であり、場面設定会話の方は何らかのバイアスがかかっているという見方があり得る。しかし、小林・澤村(2014)、椎名・小林(2017)、小林(2018)など、筆者のこれまでの観察では、感動

的な表現で共感を形成しようという発話姿勢は特に東北地方に顕著な特徴であると思われる。その点では、場面設定会話の方が実態に近い姿をとらえており、疑似会話型面接調査の方はそうした特徴をつかみきることができなかったと考えるのがよさそうである。

(2)相手を非難する発話という点について

　これも疑似会話型面接調査では現れていない。非難、あるいはその背後にある茶化しやからかいは、生き生きとした会話の流れと密接に結び付くものであり、質問型の面接調査では回答されにくかったのではないかと思われる。

(3)率直な話しぶりという点について

　この点については、サンマの分配をめぐる発話が注目される。すなわち、場面設定会話の方では、次のようにAの勧めに対してBがその場での分配を提案しており、ここを取り上げて率直な話しぶりと指摘した。

　　007A：　ハー。ホンデ　　　　タスカルガラ（B　ウン）Bサンモ　ハンブン
　　　　　　　はい。それで［は］　助かるから　　（B　うん）Bさんも　半分

　　　　　　　モッテッテケライン。
　　　　　　　持って行ってください。

　　008B：　ナーヌ　イーガスー。コゴデ　ワゲルスカ。
　　　　　　　なに　　いいです。　ここで　分けますか。

　一方、疑似会話型面接調査では、次のように、相手の勧めなしに自ら要求を行う発話が回答されている。率直さという点では、こちらの方が勝る。

　　○ホンデ　ソンナニ　イッペ　モラッタンダラバ、オレサモ　スコス　ワケテクレ。
　　　　　　　　　　　　　　　　　　　　　（インフォーマント2の【展開1】1.2①）

　どのような物品の譲渡・提供にこうした率直さが現れるのかは詳しい検討が必要であるが、気仙沼では日常的な品物で必要以上に多くを手にしている相手には、こうした遠慮のない要求や提案が許容されるのかもしれない。このような、その場でのサンマの分配という事態が共通して出現しているのは偶然ではなく、地域社会の生活の中で習慣化された行為が、場面設定会話だけでなく、疑似会話型面接調査でもとらえられたと考えることができる。

　ただし、そうした品物の分配の場合でも、会話集のように相手の意向を受けて自分の提案を繰り出すケースや、質問調査のように自ら積極的に要求を行うケースなど、いくつかの交渉パターンが

存在するものと思われる。この点については、さらに検討が必要であろう。

（4）配慮性の弱い会話という点について

「1–1 荷物運びを頼む」の場面を見て配慮性が弱いと感じたのは、次のような発話からである。まず、依頼発話に「申し訳ないけど」等の恐縮表明が伴っていない。

003A： ンダカラー。　アノ　モジキレネモンダガラ
　　　　そうなんだよ。あの　持ちきれないもんだから

　　　　モッテスケテモラッテイーベガネー。
　　　　持って［助けて］もらっていいだろうかね。

また、相手の受託発話に対する返答に、「ありがとう」等の明確な感謝表明が見当たらない。

007A： ハー。ホンデ　　　　　　タスカルガラ　（B　ウン）Bサンモ　ハンブン
　　　　はい。それで［は］　助かるから　　（B　うん）Bさんも　半分

　　　　モッテッテケライン。
　　　　持って行ってください。

こうした点は、疑似会話型面接調査ではどうだっただろうか。まず、依頼発話に恐縮表明が伴うか否かという点については、2人のインフォーマントの回答は次のとおりである。いずれの発話においても、恐縮表明は見られない（①の回答のみ挙げたが、②の回答も同様である）。

　○コノサンマー　モラッテキタンダケントモ、アノー　ハコンデスケネスカ。
　　　　　　　　　　　　　　　　　　　　　　　　　　（インフォーマント 1 の 1.1 ①）
　○コレー　イッパイ　サカナッコ　モラッテ　ココマデ　キタンダケントモ、ツカレテシマッタ
　　カラ、スコス　モッテスケロヤ。　　　　　　　　　（インフォーマント 2 の 1.1 ①）

また、相手の受託発話に対する返答に感謝表明が現れるかどうかという点については次のようである。両者とも感謝表明は見られない（インフォーマント 1 は①の回答のみ挙げたが、②③の回答も同様である）。

　○ンデ　コイズ　モッテケロ。　　　　　　　　　　　（インフォーマント 1 の 1.3 ①）
　○ンデ　タノムカラ。モッテスケロヤ。　　　　　　（インフォーマント 2 の【展開 2】1.3 ①）

このように、疑似会話型面接調査においても恐縮表明や感謝表明が現れてこない。感謝表明については、それに準じるものとして、「助かる」という自分に視点を置いた表現が場面設定会話で用いられていたが、そうした表現も疑似会話型面接調査では回答されなかった。

一般的に、言語の使用の中でも規範的な表現は意識化されやすいものである。そのため、実際には使用していないにもかかわらず、質問型の調査においては話者に規範意識が働き、回答がなされることがある。配慮表現はその典型であろう。逆に、非規範的な表現は無意識に使用されやすく、質問をしてもうまくとらえることができない場合がある。先に見た感動表現や非難表現、率直な話しぶりなどはこれに該当するかもしれない。

このように見てくると、意識化されやすい恐縮表明や感謝表明などは、質問型の調査法である疑似会話型面接調査に現れてもよさそうなものである。しかし、実際には回答されなかった。これは、気仙沼市方言においては、上のような場面・文脈でそうした配慮的な表現が使用されないのが普通であることを物語るものであろう。気仙沼市方言の配慮性の弱さは、疑似会話型面接調査によってより明確になったと考えられる。

ただし、インフォーマント2の回答では、【展開1】のパターン、つまりサンマをその場で分けてもらうことになった話者が「アー　アリガト」と謝辞を述べている。これは、荷物運びを手伝ってもらった場合と、品物を貰った場合とで、対応が異なることを意味する。気仙沼市方言においても当然、感謝表明は行われるが、どの程度の恩恵に対して感謝を口にするかは、共通語と基準が異なるということであろう。恐らく、気仙沼市方言の方が共通語に比べて、より程度の高い恩恵でなければ感謝表明には至らないのではないかと予想される。

4. 先行研究との比較

地域間の比較のためには、同じ場面の会話収録を全国的に行い、資料的な基盤を整える必要がある。それについては、現在、計画を進めているところであり、いずれ会話の比較によって地域間の差異を検討することにしたい。今回は次善の方法として、先行研究における関連情報を参照することで、気仙沼市方言の特徴を探ってみることにする。

4.1　会話データによるもの

まず、会話データに基づく考察を取り上げよう。杉村(2018)は大分県方言の依頼会話(耕運機借り、運動会への参加依頼、宿題のプリント借り等)を扱うが、依頼発話に「スマンケンド」「キノドクナケンド」などの恐縮表明(杉村の用語では「詫び」)が用いられたり、受託への返答に「アリガトー」などの感謝表明(杉村の用語では「謝辞」)が使われたりしている。気仙沼市方言とは場面が異なるため単純には比較できないが、恐縮・感謝といった配慮的な要素は、大分県方言の方が現れやすい傾向があるように見える。

また、同じ会話資料を用いた松田(2018)は、「依頼受託の配慮表現」として、受託の発話の中に「ココロヤシーコッチャ」「ヤシーコッチャ」などの「おやすいことだ」に当たる表現が決まり文句

のように使用されることを指摘する。こうした依頼の側の心的負担を軽減する表現にはここまで注目してこなかったが、あらためて確認しても、上で取り上げた気仙沼市方言の会話には出現していない。ただし、「1–2 お金を借りる」の場面で、受託の側がその日が給料日だ(つまり貸すことのできる十分なお金がある)と述べている点は、配慮的なとらえ方も可能かもしれない。もっとも、その場合でも、この発話はお金があるという事実をあからさまに述べたものであり、「おやすいことだ」のような配慮を明示的に表現したものとは異なる。

さらに、松田(2014)は、首都圏の依頼談話(電話による代理出席の要請)を分析しているが、「悪いんだけど」「ごめん」等の恐縮表明の要素が連続的に使用されることを指摘する。荷物運びに比べて負担の大きい依頼であったり、電話という媒体を通した要請であったりすることが影響している可能性もあるが、今回、気仙沼市方言の会話には見られなかった特徴として、注意すべき指摘である。

4.2　調査データによるもの

次に、調査によって地域差を扱った研究について見てみよう。熊谷・篠崎(2006)は、仙台・東京・京都・熊本の4地域の比較研究であるが、今回の場面と近い「荷物預け」の場面を見ると、依頼時の「恐縮の表明」の使用割合が、仙台で他の3地域に比べてやや低いことを指摘する。この指摘は、今回の気仙沼市方言の会話の印象と符合する。なお、同じ場面で、仙台の「状況(事情)説明」の出現割合が他より相当高いことも明らかにしているが、この点は、今回の考察では注目してこなかった。今後、会話データによる地域間の比較が必要である。

また、岸江編(2016・2017)は大阪市方言と京都市方言で実施された面接調査の結果を載せるが、自転車の故障のために、普段から付き合いのある目上の人に助けを求める場面で、大阪では37人中21人(56.8%)に、京都では47人中25人(53.2%)に恐縮表明(主に「すいません」)が使用されている。こちらは荷物運びより緊急性の高い状況であり、一概には比較できないが、かなり高い割合であることは注目される。

次に、小林(2014)では、今回の「1–2 お金を借りる」と同一の場面について全国アンケート調査によって検討しているが、依頼発話に恐縮表明が伴わない地点は東北地方に目立つという結果が得られている。また、小林・澤村(2014、第6章)では、同じ調査の結果で、今度は相手がお金を貸してくれた場合はどうかを見ているが、感謝も恐縮も表明しない地点が東北から関東にかけて比較的多く現れると述べている。こうした傾向も、今回の気仙沼市の会話の特徴と一致するものである。

さらに、小林・澤村(2014、第5章)では、やはり同じ調査結果から、お金を借りる際、お金が足りないことに気付いた瞬間に驚きの声(感動詞)を発するのは東日本と九州であり、特に東北のものは驚きの感情がほとばしるような趣があると指摘する。今回見た感動表現の多用という特徴は、こんなところにも現れている。

最後に、小林・澤村(2014、第4章)では、直接的な言い方について話題にしているが、いくつかの調査結果から、用件の明示性、話し手の本心の表出、相手領域への踏み込みといった特徴が東

日本、特に東北地方に見られることを明らかにしている。そこでは、頼み事をしに他家を訪問しているにもかかわらず、相手に対して非難めいた発言を行う宮城県方言の会話の特徴にも触れる。以上の点は、今回指摘した気仙沼市方言の会話の特徴の一つ、すなわち、「率直な話しぶり」「相手を非難する発話」という点と深く関わると考えられる。小林(2018)で述べた、不祝儀の会話で故人の看病について率直なやりとりを交わすのが東日本や琉球の特徴であるという点も、同様に理解できるであろう。

　以上、会話集から把握された気仙沼市方言の特徴について、他の研究や資料と比較しながら見てきた。繰り返しになるが、比較は同じ場面の会話同士によるべきことはもちろんである。ただ、関連する会話や調査の結果からは、今回、会話集の考察によって得られたいくつかのポイントが、おそらく気仙沼市方言の会話の特徴とみなしてよいことや、同時にそれが東北地方に共通する傾向でもあることが浮かび上がってきたと言える。

5.　まとめ

　ここでは、『会話集』の中から「1–1 荷物運びを頼む」の場面を選び、同じ会話集の他の場面や、「疑似会話型面接調査」の結果、さらに先行研究との対比によって、気仙沼市方言の依頼会話の特徴を検討してきた。その結果、次のような点が明らかになった。

①感動表現による共感の形成：会話の冒頭、依頼する側が自分の置かれている困難な状況を感動的に相手に訴えかけ、受託する側もそれに感動的に応じる点が特徴的である。会話全体に、聞き手の心情に迫るような発話を交わし合い、共感の形成を図ろうとする姿勢が読み取れる。相手を茶化しつつ非難するような発話もこの点を意図したものとみなされる。

②直接的な発話態度：自分に引きつけた提案や恩を売るような発話がなされたり、金銭に関わるデリケートな内容が躊躇なく話題にされたりと、率直で遠慮のない話しぶりが目立つ。①で指摘した非難発話の出現や、③で取り上げる配慮性の弱さも、この直接的な発話態度と関わるものである。

③配慮性の弱いものの言い方：依頼発話に使用が期待される恐縮表明や、受託発話への返答に出現が見込まれる感謝表明が出てこないなど、配慮表現の使用が不活発である。また、「ありがとう」といった聞き手目当ての感謝の言葉の代わりに、「助かる」「いいです」といった自分の立場を説明した表現を使う傾向がある。

　今回の分析は依頼会話を対象にしたものであり、以上の3点はさしあたり気仙沼市方言の依頼会話の特徴と言えそうである。しかし、これらの特徴が依頼会話のみに見られるものかというと、おそらくそうではないと予想される。どのような種類の会話にこうした特徴が現れるのか、あるいは、これらは気仙沼市方言の会話全体に関わる特徴なのか、そのあたりについては今後さらに考えていかなければならない。

文献

岸江信介編(2016)『近畿方言における配慮表現研究成果報告書(1)―大阪市域調査編―』科学研究費補助金報告書

岸江信介編(2017)『近畿方言における配慮表現研究成果報告書(2)―京都市域調査編―』科学研究費補助金報告書

熊谷智子・篠崎晃一(2006)「依頼場面での働きかけ方における地域差・世代差」国立国語研究所『言語行動における配慮の諸相』pp.19–54. くろしお出版

小林隆(2014)「配慮表現の地理的・社会的変異」野田尚史・高山善行・小林隆編『日本語の配慮表現の多様性』pp.37–54. くろしお出版

小林隆(2017)「序：方言学の新分野―本書へのナビゲーション―」小林隆・川﨑めぐみ・澤村美幸・椎名渉子・中西太郎『方言学の未来をひらく―オノマトペ・感動詞・談話・言語行動―』pp.1–10. ひつじ書房

小林隆(2018)「儀礼性と心情性の地域差」小林隆編『コミュニケーションの方言学』pp.65–92. ひつじ書房

小林隆・澤村美幸(2014)『ものの言いかた西東』岩波書店

椎名渉子・小林隆(2017)「談話の方言学」小林隆・川﨑めぐみ・澤村美幸・椎名渉子・中西太郎『方言学の未来をひらく―オノマトペ・感動詞・談話・言語行動―』pp.207–337. ひつじ書房

杉村孝夫(2018)「大分県方言の依頼談話」小林隆編『コミュニケーションの方言学』pp.115–152. ひつじ書房

松田美香(2014)「ペア入れ替え式ロールプレイ会話：場面2「依頼談話」」井上文子編『方言談話の地域差と世代差に関する研究』科学研究費補助金報告書

松田美香(2018)「大分方言談話に見るコミュニケーション力」小林隆編『コミュニケーションの方言学』pp.153–178. ひつじ書房

勧誘の断り方の特徴

―関西との比較を軸に―

澤村美幸

1.　目的と方法

　本稿では、『生活を伝える被災地方言会話集』(以下、『会話集』)の中で、勧誘を受けた際にやむを得ない事情から「断り」を言う場面に着目し、東北における言語行動の特徴の一端を明らかにすることを目的とする。さらに、東北以外の地域との比較によって、「断り」の場面における言語行動に地域差が見られるのかについても明らかにしていきたい。これについては、2014 年度に東北大学方言研究センターによって実施された「話し方の全国調査」(以下、「全国調査」)による「勧誘の断り」についての調査結果を用いて東北と関西の結果を比較していく。今回、東北と関西を比較するのは、小林・澤村(2014)『ものの言いかた西東』で明らかにしたように、この二つの地域の言語行動に顕著な差が表れやすいというばかりではなく、物事をいかに言葉で表現するかという人々の考え方や発想そのものが大きく異なっていると考えられるためである。

　さて、言語行動としての「断り」については、尾崎(2006)が以下のように述べている。

> 「断り」は相手から自分に向けられた期待や好意に添えないことを伝える言語行動である。そのため、相手との人間関係がすでに形成されている状況では、それを崩さぬようさまざまな配慮を言語面においても実現する必要がある。関係維持に気を配りすぎるあまり表現があいまいでありすぎたり情報が不足したりすると、意図が十分に伝わらなくなる。逆に、意図を確実に伝えることにばかり注意を向けると、相手との関係を損ねてしまう可能性がある。「断り」は、関係維持と意図の伝達の両方に配慮が求められる言語行動のひとつと言えよう。
>
> (pp.89–90)

　本稿で対象とする「勧誘に対する断り」でも、相手との関係を維持しつつ、断りの意図を伝えることはたしかに容易ではなく、そこには何らかの配慮を表そうとする言語行動が表れるはずである。もちろん、話者はさまざまな背景や文脈、相手との関係性を判断しながらそれぞれの場合に応じた適切な表現を選択しようとするわけであるが、東北と関西では、それぞれどのような傾向が見られるのか、『会話集』および「全国調査」から見出せる特徴を探っていきたい。

2. 勧誘に対する断りを構成する要素

『会話集』と「全国調査」における勧誘の断りについて具体的な分析・考察をしていくにあたって、今回の分析の観点を明示しておきたい。『会話集』と「全国調査」のそれぞれの調査結果を整理した結果、勧誘に対する断りの表現を構成する要素として、岸江(2018)が「依頼に対する断りの意味公式」とした6つの中のいずれか、あるいはそれらが複数組み合わさったものが回答として挙げられているものが非常に多かった。以下に、岸江(2018)の「依頼に対する断りの意味公式」から6つの意味公式とその機能を引用する。

　　詫び(謝罪)表明：相手の期待に添えないための詫びの表明
　　理由説明：相手の依頼に添えない理由の表明
　　不可能の表明：相手の依頼を断る意思の明示的表明
　　共感：相手の期待に添いたい意思の表明
　　代案の提示：代替手段の提示
　　その他：呼びかけ、フィラー的なもの

ただし、今回の『会話集』と「全国調査」のそれぞれの調査結果の場合、「その他」については、呼びかけよりはフィラー、とりわけ感動詞が多く、感動詞が表す意味機能については、他の5つの要素よりも複雑で多岐に渡ると考えられるため、まずはそれ以外の5つの要素に着目して分析していくこととしたい。また、本稿では「意味公式」を、言語行動を構成する「要素」と呼びかえ、岸江の「依頼に対する断りの意味公式」を改変し、勧誘に対する断りの要素と機能、東北における回答例(「全国調査」のもの)を表1にまとめた。

表1　勧誘に対する断りの要素(岸江(2018)の依頼に対する断りの意味公式を改変)

要素	機能	回答例(東北)
謝罪	相手の期待に添えないための謝罪の表明	申し訳ねえ、わりぃ、ごめんなんしょ
理由	相手の勧誘に添えない理由の説明	甥っ子の結婚式だ、おいこの嫁とりあってさ
不可能	相手の勧誘を断る意思の明示的説明	行げね、だめだ、無理だ
共感	相手の期待に添いたい意思の表明	しえっかぐ(折角)のおさそいだけんとも、行きたいけど
代案	代替手段の提示	まだこの次誘ってけれ、又さそってくれの

なお、岸江(2018)で扱われているのは、あくまで依頼に対する断り表現であり、勧誘の断りではない。本来ならば、依頼に対する断りと勧誘に対する断りの表現の違いや、なぜ依頼に対する断りと勧誘に対する断りの表現が共通した断りの要素を含むのかについても十分な分析を要するところではあるが、この問題については別の機会に譲ることとする。

3. 『会話集』における勧誘の断り

　まず、『会話集』の中で、本稿で分析対象として取り上げるのは、1–4「旅行へ誘う―②断る」である。調査されたのは気仙沼と名取の2地点で、話者に提示した場面や設定は以下の通りである。

話者に提示した場面説明

> 　Aは地域の人たちと温泉旅行に行こうという話をしています。そこで、Bも誘おうということになりました。AがB宅を訪ねて温泉旅行に誘うやりとりを実演してみてください。家を訪ねる場面からやってみてください。
> 　②Bが断わる場合：温泉旅行に行きたい気持ちはあるものの、その日は別の用事が入ってしまっていて、どうしても断らざるを得ない場合。

このような設定のもとで得られた会話が、以下の(1)と(2)である。
まず、気仙沼市の会話から先に見ていきたい(原文にある発話の重なりを示す下線は省略)。

（1）　007A：ハイ。アノ　　コンド　　ホラ　ナンニンカデ　　リョコーサ　イグゴドニ　シタンダン
　　　　　　　　はい。あの　　今度　　ほら　何人かで　　　　旅行に　　　行くことに　したんだ

　　　　　　　　ゲントモ。
　　　　　　　　けれども。

　　　　008B：ホーホー。
　　　　　　　　ほーほー。

　　　　009A：Bサン　　ウダッコモ　　ウマイシー　　イロイロ　メンドミテケルシ　オモシェガラ
　　　　　　　　Bさん　　歌も　　　　　うまいし　　　いろいろ　面倒見てくれるし　面白いから

　　　　　　　　ミンナ　　サソエッツーノッサ。
　　　　　　　　みんな　　誘えっていうのさ。

　　　　010B：バー。　ミンナカラ　　ソーオモワレデンノガナー
　　　　　　　　あー。　みんなから　　そう思われているのかな。

011A： ウーン　アド　フタリグレーテユーノデ　ホンデー　Ｂサンサ　コエ
　　　 うーん　あと　ふたりぐらいっていうので　それで　Ｂさんに　声

　　　 カゲッカド　オモッデ　キタンダゲント（Ｂ　イズ）イカ　イガネスカ。
　　　 かけるかと　思って　来たんだけれど（Ｂ　いつ）××　行かないですか。

012B： イズノーハナシ（Ａ　ウン）デッサ　ソレワ。
　　　 いつの話　　　（Ａ　うん）ですか　それは。

013A： ジュ　ジューゴニチ。
　　　 ××　十五日。

014B： ジューゴニチ。（Ａ　ウン）チョット　マダインヨー。　　ジューゴニチダナー
　　　 十五日？　　（Ａ　うん）ちょっと　待ってくださいよ。十五日だな。

　　　 キン　キンヨービダネー。
　　　 ××　金曜日だね。

015A： ンダネー。
　　　 そうだね。

016B： アレヤー　オレサー　ドーキューセーノーー　アレダナーー　コドモノ　アレー
　　　 あれ　　私さ　　同級生の　　　　　　あれだな　　子供の　　あれ

　　　 ナコードノハナシ　タノマレゴドー　アッテ（Ａ　アラ）ソイズノ
　　　 仲人の話　　　　頼まれ仲人　　あって（Ａ　あら）それの

　　　 ウジアワセー　アンダヤー。
　　　 打ち合わせ　あるんだな。

017A： アララ　ザンネンダゴト。バー　ホントニー。（Ｂ　ウン）アラアラ
　　　 あらら　残念だこと。　あー　本当に。　（Ｂ　うん）あらあら

　　　 ナンダベナー。イッショニ　イゲッガドオモッテ
　　　 なんだろうな。一緒に　　行けるかと思って

キタイシテキタンダゲントモ　　ンデ　　　　　ムリダネー。
期待してきたんだけれども　　それで［は］無理だね。

018B：ホンデ　　　　オレー　イゲネケントモ　　ンダゲットモナー
　　　　それで［は］私　　　行けないけれども　そうだけれどもなー

　　　　オラエノバーサンモ　ナンダカナー　オレ　イガネド　　イガネベナ。
　　　　うちの女房も　　　　なんだかな　私　　行かないと　行かないだろうな。

019A：ンダベネー。　（B　ウン）ンー。　（B　ウン）アラー　ホンデ　　ヒ
　　　　そうだろうね。（B　うん）うーん。（B　うん）あら　　それなら　日

　　　　アラダメッベガナー。
　　　　改めようかな。

020B：イヤー　ゴメンゴメン。
　　　　いや　　ごめんごめん。

021A：ウーンウン。（B　ウン）Bサン　イガネド　　オモシェグネーガラッサ。
　　　　うんうん。　（B　うん）Bさん　行かないと　面白くないからさ。

022B：イヤイヤイヤ　ソンナネ、（A　ウン）アノー　ミンナデッサ　マズー
　　　　いやいやいや　そんなね、（A　うん）あの　　みんなでさ　　まあ

　　　　ハバギヌギ　シテダイ。
　　　　慰労会　　　しておいでなさい。　　　　（1-4「旅行へ誘う―②断る」気仙沼）

　(1)の気仙沼の会話の中で、Aの勧誘に対するBの断りと言えるのは、以下の部分と言えそうである。

016B：アレヤー　オレサー　ドーキューセーノーー　アレダナーー　コドモノ　アレー
　　　　ナコードノハナシ　タノマレゴドー　アッテ　ソイズノ　ウジアワセー　アンダ
　　　　ヤー。

　この断りの表現の中でBが口にしているのは、「理由」の説明であり、「謝罪」や「不可能」、「共感」、「代案」は現れず、どちらかと言えばAに対して断りを述べているというよりも、自己完結

230 第IV部 言語行動・談話

的な独り言のようでもある。もっとも、Aから旅行の日程を改めようかと言われたBが、

　　　　020B：イヤー　ゴメンゴメン。

と詫びてもいるが、これは日程変更を検討することへの謝罪であり、勧誘そのものを断ったことへ
の直接的な謝罪であるとは見なしにくいだろう。
　この気仙沼の勧誘に対する断りの会話からは、断りに際して現れる要素が極めて少ないこと、ま
た、相手に対する配慮を表す表現よりも、行けない理由だけを述べるという形だけのシンプルさが
目に付く。もっとも、022Bのように「みんなで慰労会をしておいでなさい」といった表現も見ら
れるので、断る相手に対しての配慮がないというわけではないことは確かであろう。

　それでは、もう一つの名取の会話を見てみよう。

（2）003A：アー　Bサン。アノネー（B　ン）　チーキノヒトダチトサ　オンセンニ
　　　　　　あー　Bさん。あのね　（B　うん）地域の人たちとさ　　温泉に

　　　　　　イグンダゲット　コンド　イガナイスカ。
　　　　　　行くんだけれど　今度　　行かないですか。

　　　004B：ドーレ　イズナンダガ。
　　　　　　どれ　　いつなんだか。

　　　005A：コンドノドヨ　ドニチ。
　　　　　　今度の××　　土日。

　　　006B：アー　イッパグフツカ。ドレ　マズ、オレ　ニッテー　ドイナグ
　　　　　　あー　一泊二日。　　どれ　まあ、私　　日程　　　どのように

　　　　　　ナッテッペナー。　チョット　マッテネー。
　　　　　　なっているかなあ。ちょっと　待ってね。

　　　007A：ナニガ　ハイッテルスカ。
　　　　　　なにか　はいっていますか。

　　　008B：ドレ。アーー　ダメダ。コーツ（A　ナンデ）コトワルワケニワ
　　　　　　どれ。あー　　だめだ。こいつ（A　なんで）断るわけには

イガネーナー。
いかないなあ。

009A：サキ　　　　　　ハイッテタスカワ。
先［に予定が］　入っていましたか。

010B：ウン。サジ　ハイッテダワ。
うん。先　　入っているわ。

011A：ソーデ　　　　シャネーワネ。
それで［は］　仕方ないわね。

012B：ウン。デ　　　　　コノツキ゜　オモシェヨーナリョコーネヤ、　　　（A　ソーダネ）
うん。［それ］で　この次　　面白いような旅行［があれば］ねえ、（A　そうだね）

ウン　ンデ　　　　　マダ　サソッテケロ。
うん　それで［は］　また　誘ってくれ。

013A：マデ　ウン　マダ　ナニカ　アンベカラ　　　ソントキ　コエ　カケッカラネ。
××　うん　また　なにか　あるだろうから　その時　　声　　かけるからね。

014B：アイ。
はい。　　　　　　　　　　　　　　　　　　（1–4「旅行へ誘う―②断る」名取）

こちらの(2)の名取の会話の中で、Bの断り表現に当たるのは、以下の部分であろう。

008B：　ドレ。アーー　ダメダ。コーツ　コトワルワケニワ　イガネーナー。
010B：　ウン。サジ　ハイッテダワ。
012B：　ウン。デ　コノツキ゜　オモシェヨーナリョコーネヤ、ウン　ンデ　マダ　サソッテ
ケロ。

008Bの「ダメダ」は不可能の告知、010Bは勧誘を断る「理由」の説明であり、012Bは勧誘を断るに当たっての関係維持に配慮した「代案」の提示と言える。(1)の気仙沼よりは多くの要素が使われてはいるものの、いずれの会話にも「謝罪」を表明する要素が出て来ない点が共通している。また、必要以上に恐縮したり、持って回った言い回しをしたりせず、説明が簡潔である点が共通している。

4. 勧誘の断りにおける東北と関西の比較

　ここまでは『会話集』における勧誘の断りについて、気仙沼と名取という東北の 2 地点の傾向について見てきた。ここからは、東北と関西の「勧誘における断り」を比較していく。分析に用いるデータは、2014 年度に東北大学方言研究センターによって実施された「話し方の全国調査」(「全国調査」)の第 1 調査票 4–3「旅行へ誘う―断る」の調査結果である。

　この調査は、全国 2000 地点の教育委員会および公民館等に調査票を送付し、条件に合う話者に解答してもらうという方法がとられている。この調査によって、最終的に回収できた調査票は 854 件であった。このうち、回答者が言語形成期を調査地点で過ごしたという条件を満たす、東北 139 件、関西 77 件のデータを対象として分析していく。東北と関西を比較するには、得られたデータの数にだいぶ差があるのは否めないが、各地域の回答に含まれる 5 つの要素の割合を明らかにすることで、二つの地域の言語行動の特徴をある程度把握することができるものと考える。

　なお、この調査は、「①近所の知り合いをどのように温泉旅行に勧誘するか(勧誘の仕方)」、「②逆に近所の知り合いからの温泉旅行への勧誘を受け入れる場合にどう言うか(勧誘の受け入れ方)」、「③近所の知り合いからの温泉旅行への勧誘を断る場合にどう言うか(勧誘の断り方)」の 3 つの質問が 1 セットになっている。以下に、回答者に提示した調査文を挙げる。

調査文

4–1	町内会の温泉旅行があります。あなたは、近所の知り合いを誘って一緒に参加したいと思います。そのとき、相手に対してどのように言いますか。
4–2	それでは、立場が逆で、あなたがもしそのように誘われたとしたら、どのように返事をしますか。まず、その誘いを受け入れる場合はどうですか。
4–3	それでは、その日は甥(おい)の結婚式があるので、断る場合はどう返事をしますか。

　今回この中で分析の対象とするのは、4–3 の「勧誘の断り方」である。

　ちなみに、「全国調査」は通信調査法による調査であるため、インフォーマントの内省にもとづき、実際の会話を想定して「書かれた」調査結果である。そのため、場面設定会話の方式による資料である『会話集』と資料の性質がだいぶ異なることについては注意しなければならない。しかし、「温泉旅行への勧誘に対して、やむを得ない事情があって断る」という場面設定が二つの調査でほぼ共通していることから、両者の調査結果を比較することで、『会話集』だけでは見えにくい東北の特徴や、同じ条件のもとで関西との言語行動の違いについても把握することができるだろう。

4.1 謝罪表明の有無

　まず、『会話集』でも目についた謝罪表明の有無から見ていきたい。「全国調査」の結果では、謝罪表明を含む回答は東北で 40.3%、関西で 58.4%であった。『会話集』で気仙沼と名取の会話のど

ちらにも謝罪表明が表れなかったのとも呼応するように、東北では謝罪表明を含まない場合の方がどちらかと言えば多いということがわかる。また、関西では謝罪表明を含む場合の方が半数以上を占める可能性があることを示唆している。

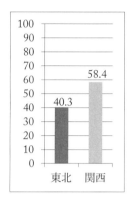

図1　謝罪表明あり

　小林(2014)や小林・澤村(2014)でも指摘しているように、お金を借りる依頼についての全国調査の結果でも、「申し訳ない」「すまない」「悪い」などの恐縮表明(謝罪)を用いて相手への配慮を示す地域が多い中で、東北ではこうした配慮表現を使用しない地域が目立っていた。「お金を借りること」と「勧誘を断ること」のどちらが相手に対して負い目を感じて謝罪を表しやすいかについては一概には言えないものの、今回の結果から、東北では相手に対して謝罪を表明せずに勧誘を断ったり、お金を借りたりすることがそれほど珍しいことではない、ということは言えそうである。また、小林・澤村(2014)で挙げている「配慮性」の東西差、すなわち気遣いを口にしやすい傾向は東日本より西日本のほうに認められる、という点と共通する可能性もある。

　もちろん、相手との上下関係や親疎関係や、相手からの勧誘の内容や、それを断ることに対してどの程度申し訳なく思うか、などといった条件が変われば、より謝罪表明が含まれやすくなる可能性もある。そのため、今回の結果だけを持って東北には謝罪表明が少ないと断言できるわけではなく、他の勧誘に対する断りについてもさらなる調査を重ねた上でさらなる検討をしていく必要があることは言うまでもない。

4.2　理由説明

　『会話集』で見た東北の断り方は、理由説明が勧誘に対する断りの主な要素となっていたが、「全国調査」では勧誘の断りに「理由説明」の要素はどの程度出てくるのだろうか。

　これに関しては、図2に示した通り、「理由説明」を含む回答が東北96.4%、関西100%と本当に僅かな差しか出なかった。この結果から、勧誘を断る場合、東北でも関西でも断る理由を説明する人はかなりの割合に上り、この要素の出現傾向において、二つの地域にほとんど差はないと言える。

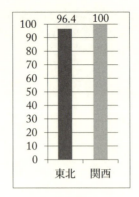

図2　理由説明あり

しかし、「理由説明」で回答された個々の表現に目をやると、断るときの理由の説明の仕方は必ず一様ではないことがわかってきた。

具体的に言うと、断る理由として、設定にある「甥の結婚式がある」ことに言及する回答が多く見られる一方で、断る理由の中身には具体的に言及せず、「ちょっと用事がある」などという表現を用いる回答の2種類が見られた。以下、詳しく見ていきたい。

4.2.1　内容を積極的に説明するかどうか

断る理由を説明する時に、その内容まで具体的に説明するかどうかという観点から東北と関西の結果について示したものが図3である。

ここでは、設定上、勧誘を断る理由となるところの「甥の結婚式」、もしくは「結婚式」に言及した解答を「積極的」に理由説明をしたものとした。また、「ちょっと用事がある」等、理由の内容について詳しい言及のないものについては理由説明が「消極的」なものとして処理した。

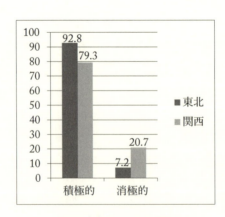

図3　内容についての言及

その結果、「積極的」な回答が東北では92.8%、関西では79.3%、「消極的」な回答は東北で7.2%、関西では20.7%の回答が見られた。

この結果から、まず勧誘を断る場合には、東北でも関西でも、断わらなければならない理由をきちんと説明しようとする人の方が多いことは確実であろう。しかし、関西では東北ほど積極的に理由を開示しようとしない人が一定数は見られることは、大淵(2000)も述べるように、京都の人がどこへ行くのか尋ねられても「ちょっとそこまで」という適当な言いかたで済ませる、というやりとりを想起させて興味深い。

また、小林・澤村(2014)では、東北では前置きをしたり、ぼやかしたり、遠回しに言ったりすることなく率直に相手のプライバシーに切り込むような会話が日常的になされていることを指摘したが、今回の結果からは、東北では会話において、どちらかと言えば私的な情報を積極的に開示する可能性があるとも言えるかもしれない。

4.3 不可能の告知

「行けない」など、相手の勧誘を断る意志をはっきりと告知するか否かについて分析した結果が図4である。不可能を告知するもの(告知あり)については東北で84.9%、関西75.3%、不可能を告知しないもの(告知なし)については、東北15.1%、関西24.7%であった。

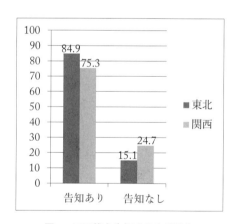

図4 不可能を告知するかどうか

「告知あり」と「告知なし」ではいずれもその差は10%未満に過ぎず、ほとんど差がないと言ったほうがよさそうである。

4.4 共感の表明

「行きたいんだけど」「残念だけど」「せっかくだけど」など、相手の期待に添いたい意志を表明する要素を含むものを「共感の表明」があるとして集計した。

その結果が図5である。共感の表明を含むものは、東北32.4%、関西9.1%という結果が出た。

この結果からは東北の方が勧誘を断る際、相手への配慮としての共感を表明しやすく、関西は共感の表明を積極的には行わない、ということになる。

東北では関西よりも共感表明を積極的に行いやすいとしたら、4.1 で見たような「謝罪表現」を用いることが少ない代わりに、共感を積極的に表明する、という言語行動を取っている可能性なども考えられる。しかし、この仮説を実証するにあたっては、5 つの要素どうしがどのような影響関係にあるのかについてのさらなる分析が必要であろう。

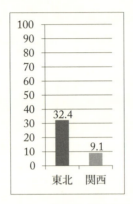

図 5　共感表明あり

4.5　代案の提示

「この次は参加します」「今度また行くから」など、勧誘を断ることに対する代替手段の提示を含むものについての結果が図 6 である。東北は 16.5％、関西は 10.4％であった。全体として、今回のような場合、勧誘を断る際に代案を提示する人の割合はさほど多くないということがわかる。

東北のほうが代案提示を含むものがやや多いとはいえ、関西との地域差があるというよりは、どちらの地域も結果としてはほぼ変わらないと言ったほうが妥当と言えそうである。

こちらは回答された数そのものがどちらの地方でも少ないこともあり、勧誘の断りに代案提示を要素として含めることに地域差があるのかどうかについては、さらに調査・分析を進めた上で議論

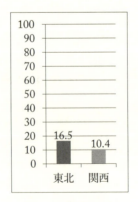

図 6　代案提示あり

する必要があるだろう。

4.6 感動詞の出現

　上記の5つの要素の他に、勧誘に対する断りの中で、東北と関西で顕著な差が見られたものが感動詞である。岸江（2018）でも5つの要素の他に、「その他」として「呼びかけ、フィラー的なもの」を挙げているが、今回の「全国調査」の中では特に感動詞が回答に含まれるものが目に付いた。勧誘の断りに感動詞がどれだけ使用されているか東北と関西の結果を比較してみたところ、「いやー」「あらー」などの感動詞が現れた回答が東北に多く見られ、全体の20.1％を占めたのに対し、関西ではわずか2.6％にとどまった。すなわち、「全国調査」の東北の回答には、関西よりも17.5％多くの感動詞が含まれていたことになる。この結果は東北の言語行動において、感動詞が果たす役割を示唆しているとも考えられる。

　この感動詞は「会話集」でも、気仙沼と名取にそれぞれ見られており、いずれも断り表現の冒頭に出てきているところが特徴的である。

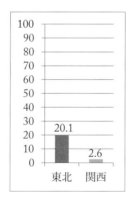

図7　感動詞あり

（3）　016B：アレヤー　オレッサー　ドーキューセーノー　アレダナー　コドモノ　アレー　ナゴードノハナシ　タノマレナゴドー　アッテ（あれ　私さ　同級生の　あれだな　子供の　あれ　仲人の話　頼まれ仲人　あって）

（1–4「旅行へ誘う―②断る」気仙沼）

（4）　008B：アーー　ダメダ　（あー　だめだ）

（1–4「旅行へ誘う―②断る」名取）

　「会話集」は場面設定会話の方式を用いた資料であるので、通信調査に比べると、感動詞やフィラーなどの要素が出やすくなることは想像に難くない。しかし、「全国調査」は通信調査であり、回答者は現実の会話を内省した結果を自ら調査票に記入して回答しているわけであるため、本来な

らば感動詞は回答に含まれにくいはずであるが、実際の調査結果では、実際の会話であるかのように、感動詞を含めて回答されたものが見受けられた。以下に、感動詞が含まれた回答の一例を示す。

（5）　<u>あれ</u>、申し訳ねェ、おれぁ甥の結婚式があるので、行がれねじゃ。（青森県上北郡七戸町）
（6）　<u>じゃ</u>　その日は　おいっこの結婚式でよ　そっちゃいがねねおんや　もさげねな。

（岩手県紫波郡紫波町）

（7）　<u>ありゃ〜</u>、えげねぁ〜。　　　　　　　　　　　　　　　（岩手県一関市藤沢町）
（8）　<u>あ−</u>だめだ。その日おれのおいっこの結婚式だいがんね。　　（宮城県亘理郡山本町）
（9）　<u>あ−ば</u>、その日、俺の甥っ子の祝儀だえば、仕方ねえな。行けねじゃ。

（秋田県山本郡八峰町）

（10）　<u>えやあ</u>、ほの日、親類のむがさりなんでわれげんとだめなぁ。　　　（山形県上山市）
（11）　<u>いやぁ−</u>そうだにいいどごなら俺もいってみでぇ−げんと、その日は甥っ子の結婚式があんので、申し訳ねぇ−げと行げねぇ−ない。　　　　　　　（福島県東白河郡鮫川村）

　こうして見ると、相手の勧誘を断らなければならない事態に陥ったことについての驚きや恐縮、困惑などが感動詞を用いることによって表現されているようである。

　なお、通信調査の回答に感動詞が現れるというのは小林・澤村（2014）でも既に指摘しているところである。「商店で代金を払おうとしてお金が足りないことに気がついて近所の知り合いにお金を借りようとするときに、どのように頼むか」という質問に対して、依頼よりも先に、まず手持ちのお金が足りないことに気づいた驚きを回答する地点が東日本と九州に多く見られている。この現象については、「このような状況下で、まず主観的な驚きの声を上げてみせることが重要である、という地域がありそうなことは確かである（p.103）」と小林・澤村（2014）では述べたが、今回の「全国調査」の結果についても同様のことが言えそうである。つまり、東北で通信調査の結果にこれだけの感動詞が回答されているのは、東北では勧誘を断る際に、まず、「相手の勧誘を断らなければならないという事態」に対して自分自身が「驚いていること」、「困惑していること」、「恐縮していること」などを臨場感あふれる感動詞で表現してみせることが日常的に行われているためではなかろうか。

　つまり、東北では、先に見た「謝罪表明」「理由説明」「不可能の表明」「共感の表明」「代案の提示」のような5つの要素のように、言語化したレベルで断りの「意図の伝達」や「関係維持」のための配慮をする以外に、感動詞でもって、「断りの意図」をほのめかしたり、「関係維持」のための何らかの配慮を表現している、などの可能性があるとも考えられるだろう。

5.　まとめと今後の課題

　今回は勧誘の断りという言語行動について、『会話集』と「全国調査」の結果から、東北の特徴と関西との違いがあるかどうかについて見てきた。「謝罪表明」「理由説明」「不可能の表明」「共感

の表明」「代案の提示」といった 5 つの観点を関西と比較した場合、特に東北では謝罪の表明が少ないこと、共感表明が多いことが挙げられ、また、断る理由について積極的に説明することなどを指摘した。さらに、感動詞を含む回答が東北に特に多く、それは 5 つの要素とは別のレベルで、意図の伝達や関係維持のための配慮を表している可能性があることについても示唆した。

なお、今回は触れなかったが、回答に含まれる要素の数の多さ・少なさや、5 つの要素がどのように組み合わされて断りが表現されるのかに地域差があるのか、といった問題については紙面の関係で扱うことができなかった。現時点でわかっているのは、回答に含まれた要素数の平均は東北で2.68、関西で 2.82 と両者にほとんど差が出なかったことと、東北・関西ともに最も多かった要素の組み合わせは「不可能の表明」＋「理由説明」、次に多かった組み合わせは「謝罪表明」＋「不可能の表明」＋「理由説明」であり、多い組み合わせのパターンには地域差があるわけでなさなそうである、ということなどである。これらの問題については、さらに別の機会に詳細な検討を行いたい。

さらに、今回は東北と関西という限られた地域に絞ったため、他の地域の傾向についてもさらなる分析が求められる。また、今回は「東北」とひとくくりにしてしまったが、東北内部や関西内部にも地域差が現れる可能性もある。すべて今後の課題としたい。

文献

大淵幸治(2000)『丁寧なほどおそろしい「京ことば」の人間関係学』祥伝社

尾崎喜光(2006)「依頼・勧めに対する断りにおける配慮の表現」国立国語研究所編『言語行動における「配慮」の諸相』pp.89–114. くろしお出版

岸江信介(2018)「「断り」という言語行動にみられる特徴―全国通信調査データから―」小林隆編『コミュニケーションの方言学』pp.95–114. ひつじ書房

小林隆(2014)「配慮表現の地理的・歴史的変異」野田尚史・高山善行・小林隆編『日本語の配慮表現の多様性―歴史的変化と地理的・社会的変異―』pp.37–54. くろしお出版

小林隆・澤村美幸(2014)『ものの言いかた西東』岩波新書

非難の言語行動の特徴

―要素とその出現傾向の場面差に着目して―

椎名渉子

1. はじめに

　本研究は、非難をする場面(以下、非難場面とよぶ)における非難の発話を分析対象とし、『生活を伝える被災地方言会話集』1～4巻(以下、『会話集』1～4とよぶ)に収録された非難に関わる場面の会話の出現要素について考察するものである。その際、会話集1～4の前に刊行された『伝える、励ます、学ぶ、被災地会話集』(以下、『会話集』0とよぶ)における会話も分析対象として含める。

　非難の言語行動については、山岡ほか(2010)、西尾(2015)の研究[1]では、聞き手またはその所有物に対する否定的評価を非難の中核的部分と位置づけている。しかし、非難を行う「場面」という視点で考えると、非難のもつ意味はもっと広くなると考える。たとえば、実際の生活のなかでは、相手の与害行為による不利益[2]が動機となって非難の言語行動を生む場合が多く、『会話集』においてもそうした場面設定が多くを占める。その場合、不利益や望ましくないと思う事態の改善要求を意図する発話も出現する可能性があるだろう。これらの点を踏まえると、本研究での非難場面における非難の言語行動は、次のように設定することが望ましいと考えた。

　　非難の言語行動：
　　与害行為による事態の改善を目的とし、与害行為に対する話し手(非難する側)の否定的な評
　　価・態度を与害者である聞き手(非難を受ける側)に表明すること。

　また、非難という言語行動には、聞き手が非難対象の事態を生起させた本人であるか否かにかかわらず、双方が人間関係を損なう恐れをともなう場合もあるだろう。本来ならば避けたいところを「必要に迫られて敢えて行っている(山岡ほか2010、p.185)」ともいえるからである。そのため、なるべく人間関係を良好に維持するための、関係構築に配慮する意図をもつ言語要素が発話に出現することは山岡ほか(2010)で指摘されている[3]。

　そのようなさまざまな調整を必要とする非難の言語行動に関する研究は多くある。ただ、日本語教育の視点から他言語間のストラテジーに着目した対照研究[4]や、非難の発話における表現形式・言語的要素といった特定の要素の出現傾向を取り上げる研究がみられる[5]一方で、話を構成する要

242　第IV部　言語行動・談話

素やその組み立て方について内容面から明らかにしようとするものは少ない。

　また、非難場面と一口にいっても、非難する相手や非難対象となる事態といったさまざまな種類がある。そうしたさまざまな「非難」に共通のストラテジーを記述することが主目的の研究は多いが、どのような場面で非難の本来的な機能が表出するのか、どのような場面で配慮が働くのかなど、非難の場面別に機能の出現をみることを目指した意味的な観点からの研究は少ないように思われる。もっとも、特定の場面を取り上げているものはみられるが、複数の非難の場面を対象にすることによる比較・俯瞰の視点からの研究は少ない。非難の談話を構成する要素の意味的性格の記述と、非難場面との関係性を捉えることで、非難のありかたの実態に迫ることができるだろう。

　そのために、『会話集』に収録されたさまざまな非難場面を対象に、非難を構成する要素を意味の観点から観察し、さらにそれが出現する場面と照らし合わせて出現傾向をみることで、非難を構成する要素の特徴について明らかにしたい。本研究では、地点を問題とした地理的研究ではなく、宮城県の非難場面における談話をもとに、非難の言語行動の記述的研究を行いたい。

2.　分析対象

2.1　資料

　今回分析対象とする『会話集』において非難に関わる会話は次のものが収録されている。これらは目的別言語行動の枠組みにおける感情表明系の言語行動として「非難する」「不満を言う」に関わる具体的場面ということになる。本研究ではこれらの場面におけるそれぞれの会話を非難場面談話とよぶこととする。

　　　〈謝罪・許容・不満〉<u>AがBに借りたスコップを壊してしまい、謝るときのやりとり(0–9)</u>
　　　〈謝る─許す／非難する〉<u>お茶をこぼす(1–24)</u>・<u>約束の時間に遅刻する(1–25)</u>・<u>よそ見をしていてぶつかる(3–15)</u>
　　　〈非難する〉<u>ゴミ出しの違反を非難する(1–35)</u>・<u>夫が飲んで夜遅く帰る(2–9)</u>・隣人が回覧板を回さない(3–12)

　このうち、「隣人が回覧板を回さない(3–12)」は非難の聞き手が非難対象事態を生起させた人物ではないので対象から除くこととした。本研究では、話し手にとって望ましくない事態を生起させた人物に話し手が直接非難する場面(下線部の場面)に絞り、6場面、合計21談話を分析対象とする。以下に、各場面について話者に提示した設定を掲げる。

　【1】お茶をこぼす(会話集1–24、以下「お茶場面」とする)
　　　　Aの家で、Bがお茶をもらって飲んでいたとします。そのとき、Bが手を滑らせて茶碗を落とし、座布団をよごしてしまいました。そのときのやりとりを実演してみてください。Bがまさに手を滑らせ、お茶をこぼした瞬間から会話を始めてください。(※会話集には「許す」と「非難する」の2パターンが収録されているが、非難・不満表明に終始する後

者の場面のみを分析対象とする。）

【2】 よそ見をしていてぶつかる（会話集 3–15、以下「よそ見場面」とする）

　　　 AとBは他人です。Bが街を歩いていたとき、よそ見をしていてうっかりAにぶつかっ
てしまったとします。そのときのやりとりを実演してみてください。

【3】 ゴミ出しの違反を非難する（会話集 1–35、以下「ゴミの日場面」とする）

　　　 Aは、ゴミの日でないのにゴミを出そうとしているBに出くわしました。ゴミの袋を置
いたままにしておくと、カラスがつついて散らかってしまいます。AはBを非難するよ
うな言葉を発します。そのときのやりとりを実演してみてください。AがBを見つけた
ところから会話を始めてください。（※会話集には「①従う」と「②従わない」の2パ
ターンが収録されているが、非難・不満表明に終始する後者の場面のみを分析対象とす
る。）

【4】 AがBに借りたスコップを壊してしまい、謝るときのやりとり（0–9、以下「スコップ場
面」とする）

　　　 「B（スコップを壊された側；与え手）が構わないという場合」と「Bが（スコップの）破損
に対して不満を述べる場合」の2パターンが収録されているが、非難・不満表明に終始
する後者の場面のみを分析対象とする。

【5】 約束の時間に遅刻する（会話集 1–25、以下「遅刻場面」とする）

　　　 A・Bに共通の友人が市内の病院に入院したとします。面会時間に合わせて2人で見舞い
に行こうということで、バス停で待ち合わせをしました。ところが約束の時間になっても
Bが現れません。予定のバスは行ってしまい、面会時間にも間に合わないかもしれませ
ん。そのときのやりとりを実演してみてください。（※会話集には「①許す」「②非難す
る」の2パターンが収録されているが、非難・不満表明に終始する後者の場面のみを分
析対象とする。）

【6】 夫が飲んで夜遅く帰る（会話集 2–9、以下「帰宅場面」とする）

　　　 AとBは夫婦です。Bは酒を飲んで遅く帰ってきました。すでに夜中の12時を回ってい
ます。こういうことは、最近しょっちゅうなので、Aは堪忍袋の緒が切れました。Aは
玄関の鍵を開けながらBを非難します。そのときのやりとりを実演してみてください。B
が玄関のチャイムを鳴らすところから始めてください。

2.2　談話収録地点

　『会話集』0における非難場面談話の収録地点は宮城県内11地点(仙台市(若林区)、本吉郡南三
陸町、気仙沼市、牡鹿郡女川町、多賀城市、宮城郡松島町、塩竈市、宮城郡七ヶ浜町、名取市、岩
沼市、亘理郡亘理町)である。また、『会話集』1〜4における非難場面談話の収録地点は気仙沼市・
名取市である。ただし、本研究は地理的研究ではないため、これらの地点は用例に記すのみで問題
にしない。

244　第IV部　言語行動・談話

3.　分析の観点

3.1　非難の場面の捉え方

　2.1に挙げた【1】～【6】の非難場面を取り上げるにあたって、各場面の性格について整理しておきたい。まず、【1】【2】【3】は「お茶をこぼす」「ぶつかる」「ゴミを捨てる」という、不注意により瞬間的に生起した事態に対する非難場面であるといえる。【3】は「ゴミを捨てている（捨てようとしている）その瞬間を目撃した」ということになろう。つまり、非難の対象が非難される側による「（うっかりした動作によって）瞬間的に生起した」事態であることから、これらの場面での非難対象がもたらす話し手への不利益はそこまで大きいものではないという点も特徴といえよう。

　それと比較すると、【4】【5】【6】は非難対象がもたらす話し手への不利益はやや大きいものであるといえる。【4】のスコップの破損は非難される側の動作（扱い）上のミスによるもので、話し手にとっては所有物であるスコップを壊されたという事態が非難の対象になる。また、【5】【6】の非難対象は、どちらの場面も「聞き手の到着が遅れている状態」すなわち「非難する側が一定時間待たされている」という事態である。よって、【4】【5】【6】の非難対象も、聞き手の行動によってもたらされた事態であるが、うっかりした動作によって瞬間的に生じた事態よりも話し手への不利益が大きいと考えるほうが自然であろう。さらに、【5】【6】は友人・夫婦という関係におけるものであり、非難が明示的に発現しやすいことが予想される。そうした、場面と非難の相手との関係性にも考慮しながらみていきたい。

　では、それらをどういった観点でみていくか。そのために各場面における非難する相手との関係性と非難対象事態を点数化し、「非難レベル」を設定した。まず、それぞれの場面に登場する非難する相手との関係性のバリエーションには、「見知らぬ人（よそ見場面）」「近所の人（スコップ・ゴミの日場面）」「友人（お茶・遅刻場面）」「夫婦（帰宅場面）」がある。これらを親疎の観点から点数化し、「見知らぬ人（0点）」＜「近所の人（1点）」＜「友人（2点）」＜「夫婦（3点）」とした。次に、非難対象事態の種類については、【1】～【3】の瞬間的に生起した場面は1点、【4】～【6】の話し手への不利益が比較的に大きい場面は2点というふうに配点した。各場面のそれらの平均として出された数値を「非難レベル」とよぶこととする。表1に、各場面と、項目の点数から導

表1　非難する相手と非難対象事態の種類からみた非難レベル

	非難する相手との関係性（点数）	非難対象事態の種類（点数）	非難レベル（平均）	非難レベルの順位
【1】お茶場面（友人）	2	1	1.5	3
【2】よそ見場面（見知らぬ人）	0	1	0.5	5
【3】ゴミの日場面（近所の人）	1	1	1	4
【4】スコップ場面（近所の人）	1	2	1.5	3
【5】遅刻場面（友人）	2	2	2	2
【6】帰宅場面（夫婦）	3	2	2.5	1

いた非難レベルを示した。非難レベルの順位は、非難レベルが高い順に【6】帰宅場面、【5】遅刻場面、【4】スコップ場面・【1】お茶場面、【3】ゴミの日場面、【2】よそ見場面となる。

　数値が大きい(非難レベル順位が高い)場面ほど、人間関係維持や相手への負担を考慮しない直接的な表現が出現するという可能性がある。これらの順位をもとに各場面の出現要素をみることにより、非難場面の言語行動の傾向をつかみたい。

3.2　非難の発話の捉え方

　では、非難の言語行動をどう捉えていくか。ここでは、『会話集』の非難場面談話のうち、話し手の発話内容が非難の中核であると考え、話し手の発話のみを分析対象とし、場面設定会話に収められた非難に関わるやりとりを例に、分析の観点と言語単位の捉え方について述べていく。

　まず(1)は、Aに貸したスコップを壊されたBが、Aに非難・不満を表明するという設定で実演された場面設定会話である。なお、発話内における聞き手のあいづち表記と下線は削除した。また、発話番号(001〜)と話者(A・B)の表記は『会話集』に対応している。ただ、発話末尾の【　】内に付した①・②といった番号表記については筆者が加筆した(以降の会話末尾の番号表記も同様)。

　(1)の談話のうち、非難する側Bの発話には、002Bと004Bがある。これらは「ある話者が別の話者に交替するまでのひと固まりの発言」(椎名・小林2017、p.226)であり、これを非難の「発話」とよぶ。この談話のBによる2つの発話は、発話の意図の観点から①②と③④にそれぞれ切り分けることができる。この発話の意図のことを、椎名・小林(2017、p.229)では「発話機能」とよぶ。発話機能によって切り分けられた①・②・③・④は、発話機能と対応する形態的単位であり発話要素とよぶ。つまり、002Bの発話は①と②、004Bの発話は③と④の発話要素で構成されていると考える。

（1）　001A：アー　コノアイダ　カリタスコップ、ナンダカ　コワシテシマッタンダヨワー。
　　　　　　　ああ　この間　　借りたスコップ、なんだか　壊してしまったんだよね。

　　　002B：ナーンダガ。コワサナイヨーニッテユッタッチャー。【→①】
　　　　　　　なんだか。　壊さないようにっていったでしょ。

　　　　　　　ンー。　オレノモ　ホイヅシカ　ネガッタンダワー。【→②】
　　　　　　　うーん。私のも　　それしか　　なかったんだよ。

　　　003A：アラ　ンデ　　アダラシグ　カッテモラワナゲネワネー。
　　　　　　　あら　それでは　新しく　　　買ってもらわなきゃいけないわね。{笑}

　　　004B：イヤ　アダラシー　モノマデーワ　イワネゲントモサー。【→③】
　　　　　　　いや　新しい　　ものまでは　　言わないけれどもさ。

246　第Ⅳ部　言語行動・談話

　　　　　ンダー、キーツケテ　ツカッテケサインヤ。【→④】
　　　　　だから　気をつけて　使ってくださいよ。
　　　　（0–9「破損の謝罪・許容・不満―(9–2)Bが破損に対して不満を述べる場合」仙台市）

　まず、001Aによるスコップ破損の報告を受け、002B【→①】では以前、話し手と聞き手とで共
有した約束事項(壊さないように使うこと)について確認する。そして、002B【→②】では被害を
受けた対象物(スコップ)の存在意義を説くことで、その重要性や価値を主張する。それに対して
003Aでは補償行動の必要性に言及するが、004B【→③】において新品を買う必要はないという譲
歩の意志を示す。加えて、スコップ破損という非難対象事態の改善に関わる行動(気を付けてス
コップを使うこと)を要求している。
　(2)は、Aが非難する側(話し手)、Bが非難される側(聞き手)の会話である。尚、元の資料の下
線は削除した。

（2）　001B：イヤイヤ　ゴメンゴメン　オグレデスマッタッチャナヤ。
　　　　　　　いやいや　ごめんごめん　遅れてしまったなあ。

　　　　002A：ナーンダイ　バス　イッテシマッタヨワー。【→①】
　　　　　　　なんだい　　バス　行ってしまったよ。

　　　　003B：アヤヤ　イッテシマッタノガワー。
　　　　　　　あらら　行ってしまったのかよ。

　　　　004A：メンカイジカンダッテ　モー　ダメガモッシャネヨ。【→②】
　　　　　　　面会時間だって　　　　もう　だめかもしれないよ。

　　　　005B：イヤーイヤ　チョットサ　ズガン　アッタガラ　パチンコシッタッケサ、
　　　　　　　いやいや　　ちょっとさ　時間　　あったから　パチンコしていたらさ、

　　　　　　　バーンバンデテサ。　　　ンー　ズカンワ　チニナッタンダケッドモ。
　　　　　　　バンバン［玉が］出てさ。うーん　時間は　　気になったんだけれども。

　　　　　　　チョーット　オグレデスマッタ、　ゴメンゴメン。
　　　　　　　ちょっと　　遅れてしまった、　　ごめんごめん。

　　　　006A：イーツモダガラ、　　　　ホンナコトバリシテ。【→③】
　　　　　　　いつも［なん］だから、そんなことばかりして。

非難の言語行動の特徴　247

007B：ワリカッタズバナー。　　　　　　ハイ　コンドカラ　ソユゴト
　　　　悪かったって言っているのにな。はい　今度から　　そういうこと

　　　　スネーガラワ。
　　　　しないからさ。

008A：コンド　イッショニ　イガネガラワ。【→④】
　　　　今度　　一緒に　　　行かないからね。

009B：ン　　イヤ　イッショニ　イグベヤ。サソッテケロヤ。
　　　　うん　いや　一緒に　　　行こうよ。　誘ってくれよ。
　　　　　　　　　　　　　（1–25「約束の時間に遅刻する―②非難する」名取市）

　まず、001B によって遅刻の情報と謝罪を受けたあと、非難する側である 002A【→①】の「ナー
ンダイ」という疑問詞系の感情的言語要素を用いて困惑する心情を表明し、バスが行ってしまった
という望ましくない眼前の事態を描写する。さらに、004A【→②】では B の遅刻によって今後起
こり得る望ましくない事態を提示する。また、006A【→③】では相手の行動について指摘をし、
008A【→④】によって今後の交誼を遮断するという意志を表明することによって相手を突き放す。
①②③はすべて非難対象となる事態（人物の行動）の描写・指摘であり、情報提示に関連するもので
ある。一方、④は話し手の聞き手に対するマイナスの心情表出をおこなっており、情報の類とは別
の意図をもつものであることがわかる。
　このように、非難する側の発話が担う機能に注目する。

4.　要素の抽出・分類

　以上の方法で『会話集』における非難場面談話（6 場面 21 談話）を捉えた結果、非難の発話の機
能には〈A 情報提示〉、〈B 関係作り〉、〈C 心情表明〉、〈D 行動要求〉があることがわかった（〈　〉
と表記）。さらに各機能において談話の性格に即した具体的機能を細分化し、26 の「発話意図」
（《　》と表記）を抽出した。

　　〈A 情報提供〉：人や事態に関する情報を伝え、説明する発話機能。
　　〈B 関係作り〉：人間関係をなるべく良好に維持するための配慮や譲歩を示す発話機能。
　　〈C 心情表明〉：人や事態に対して感想や意見を述べる発話機能。
　　〈D 行動要求〉：人や事態の改善要求やそれに関わる働きかけをする発話機能。

　このうち、〈A 情報提示〉と〈C 心情表明〉は、椎名・小林（2017）における不祝儀の談話に出現

した発話機能と同様の機能であるといえる。また、〈B 関係作り〉は、椎名・小林(2017)における〈儀礼対応〉と関連があるといえる。〈A 情報提示〉には 8 つの発話意図、〈B 関係作り〉には 7 つの発話意図、〈C 心情表明〉には 6 つの発話意図、〈D 行動要求〉には 5 つの発話意図がみられた。

これらのうち、〈D 行動要求〉が、相手の行動を統制するという点で相手へ直接的に働きかけているものであるのに対し、〈A 情報提示〉〈C 心情表明〉はさまざまな言い方で相手を否定的に評価する機能をもつ。また、そうした統制的・評価的言語行動を〈B 関係作り〉によってできるだけ円滑に負担なく進めようとする。

以下に、その一覧を掲げる。各発話意図には番号を付け、出現した用例数とともに、定義と用例を示した。用例は「 」、共通語訳は( )、補語は [ ] に示した。また、文脈の説明が必要な場合は ｛ ｝ に示した。

〈A 情報提示〉

1. 《事態の説明》(5 例)：非難対象の状況を含む、非難表出時に話し手が望ましくないと思う眼前の事態(非難する側の被害状況)を描写する。

   「ナーンダイ　バス　イッテシマッタヨワー。(なんだい　バス　行ってしまったよ。名取市、遅刻場面)」

   「イヤイヤ　コロブトコダッター。(いやいや　転ぶところだった。名取市、よそ見場面)」

2. 《被害対象の説明》(11 例)：被害を受けた対象物の重要性や価値について説明する。

   ｛破損したスコップの説明｝

   「オラエダッテ　ホダニ　ツカッテネーンダヨ。(うちだって　そんなに　使ってないんだよ。名取市、スコップ場面)」

3. 《相手の行動に対する指摘・尋ね》(16 例)：非難対象となる行動について指摘したり、質問したりして相手の情報に言及する。「いつも遅れてくる」という単純な指摘をはじめ、さまざまなものを含めた。たとえば、「どうして」を含むものも、相手の生起させた事態とその経緯との関係性の情報提供を求めているという点で、ここに含めた。なかには、「ナンーボ　マダセレバ　キースムンダベ(どれだけ　待たせれば　気が済むんだろう)」というように、推量表現を用いたものも、相手の「待たせる」という行動を指摘しているのでここに含めた。これらは、非難する人物が出現する動詞の動作主となるもので、相手のミスに対して否定的評価をする非難の中核的な部分であるともいえる。

   「アラー　イッツモダガラ。(あら [遅れるのが] いつもだから。気仙沼市、遅刻場面)」

   「ナンニシテ　コイグ　シチャグンダベ、ハーー。(どうして　このように　壊すんだろう、もう。牡鹿郡女川町、スコップ場面)」

   「ソシテ　ナンーボ　マダセレバ　キースムンダベ。(そして　どれだけ　待たせれば　気が済むんだろう。気仙沼市、遅刻場面)」

4. 《非難対象行動以外の指摘・尋ね》(4 例)：非難対象となる行動を直接指摘するのではなく、それ以外の相手の行動について指摘したり、質問したりして相手の情報に言及する。《B14. 相手

に対する心配》も質問のかたちをとるという点で類似するが、ここでは心配する意図は含めず、相手の行動に関する情報を引き出す目的で発話されたものをここに含める。

{出かけるから明日出すべきゴミを今出したという相手に対して}

「アー　ソー　ナ　イズー　アシタ　デハルノ。（あー　そう。いつ　明日　出かけるの。気仙沼市、ゴミの日場面）」

5. 《過去の事態の説明》」(1例)：非難対象行動によって生起した過去の事態を説明する。

「ウン　コナイダモ　カラス　イッパイ　ツッズイデ　チラガッダノッサ。（ウン　この間も　カラス　いっぱい　突いて　散らかったのさ。気仙沼市、ゴミの日場面）」

6. 《正確な情報の提示》(1例)：非難対象の事態説明とは別の、望ましい事態、あるいは正確な情報を提示する。

「Bサン　キョー　ゴミー　ダスヒデナインダケントモ。（Bさん　今日　ゴミ　出す日でないんだけれども。気仙沼市、ゴミの日場面）」

7. 《事態の推測》(4例)：非難対象事態が生起したことによって今後起こりうる望ましくない事態を提示する。

「イタメデ　スマッタモノ　カダッタラ　オレ　オゴルズケラエルヤー。（壊して　しまったもの［夫に］話したら　私　怒鳴りつけられるよ。本吉郡南三陸町、スコップ場面）」

8. 《共有事項の確認》(1例)：非難対象事態の生起前に話し手・聞き手とで共有した約束事項を確認する。

「ナーンダガ。コワサナイヨーニッテユッタッチャー。（なんだか。壊さないようにっていったでしょ。仙台市、スコップ場面）」

〈B 関係作り〉

9. 《譲歩》(2例)：補償行動の必要性を否定し、譲歩の意を示す。

「イヤ　アダラシー　モノマデーワ　イワネゲントモサー。（いや　新しい　ものまでは　言わないけれどもさ。仙台市、スコップ場面、(1)一部再掲)

10. 《許し》(6例)：許しの気持ちを「いい」「しかたがない」などの表現で表明する。

「イガスイガス。シカタネー。（いいですいいです。仕方ないね。気仙沼市、遅刻場面）」

11. 《承諾》(2例)：相手の申し出や行動の宣言に対して承諾する。この場合の相手の申し出や行動とは、非難対象事態を解決することに関連するものである。

{弁償を明日まで待ってもらいたい申し出に対して}

「イガッスー。（いいですよ。名取市、スコップ場面）」

12. 《自己解決の表明》(3例)：非難する側が自分で解決すること、またその解決策を示す。不利益に対して相手に補償を求めない意図の発話も含む。

「イーワ　オラエデ　カウガラワ。（いいよ　私の家で　買うからよ。岩沼市、スコップ場面）」

「ンデ　イマ　フグガラ。（それで［は］今　拭くから。気仙沼市、お茶場面）」

13. 《解決の提案》(6例)：非難対象事態の解決に関連する提案をする。その際、「ナゲテヤッカ

ラー(捨ててやるから)」「オイデオグベシ(置いておこうよ)」「オタガイニ キーツケテ(お互いに 気をつけて)」というように、相手に代わって、あるいは協力して事態を解決する意志をみせる。

「ホンジャ アイッタネー。ンデ アダシ アシタ ナゲテヤッカラー。(それじゃあ あれだね。それで [は] 私 明日 捨ててやるから。気仙沼市、ゴミの日場面)」

「オラエサ オイデオグベシ。(私の家に [ゴミを] 置いておこうよ。気仙沼市、ゴミの日場面)」

「ハイ オダガイニ キーツケテ。(はい お互いに 気をつけて。名取市、よそ見場面)」

14. 《相手に対する心配》(2例):相手に対して心配の気持ちを表明する。その際、質問のかたちをとる場合もある。

「ヤケド シネガッタ。(火傷 しなかった? 気仙沼市、お茶場面)」

15. 《心配に対する応答》(3例):非難を受ける側の心配の気持ちの表明に対して応答する。

「ハイ。ダイジョブデス。ハイ。(はい。大丈夫です。はい。名取市、よそ見場面)」

〈C 心情表明〉

16. 《被害対象物に対する評価・感想》(3例):非難対象となる被害を受けた対象物に対する評価・感想を表明する。

{スコップを壊したことに対して}

「ナンダベー、ムデダゴダ。(なんだ、乱暴なこと。名取市、スコップ場面)」

「ヤーヤ ハー イダマスガター。(いやー、はー、惜しいなー。岩沼市、スコップ場面)」

17. 《被害を受けた感想》(4例):被害を受けた自分の感想を表明する。主語は話し手である。「コマッテスマッタ(困ってしまった)」といった感情に関わる形容詞・動詞や、「イダガッタ(痛かった)」といった感覚・知覚に関わる形容詞・動詞が用いられる場合がある。

「アー。コマッテスマッタベッチャワー。(ああ。困ってしまったじゃないの。宮城郡松島町、スコップ場面)」

「スコシ イダガッタケント―。(少し 痛かったけれど。気仙沼市、よそ見場面)」

18. 《被害者としての主張》(3例):非難すべき事態・行動による被害の状況、またはそれによる心情を、被害者の立場として説明・主張する。「マッテルヒトモ(待っている人も)」「ネライネガス(寝られないです)」といった、非難する側の行動・状況を具体的に示す。

「ンットニホンットニ マッテルヒトモ ユルグネンダガラネ。(本当に本当に 待っている人も 容易でないんだからね。気仙沼市、帰宅場面)」

「ダレー ダイジナダンナサン カエッテコネェマニ ネライネガス。(なに 大事な旦那さん 帰ってこないうちに 寝られないです。気仙沼市、帰宅場面)」

19. 《驚き》(2例):驚きを感動詞のみで表明する。よそ見場面において、感動詞のみで話者交替する際に用いられる。

「アレ アラ。(あれ あら。気仙沼市、よそ見場面)」

20. 《交誼遮断の宣言》(3例):今後の交誼や留意の遮断の意志を表明する。

{注意しているのに指定日以外にゴミを出すと宣言する相手に}

「ッシャネーヨ。(知らないよ。名取市、ゴミの日場面)」

21. 《意見》(1例)：聞き手の行動や引き起こした事態に対する話し手の意見・判断を示す。

{ゴミの日ではないことを示した(＝ゴミをだしてはいけない)あとに続く内容}

「ウーン。ヤッパリ　ホラ　ヒトリ　イハンスルト　ヨグナイガラー(うーん。やっぱり　ほら　ひとり　違反すると　よくないから　気仙沼市、ゴミの日場面)」

〈D 行動要求〉

22. 《相手の行動の改善要求》(4例)：非難対象事態の改善に関わる行動を促す。

「サッサド　ハイッテ　ハヤク　ネサインワ。(さっさと　入って　早く　寝なさいよ。名取市、帰宅場面)」

23. 《補償行動の要求》(6例)：依頼・指示・命令表現を用いて補償行動を要求する。「デキレバ(できれば)」「テーモラエレバ　ナオインダナー(てもらえればなお良い)」といった配慮的表現を用いた要求も含む。

「チャント　マエヨー。カッテカエセ。(ちゃんと　弁償しろよ。買って返せ。亘理郡亘理町、スコップ場面)」

「コゴノ　マグレダドゴダゲ　ナオシテケンネベカ。(ここの　めくれたところだけ　直してくれないだろうか。気仙沼市、スコップ場面)」

「デキレバ　ベンショーシテーモラエバ　ナオインダナー、オライデワー。(できれば　弁償してもらえれば　なお良いんだな、私の家では。多賀城市、スコップ場面)」

24. 《補償行動の正当性の主張》(2例)：補償行動(ここでは弁償)の正当性・必要性について主張する。〈C 感情表明〉の《C21.意見》と類似するが、意図としては行動の要求にかかわるため、間接的な要求と位置づけ、〈D 行動要求〉に含めた。「[直すことが]ホントデネーガト(本当でないかと[思うよ])」「マヤッテ　モラワナゲネーンダ(弁償してもらわなければいけないんだ)」という当為的な表現を用いて主張する。

「ナオス　ナオステ　ヨコスノガ　ホントデネーガト。ンー。(直して　寄こすのが　本当でないかと[思うよ]。うん。宮城郡七ヶ浜町、スコップ場面)」

「カッテ　ホントワ　マヤッテ　モラワナゲネーンダ、ホントワ。(買って　本当は　弁償してもらわなければいけないんだ、本当は。本吉郡南三陸町、スコップ場面)」

25. 《補償行動の申し出の受託》(1例)：補償行動(ここでは弁償)を申し出たことに対して受け入れる。

「アラ　ワルイゲットモ、ンデ　ソシテモラウガラ。(あら　悪いけれども、それでは　そう[弁償]してもらうから。宮城郡松島町、スコップ場面)」

26. 《相手の行動に対する禁止》(5例)：相手の行動を禁止する。すべて「だめ」が含まれる。判断という点では、〈C 心情表明〉とも関連するが、相手の行動・相手が引き起こした事態に対する行動統制をおこなっているので禁止として、要求の発話機能とした。

252　第Ⅳ部　言語行動・談話

「ダメダッチャ(だめだよ。名取市、ゴミの日場面)」

　発話要素は基本的には述部を伴う文レベルのものである。しかし、〈C 心情表明〉の《C19. 驚き》の要素は、すべて感動詞であり語レベルある。これらが出現するのは談話(3)の002A・004Aであり、感動詞のみによって話者交替が行われる。

（３）　001B：｛足音｝ オ。
　　　　　　　　　　　　お。

　　　　002A：アレ　アラ。
　　　　　　　　あれ　あら。

　　　　003B：アー　ゴメーン。
　　　　　　　　あー　ごめん。

　　　　004A：アラーー。
　　　　　　　　あら。

　　　　005B：イダグシネガッタ。
　　　　　　　　痛くなかった？

　　　　006A：スコシ　イダガッタケントー。
　　　　　　　　少し　　痛かったけれど。　　　　（3–15「よそ見をしていてぶつかる」気仙沼市）

　感動詞は他の発話にも多く出現する。とくに、〈C 心情表明〉には感動詞を含むさまざまな感情的言語要素が見受けられる。困惑や驚きを意味するこうした表現は、基本的には一つの要素として独立させていないが、感動詞のみで会話が展開する場合は、その言語要素を、心情的な意味を担う1要素として独立させて処理することとした。
　また、(4)のように、一文中に「被害対象の説明(傍線部)」と、「相手の行動に対する指摘・尋ね(波線部)」という複文形態で2つの述部が含まれる場合もある。取り立てるべき発話要素が一文中に複数存在する場合は分割して抽出する。

（４）　<u>ソーダヤ　コイズヤー</u>、コノ　スコップヤ、<u>オラエノヤー</u>、オヤズー　オイザヤ　ツカ
　　　　エッテイッテ　ヨゴサイダヤズヤ、ナンニシテ　コイグ　シチャグンダベ、ハーー。
　　　　（親父［から］俺にさ、使えって言ってよこされたやつ［を］さ、どうして　このように
　　　　壊すんだろう、もう。牡鹿郡女川町、スコップ場面）

5. 非難の発話における出現要素の出現傾向

　では、これらの発話要素にどのような特徴が見出せるのだろうか。表2には、『会話集』の場面設定会話における〈A情報提示〉〈B関係作り〉〈C心情表明〉〈D行動要求〉の出現割合と、1談話あたりの平均出現数を示した。表2をみると、〈A情報提示〉の割合が高い。また、配慮に関わる〈B関係作り〉や、実質的な働きかけである〈D行動要求〉は同程度の割合をみせた一方、〈C心情表明〉は最も割合が低い。ここからは、否定的な心情を直接的に表明するよりも、情報の提示、相手との関係への配慮、実質的な働きかけをもって非難する傾向が読み取れる。

　では、発話機能の出現傾向を場面別にみるとどうだろうか。非難レベル順に示した各場面の発話要素の平均出現数（1談話中）を出したのが表3である。次節からは、この表3にもとづいて、各場面と出現する発話機能の特徴について述べていく。

表2　発話機能別　発話要素の出現割合と平均出現数

発話機能（出現数）	出現割合	1談話あたりの平均出現数（21談話中）
A情報提示（43）	42.5%（43）	2
B関係作り（24）	23.8%（24）	1.1
C心情表明（16）	15.8%（16）	0.8
D行動要求（18）	17.8%（18）	0.9
合計	100%（101）	—

表3　場面別　1談話あたりの発話要素の出現数の平均

場面（非難レベル順）	〈A情報提示〉	〈B関係作り〉	〈C心情表明〉	〈D行動要求〉
帰宅場面（2談話）	4（8）	0.5（1）	1.5（3）	2（5）
遅刻場面（2談話）	3.5（7）	0.5（1）	0.5（1）	0（0）
スコップ場面※（11談話）	1.5（16）	0.5（5）	0.4（4）	0.9（10）
お茶場面※（2談話）	1.5（3）	4.5（9）	1（2）	0（0）
ゴミの日場面（2談話）	4（8）	1.5（3）	1.5（3）	1.5（3）
よそ見場面（2談話）	0.5（1）	2.5（5）	1.5（3）	0（0）
出現合計数	43	24	16	18

※同率3位　　　　　　　　　　　　　　　　　　　　　　　　　　　　　　（　）＝用例数

6. 情報提示によって非難する

表3をみると、〈A情報提示〉は、非難レベルが比較的高い場面である遅刻・帰宅・ゴミの日場面において多い。非難レベルの高い場面では自身の非難の正当性を示しながら会話を展開させたり、見知らぬ人に対する非難において客観的な情報提示を行うために〈A情報提示〉が用いられたりするのではないかと考えられる。いわば、非難の入口・中核としての機能を果たしているとも考えられよう。たとえば、(5)(6)は非難場面談話のうち非難する側の発話の要素を出現順序にしたがって示したものである。(5)は、《A2. 非難対象の説明》のあとに《D23. 補償行動の要求》が続く一つの発話である。(6)は遅刻した相手に対して《A1. 事態の説明》《A7. 事態の推測》《A3. 非難対象行動に直接かかわる指摘・尋ね》と非難を展開する。《A1》《A7》を入口として、相手のことに直接かかわる内容である《A3》に展開しているように受け取れる。用例中、一発話内の要素の展開は小さい矢印記号(↓)、あいだに聞き手の発話を挟む展開は大きい矢印記号(↓)で示す(以下、その他の節の例も同様)。

（５）《A2》ナンダベー　セッカク　カッタノニー。コナイダ　ヤット　カッタオノダッペヤ。
　　　　↓　（何だろう。せっかく　買ったのに。この間　やっと　買ったものなんだよ。）
　　　《D23》ベンショーシテモラウガラネ。ドースルー。
　　　　（弁償してもらうからね。どうする。塩竈市、スコップ場面）
（６）《A1》ナーンダイ　バス　イッテシマッタヨワー。
　　　　（なんだい　バス　行ってしまったよ。）
　　　{バスを逃したことを悔いる聞き手に}
　　　《A7》メンカイジカンダッテ　モー　ダメガモッシャネヨ。
　　　　（面会時間だって　もう　だめかもしれないよ。）
　　　{相手の謝罪に対して}
　　　《A3》イーツモダガラ、ホンナコトバリシテ。
　　　　（いつも［なん］だから、そんなことばかりして。名取市、遅刻場面、（2）一部再掲）

　この3場面(遅刻・帰宅・ゴミの日)に出現する〈A情報提示〉のうち出現が多いのは、《A3. 非難対象行動に直接かかわる指摘・尋ね》(20例中9例)と《A1. 事態の説明》(20例中4例)である。(7)は《A3. 相手の行動に対する指摘・尋ね》、(8)は《A1. 事態の説明》である。どちらにも、「ナント」や「ナーンダイ」のように感情的言語要素が見られる(下線部)。

（７）《A3》<u>ナント</u>　ナンボ　マタセンダガ　<u>ホントニ　モ</u>。（なんと　どれだけ　待たせるんだか　本当に　もう。気仙沼市、遅刻場面）
（８）《A1》<u>ナーンダイ</u>　バス　イッテシマッタヨワー。（なんだい　バス　行ってしまったよ。名取市、遅刻場面、（2）一部再掲）

非難の言語行動の特徴　255

　また、スコップ場面に関しては〈A 情報提示〉が 11 談話すべてに含まれており、そのうち感情的言語要素が 16 例中 10 例みられた。(9)は《A2. 被害対象の説明》の要素である。

（9）《A2》アラー　ナンダベー。オライモ　コウズスカネーノニ　ナゾスッペー。（あらー　なんだろう。私の家でも　これしかないのに、どうしよう。気仙沼市、スコップ場面）

　こうした感情的言語要素は、(3)に示したように単独で出現し発話の交替が行われない限りは一つの発話要素として独立させていない。しかし、(9)のように落胆や怒りに関わる心情表出と共起する情報提示は、事実を描写・指摘するということに加え、心情表明的性格も有しているといえる。
　〈A 情報提示〉の 43 例のうち 19 例に感情的言語要素が付加する。《A1, 2, 3, 5, 7, 8》の要素に見受けられ、すべての場面に出現した。とくに、非難の中核的部分である《A3. 相手の行動に対する指摘・尋ね》は全談話中 16 例見られ、そのうちの 10 例に感情的言語要素が付加する。このことから、非難の中核的表現といえる情報提示にこうした要素がつく構造は、非難の主要な一形態であるといえる。次の(10)には、19 例の感情的言語要素を示した [6]。複数出現した場合には用例のあとの（　）に出現数を示した。

（10）　アー／ンー／ウーン／ハーー／モー／アラー／アラララ／ナニ／ダレー／ナーンダガ／ナーンダイ (2)／ナンダベー／ンーダヤ／アラ　ナニスヤーー／アラー　ナンダベー／ホントニ　モ／ナン　ナンダベ／イヤイヤ

　表 3 からは〈C 心情表明〉自体はほかの発話機能の要素と比較すると少ないことがわかるが、〈A 情報提示〉に感情的言語要素が含まれる場合、非難対象事態・人物への否定的評価・態度といった心情表出的側面があらわれているとみることができる。
　では、発話意図の出現様相には、場面の傾向はみられるのだろうか。表 4 には発話意図の場面別出現状況を示した。《A1》〜《A3》は、非難事態を生起させた人物の行動やそれによる事態にかかわる要素だが、こうした要素は非難レベルの数値が高い場面に目立つ。一方で、《A4》〜

表 4　場面別　〈A 情報提示〉の出現要素

場面(非難レベル順)	《A1》	《A2》	《A3》	《A4》	《A5》	《A6》	《A7》	《A8》
帰宅場面(2 談話)	3	0	5	0	0	0	0	0
遅刻場面(2 談話)	1	0	5	0	0	0	1	0
スコップ場面※(11 談話)	0	11	3	0	0	0	1	1
お茶場面※(2 談話)	0	0	3	0	0	0	0	0
ゴミの日場面(2 談話)	0	0	0	4	1	1	2	0
よそ見場面(2 談話)	1	0	0	0	0	0	0	0

※同率 3 位

256　第IV部　言語行動・談話

《A8》はゴミの日場面に出現していることがわかる。なかでも《A5》〜《A8》は眼前の事態とは異なる情報である。眼前の情報だけでなく、さまざまな角度から情報提示していることがわかる。

7.　関係性に配慮しながら非難する

　一方、〈B 関係作り〉の出現は、非難レベルが最下位のよそ見場面と、瞬間的場面であるお茶場面、近所の人に非難するゴミの日場面において比較的多い。こうした、うっかりしたことによって瞬間的に非難対象事態が生起した場面、あるいは近所の人に対する場面では、非難という場面設定・制約のなかで実演された設定会話であっても関係作りが優先されて発話に出現すると考えられる。さらに、このような非難レベルの低い場面では、〈B 関係作り〉が連続して出現する。たとえば、話し手の発話のみを出現順序にしたがって示した(11)をみてもわかるとおり、《A3. 非難対象行動に直接かかわる指摘・尋ね》のあとは、《B10. 許し》《B12. 自己解決の表明》《B15. 心配に対する応答》の要素が続く。こういった事情も出現傾向に起因するだろう。

(11)　《A3》アラララ。ナン　ナンダベ。ヨゴ゜シテシマッテ、ズボンマデー。
　　　　　↓　（あららら。××　なんだろう。汚してしまって、ズボンまで。）
　　　　{座布団を汚してしまったことを告げる聞き手に対して}
　　　《B10》アー　アラララ　イガス　イガス。
　　　　　↓　（あー　あららら　いいです　いいです。）
　　　《B12》ンデ　イマ　フグガラ。
　　　　　↓　（それで［は］今　拭くから。）
　　　　{汚したことで非難する側が怒られるという心配に対して}
　　　《B15》ア　ダイジョブダガラー。
　　　　　　（あ　大丈夫だから。気仙沼市、お茶場面）

　〈B 関係作り〉のうち、《B10. 許し》を(12)(13)に示した。これらは、「感情的言語要素＋許しの表現を重ねる」という表現構造をもつ。ちなみに、こうした「イガス　イガス」のように許す意味の語が2回出現する(傍線部)の例はその他の場面含めて4例みられ、そのうち3例に感情的言語要素が共起する(波線部)。こうした語の繰り返しは、許しの気持ちを直情的に表しているともいえる。それだけでなく、非難レベルの低い場面、瞬間的な事態生起場面では、その場をおさめるための即時応対の一手段として〈B 関係作り〉が出現しているというふうにも考えることができる。

(12)　{座布団を汚してしまったことを告げる聞き手に対して}
　　　《B10》アー　アラララ　イガス　イガス。（あー　あららら　いいです　いいです。気仙沼市、お茶場面、(12)一部再掲）

(13) ｛座布団を汚してしまったことを告げる聞き手に対して｝

　　《B10》イヤー　イッチャワ。シャーネッチャワ。（いや　いいよ。仕方ないよ。名取市、お茶場面）

　また、発話意図の場面別出現状況を表5に示した。お茶・よそ見・スコップ場面では、さまざまな要素が表れていることがわかる。帰宅場面の1例は、要求に従う宣言をした聞き手に対する改善行動への承諾を意味する《B11. 承諾》であり、相手を全面的に許すのではなく、一部の行動に対するものである。

表5　場面別　〈B 関係作り〉の出現要素

場面(非難レベル順)	《B9》	《B10》	《B11》	《B12》	《B13》	《B14》	《B15》
帰宅場面(2 談話)	0	0	1	0	0	0	0
遅刻場面(2 談話)	0	1	0	0	0	0	0
スコップ場面※(11 談話)	2	1	1	1	0	0	0
お茶場面※(2 談話)	0	2	0	2	2	1	2
ゴミの日場面(2 談話)	0	0	0	0	3	0	0
よそ見場面(2 談話)	0	2	0	0	1	1	1

※同率3位

　表3においてはスコップ場面の〈B 関係作り〉の出現数自体は比較的少ない結果となったが、要素として独立させてはいないものの、《B9. 譲歩》と同じ役割を担っているものが2例見られた。たとえば(14)(15)の下線部「ワルイゲットモ（悪いけれども）」「デキレバ」という相手への配慮を表す表現である。(14)《D25. 補償行動の申し出の受託》、(15)《D23. 補償行動の要求》はどちらもスコップ場面の行動要求であるが、相手への実質的な負担にかかわるやりとりがなされるスコップ場面において出現したと考えられる。ただし、こうした、他の発話機能にあらわれる部分的な表現形式は、全体を通してこの2例のみであった。

(14) 《D25》アラ　ワルイゲットモ、ンデ　ソシテモラウガラ。（あら　悪いけれども、それでは　そう（弁償）してもらうから。宮城郡松島町、スコップ場面）

(15) 《D23》デキレバ　ベンショーシテーモラエバ　ナオインダナー、オライデワー。（できれば　弁償してもらえれば　なお良いんだな、私の家では。多賀城市、スコップ場面）

8.　心情を示して非難する

　ここまでは、非難レベルと出現する発話機能の関係性をとおして非難における一定の傾向がつかめたが、〈C 心情表明〉については、出現傾向が見えにくい。表3の非難レベルの順位の高低から

258　第Ⅳ部　言語行動・談話

一定の出現傾向は見いだせないが、帰宅・ゴミの日・よそ見場面に比較的多いことがわかる。(16)
は帰宅場面のやりとりである。これをみると、《C18. 被害者としての主張》のあと、他の要素を挟
みながら《D22. 相手の行動の改善要求》が続くことによって、感情的に非難が展開しているよう
に受け取れる。

(16)　{帰宅を待たずに寝ろと言ったという聞き手の発話に対して}
　　　《C18》ダッテー　ホダゴド　イワッタッテ、フロニ　ハイルダノ　ナンダノナッテ　イ
　　　　　　ワッタンデワ　メンドクサイガラ　オギテルシカナイッチャ。
　　　　　　(だって　そんなこと　言われたって、風呂に　入るだの　なんだのなんて　言
　　　　　　われたのでは　めんどくさいから　起きているしかないでしょ。)
　　　{入浴の申し出に対して}
　　　《D22》サッサド　ハイッテ　ハヤク　ネサインワ。
　　　　　　(さっさと　入って　早く　寝なさいよ。名取市、帰宅場面)

　こうした〈C 心情表明〉の要素にも、感情的言語要素が付加する例(全談話中 16 例のうち 10 例)
がみられる。出現するのは、《C16. 被害対象物・相手の行動に対する評価・感想》、《C17. 被害を
受けた感想》、《C18. 被害者としての主張》である。それぞれの用例を(17)(18)(19)に示した。

表6　場面別　〈C 心情表明〉の出現要素

場面(非難レベル順)	《C16》	《C17》	《C18》	《C19》	《C20》	《C21》
帰宅場面(2 談話)	0	0	3	0	0	0
遅刻場面(2 談話)	0	0	0	0	1	0
スコップ場面※(11 談話)	3	1	0	0	0	0
お茶場面※(2 談話)	0	2	0	0	0	0
ゴミの日場面(2 談話)	0	0	0	0	2	1
よそ見場面(2 談話)	0	1	0	2	0	0

※同率 3 位

(17)　《C16》ナンダベー、ムデダゴダ。(なんだ、乱暴なこと。名取市、スコップ場面、再掲)
(18)　《C17》アララー　アブネ。(あらら　危ない。名取市、お茶場面)
(19)　《C18》マズ　ノムヒトワ　オモシェベグンド　マッテルホー　ラクデネーヨ。(まあ　飲
　　　　　　む人は　面白いだろうけれど　待っている方　楽で［は］ないよ。名取市、帰宅場面)

　表6の発話意図の場面別出現状況では、《C16》《C17》といった感想を述べるタイプの要素がス
コップ・お茶・よそ見場面の3場面に出現する。また、意見を述べる《C21》は1例だが、ゴミの
日場面に見られた。

《C18. 被害者としての主張》のように、被害者としての状況を分析的に説明しながら否定的態度を表明する(20)は、帰宅場面のみにみられた。また、(21)のような《C20. 交誼遮断の宣言》は遅刻場面に1例、ゴミの日場面に2例みられた。(20)の非難の相手は夫であり、(21)の非難の相手は友人である。この場合は、双方の関係性が近いからこそ話し手の心的態度がそのまま心情表明として出現していると考えられる。

(20) 《C18》ダッテー　ホダゴド　イワッタッテ、フロニ　ハイルダノ　ナンダノナッテ　イワッタンデワ　メンドクサイガラ　オギテルシカナイッチャ。（だって　そんなこと　言われたって、風呂に　入るだの　なんだのなんて　言われたのでは　めんどくさいから起きているしかないでしょ。名取市、帰宅場面、(16)一部再掲）

(21) 《C20》コンド　イッショニ　イガネガラワ。（今度　一緒に　行かないからね。名取市、遅刻場面、（2）一部再掲）

しかし、一方で、(22)のように近所の人に対する場面でも、《C20. 交誼遮断の宣言》が用いられている。親疎に関係なく、こうした直情的な要素が出現する場合もある。ただし、(22)では要求を何度かしているにもかかわらず、それを聞かない相手に対する発話である。会話の展開次第によってはこうした要素も家族・友人以外に対して出現する可能性はあるだろう。

(22) ｛注意しているのに指定日以外にゴミを出すと宣言する相手に｝
《C20》ッシャネーヨ。（知らないよ。名取市、ゴミの日場面）

9.　相手に行動を要求して非難する

〈D 行動要求〉については、表3をみると帰宅・スコップ・ゴミの日場面に出現し、それ以外の場面ではあらわれない。展開としては、前掲(6)のように〈A 情報提示〉の前後に〈D 行動要求〉が後続、あるいは、〈D 行動要求〉が談話の末尾に出現する場合が多い。(23)は《26. 相手の行動に対する禁止》と《A3. 相手の行動に対する指摘・尋ね》が一つの発話にあらわれる。

(23) ｛飲酒後の入浴を禁止し、そのまま就寝を促したあと｝
《D26》ダメダ
　↓　（だめだ）
《A3》　マイニジ　ノンデッカラ。
（毎日　飲んでいるから。名取市、帰宅場面）

260　第IV部　言語行動・談話

表7　場面別　〈D 行動要求〉の出現要素

場面(非難レベル順)	《D22》	《D23》	《D24》	《D25》	《D26》
帰宅場面(2 談話)	3	0	0	0	2
遅刻場面(2 談話)	0	0	0	0	0
スコップ場面※(11 談話)	1	6	2	1	0
お茶場面※(2 談話)	0	0	0	0	0
ゴミの日場面(2 談話)	0	0	0	0	3
よそ見場面(2 談話)	0	0	0	0	0

※同率3位

　発話意図の場面別出現状況をみてみよう(表7)。上の3場面(帰宅・スコップ・ゴミの日)のうち、スコップ場面では補償(弁償)に関わる《D23. 補償行動の要求》、《D24. 補償行動の必要性の主張》がとくに多くみられ、ゴミの日場面ではゴミ出しを禁止する《D26. 相手の行動に対する禁止》が出現していることがわかる。これらの事態は、破損の弁償や社会のルールに関わる違反といった常識や規範が非難の土台となる。帰宅場面も、これらと同様に、心配する気持ちのほかに家庭という共同生活が意識されて、こうした要求が出現したともいえる。

　展開をみると、スコップ・ゴミの日場面では関係性に配慮した展開がみられる。〈D 行動要求〉の前に〈B 関係作り〉が出現する(24)では、一回の発話において《B9. 譲歩》のあとに《D23. 補償行動の要求》が続く。

(24)　{弁償の申し出に対して}
　　　《B9》　ベンショーマデ　スナクテモ　イーガラ
　　　　↓　　(弁償まで　しなくてもいいから)
　　　《D23》　コゴノ　マグレダドゴダゲ　ナオシテケンネベカ。
　　　　　　　(ここの　めくれたところだけ　直してくれないだろうか。気仙沼市、スコップ場面)

　このように、配慮に関わる要素が含まれた行動要求を行う談話は、スコップ・ゴミの日場面合わせて13談話中6談話であった。

　その一方で、帰宅場面では、前掲の(17)のように、〈C 心情表明〉とともに出現する場合もある。そのような〈C 心情表明〉→〈D 行動要求〉の展開をもつ談話は帰宅場面だけでなく、スコップ・ゴミの日場面にもみられた。表3に示した〈D 行動要求〉が含まれる先の3つの場面(15談話中)に3談話ある。(25)は《C17. 被害を受けた感想》を受けて非難の聞き手が弁償することを宣言したことに対する《D25. 補償行動の申し出の受託》の例である。

（25）《C17》　アー。コマッテスマッタベッチャワー。

↓　　　（ああ。困ってしまったじゃないの。）

{それに対して弁償するという申し出を受けて}

《D25》　アラ　ワルイゲットモ、ンデ　ソシテモラウガラ。

（あら　悪いけれども、それでは　そう［弁償］してもらうから。宮城郡松島町、
スコップ場面、(14)再掲）

このように、行動要求をする際、配慮する場合と心情を表明する場合とが混在しているが、非難する相手がだれかという点が出現要素の分かれ目となる面もあろう。そうした点も含め、どちらの発話機能を優先させるのかについてもさまざまな要因による違いがありそうだ。

10.　まとめ

本研究では、会話集の非難場面談話における発話要素と展開の特徴を整理した。非難の談話からは、4つの発話機能、26の発話意図が認められた。また、発話機能の要素の出現様相を場面別に観察した。

その結果、〈A情報提示〉は出現数も多く、かつ、非難レベルが高い場面に多い。反対に〈B関係作り〉は非難レベルが小さい場面に目立った。〈A情報提示〉は、事態に対する否定的な態度を状況説明によってあらわしたり、〈D行動要求〉の前に出現して働きかける、いわば非難の切り出し・中核となる機能を有する要素といえる。〈B関係作り〉は瞬間的な非難事態において多用される傾向にあり、帰宅・遅刻といった非難レベルが高い場面では出現しにくい。〈C心情表明〉は一定の傾向がつかめないが、非難する側とされる側の関係性が近い場合に出現しやすいのではないかと考えられる。〈D行動要求〉は、補償が必要な事態(スコップ場面)、近所の人とのやりとり(ゴミの日場面)といった社会性・公共性のある場面に出現した。その際の配慮と心情の示し方にはどのような場面性が関与するのかについて今後整理していく必要があるだろう。

このような要素の出現傾向の場面差は、日本語行動としての非難における一般的な傾向であるところが大きいだろう。しかし、これまでの日本語方言の談話・表現に関する研究成果をもとにすると、地域差が見込まれる部分もある。小林(2018)では儀礼性と心情性の観点から、本研究での対象地域を含む東北における談話に心情性が強く出てくることを示すが、そうした点も非難の談話の傾向と関係があるかもしれない。また、相手の行動にかかわるという点で直接的な働きかけをする〈D行動要求〉や、〈B関係作り〉のような配慮の言語要素の出現様相・表現内容は、小林・澤村(2014)のいう言語的発想法の観点から考えると地域差が存在することが推測できる。今後はどのような非難場面にどのような地域差があるのかについて、本研究で記述した枠組みにもとづき、表現レベル、談話レベルから明らかにしていきたい。

注

1 否定的評価を伝える「非難」(山岡ほか 2010、p.133)、否定的評価に加えて低く、下に評価する「マイナス（の）待遇表現」(西尾 2015、p.4)、相手から不利益を受けた際の否定的な評価行動である「不満表明」(山岡 2010、p.133)、与害行為改善を意図した「改善要求」(山岡ほか 2010、p.128)などがある。

2 非難する側に不利益がもたらされる場合の言語行動を、山岡ほか(2010、p.128)では「不満表明」としている。

3 たとえば、「相手が待ち合わせに遅れてきた場合の不満表明」として、そのストラテジーと配慮に関わる表現が挙げられている。

4 牧原(2008)、洪(2006)では不満表明のストラテジーを示している。たとえば洪(2006)では、ストラテジーの類型のうち「直接型」「補償型」とされるものが、不満表明の言語伝達内容に相当する。これらの研究は非言語行動も含めたストラテジーの類型であり、言語的ストラテジーを類型化したものではない。

5 西尾(2015)では、マイナスの待遇表現を構成する言語要素について論じている。

6 長音表記「ーー」は会話集の表記に従った。

文献

小林隆(2018)「儀礼性と心情性の地域差―弔問の会話に見る―」小林隆編『コミュニケーションの方言学』pp.65–92. ひつじ書房

小林隆・川﨑めぐみ・澤村美幸・椎名渉子・中西太郎(2017)『方言学の未来をひらく』ひつじ書房

小林隆・澤村美幸(2014)『ものの言いかた西東』岩波書店

椎名渉子・小林隆(2017)「談話の方言学」小林隆・川﨑めぐみ・澤村美幸・椎名渉子・中西太郎『方言学の未来をひらく』pp.207–337. ひつじ書房

中村明・佐久間まゆみ・高﨑みどり・十重田裕一・半沢幹一・宗像和重編『日本語文章・文体・表現事典』朝倉書店

西尾純二(2015)『マイナスの待遇表現行動―対象を低く悪く扱う表現への規制と配慮―』くろしお出版

山岡政紀・牧原功・小野正樹(2010)『コミュニケーションと配慮表現―日本語語用論入門―』明治書院

牧原功(2008)「不満表明・改善要求における配慮行動」『群馬大学留学生センター論集』7: pp.51–60.

洪珉杓(2006)「日韓両国人の言語行動の違い 4―不満表現のストラテジーに関する日韓比較―」『日本語学』25–9: pp.86–95.

高年層と若年層における会話の進め方の差異

太田有紀

1. はじめに

近年、方言の衰退が叫ばれる中でその記録が盛んに行われているが、東北大学方言研究センターにおいても、東日本大震災で甚大な被害を受けた気仙沼市に足を運び当該地域の方言を記録する活動を行っている。

本稿は、その活動の成果である『伝える、励ます、学ぶ、被災地方言会話集』の自由会話と、筆者が調査に同行した際(2017年)に収録した自由会話を用い、当該方言の会話の特徴を明らかにすることを試みるものである。

会話を分析するにあたり、本稿ではこれまで方言学ではあまり用いられていない会話分析の手法を用いる。会話分析は、実際のデータに基づきその特徴を明らかにするものであり、主に他言語の比較等で用いられる。しかし、他言語ほどその差が明確でないにしろ、地域による会話の傾向を会話分析の手法で見出すことは可能であると思われる。

これまでにも、方言学では会話の研究がなされてきているが、会話分析を用いた研究は多くない。また、方言学におけるコミュニケーション研究は近年活発になりつつあるが十分とは言い難く、特に、世代差の相違を論じた研究は熊谷・篠崎(2006)や杉村(2018)などがあるもののまだ研究の余地がある。世代差や性差など様々な角度から傾向を捉え、実態を把握することで地域的特徴をより詳細に示すことが大切であると思われる。

したがって本稿では、高年層と若年層の会話を対象として、気仙沼市方言における会話の進め方の特徴を明らかにすることを目的とする。特徴を明らかにするにあたり、今回はターンテーキングに着目したい。ターンテーキングとは話者の交替のことであるが、話者の交替がどのように行われているのか(自己選択か他者選択か)を観察することで、当該方言の特徴特に、世代による相違が見られるのではないかと考えた。

以下、2節では本稿で用いる用語について、3節では分析するデータの詳細について述べる。さらに、続く4節では、分析、考察を行い、最後の5節ではまとめと今後の課題について述べる。

264　第Ⅳ部　言語行動・談話

2.　本稿で用いる用語

以下、会話を分析していくうえで必要な用語について説明する。

(1)　ターン

あいづち以外のことで、1人の話者が話し始めてから次の話者に交代するまでの発話を1つの
ターンとする。また、聞き返しなどの短い発話であっても上昇音を伴った発話及び上昇音直後の発
話は、聞き手への働きかけがあると考えられるため、1つのターンとする。

(2)　ターンテーキング

上記ターンの交替のこと。ただし、あいづちは含まない。

(3)　あいづち

ターンテーキングを認定するにあたり、あいづちをどう認定するかが重要になってくる。そこ
で、本稿では、あいづちの認定に際しこれまでより客観的判断に優れている(表現形態と出現位置
により判断する)Den, et. al(2011)を用いた。以下、表1にまとめたものを示す。

表1　Den, *et. al*(2011)によるあいづち表現の形態と分類

応答系感動詞	「ああ」「うん」「ええ」「はい」など
感情表出系感動詞	「あっ」「あー」「えっ」「ふうん」「へえ」など
語彙的応答	「なるほど」「確かに」「そう(ですね)」「ね」など習慣化された応答表現
評価応答	「すごい」「おもしろい」「こわ」など、直前の相手の発話の内容に対する評価的な応答
繰り返し	直前の相手発話(の一部)の繰り返し
共同補完	相手発話に後続するであろう要素を聞き手が予測し、補ったもの

伝康晴(2015: 121)

なお、Den, et. al(2011)には笑いとターンテーキングに関わるあいづちについての詳細はない。
よって本稿では、これらの扱いについて独自に基準を設けあいづちの認定を行っている。以下、本
稿におけるあいづちの定義を示す。

話し手がターンを保持している間に、聞き手が送る短い表現のこと(評価や共同補完なども含
む)。ターンテーキング時に見られたあいづち表現は、 先行発話の直後に発話され、かつその発話
の後に沈黙が見られればあいづちと認定[1]する。さらに、上昇音を伴ったあいづち表現及び上昇音
の直後に現れるあいづち表現は、通常とは異なり話し手からの働きかけが大きいため実質的発と認
定する(あいづちとは認めない)。ただし、上昇音が出現する直前に重複するかたちで出現したあい
づち表現については、あいづちと認定する。また、非言語行動である笑いも音声として聞き取れる

場合はあいづちとする。

3. 分析データ

　本稿で使用するデータは、気仙沼市生え抜きの男女 2 名 (知り合い同士) の会話である。高年層の会話データ 2 本 (O-1、O-2)、若年層の会話データ 2 本 (Y-1、Y-2) の計 4 本を分析対象とする。なお、O-1 は『伝える、励ます、学ぶ、被災地方言会話集』の中の気仙沼市自由会話のデータ[2]を使用したが、その他 3 つのデータは、筆者が実際に当該地域に足を運び収録したものである。以下、表 2 に生年及び収録当時の年齢とデータの長さ、収録時期をまとめる (O-2 の男性と Y-2 の女性は気仙沼市以外の居住歴を持つ[3])。

表 2　分析データ

	O-1	O-2	Y-1	Y-2
男性 (M)	昭和 12 年 (75 歳)	昭和 25 年 (66 歳)	平成 4 年 (24 歳)	平成 6 年 (23 歳)
女性 (F)	昭和 16 年 (71 歳)	昭和 32 年 (60 歳)	平成 4 年 (24 歳)	平成 7 年 (22 歳)
分析時間	約 26 分	約 51 分	約 61 分	約 58 分
収録時期	2012 年 8 月	2017 年 8 月	2017 年 8 月	2017 年 8 月

4. 分析

　本節では、先述の通りターンテーキングに着目しデータを分析する。4.1 節では、上昇音の有無によるターンテーキングの出現傾向を探る。続く 4.2 節では、発話末に上昇音を伴うターンテーキングに焦点を当て、用法の側面から分析、考察する。そして 4.3 節では、4.1 節と 4.2 節の結果を踏まえ会話の進め方の世代差について論じる。

4.1　上昇音の有無によるターンテーキングの分析

　ターンテーキングは、上昇音を伴うものとそうでないものの大きく 2 つがある。発話末に上昇を伴っているターンテーキングの場合、話し手から聞き手への働きかけが強くなる。つまり、聞き手が自ら話したいかどうかにかかわらず、先の話し手からターンを渡されることになる (他者選択)。一方、発話末に上昇音を伴わない場合は、聞き手が自ら話したいところ (あるいは、先の発話の終わり) で発話することで会話に参加していくことになる (自己選択)。ターンテーキングが自ら望むかたちで実現するのか、他者から渡されるかたちで実現するのかを見ることはすなわち、会話参加者がどのように会話を進めていくかということにも関係する。そこで本節では、上昇音を伴った発話によるターンテーキングと上昇音を伴わない発話のターンテーキングがどの程度の割合で生じているのか、また、世代による違いがあるのか見ていくこととする。

266　第Ⅳ部　言語行動・談話

4.1.1　ターンテーキングの分類

　ターンテーキングには、(1)上昇音を伴わないターンテーキングと(2)上昇音を伴うターンテーキングの大きく2つがあることは先述した。以下、実例を挙げこれらのターンテーキングについて説明する。

(1)　上昇音を伴わない発話のターンテーキング

　最も基本的なターンテーキングで、先の話し手の発話が終わってから(あるいは終わりそうなところで)次の話し手が話し始めるものである。

　例1は、祖母に切られた紫陽花を母親が心配していたことについて、FがMに話している場面である。01でFが「゜あ：あ：゜来年生えてくるかなって母親が心配してたね」と発話し、その後1.6秒ほどの沈黙が見られる。そして、沈黙の後Mが03でターンを取り「そういうのやっぱりあるよね：年寄りね：」という発話でFの話に同調している。つまり、1.6秒ほどの沈黙がF発話の終わりを示したことで、Mは次にターンを取得することが出来たと考えられるわけである。この例では、01Fから03Mに1回ターンテーキングが生じていることになる。そして、02M、04Fはあいづちのためターンテーキングには関係しない。

例1			Y-1
注	番号	発話	
	01 F	゜あ：あ：゜来年生えてくるか[なっ]て母親が ＝	
	02M	[ん：]	
→	(01 F)	＝心配してたね(1.59)	
	03M	そういうのやっぱあるよね：	
	04 F	うん	
	(03M)	年寄りね：	

＝は言葉と言葉、発話と発話の途切れないつながり、[ ]は発話の重なり、：は音が長く伸ばされていること、( )内の数字は沈黙の秒数を表わす。また、→は注目個所、番号の行の( )は同番号の発話の続きを表わす。

　さらに、この種のターンテーキングには、発話内容がある程度まとまったところで、あるいは、上昇音を伴った発話末の出現直前に、聞き手がターンを取ろうとして発話が重複する場合なども含まれている。なお、上昇音を伴わない質問の発話も多いとは言えないが観察されており、それらもこの分類に含めた(例2)。

高年層と若年層における会話の進め方の差異　267

例2		Y-1
注	番号	発話
→	01M	＊＊＊んちってじいちゃんばあちゃんいんだ=
		=っけか
	02F	う：ぢはばあちゃんいっける-い-いるけど：
→	03M	一緒に住んでんだっ[け]
	04F	[うん]一緒に[住んで]=
	05M	[あ：：]
	(04F)	=っけんと：ま：まだ大丈夫かな=

-は語や発話を言いかけて中断したことを表わす。

　例2は、Fの祖母についてMが質問している場面であり、01Mから02F、02Fから03M、さらに03Mから04Fと計3回のターンテーキングが生じている。矢印の付いている01Mの「ばあちゃんいんだっけか」や、03Mの「一緒に住んでんだっけ」という発話が上昇音を伴わない質問の発話に該当する。01Mと03Mが質問であることは、それらに続く02Fや04Fの発話内容を見ても明白である。このような上昇音を伴わない質問の発話の出現割合は多く無いものの、高年層の会話と若年層の会話ともに観察されている。

(2)　上昇音を伴った発話のターンテーキング

　このターンテーキングには、①発話末に上昇音を伴い、その直後にターンテーキングが生じる場合と、②上昇音の直後に話し手が何らかの発話を続け、上昇音を伴った発話の直後にターンテーキングが生じない場合(倒置のかたちをとる発話)の2つが観察されている。以下の例3では、①発話末に上昇音を伴い、直後にターンテーキングが生じる場面を、例4では②上昇音直後にターンテーキングが生じない場面を挙げ説明する。

例3		Y-2
注	番号	発話
→	01F	えっバドミントンしたの？
	02M	したした
→	03F	どこで？(0.45)
	04M	えっ(1.15)毎日どっかでやってっから

？は上昇音を表わす。

　例3は、Mが仕事終わりにバドミントンをした話を披露している場面である。矢印の01F(聞き返し：前の発話でバドミントンをしたとMが言っているため)と03F(質問)が発話末に上昇音を伴っているものである。これらの上昇音は、バドミントンをしたと話したMにFが発話したものであり、02Mと04Mが応答となっている。つまりここでは、3回(01F→02M、02M→03F、

268 第IV部 言語行動・談話

03F→04M)のターンテーキングが生じていることになる。では次に、上昇音の直後にターンテーキングが生じない例を見ていく。

例4			O-1
注	番号		発話
→	01F		現代の：(.)その：(.)危機(0.35)だね？=
			＝油とか
	02M		うん
	03F		昔歩いたんだけんどね.
	04M		そうそう

(.)は0.2秒以下の沈黙を示す。

例4は、FとMが震災の時にガソリンがなくて困った話をしている場面であるが、01Fの発話に注目されたい。Fが「現代の危機だね？油とか」と発話しているが、上昇音の直後にターンテーキングは生じておらず、その後「油とか」と先の発話の補足が付いている。このような発話の場合、続く02Mの「うん」という発話が上昇音に対する反応であるのか、01Fの発話に対するあいづちであるか判断が難しい。さらに、当該発話が聞き手に働きかけている発話であるのか、自己確認のためのものなのかという点も判断がしにくい。したがって本稿では、例4のような上昇音の直後にターンテーキングが生じていない場合について分析対象から外すことにした。

以上、本節では上昇音の有無によるターンテーキングの分類について述べた。次節では、本節で述べた分類を用い、ターンテーキングの出現状況を見ていく。

4.1.2 上昇音の有無に関わるターンテーキングの出現傾向

本節では、前節の分類を用いて分析を行うが、先に述べた通り、上昇音を伴う発話の直後にターンテーキングが生じないものについては分析対象から外している。

表3 分類別ターンテーキングの出現状況

	O-1	O-2	Y-1	Y-2
上昇音無	173	377	319	535
上昇音有	35	98	102	194
計	208	475	421	729

表3は、発話末に上昇を伴わないターンテーキングと発話末に上昇音を伴うターンテーキングの出現数をまとめたものである。表を見ると、O-1のターンテーキングの数が極端に少ないことに気づくが、これは録音時間の短さが原因であろう。そして、表3をグラフにしたものが図1であり、この図から、高年層と若年層の会話では共に上昇音を伴わないターンテーキングが最も多いことがわかる。つまり、先の発話が終了してから（あるいは終了しそうなところで）次の話し手が話

し始める自己選択によるターンテーキングが会話の基本であることが示された。

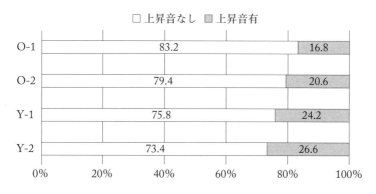

図1　ターンテーキングの出現状況（上昇音の有無）

　さらに、年代別に見てみると高年層と若年層では異なった傾向を示している。上昇音を伴わないターンテーキングの出現傾向を見ると、高年層では83.2%と79.4%で80%前後の出現傾向を示しているのに対し、若年層ではY-1で75.8%、Y-2で73.4%と75%前後の出現傾向であり、高年層に比べると少ない。もっとも差の大きいデータ間では、10%程度の差が見られたのである。他2つのデータ（O-2とY-1）の差は大きなものとは言えないが、それでも5%弱の差が見られる。この点については、個人差や話題などとの関係も慎重に検討し結論付ける必要があるにしろ、高年層の会話では自己選択によるターンテーキング多く、若年層の会話では他者選択によるターンテーキングが多い可能性が指摘できる。

　以上、本節で得られた結果から当該方言の会話の特徴を以下にまとめる。

　気仙沼市方言における会話では、高年層、若年層共に上昇音を伴わないターンテーキングを主として会話が展開されている。つまり上昇音を伴わないターンテーキングは、世代にかかわらず会話の基本的なものであると言えよう。また、発話末に上昇音を伴いその直後にターンテーキングが生じる割合は、高年層よりも若年層の方が僅かに多かった。したがって、若年層の会話では高年層の会話よりも、会話参加者への働きかけが頻繁に行われつつ（他者選択のターンテーキングで）会話が進行していく傾向があると言える。

　以上本節では、上昇音を伴った発話によるターンテーキングか否かを見ることで、気仙沼市方言の会話の進め方の特徴を大まかに把握した。次節では、上昇音を伴った発話に焦点を当てその用法について見ていくことにする。なぜなら、本節の分析を行うにあたりデータを観察していたところ、高年層と若年層の会話では上昇音を伴った発話の用法が些か異なっているように思われたからである。

4.2　上昇音を伴った発話の用法

　本節では、上昇音を伴った発話に焦点を当てその用法に着目し当該方言の会話を特徴づける。4.2.1節では、用法の分類について説明する。4.2.2節では、分析を行う。

270 　第Ⅳ部　言語行動・談話

4.2.1　用法の分類

　データの分析から、上昇音を伴った発話には主に3つの用法があることがわかった。以下、実例を挙げ説明する。

（1）　確認要求

　これは、話し手自ら聞き手との間に認識の違いがないかどうか、あるいは、提示した内容（情報）が共有できているかを確認する用法である。以下、例5を挙げ説明する。

例5		O-1
注	番号	発話
→	01M	昔はあの:山の木材で家建てたでしょ?
	02F	はい
	03M	津波くっと流されると:
	04F	うん
	(03M)	その:(0.42)流されだ(0.42)あの:瓦礫で家を建てたんだ. =
		=(1)すと:あどのこま–こういう瓦礫を:全部:風呂だとか=
→		=燃料船で使ったからね?
	05F	あ::[:]

　例5は、津波等震災で出た瓦礫を昔は燃料として使用したことをMが話している場面である。ここでは、計3回ターンテーキングが生じており（01Mから02F、02Fから03M、03Mから05F）、矢印のついている発話が確認要求の発話にあたる。

　Mが01の発話で、「昔は山から切り出した木材で家を作っていた」ことをFに話している。01Mの発話末には「でしょ」（でしょうが発話時に短く発音されたもの。以下「でしょ」で提示）が上昇音を伴う形で現れている。この「でしょ」の用法については、共通語の「でしょ」について論じた郡（2016b, 2018）の考え方を参考にしたい。「でしょ」は終助詞と同様の出現位置と類似の機能を持つ終助詞相当の表現であると指摘がなされており（郡 2016b）、気仙沼市方言の「でしょ」も基本的には共通語と同様の用法であると考えられる。

　さらに、郡（2018）によれば、「でしょ」には「相手もわかっているはずだと思い起こさせる」用法があると述べられており、上記例5ではさらにそこに上昇音が加わっている。よって、相手への働きかけがより強くなっていると考えてよいであろう。つまり01Mの発話には、相手に昔のこと（昔は山の木で家を作っていた）を思い起させると同時に、その認識にずれがないかどうかFに確認を取りつつ話を進めようとする話し手の姿勢が現れているといえる。

　さらに、05Fの直前の発話には上昇を伴った終助詞「ね」も見られる。上昇音直後のあいづち表現については、通常のあいづちとは異なり話し手からの働きかけが大きいため実質的発話と認定することは2節で述べた。よって、03Mから05Fでもターンテーキングが生じていると考える。この03Mの発話に現れた終助詞「ね」の用法についても、共通語の用法を考察している郡（2016a）

を参考にする。当該方言における終助詞「ね」の用法と共通語の用法に大きな違いは無いと考えられるからである。

03M に見られる上昇音を伴った終助詞「ね」には、いくつかの用法が見られるが、ここでは、話し手が自分の知っている内容（昔の瓦礫の処理の方法）について、聞き手も同様に知っている内容であるか否かを確認しつつ、自身の認識を共有したいという話者の姿勢があると考えられる [4]。

さらに、以下の例6は、「でしょ」「ね」以外の表現による確認要求の発話場面の例である。

例6			O-2
注	番号		発話
	01M	こないだも(0.8)こないだもでね昨日一昨日だ.h 孫ね(0.64)ちゃんと =	
		=あの::(.)仏壇>あるっちゃおらいで<	
	02F	あはい	
	03M	あそこでちゃんとひ-.h ひいお祖父さんひい	
	04F	あ:	
	(03M)	ひひいお祖父さんそのうえなんつ：だ hh ね？.h 全部こ(.)写真 =	
→		=あるっちゃ？	
	05F	ん:写真あっ[からね]	
	06M	[説明]して(.)[5歳の子さ]	

これは、仏壇に手を合わせる時の作法を孫に教えた時のことを M が話している場面である。矢印部分(03M)が上昇音を伴った確認要求の発話となる。この場面では「っちゃ」が上昇音を伴って発話され、応答するように F が「ん:写真あっからね」と発話している。

M の発話末に用いられている「っちゃ」は、気仙沼市方言の1つであるが、当該方言の「っちゃ」の用法について記述した先行研究はない。よって、同県内の仙台市方言における「っちゃ」の用法について研究した玉懸(2001b)の考え方を参考に用法を見ていく。

玉懸(2001b)では、「っちゃ」について「本質的には、「当の事柄 X が相手のそもそも知っていること・わかることのうちに含まれるはずだという話し手の捉え方を示す標識」である」との指摘がなされている。

この主張を例6に当てはめると、「仏壇に先祖の写真が飾ってある」という状況を F もわかるはずであるという M の認識を示すとともに、その認識が間違ったものでないことを F に確認した発話であると考えられる。つまり、03M の発話は、話し手である M の認識と聞き手 F の認識にずれがないことを確認している発話であるとみてよい。

気仙沼市方言の高年層の会話では、上昇音を伴わない形でも「っちゃ」が使用されている。本稿では、上昇音を伴ったターンテーキングを中心に分析を行っているため、上昇音を伴わない発話についての詳細には触れないが「っちゃ」の使用という点から考えれば、高年層の会話の特徴として聞き手に発話内容を確認しつつ話を展開していく傾向があることは容易に予測される。この点に関しては、稿を改め論じたい。

272　第IV部　言語行動・談話

　さらに、高年層の会話では上記で挙げた表現の他、終助詞「よ？」なども用いられており、話し手から聞き手に対して頻繁に働きかけを行っている様子が観察されている。

(2)　質問

　例7は、Mが市の関係者からテニスクラブの情報を教えてもらったことをFに話している場面である。この例では、テニスクラブに関する情報をMから引き出そうとFが頻繁に質問している様子が見て取れる（矢印のついている発話が上昇音を伴った質問の発話）。

　まず、01Fはテニスクラブを市で運営しているかどうかMに質問している発話である。そして、06F、08Fでは室根までの所要時間を、10Fでは某施設（固有名詞のため＊＊で表示）と室根までの距離を比較して、どちらが近いか質問している。この例では、これらFの質問にMが回答していく形で会話が展開されていることがわかる。また、この場面の04Fも質問の発話であるが上昇音直後にターンテーキングが生じていない。したがって、分析対象から除外している。

例7		Y-2
注	番号	発話
→	01 F	へ[::な-何]それ市で？
	02 M	[(＊＊)さんが
	03 M	市じゃないと思うけどたぶんちょっとそっちガチ勢よりかな
	04 F	ふ:んそっかそっか::.(1.43)えじゃあ(.)行くの？室根まで(0.69)
	05 M	室根↑室根別に俺あの(0.57)本吉から意外と近いから(0.37)
→	06 F	何分ぐらいでいくの？(0.78)
	07 M	え何分だろ
→	08 F	30分？
	09 M	30分かかんないかな:(0.41)
	10 F	あじゃあ(0.32)
	11 M	うん(0.28)[だがら]
→	(10 F)	>[＊＊＊＊＊＊＊＊＊]<行くより近い？同じぐらい？
	12 M	同じぐらいか[な:でも]

↑は直後の部分で急激な抑揚の上昇があることを表わす。

(3)　聞き返し

　聞き返しには、前の発話の一部をそのまま繰り返す方法と、そうでない方法がある。以下、例8では繰り返し表現による聞き返しの例を、例9では繰り返し以外の表現による例を挙げる。

高年層と若年層における会話の進め方の差異　273

例8：繰り返し　　　　　　　　　　　　　　　　　　　　　　　　　Y-1

注	番号	発話
	01M	＞°でも°＜一番俺ホルモンでもホルモン道場だな(0.72)
→	02F	道場？
	03M	うん
→	04F	ホルモン道場？
	05M	うん
	06F	あ::[::]
	07M	＞[行ったこと]ある？＜
	08F	ホルモン道場はないね:
→	09M	ない？
	10F	うん

　例8は、ホルモンの美味しいお店について話している場面であり、矢印の付いている発話が聞き返しに該当する。Mが01で、自分が美味しいと思うホルモンの店を述べると、Fが次の発話で「道場？(02F)」と先の発話の一部を繰り返して聞き返しを行っている。そして、03Mでその聞き返しに応答し、続く04で再びFが「ホルモン道場？」とMが前に話した内容の一部を繰り返すことで再度聞き返しによる確認を行っていることがわかる。この聞き返しに対しMは05で応答する。さらに、07Mでホルモン道場に行ったことがあるか尋ねられたFが、行ったことは無いと(08F)と答えると、その発話に対し聞き返しが行われている(09M)。

　このように、若年層の会話では頻繁に聞き返しをしながら会話が進行していく場面が多々観察されている。

例9：繰り返し以外　　　　　　　　　　　　　　　　　　　　　　　Y-1

注	番号	発話
	01F	[あれ]を食べて:うえ:辛ってなる[.hhhh]
	02M	[なんね:よ]俺
→	03F	えマジで？＝
	04M	＝なんないよ俺なにも俺あれ-あん-あんなぐれ:で
	05F	えっあの::あれだよ:？マトンで[さ]:間-お肉の間↑に:＝
	06M	[うん]
(05F)	＝.hワサビが詰まってるやつ[だよ]？
	07M	[うん]うん

　上記例9は、繰り返しの表現以外による聞き返しの例であり、某焼き肉店のメニューについて話している場面である。ワサビの沢山ついている肉を食べても平気であるというMの発話を受けFが03で「えマジで？」という表現を使い聞き返しをしている。そして、03Fの聞き返しに対しMが次の発話(04M)でさらに自分の主張を展開していく。

若年層の会話では、「マジで？」「マジ？」といった聞き返し表現の使用が目立つほか、「は？」「そうなの？」「え？」「ほんと？」のような表現も観察されている。高年層の会話では、繰り返し表現が多いことを考えると、表現についても世代差があると言えそうである。若年層で使用される「マジ？」「マジで？」「は？」といった表現は親しさが伝わる一方で、聞き手にぞんざいな印象を与えかねない。高年層話者がそうした表現をあまり使わずに聞き返しを行うのは、聞き手への配慮が無意識のうちになされているためだと考えられるが、この点については今後さらに検討を要する。

以上、本節では上昇音を伴った発話の用法について分類を示した。次節では、本節で示した分類を用いて出現傾向を見る。

4.2.2　上昇音を伴った発話の用法別出現傾向

上昇音を伴った発話がどのような用法で出現しているのか、その割合を図2にまとめた。判断に迷ったものについては不明に分類している。

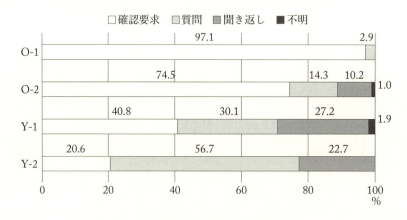

図2　発話末の上昇音の用法別出現状況

図2から、高年層と若年層の会話では同じ上昇音を伴った発話であっても、その用法が異なっていることがわかる。高年層の会話に現れる発話の多くが確認要求の用法であり、O-1にいたっては上昇音の発話の97%を占める。O-2のデータでも上昇音を伴った発話の約75%が確認要求の用法であり高い出現傾向を示している。高年層の会話では、確認要求の次に質問の用法が多く出現しているが、その差は大きい。

一方、若年層の会話では3つの用法それぞれがある程度の出現傾向を示していることがわかる。Y-1のデータで最も高い出現傾向を示したのは確認要求の用法(40%)であるが、質問や聞き返しの用法についても30%前後で出現している。また、Y-2のデータでは、上昇音を伴った発話の50%以上が質問の用法であり、確認要求、聞き返しの用法は20%程度の出現となっている。現時点では、若年層における用法の有意差を論じることは難しいが、高年層の会話に見られる用法とは明らかに異なっていることは明白である。

データを増やしさらに検討する必要があるものの、話者が上昇を用いて聞き手にターンを渡すような確認要求の用法が突出して多い高年層の会話と、聞き手がターンを取り、先の話し手に働きかけるような質問、聞き返しが多い若年層の会話では会話の進め方にも違いがあると考えて良いであろう。

次節4.3では、4.1節4.2節で得られた結果を踏まえ、気仙沼市方言における会話の進め方について世代による相違を論じる。

4.3　気仙沼方言における会話参加者の関わり方の世代差

4.1節では上昇音の有無によるターンテーキングの出現傾向を、4.2節では、発話末に上昇音を伴った場合の用法について分析を行った。続く本節では、これまでの分析を踏まえ、実際の会話例を用いて気仙沼市方言における会話の進め方の世代による相違について論じる。

以下に提示する例には、ターンテーキングの移動の方向を□に、ターンテーキングの数を右端の丸に示している（例10では、計2回ターンテーキングが生じている）。

例10：高年層会話		O-2
番号	発話	
01M	［ね］チンドン屋(.)が.h あの道路ビラっこ配ってやる-［行くっちゃ］？.h=	
02F	［ん：：］	
(01M)	=あれ自体がっさ:.h 見でで:(0.84)(わらべ)から見れば［さ:］	
03F	［ん:］:	
(01M)	ね？(0.24)チンドンのお-音とさ:	
04F	ん:	
(01M)	あの＞(こういうの)＜着るっちゃへ-ね？帽子かぶったり	
05F	ん:	
(01M)	チンドン屋で着物着て.h その.h その3、4人で歩くっちゃ？	(01M)→06F ①
06F	ん::	06F→07M ②
07M	道路(0.36)そいづが:.h	
08F	へ:［::］	
(07M)	［我々］にとってはさ:(0.8)［なにあの見も(0.44)見ものみて］なもんさ(1.12)	
09F	［へ::見だごどもない］	

（文字）は聞き取りに確信が持てない部分を表わす。

例10は、高年層の会話である。Mの街では昔チンドン屋を見ることが出来たと話している場面であり、注目すべきは①と②のターンテーキングである。チンドン屋がどういうものかということを01の発話でMが話しているが、発話の終わりには上昇音を伴った「っちゃ」が出現している。「っちゃ」は聞き手がそもそも知っていること（わかっていること）であるという話し手の認識を示すことは先述した。つまり01Mの発話は、「チンドン屋とは着物を着て3、4人で音楽を演奏しながらビラを配り歩くものだ」という話し手の認識と聞き手の認識にずれがないことを確認している発話であると考えられる。そして、その働きかけに②でFが反応するとすぐに、先の話し手であっ

276　第IV部　言語行動・談話

たＭが再びターンを取り、話を継続するという展開になっている。

　このように、高年層の会話では話者が自ら上昇音を伴った発話で聞き手に認識のずれがあるか否か、あるいは、情報の共有がなされているか確認する場面がよく見られる。そして、話し手からの働きかけで一旦聞き手にターンが移動するものの、その後すぐに先の話し手が再びターンを取り（発話が重複する時もある）、話を継続するという流れで話が進んでいく場合が多く観察されている（01M［ターンを渡す］→06F［反応］→07M［ターンを再び取得］）。

　では、若年層の会話の展開はどうであろうか。例11をご覧いただきたい。

例11：若年層の会話	Y-1
番号	発話

番号	発話	
01M	パンクしないタイヤってﾟゆってもﾟパンクするよ？(0.72)おれ現にパンク＝＝したもん. ＝	01M→02F ①
02F	＝マジで？＝	02F→03M ②
03M	＝高校［ん］時使ってたタイ-チャリンコ .h	
04F	［えっ］	03M→05F ③
05F	えパンクしないタイヤってさ中に空気入ってないで全部ゴムなんじゃ＝＝な［いの］？	
06M	［そう］そうそう	
(05F)	でもパンクすん［の］？	
07M	［うん］. した＝	
(05F)	＝えっ何で？ hhhhh［.h	05F→08M ④
08M	ﾟ［あの］ﾟおっきい段差:.h［乗］り越えたっけガダーン＝	
09F	［うん］	
(08M)	＝っつって:	08M→10F ⑤
10F	ガダ［ーンパー］ンっつったの？ .h(0.72)	10F→11M ⑥
11M	ﾟ＞［確かうん］＜ﾟその自転車も確か:パンクしないやつでも3万:＝＝［2千円ぐらいしたのかな］	
12F	［スーーーーーー　］ーーー　　　　　≪息を吐く音≫	
(11M)	今ね:けど(1.74)	
13F	パンクしないタイヤなんてないんだね.	11M→13F ⑦
14M	ないよ	

　これは、パンクしないタイヤの自転車を欲しがっているＦに、Ｍが自らの経験を話している場面であり、ターンテーキングは計7回生じている。01でＭが「パンクしないタイヤでもパンクした」ことを述べると、次にＦが自らターンを取り「マジで？」と聞き返し、さらに、その聞き返しに応答するかたちでＭが詳しい情報を述べている。

　そして、再びＦが05でターンを取り、パンクしないタイヤについて述べると共に、空気が入っていないのになぜパンクするのかとＭに質問するとＭは08でその質問に応答する（06M及び07Mの発話は、聞き手が話し手の発話を予測し先取りするかたちで発話した共同補完（あいづち）と判断している）。08Mに対しさらにＦが聞き返し（10F）を行うとＭが詳しい情報を付け加える。

そして、最終的にはFが「パンクしないタイヤはない」(13F)と話をまとめ話題が終わる。

　この例では、聞き手であるFがMの話を聞きながら頻繁に質問や聞き返しを行っていることがわかる。つまり、若年層の会話は、聞き手である会話参加者が頻繁に質問や聞き返しを話し手に行うことで情報の確認や共有をし、会話を展開していく傾向があると言える。

5.　まとめ

　以上本稿では、ターンテーキングの出現傾向と、上昇音を伴う発話の用法から、気仙沼方言における会話の特徴及び高年層と若年層の相違について見てきた。本稿で明らかになったことを以下にまとめる。

　気仙沼方言の会話では、上昇者を伴わないターンテーキングを主として会話が進められる。そして、高年層の会話では、話し手自らが上昇音の発話(確認要求)を用いて聞き手に働きかける場合が多く、その働きかけに聞き手が反応するとすぐ、先の話し手が再びターンを取得し話を継続し会話を展開していく傾向がある。このような確認要求を行う高年層の会話の特徴は、「でしょ」や「ね」といった談話標識に着目し談話の展開の地域差を指摘してきた先行研究(琴 2005[5])でも指摘されており、本稿の結果も琴の指摘した傾向と同様の結果が得られたことになる。

　一方、若年層の会話では聞き手が積極的にターンを取り、質問や聞き返しを行うことで話を進めていく傾向観察された。一見すると両者の会話の進め方の特徴は全く異なったもののように思われるが、方法は異なっているにしろ、双方とも内容の確認や情報の共有を頻繁に行っているという点において共通の傾向を有していると言えよう。

　今回はターンテーキング及び上昇音を中心に取り上げ分析を行ったため、上昇音を伴わない発話についての考察が出来ていない。また、本稿で扱ったデータでは性差や会話参会者の関係性などについて検討すべき点が多いことは否めない。よって、これらは今後の課題とする。

主な転記記号

　本稿で用いた主な記号は以下の通り(串田他編(2005)に基づく)。

?	上昇調のイントネーション	.	下降調のイントネーション
:	音が伸ばされている状態を示す	hhh	笑いを示す
.h	吸気音を示す	***	固有名詞
↑	直後の部分で急激な抑揚の上昇があることを示す	-	語や発話を言いかけて中断する
(.)	0.2 秒以下の沈黙		
(0.3)	0.2 秒以上の沈黙の長さを括弧内の数字で示す		
(文字)	聞き取りに確信が持てない部分を示す		
=	言葉と言葉、発話と発話が途切れなくつながっている個所を示す		

[	2人の発話の重なりの始まる場所
]	2人の重なりの終わる場所
＞＜	記号で囲まれた発話は他より速度が速いことを示す
＜＞	記号で囲まれた発話は他より速度が遅いことを示す
° °	記号で囲まれた発話は他より小声で話されていることを示す

注

1 ターンテーキング時に見られたあいづち表現は、前の発話の直後に発話され、あいづち表現の後に0.3秒以上の間が見られた場合についてあいづちと認定している。

2 『伝える、励ます、学ぶ、被災地方言会話集』から用いたデータは、「震災の時のことを話してください」と言われ話しているものであるため、他の3つとの会話とは少し異なっている点で注意が必要である。なお、本稿で提示する用例は筆者が音声を聞き直し加筆、修正を加えたものであり、『伝える、励ます、学ぶ、被災地方言会話集』の表記から変更している。

3 O-1男性は、18〜22歳までは宮城県仙台市、22〜28歳までは東京都文京区に居住。Y-2女性は、18〜22歳まで神奈川県横須賀市に居住した経歴を持つ。

4 終助詞の解釈については参考文献に挙げた郡(2016a、2018)を参照されたい。

5 琴(2005)は仙台市方言を対象としたものであるが、本研究の対象である気仙沼市方言も宮城県内の方言であることから、類似した傾向を持つと考えてもおかしいものではない。

文献

池田英樹(2011)「終助詞「ヨ・ネ・ナ・カ」の組み合わせ―出現頻度から考える―」『新潟大学国際センター紀要』第7号 pp.12–19　新潟大学国際センター

串田秀也・定延利之・伝康晴編(2005)『シリーズ文と発話1　活動としての文と発話』ひつじ書房

熊谷智子・篠崎晃一(2006)「依頼場面での働きかけ方における世代差・地域差」　国立国語研究所『言語行動における「配慮」の諸相』pp.19–54　くろしお出版

琴鍾愛(2003)「仙台方言における談話標識の展開―説明的場面で使用される談話標識から見る―」『文芸研究』155集 pp.1–13　日本文芸研究会

琴鍾愛(2004)「仙台方言における談話標識の出現傾向」『国語学研究』43 pp.333–344「国語学研究」刊行会

琴鍾愛(2005)「日本語方言における談話標識の出現傾向―東京方言、大阪方言、仙台方言の比較―」『日本語の研究』1–2　pp.1–17

郡史郎(2016a)「終助詞「ね」のイントネーション」『言語文化共同研究プロジェクト』pp.61–76　大阪大学大学院言語文化研究科

郡史郎(2016b)「間投助詞のイントネーションと間投助詞的イントネーション―型の使い分けについて―」『言語文化研究』42　pp.61–84　大阪大学大学院言語文化研究科

郡史郎(2018)「終助詞類のアクセントとイントネーション―「よ」「か」「の」「な」「でしょ(う)」「じゃない」、とびはね音調の「ない」―」『言語文化共同研究プロジェクト』2017, pp.13–26,　大阪大学大学院言語文化研究科

国立国語研究所(1960)『話し言葉の文型(1)―対話資料による研究―』 国立国語研究所

杉村孝夫(2018)「第6章 大分県方言の依頼談話」小林隆編『コミュニケーションの方言学』pp.115–152 ひつじ書房

玉懸元(2001a)「7. 終助詞「ッチャ、サ」」小林隆編『宮城県仙台市方言の研究』pp.76–89 東北大学国語学研究室

玉懸元(2001b)「宮城県仙台市方言の終助詞「ッチャ」の用法」『国語学』第52巻2号 pp.30–43 日本語学会

伝康晴(2015)「対話への情報付与」前川喜久雄監修・小磯花絵編『講座日本語コーパス3 話し言葉コーパス―設計と構築―』pp.101–130. 朝倉書店

東北大学方言研究センター編(2013)『伝える、励ます、学ぶ、被災地方言会話集―宮城県沿岸15市町―』 東北大学大学院文学研究科国語学研究室

Den, et al.(2011)Annotation of Japanese response tokens and preliminary analysis on their distribution in three-party conversations. *Proceedings of the 14th Oriental COCOSDA(O-COCOSDA 2011)*pp.168–173

Reiko Hayashi(1996)*Cognition, Empathy, and Interaction: Floor Management of English and Japanese Conversation.* Norwood, New Jersey: Ablex

第Ⅴ部

方法

会話収録の方法についての実験的検討

佐藤亜実

1. 「場面設定会話」の概要

　本書の資料編に収録されている『生活を伝える被災地方言会話集』は、東日本大震災後、被災地の方言を記録し保存するための取り組みとして作成されたものである。被災地域の方言は、人々が避難などで他地域に移動し、地域コミュニティが崩壊することで、その衰退が進むことが懸念されてきた。衰退の危機に瀕する方言を、後世への継承を見据え、言語形式のみならず言語生活も含めて記録・保存するための方法が、『生活を伝える被災地方言会話集』でとった「場面設定会話」の方式である。

　「場面設定会話」とは、日常生活に見られる具体的な場面を設定し、話者に疑似的に会話をしてもらう形式である。日常生活では、何かを頼む、誘う、詫びるなど、さまざまな場面がみられる。また、例えば「何かを頼む」という場面を考えると、荷物運びを頼む、お金を借りる、役員を依頼するなど、依頼の中でも多様な状況が考えられる。このような細かい状況を提示し、その際のやり取りを話者に再現してもらうのが「場面設定会話」である。

　「場面設定会話」の特徴や方法については小林ほか(2015)や坂喜ほか(2015)に指摘がある。その方法に則り、『生活を伝える被災地方言会話集』では多様な会話を収録してきた。これまで収録した会話を、「荷物運びを頼む」「お金を借りる」などの場面数のみで数えると計145場面である。1つの場面において複数の状況を設定した場合、例えば「荷物運びを頼む」場面では「受け入れる／断る」という2つの状況での会話を収録しているが、それらを別々に数えると計167場面となる。「場面設定会話」は、これまで多くの蓄積がなされてきたと言える。

　小林ほか(2015)、坂喜ほか(2015)がまとめた通り、『生活を伝える被災地方言会話集』では、日常生活でみられる自然な会話を収録するためのさまざまな工夫を行っている。次節で詳しく述べるが、『生活を伝える被災地方言会話集』で採用した方式は「着座式」「行動式」であり、収録の工夫は特に「行動式」で多く取り入れられている。この工夫により、自然な流れの良質な会話が収録されてきたと考えられるが、「着座式」「行動式」といった複数の方式をとる一方で、これらの収録方式に関する検討は十分行われてこなかった。「場面設定会話」と、他の談話資料の形態やその収録方式を考察したものとしては、既存の場面設定会話と自由会話の形態を比較した椎名・小林(2017)、場面設定会話の収録方式と、面接調査による疑似会話型収録方式とを比較した小林(2018)

284　第Ⅴ部　方法

があるが、どちらも「場面設定会話」の収録方式自体を考察することはしていない。

　本章では、各方式で収録した会話を考察・比較し、その特徴や違いを明らかにすることを目的とする。ただし、"同じ設定場面"で、"異なる方式"により収録した会話数は現時点では少なく、限られた数のデータを分析することになる。その意味で、本章での検討は実験的なものである。

2.　考察対象

2.1　「場面設定会話」の収録方式

「場面設定会話」の収録方式は、大きく次の3つに分類できる。

　　a.　着座式
　　b.　行動式
　　　b-1.　擬似的環境
　　　b-2.　現実的環境

「着座式」は話者が会場の座卓やテーブルについて会話をするやり方であり、一般的な面接調査や談話調査と同じく、調査会場(室内)での収録である。一方で「行動式」は、こちらで実際の場面に即した環境を整え、話者にはその中で動作を交えながら会話をしてもらうものである。環境をどの程度整えるか、すなわち、調査会場(室内)で小道具などを用いて収録するか、あるいは、屋外など調査会場以外の現場で、状況を可能な限り現実の場面に近づけて収録するかといった違いにより、「擬似的環境」と「現実的環境」にわかれる。例えば、「行動式―擬似的環境」の方式で収録した会話に「猫を追い払う」場面があるが、これは収録会場(室内)に猫や魚の模型を用意し、調査員が猫の模型を操作したものである。話者には調査員が操る猫の動作に合わせた行動をしてもらいながら会話をしてもらい、それを収録した。「行動式―現実的環境」の方式の例としては「朝、道端で出会う」場面があり、話者には屋外の道路で出会う場面を演じてもらった。「道端」というロケーションを用い、道でお互いがすれ違うという、現実の状況に収録環境を極力近づけて収録したものである。

　今回は、主に「着座式」と「行動式」の会話を比較する。「行動式」はさらに「擬似的環境」と「現実的環境」とにわけられるが、これらの方式の違いに関する考察は別稿に譲る。異なる方式によって収録された会話を比較し、それらが異なるかどうか、異なるとすればどのような部分が異なるか、といった点を検討することで、より良質な記録のための方法論について吟味することが可能になると考えられる。

2.2　具体的な場面会話

　今回分析する場面会話は、次の14場面である。以下に、実際に話者に示した場面の指定内容を挙げる。文中のAは女性話者、Bは男性話者である。なお、これらの場面は、「着座式」での収録

会話はすべてそろっている。「着座式」に加えて「行動式―疑似的環境」を収録した会話が3場面、「行動式―現実的環境」を収録した会話が11場面である。文中「⇒」の後に、「行動式」での収録環境を記した。「着座式」と「行動式―疑似的環境」の比較は「福引の大当たりに出会う」「猫を追い払う」「ハンカチを落とした人を呼び止める」の3場面、「着座式」と「行動式―現実的環境」の比較は「荷物運びを頼む」「傘忘れを知らせる」「傘の持ち主を尋ねる」「朝、道端で出会う」「夕方、道端で出会う」「働いている人の傍を通る」「友人宅を訪問する」「友人宅を辞去する」「主人がいるか尋ねる」「夫(妻)が出かける」「夫(妻)が帰宅する」の11場面を対象に行う。

◆着座式／行動式―疑似的環境

福引の大当たりに出会う〈祝う〉

AとBは近所の知り合いです。町内会の福引を引きに行ったところ、最初にクジを引いたAの景品はポケットティッシュでしたが、次にクジを引いたBはなんと温泉旅行を引き当てました。その温泉はAがずっと行きたいと思っていたところでした。そのときのやりとりを実演してみてください。

⇒収録会場に抽選機の模型を設置し、話者に実際に動かしてもらいながら収録した。当たりを知らせる鐘や景品のポケットティッシュなども使用した。

猫を追い払う〈驚く〉

AとBは夫婦です。ふと縁側を見ると、野良猫が干してあった魚をとろうとしています。Aはそれに気づき、慌てて猫を追い払います。Bは騒々しい音を聞きつけ、何事が起こったかとAに尋ねます。そのときのやりとりを実演してみてください。

⇒収録会場に猫や魚の模型を持ち込んで収録した。猫の模型を調査員が操作しながら、話者に追い払う演技をしてもらった。

ハンカチを落とした人を呼び止める〈呼び止める〉

AとBは他人です。Bが道を歩いていると、前を歩いていたAがハンカチを落としました。BはAに声をかけます。そのときのやりとりを実演してみてください。

①相手が見ず知らずの人／②相手が近所の知り合い

⇒収録場所で話者に実際に動いてもらいながら収録した。気仙沼は「①相手が見ず知らずの人」のパターンのみ収録した。

◆着座式／行動式―現実的環境

荷物運びを頼む〈頼む―受け入れる〉

AとBは近所の友人です。Aが近所の畑で(家から)たくさんの野菜(魚)をもらって帰ってきました。ところが、たくさんもらいすぎて重かったため、家までもう少しのところまで来て疲れてしまい休んでいました。ちょうどそこにBが通りかかったので、家まで一緒に運んでほしいと

頼みます。そのときのやりとりを実演してみてください。

　　⇒実際に屋外で収録した。ただし、魚（サンマ）は本物ではなく、模型を使用した。

傘忘れを知らせる〈注意する〉

　AとBは近所の友人です。二人は、公民館での催し物に参加しました。催し物も終わり、二人で帰り支度をして外に出ました。その時、AはBが朝持ってきた傘を持たずに帰ろうとしているのに気づき、先を歩いているBを呼び止めます。そのときのやりとりを実演してください。

　　⇒実際に公民館の玄関付近で収録した。

傘の持ち主を尋ねる〈尋ねる─答える〉

　AとBは近所の友人です。二人は、近所の人たちと公民館での催し物に参加しました。帰り支度をしているときに、Aは傘の忘れ物に気づきました。朝、Bが持っていた傘に似ています。傘がBのものかどうか尋ねる際のやりとりを実演してください。Aが傘を見つけるところから始めてください。

　　⇒実際に公民館の和室で収録した。

朝、道端で出会う〈朝の挨拶〉

　AとBは近所の友人です。二人は、朝、道端で会いました。出会ってから別れるまでのやりとりを実演してみてください。

　①男性→女性／②女性→男性

　　⇒実際に屋外で収録した。気仙沼・名取とも「②女性→男性」のパターンのみの収録である。

夕方、道端で出会う〈夕方の挨拶〉

　AとBは近所の友人です。二人は、夕方、道端で会いました。出会ってから別れるまでのやりとりを実演してみてください。

　①男性→女性／②女性→男性

　　⇒実際に屋外で収録した。気仙沼は「①男性→女性」のパターン、名取は「②女性→男性」の
　　パターンである。

働いている人の傍を通る〈働いている人への挨拶〉

　AとBは近所の知り合いです。Bが畑仕事をしている傍らをAが通ります。その時のやりとりを実演してみてください。

　　⇒実際に屋外の畑の側で収録した。

友人宅を訪問する〈訪問・辞去の挨拶〉

　AとBは近所の友人です。昼間、AがBの家を訪れるときに、Aは玄関先でBにどのように声

をかけますか。また、Bはどのように返事をしますか。そのやりとりを実演してみてください。
　　⇒実際に家の玄関先で収録した。

友人宅を辞去する〈訪問・辞去の挨拶〉

それでは用事を済ませたAがBの家から帰るとき、Bにどのように声をかけますか。また、B
はどのように返事をしますか。そのやりとりを実演してみてください。
　　⇒実際に家の玄関先で収録した。

主人がいるか尋ねる〈尋ねる－答える〉

AとBは近所の知り合いです。Aの夫とBは、今、町内会の役員をしているとします。Bは町
内会の行事のことで相談したいことができ、Aの家を訪ねます。Aは夫を呼びますが、返事が
ありません。そのときのやりとりを実演してみてください。
　　⇒実際に家の玄関先で収録した。

夫（妻）が出かける〈出発・帰着の挨拶〉

AとBは夫婦だとします。昼間、Aが出かけようとする時、AとBはどのように声を掛け合い
ますか。そのやりとりを実演してみてください。
①夫が出かける、妻は行き先を知らない／②夫が出かける、妻は行き先を知っている／③妻が出
かける、夫は行き先を知らない／④妻が出かける、夫は行き先を知っている
　　⇒実際に家の玄関先で収録した。

夫（妻）が帰宅する〈出発・帰着の挨拶〉

AとBは夫婦だとします。夕方、出かけていたAが自宅へ帰った時、AとBはどのように声を
かけ合いますか。そのやりとりを実演してみてください。
①夫が帰宅する／②妻が帰宅する
　　⇒実際に家の玄関先で収録した。

　上記場面の収録方式を一覧にしてまとめたものが表1である。なお、公民館と話者宅という収
録会場の違いなどの事情により、気仙沼と名取では、「行動式」で収録した場面会話が異なる。表
1には、「場面」の他に、「着座式」「行動式―疑似的環境」「行動式―現実的環境」に該当する会話
番号（第1集第1場面＝1-1）を記載しているが、その中で「気」と記載がある会話は気仙沼で収
録、「名」と記載がある会話は名取で収録、無印は両地域で収録したものである。数としては、両
地域で収録したものが5場面、気仙沼のみで収録したものが2場面、名取のみで収録したものが7
場面である。気仙沼と名取における会話の違いも検討の余地があるが、会話の地域差に関しては今
後の課題とし、今回は方式による会話の違いに着目する。
　なお、場面数は全部で14場面であるが、実際に分析対象とする会話は、いずれかの地域で「着

288　第Ⅴ部　方法

表1　収録方式一覧

場面	着座	分析会話数	行動─疑似	行動─現実	分析会話数
福引の大当たりに出会う	名 4-23	1	3-9		1
猫を追い払う	4-24	2	3-14		3*1
ハンカチを落とした人を呼び止める①②	4-33	3*2	気 3-19 ① 名 3-19 ①②		3
荷物運びを頼む	1-1 ①	2		4-20	2
傘忘れを知らせる	1-13	1		気 4-21	1
傘の持ち主を尋ねる	1-21 ①	1		気 4-22	1
朝、道端で出会う	1-47 ②	2		4-25	2
夕方、道端で出会う	気 1-50 ① 名 1-50 ②	2		4-26	2
働いている人の傍を通る	4-15	1		名 4-27	1
友人宅を訪問する	1-60	1		名 4-28	1
友人宅を辞去する	1-61	1		名 4-29	1
主人がいるか尋ねる	3-5	1		名 4-30	1
夫(妻)が出かける①〜④	1-66	4		名 4-31	4
夫(妻)が帰宅する①②	1-67	2		名 4-32	2
合計分析会話数		24	7	18	25

＊1　「猫を追い払う」場面の「行動式─擬似的環境」による収録は、気仙沼2会話、名取1会話であるため、分析会話数が計3会話となっている。なお、気仙沼の2会話は、まったく同じ場面設定で収録したものである。

＊2　「行動式─擬似的環境」の収録会話に合わせ、気仙沼は①の1会話、名取は①②の2会話の計3会話を対象とした。

座式」「行動式─疑似的環境」の両方を収録したもの、または、いずれかの地域で「着座式」「行動式─現実的環境」の両方を収録したものとする。例えば、表1の2行目の「福引の大当たりに出会う」の会話は、「行動式─擬似的環境」での収録を気仙沼、名取両地域で行っているため、本来の「行動式─擬似的環境」の会話数は気仙沼1会話、名取1会話の、合計2会話である。しかし、「福引の大当たりに出会う」場面を「着座式」で収録したのは名取のみであり、気仙沼では「着座式」の会話は収録していない。今回は「着座式」「行動式」両方の会話がそろっているものを対象とするため、「行動式─擬似的環境」での収録がある名取の会話のみを取り上げることとなる。したがって、「福引の大当たりに出会う」場面で分析に使う会話は、名取の「着座式」1会話、「行動式─擬似的環境」1会話となる。この数は、表1中の「分析会話数」に示している。このような数え方をすると、今回分析対象とする会話数の合計は、「着座式」が計24会話、「行動式」が計25会話(「行動式─擬似的環境」7会話、「行動式─現実的環境」18会話)である。

3. 分析

3.1 発話とその形態的特徴

　分析の観点として、まずは発話を取り上げる。「発話」とは、「ある話者が別の話者に交替するまでのひと固まりの発言」(椎名・小林 2017、p.229)であり、「ターン」とも言い換えられる。本節では、「発話」と、その内部、または境界にある形態的な特徴を分析する。具体的には、あいづち、語の重なり、発話の長さなどである。

　まず、「着座式」「行動式―疑似的環境」「行動式―現実的環境」の各会話における「発話(ターン)」「発話内あいづち」「重なり」を見る。「発話(ターン)」は、1つの会話において話者が交替した発言数である。「発話内あいづち」は発話権が次の話者に移っていないときに打ったあいづちの数、または発話権が移っていないときに話をさえぎったり、口を挟んだりした箇所の数である。「重なり」は、発話内、あるいは発話権の移行の際に、話者同士の発話が重なった箇所の数である。例えば、以下の会話例(1)の場合、「発話(ターン)数」は 001A～012B の 12 回、「発話内あいづち」は、002B の発話内で( )に囲われている A の発言 1 箇所と数える。「重なり」は下線部分に相当するが、重なりごとに数えるため、001A の途中～002B 途中、002B 最後～003A 冒頭、008B～009A の 3 箇所である。

　（1）　行動式―擬似的環境
001A：アラ ｛足音｝ アララ　ナンダベ　　ネゴ。<u>アラ</u>　<u>アララララ</u>　<u>ナンダ</u>、
　　　　あら ｛足音｝ あらら　なんだろう　猫。　<u>あら</u>　<u>あらららら</u>　<u>なんだ</u>、

　　　　<u>ナンダベナンダベ。</u>
　　　　<u>なんだろうなんだろう。</u>

002B：<u>ア　ナン　ナニシタヤ</u>。｛足音｝（A　アラー）ナニー　ヤッ<u>タ</u>。
　　　　<u>あ　なに　どうしたよ</u>。｛足音｝（A　あら）　なに　　やっ<u>た</u>。

003A：<u>アラ</u>　ネゴー。
　　　　<u>あら</u>　猫。

004B：ネーゴー。
　　　　猫。

005A：アー。サガナ　カジッタイベガ。　アラ　カジッテ、ア　イダネ。サガナ　アッタ。
　　　　ああ。魚　　　かじっただろうか。あら　かじって、あ　あるね。魚　　　あった。

　　　　　アブナグ　　カジライタデバ。
　　　　　危なく　　　かじられる［ところだった］ってば。

006B：　アーーー　イガッタ　ホンデア。{息を吸う音}ホンデモナー　カラスーモ
　　　　　ああ　　　　よかった　それでは。{息を吸う音}それでもな　　カラスも

　　　　　クッカモシンネガラー　アミ　カッテククッガラー。
　　　　　来るかもしれないから　網　　買って×来るから。

007A：　アミ　カゲダホ　イーベガネ。
　　　　　網　　掛けた方　いいだろうかね。

008B：　ウーーーン。ソノホ　イー。
　　　　　うーん。　その方　いい。

009A：　イヤーイヤ　アブナグ　モッテガレダヤ。
　　　　　いやいや　危なく　　持っていかれる［ところだった］よ。

010B：　セッカグ　ンメァサガナガ　カレタンデァナ。
　　　　　せっかく　うまい魚が　　　食われたんではな。

011A：　ンダネー。
　　　　　そうだね。

012B：　ウン。
　　　　　うん。　　　　　　　　　　　（3-14「猫を追い払う②」気仙沼）

　このような数え方で、各方式に出現する「発話（ターン）」「発話内あいづち」「重なり」の回数を
合計し、1会話における平均回数を算出したものが表2である。

表2　1会話における発話・あいづち・重なりの平均回数

	発話（ターン）	発話内あいづち	重なり
着座	10.13	2.59	3.03
行動—疑似	14.38	4.13	8.00
行動—現実	14.55	5.07	7.21

表2より、「着座式」は、「発話(ターン)」の平均が10.13回、「発話内あいづち」の平均が2.59回、「重なり」の平均が3.03回であった。この数値は、「行動式—疑似的環境」「行動式—現実的環境」に比べ、「発話(ターン)」の平均の7割、「発話内あいづち」の平均の5〜6割、「重なり」の平均の4割ほどの回数である。このことから、「行動式」の場合、話者が「着座式」よりもあいづちを多く打ち、また発話権の移行も多いことがうかがえる。また、「重なり」の回数が少ないという特徴のみならず、重なりの長さについても「行動式」が長く、「着座式」は短いということが特徴として挙げられる。会話例(2)と(3)は、「福引の大当たりに出会う」場面で、大当たりを引いた後の会話である。

（2）　行動式—擬似的環境
009 調：アッ　オーアタリ<u>デース</u>。{鐘の音}
　　　　あっ　大当た<u>りです</u>。　　　{鐘の音}

010B：<u>アラララララ。オシ　ヨガッタヨガッタヨガッター</u>。
　　　　<u>あららららら。よし　よかったよかったよかった</u>。

011A：<u>アーーーー</u>。<u>ナンーーダーーエ</u>。
　　　　<u>ああ</u>。　　　　<u>なんだい</u>。

012 調：<u>オメデトーゴザイマース</u>。<u>トーガッタオンセンデス</u>。
　　　　<u>おめでとうございます</u>。　<u>遠刈田温泉です</u>。

013B：<u>オッ</u>(A　<u>イーゴダーー</u>)<u>アー　オンセンショータイ</u>。
　　　　<u>おっ</u>(A　<u>いいこと</u>)　　<u>ああ　温泉招待</u>？

014A：<u>アー　イーゴダー</u>。
　　　　<u>ああ　いいこと</u>。

015B：<u>ンー　　イーゴダーーーー</u>。
　　　　<u>うーん　いいこと</u>。

016A：<u>オクサント　イガインネ</u>。　{笑}<u>ホカノヒトト　イッテ　　　ダメダヨ</u>。
　　　　<u>奥さんと　行きなさいね</u>。{笑}<u>他の人と　　　行って［は］　だめだよ</u>。
　　　　　　　　　　　　　　　　　　　　　(3-9「福引の大当たりに出会う」名取)

292　第Ⅴ部　方法

（3）着座式
010B：<u>ガララ</u>　チーン　プ。オッ　デダ。ナンダ　コレ。
　　　<u>ガララ</u>　チーン　プ。おっ　出た。なんだ　これ。

011A：アラ。アラー　イーゴ<u>ダ</u>。
　　　あら。あら　　いいこ<u>と</u>。

012B：<u>ア</u>ンチャン　コイズ　オンセンリョコーデネーガヤ。
　　　<u>兄</u>ちゃん　　こいつ　温泉旅行じゃないかい。

013A：アラララララ<u>ー</u>。
　　　あらららら<u>ら</u>。

014B：<u>オ</u>ー　オンセンリョコーダド。
　　　<u>お</u>お　温泉旅行だぞ。

015A：アヤヤヤ<u>ー</u>。
　　　あやや<u>や</u>。

016B：<u>イ</u>ヤーイヤ　<u>イ</u>ガッタナヤー<u>ー</u>。（A　<u>ウ</u>ワー<u>ー</u>）ドー<u>レ</u>（A　<u>サ</u>ッキノ）
　　　<u>い</u>やいや　<u>よ</u>かったなあ。　　（A　<u>う</u>わー）　どれ　（A　<u>さ</u>っきの）

　　　<u>オ</u>ンセン　スバラク　インガネガラナー。ンデ　　　　ダー<u>レ</u>　<u>サソ</u>
　　　<u>温</u>泉　　しばらく　行かないからな。　それで［は］誰　　<u>××</u>

017A：<u>ド</u>コ　ドコノオンセンナノ　ソ<u>レ</u>。
　　　<u>ど</u>こ　どこの温泉なの　　それ。

018B：<u>オ</u>　オー　コレ　アギユノネ（A　アー<u>アー</u>）<u>オー</u>　イズバン　イードゴダ。
　　　<u>お</u>　おお　これ　秋保のね　（A　あー<u>あー</u>）おお　一番　　　いいところだ。

（4-23「福引の大当たりに出会う」名取）

　(2)では、009 調〜013B すべてが重なって発話されており、そのすぐ後の 014A〜016A にも長い重なりがみられる。一方(3)は、大当たりを引き当てた直後の、喜びや興奮が最も表れると予想される 013A〜016B も、語の一部が重なっているのみである。
　小道具などを特に使用せず会話することが多い「着座式」では、話者は会話をする際にお互いの

会話収録の方法についての実験的検討　293

顔を見てやりとりを行う。お互いの顔を見ることは、相手の反応を見ながら会話をすることができるというメリットはあるが、そのとき、話者は無意識のうちに、お互いの声の重なりを避けたり、発話権の獲得を譲り合ったりしている可能性が考えられる。そのため、「着座式」は「行動式」と比べて、「発話（ターン）」「発話内あいづち」「重なり」すべてにおいて平均回数が下回ったと推察される。

　なお、「着座式」は「発話（ターン）」の平均回数は低いが、1つの発話が長い傾向が見受けられる。このことについては後述する。

3.2　語彙的特徴・文法的特徴

　語彙的特徴、文法的特徴に関しても、考察すべき点は多くあるが、ここでは同一形式の連続使用と、使用語の丁寧さについて指摘したい。

　会話の中では、「ドーモドーモ」「イヤイヤイヤイヤ」のように同一形式を連続させて使用することがよく見られる。前節に挙げた会話例の中では、(2)010B で B が「ヨガッタヨガッタヨガッター」と発言し、A も 013B から 014A にかけて、「イーゴダーー（アー）イーゴダー」と発言している。このような連続使用は、どの方式においてもよく用いられる。以下に、同一形式の連続使用の例を挙げる。なお、今回は「アラララ」「アリャリャリャリャ」など、形式の一部を反復するものも同一形式とみなす。

◆行動式─擬似的環境

001A：　アラアララア　アラ　ナンダベ　　ネゴ。{足音} アラ　アラ（B　ネ）アラ 。
　　　　あらあらあら　あら　なんだろう　猫。　　{足音} あら　あら（B　×）あら 。

002B：　ナニシタヤー。
　　　　どうしたよ。

003A：　ネコ　ネコ　ネーゴ 　サガナー。
　　　　猫　　猫　　猫 　　　魚。　　　　　　　　　　（3–14「猫を追い払う①」気仙沼）

001A：　アラ {足音} アララ　ナンダベ　　ネゴ。 アラ　アララララ 　ナンダ、
　　　　あら {足音} あらら　なんだろう　猫。 　あら　あらららら 　なんだ、

　　　　ナンダベナンダベ 。
　　　　なんだろうなんだろう 。　　　　　　　　　　（3–14「猫を追い払う②」気仙沼）

◆行動式─現実的環境

003A： ケサ　カサ　モッテキタヨネ。
今朝　傘　持ってきたよね。

004B： アーー　オンダオンダオンダ。
ああ　そうだそうだそうだ。

005A： コラ　コレ　ホンダッチャ。
××　これ　そうだよね。

006B： アリャリャリャリャ　ハレダガラ　スッカリ　ワスレダヤ。{笑}
あらららら　　　　　　晴れたから　すっかり　忘れたよ。　{笑}
（4-21「傘忘れを知らせる」気仙沼）

007B： ンダンダ。　　　{笑}
そうだそうだ。{笑}

008A： ハー　アメ　フッテネガラ　　　イーケンドー。
はあ　雨　降っていないから　いいけれど。

（中略）

011B： イヤイヤイヤ　ドーモ。アンタデネクテ　　　ワガンネ。
いやいやいや　どうも。あなたでなくて［は］　だめだね。
（4-22「傘の持ち主を尋ねる」気仙沼）

◆着座式

001A： アラ。ナンーダベ　サガナ　トリサ　キテ。アラーー　ナンーダベーーー、
あら。なんだろう　魚　　　取りに　来て。あら　　　なんだろう、

ドゴノネゴダベ。アラララララ　シッシッシッ。
どこの猫だろう。あらららら　しっしっしっ。　（4-24「猫を追い払う」気仙沼）

008B： ンー。ナーニ　イーイー。
うん。なに　いいいい。　（4-24「猫を追い払う」気仙沼）

006A： アラ　ドーモドーモ　スミマセーン。
　　　　あら　どうもどうも　すみません。

（4-33「ハンカチを落とした人を呼び止める」気仙沼）

005A： ゙ダカラー。　　ナーニ　イッパイ　モッテゲモッテゲッテユーガラネ
　　　　そうなんだよ。なに　　いっぱい　持って行け持って行けって言うからね

　　　（Ｂ　ウン）ダレガサ　アゲテモイーガドモッテ　モラッタノッサ。
　　　（Ｂ　うん）だれかに　あげてもいいかと思って　もらったのさ。

（1-1「荷物運びを頼む―①受け入れる」気仙沼）

004B： ヤーヤ　イガッタイガッタ。アリガ゚トネー。
　　　　やあ　よかったよかった。ありがとうね。　　（1-13「傘忘れを知らせる」気仙沼）

003A： アー　ホンダホンダ　カイテアッタネー。コェ　Ｂサンノカサダネー。
　　　　ああ　そうだそうだ　書いてあったね。　これ　Ｂさんの傘だね。

004B： アー　ンダンダンダ。マチゲ゚ーネーデバ。
　　　　ああ　そうそうそう。間違いないってば。　　（1-21「傘の持ち主を尋ねる」気仙沼）

　上には気仙沼の例しか挙げていないが、名取でも「002B：ア、ナンダナンダ。バーチャンバーチャン（あ、なんだなんだ。ばあちゃんばあちゃん）」(3-19「ハンカチを落とした人を呼び止める」行動―擬似)、「004B：マダマダマダ　（まだまだまだ）」(3-26「夕方、道端で出会う」行動―現実)などさまざま使用される。同一形式の連続使用は、どの方式でも確認することができると言える。
　しかし、使用語彙の丁寧さは、方式によって少し違いがありそうである。(4)と(5)に、「朝、道端で出会う」の「着座式」「行動式―現実的環境」の会話例を挙げる。

（４）　着座式
001A： アラ　オハヨーゴザイマスー。
　　　　あら　おはようございます。

002B： アーイ　オハヨー。
　　　　はい　　おはよう。

003A： ドコサ　イグトコ。
　　　　どこに　行くところ。

296　第Ⅴ部　方法

004B：アーラ　アサノスズシーウジニサー（A　ン）　チョット　ハダケサ
　　　あら　　朝の涼しいうちにさ　　　　（A　うん）ちょっと　畑に

　　　イッデクッカトオモッタノ。
　　　行ってくるかと思ったの。

005A：アララ　カセンコタ。
　　　あらら　働くこと。

006B：ンー　ヤッパリネ　トシ　トッテクッドネ　アツグナット　ダメダカラ
　　　うん　やっぱりね　年　とってくるとね　暑くなると　　だめだから

　　　（A　ンダネー）ン　　イッテ　ハヤク　カエッテクッペワ。
　　　（A　そうだね）うん　行って　早く　　帰ってくるさ。

007A：ハヤク　イーモノ　トッテ　カエッテゴザイン。
　　　早く　　いいもの　採って　帰っていらっしゃい。

008B：アーイ　アリガド。
　　　はい　　ありがとう。

009A：アーイ。
　　　はい。　　　　　　　　　　　　（1-47「朝、道端で出会う―②女性→男性」名取）

（5）　行動式―現実的環境
001A：アラ　オハヨー。（B　ハイハイ）ハヤイコタ。{足音}
　　　あら　おはよう。（B　はいはい）早いこと。　{足音}

002B：オーオー　ナンダ　オタグ　ハヤイナヤ。（A　ンーダヨ）ドゴサ　イグノ。
　　　おおおお　なんだ　お宅　早いなあ。　（A　そうだよ）どこに　行くの。

003A：ア　トナリニネー（B　ウン）ヨータシ。ハヤク　デカゲルヒトダカラ。
　　　あ　隣にね　　　（B　うん）用足し。　早く　　出かける人だから。

　　　ヨー　タシテコョートオモッテ。（B　アー　ホント　ウン）ハイ。
　　　用　　足してこようと思って。　（B　ああ　本当　うん）はい。

ナンシタノ　ヒトリデ。
どうしたの　一人で。

004B：オ　オーレオレ　タンボノミズ　ミデクッカラサ（A　ア　アーアー　ンダネ
　　　　×　ほらほら　　田んぼの水　　見てくるからさ（A　あ　ああああ　そうだね

　　　　チョット）ンーンー　ウエダ、（A　ウン）ウン。ウエダバリダガラサ。
　　　　ちょっと）うんうん　植えた、（A　うん）うん。植えたばかりだからさ。

　　　　ミデクッカラ。
　　　　見てくるから。

005A：コノゴロ　テンキ　ホントデナイカラネ。
　　　　この頃　　天気　　本調子じゃないからね。

006B：ウン　ンダンダ。　　ウン。
　　　　うん　そうだそうだ。うん。

007A：ハイ　ンデネ。
　　　　はい　それで［は］ね。

008B：ンデ　　　　　マタ　ソノウツネ。
　　　　それで［は］　また　そのうちね。

009A：ハイ　ソノウチー。｛足音｝
　　　　はい　そのうち。　｛足音｝

010B：ハイ　ドーモー。
　　　　はい　どうも。　　　　　　　　　（4-25「朝、道端で出会う―②女性→男性」名取）

　「着座式」の会話例である(4)と、「行動式―現実的環境」の会話例である(5)を比べると、(4)では「オハヨーゴザイマスー(おはようございます)」「カエッテゴザイン(帰っていらっしゃい)」「アリガド(ありがとう)」というように丁寧な形式が使用されているのに対して、(5)では「オハヨー(おはよう)」「ドーモー(どうも)」といったくだけた形式が使用されているように見える。方式によって、使用される形式の丁寧さが異なる可能性がある。
　敬意に関わる要素は、「～イン」「～ゴザリス」などの敬語形式をはじめ多く存在する。そのさま

298 第Ⅴ部 方法

ざまな形式を分析することは今後必要であるが、今回は「アリガトー」と「ドーモ」の出現数を確認する。会話において、「ドーモ」の使用が特に目立っているように見受けられたためである。なお、「アリガトー」には共通語訳を「ありがとう」としたもの、「ドーモ」には共通語訳を「どうも」としたものを計上した。また、「ドーモアリガトー（どうもありがとう）」の形式は名取に2件あったが、これは「ドーモ」と「アリガトー」のどちらにも2ずつ加えることとした。「着座式」と「行動式」における「ドーモ」と「アリガトー」の出現数をまとめたものを、以下の表3に示す。なお、ここでは「行動式―擬似的環境」と「行動式―現実的環境」とを1つにまとめ、「着座式」24会話、「行動式」25会話の中での出現数をそれぞれ計上している。会話の長さの違いは考慮できなかったが、ほぼ同じ会話数における「アリガトー」と「ドーモ」の出現数を調べたことになる。

表3　各方式における「アリガトー」と「ドーモ」の出現数

	アリガトー	ドーモ
着座式	10	9
行動式	10	29

　結果として、「着座式」では「アリガトー」が10、「ドーモ」が9とそれほど変わらない数だったのに対し、「行動式」では「アリガトー」が10、「ドーモ」が29と、「ドーモ」の使用が多いことがわかった。

　会話での使用を見ると、お礼を言うときや別れるときに「ドーモ」を使っており、これらにはお礼のことばか別れのことばかを見分けることが困難な例も多い。この「ドーモ」の汎用性が、「ドーモ」の多用につながっていると言える。しかし、「着座式」での「ドーモ」の使用と「行動式」での「ドーモ」の使用に3倍の開きがあることを考えると、「アリガトー」と「ドーモ」の用法の違いよりも、収録方式によって話者のことばが変わるということの方が興味深い。すなわち、「着座式」では少し丁寧さのある形式が出やすく、「行動式」では、普段、話者が気取らず話す形式が出やすいことがうかがえる。

　ただし、冒頭に述べたように、同一形式の使用は「着座式」「行動式」で変わらない面もあり、また丁寧さの調査としても分析・考察が不十分であることから、今後さらに検討することが必要であると言える。

3.3　構成的特徴

　先に、「着座式」は「発話（ターン）」の平均回数は低いが、1つの発話が長い傾向があることを指摘した。例えば、(6)(7)の例が挙げられる。どちらも名取の「荷物運びを頼む」場面であるが、(6)は「着座式」で発話（ターン）数が5、(7)は「行動式―現実的環境」で発話（ターン）数が22である。

（6）　着座式

001B：ナーンダ。ソゴサ　クタビレタカッコ　シテインノ、Ａサンデネーノガ。
　　　　なんだ。　そこに　くたびれた格好　　しているの、Ａさんじゃないのか。

　　　　ナンスッタノ。
　　　　なにしていたの。

002A：{笑} アノサー　Ｘチャンドゴニ　　　　　　イッテ、ヨー　アッテ　イッタラ
　　　　{笑} あのさ　　Ｘちゃん［の］ところに　行って、用　　あって　行ったら

　　　　クイタデランネッツッテ　コダニ　　ヤサイ　モラッテ　サグク　　ミナ
　　　　食いきれないっていって　こんなに　野菜　　もらって　遠慮なく　みんな

　　　　モラッテキタンダゲンドモ　オモテグテサー、　ヒトヤスミ　シテタンダッチャ。
　　　　もらってきたんだけれども　重たくてさ、　　　ひと休み　　していたんだよ。

　　　　Ｂサン　アンダ　ウジマデ　カエンダッタラ　オラエサ　スコシ
　　　　Ｂさん　あなた　家まで　　帰るんだったら　うちに　　少し

　　　　モッテッテケネー。
　　　　持っていってくれない？

003B：ンダナ。　　ドーセ　ウジサ　カエンダガラ、ヨシ　ンデ　　　　　　スコス
　　　　そうだな。どうせ　家に　　帰るんだから、よし　それで［は］少し

　　　　モッテケッカラ。ドレ　ハヤグ　イーベー。ソゴサ　イズマデモ　ホンナカッコ
　　　　持ってやるから。どれ　早く　　行こう。　そこに　いつまでも　そんな格好

　　　　シテインナ。ワラワレッカラ。
　　　　しているな。笑われるから。

004A：アト　　　　スコシ　ヤッカラネ。
　　　　あと［で］少し　　あげるからね。

300　第Ⅴ部　方法

005B：ンダナ。　スコス　ダズンヌ　モラッテ　イグ ベ。
　　　そうだな。少し　　駄賃に　　もらって　　いこう。

（1-1「荷物運びを頼む─①受け入れる」名取）

（7）　行動式─現実的環境

001A：アー　エガッタ。
　　　ああ　よかった。

002B：ナーンダ　ソゴサ　イルノ　ダレダ。ア　ナンダ　Ａサンデネガー。
　　　なんだ　　そこに　いるの　誰だ。　あ　なんだ　Ａさんじゃないか。

003A：ンダーデバ。
　　　そうだってば。

004B：ナヌシッタノ。　（A　イヤイヤ）ナーンダ　コノカッコ。
　　　なにしていたの。（A　いやいや）なんだ　　この格好。

005A：{笑}キューリト　ヤサイネ（B　ン）　ウントット　ナッタガラ
　　　{笑}キュウリと　野菜ね　（B　うん）うんと　　なったから

　　　トッサガインテイワッタノッサ。
　　　取りにきなさいっていわれたのさ。

006B：ンー　ヨクタガッテワ。
　　　うん　欲張ってな。

007A：ヨークタガッテ　コンナニ　モラッテキタモンダガラ（B　オー　モ　モラッタナ
　　　欲張って　　　こんなに　もらってきたもんだから（B　おお　×　もらったな

　　　ンー）ツッ　ウゴガンネグナッテダノ。（B　アー）ワールイケント
　　　ん）　××　動けなくなっていたの。　（B　ああ）悪いけれど

　　　モッテモラエルー。
　　　持ってもらえる？

008B：　モッテヤッカ。
　　　　持ってやるか。

009A：　アエ　　ヒトズ。
　　　　はい　ひとつ。

010B：　タ　タガグツグゲッドナ。
　　　　×　高くつくけれどな。

011A：　ンーダーネ。
　　　　そうだね。

012B：　ヨシ。ンデ　　　　　　オ（A　ウマグ）ズイブン　ズイブン　モラッテシタナ
　　　　よし。それで［は］　お（A　うまく）ずいぶん　ずいぶん　もらってきたな

　　　　コリャ。オシ
　　　　これは。よし

013A：　ナスズケ　ツカッタラ、ウマグ　ツカッタラ　ゴッツォ　スッカラ。
　　　　ナス漬け　漬かったら、うまく　漬かったら　ごちそう　するから。

014B：　アー　ゴッツォンナッカラ。（A　ンジャ）　ンデ　　　　　　イグド。
　　　　ああ　ごちそうになるから。（A　それじゃ）それで［は］行くぞ。

015A：　ア　イーナ。（B　アイ）タスカッター、イガッタ。（B　ナーニナニ）イヤイヤ
　　　　あ　いいな。（B　はい）助かった、　よかった。（B　なになに）　いやいや

　　　　（B　ハーイハイ）ラグデナイモンダ。
　　　　（B　はいはい）　楽じゃないもんだ。

016B：　ンダーナ。
　　　　そうだよな。

017A：　ヨクコグモンジャナイネ。
　　　　欲張るもんじゃないね。

302　第Ⅴ部　方法

018B：ゲンチナノ、サイキン。
　　　元気なの、　最近。

019A：アイ　オカゲサンデ。
　　　はい　おかげ様で。

020B：ハイハイ。
　　　はいはい。

021A：ハイ。
　　　はい。

022B：ハイ。
　　　はい。　　　　　　　　　　　（4-20「荷物運びを頼む―①受け入れる」名取）

　(6)は、発話(ターン)数は少ないが、1発話が長く発言されている。これは、002AでAが自分の事情を話した上で荷物運びの依頼をし、003Bがそれを了承した上で家に向かうことを提案する、という内容が、お互いのあいづちなしで発言されているからだと考えられる。反対に、(7)は発話(ターン)数は多いが、1発話が(6)より短い。また、1発話が2〜3行にわたる場合でも、発話途中に(　)であいづちが入っているため、テンポよく会話が続いているように見える。
　この違いには、話者が自分の置かれている状況をすべて説明する必要があるかないか、ということが関係していると考えられる。(6)は「着座式」であるため、小道具などは何も用いずに会話を収録したものであるのに対して、(7)は「行動式―現実的環境」であり、野菜の入った重そうな袋という小道具を準備し、屋外で収録したものである。すなわち、(6)は話者の想像力で状況を補う必要があるため、2人で会話をするにあたっては、お互いの状況のイメージをすり合わせる必要がある。そのため、自分が置かれている状況を相手に説明したり、自分がイメージしている相手の姿(「クタビレタカッコ」(くたびれた格好))などを伝えたりする様子が見られたと考えられる。一方で、(7)は視覚的、物理的に話者がお互いに共有できている状況が存在するため、(6)ほどの状況説明は不要であったと言える。したがって、会話はテンポよく進み、また最後には状況の説明ではなく相手の近況を尋ねる、という「荷物を運ぶこと」とはまったく関係のない話題が出てきたと考えられる。
　(6)の会話にあるような状況説明は、「着座式」の他の会話でも多く出現する。これほど長い発話ではないが、例えば「猫を追い払う」会話の「行動式―擬似的環境」では、「ナンダベ(なんだろう)」や「アラ(あら)」などの感動詞、「ネコ　ネコ　ネーゴ　サガナー(猫猫猫魚)」という単語だけで会話をしているのに対し(1-14①気仙沼)、「着座式」では「ナンーダベ　サガナ　トリサ　キテ(なんだろう　魚　取りに　来て)」「ドゴノネゴダベ(どこの猫だろう)」といった説明が入って

くる(4–24 気仙沼)。また、先に挙げた(2)(3)の「福引の大当たりに合う」の会話例のように、「着座式」よりも「行動式」の方が感動表現が現れやすい、といった傾向もありそうである。もちろん、「着座式」で出現する話題、会話の流れも自然ではあるが、各話者のイメージや印象を共有するのが難しいために、状況説明が増えてしまう、ということは言えそうである。「場面設定会話」において、話者の話しやすい設定を提示し、普段の会話により近い会話を収録する方式としては、「行動式」の方がより適していると思われる。

4.　まとめと今後の課題

　本章では、「着座式」と「行動式」の会話収録方式の特徴や違いについてまとめてきた。これまで述べてきたことをまとめると、以下のようになる。

〈「着座式」と「行動式」の違い〉
①発話とその形態的特徴:「発話(ターン)」「発話内あいづち」「重なり」のいずれも「行動式」の方が多く、「着座式」は少ない回数であった。これは、話者が「着座式」の収録方式において対面で会話する際、無意識のうちに、お互いの声の重なりを避けたり、発話権の獲得を譲り合ったりしているためである可能性が考えられる。
②語彙的特徴・文法的特徴:同一形式を連続で使用することは、「着座式」「行動式」ともに見られた。一方、「アリガトー」と「ドーモ」の出現数の違いからは、丁寧さの少し高い形式が「着座式」の方に現れやすい傾向が指摘できる。このように、特徴によって2つの方式に違いが表れる場合とそうではない場合とがある。
③構成的特徴:「着座式」は「発話(ターン)」の平均回数は低いが、1つの発話が長い傾向がある。「着座式」は、場面が視覚的にイメージしやすい「行動式」と異なり、話者がお互いの考えているイメージを共有するために、状況説明をする必要があるからではないかと推察される。
④「場面設定会話」において、話者の話しやすい設定を提示し、普段の会話により近い会話を収録する方式としては、「着座式」に比べると「行動式」の方がより適しているようである。

　今回、「着座式」と「行動式」の収録方式を考察したが、これらの方式について十分に検討できたとは言い難い。各方式で収録した会話の構成や発話内の要素的な特徴などは、今回指摘したもの以外に分析すべき点が多くある。その他、「行動式」の中でも「擬似的環境」「現実的環境」の違いはどうか、という点は、「行動式」の方式による会話収集作業が途中であることもあり、今回は考察することができなかった。また、今回は「場面設定会話」のみを対象とした考察であったが、「場面設定会話」と現実の会話との比較も今度取り組みたい点である。現実になされる、実際の会話を収録する方法としては、例えば話者了解のもとでの隠し撮り方式、話者にマイクを付けてもらい、一日の行動に密着して実際の行動や会話を収録する方式などが考えられる。現実の会話の収録には、「場面設定会話」の収録以上に難しい面があると考えられるが、今後、現実の会話と「場面

設定会話」とを比較し、より良質な会話を記録・保存する方法の検討を行っていく必要があると思われる。

　今回の結論として、「場面設定会話」の収録方式の中では、「着座式」よりも「行動式」の方が、普段の会話により近い会話が収録されやすい傾向があることを示した。しかし「行動式」は、話者・研究者ともに収録の負担が大きく、また技術的にも難しい面がある。話者は、複数の調査員が録音・録画をしている前で、普段通りの会話を再現することになる。そのような状況下でも自然な会話をすることができるかどうかには、話者の性格や、収録への“慣れ”が関係してくると思われる。さらに、場面の状況を把握し、お互いにとって自然な会話を展開するためには、話者同士の相性の良さも重要である。収録する側としても、「行動式」の収録にあたっては、小道具の用意やロケーションの工夫、収録に適した話者の選定など、綿密な準備が必要になってくる。このように、「行動式」の収録には難しい問題が多くあるが、これらの点を克服しつつ、より効率的・効果的に、「行動式」の方法論を検討していくことが今後必要だと考えられる。

文献

小林隆(2018)「「疑似会話型面接調査」の試み」東北大学方言研究センター編『文化庁委託事業報告書　被災地方言の保存・継承のための方言の記録と公開』pp.70–79.

小林隆・内間早俊・坂喜美佳・佐藤亜実(2014)「言語行動の枠組みに基づく方言会話記録の試み」『東北文化研究室紀要』55, pp.1–35.

小林隆・内間早俊・坂喜美佳・佐藤亜実(2015)「言語生活の記録―生活を伝える方言会話集」大野眞男・小林隆編『方言を伝える―3.11東日本大震災被災地における取り組み』pp.89–116. ひつじ書房

坂喜美佳・佐藤亜実・内間早俊・小林隆(2015)「方言会話の記録に関する一つの試み」『日本語学会2015年度春季大会予稿集』pp.149–154.

椎名渉子・小林隆(2017)「談話の方言学」小林隆・川﨑めぐみ・澤村美幸・椎名渉子・中西太郎『方言学の未来をひらく―オノマトペ・感動詞・談話・言語行動』pp.207–337. ひつじ書房

『生活を伝える被災地方言会話集』の映像が持つ可能性

櫛引祐希子

1. 『生活を伝える被災地方言会話集』の映像

1.1 方言研究と映像

　東北大学方言研究センターは、『伝える、励ます、学ぶ、生活を伝える被災地方言会話集—宮城県沿岸 15 市町村—』(2013)のなかで被災地方言会話集の性格について、

　　(1)被災地の方言を記録し後世に「伝える」ことを目指す方言会話集

　　(2)困難の中にある被災者を精神的に「励ます」ための方言会話集

　　(3)支援者が被災地の方言を「学ぶ」ことに役立てる方言会話集

と述べている。東北大学方言研究センターが、(1)(2)(3)の重要度に傾斜をつけなかったことは、この会話集のタイトルが如実に示している。

　2014 年以降に作成された『生活を伝える被災地方言会話集』からは、「励ます」「学ぶ」というキーワードはタイトルに用いられなくなるが、『生活を伝える被災地方言会話集』が言語行動の目的を理論化した場面の設定に力点を置いたことを考慮すれば、被災地の生活を伝えるベクトルの先には、(1)の後世(次世代)だけでなく、(2)の被災者や(3)の支援者も含まれると見るべきだろう。なぜなら、『生活を伝える被災地方言会話集』は、地元の言語生活について今一度見つめなおしたいという被災者の思いや、被災地の言語生活の様子を知りたいという支援者の願いに応じられる内容を備えた会話集だからである。『生活を伝える被災地方言会話集』には、宮城県気仙沼市と名取市で営まれている暮らしから切り取ってきたかのような場面で展開される方言の会話が収録されている。

　だが、設定された会話の場面が具体的であればあるほど、会話を文字で記録することの限界が明らかになる。私たちが日々の生活でおこなう会話のほとんどは、言語だけで成立しているわけではない。相槌を打つ、視線を向ける、あるいは視線をそらす、周辺にある道具を手にする、身体を移動させるなど、人は発話に伴って様々な行動をする。こうした行動を身体言語と呼ぶように、一つひとつの行動が会話において意味を持つ。日常生活にそくした場面での会話を記録するのであれば、会話を構成する言語だけでなく会話のなかでおこなわれる行動も記述する必要があるのは、このためである。

　とはいえ、発話に伴う行動を文字で記録するのは至難の業である。会話の音声は録音できるが、

発話の流れに従い刻一刻と変わる行動の様子を言語に置き換え、さらにそれを文字に置き換える作業を実施するのは大変な労力を要する。そのうえ発話に伴う行動を文字で記録している最中に、観察すべき行動を見逃してしまうことも十分起こり得る。

こうした問題を解決する方法として、会話の収録現場でビデオカメラによる撮影がおこなわれることがある。東北大学方言研究センターは、『生活を伝える被災地方言会話集3』(2016)で言語行動の視点から言語生活を記録するという目的を再検討した際に浮かび上がる課題[1]として「動画映像の手助け」を挙げ、こう述べている。

発話に伴う身体言語のありさまを把握するためにも、リアリティのある言語生活を記録するためにも、動画映像の力を借りるべきではないか。 (『会話集』3:30)

たしかに「発話に伴う身体言語のありさまを把握する」ためには、大量の視覚情報と聴覚情報を瞬時に記録できる映像は適した媒体である。また、映像による記録は現実世界の空間的な広がりを二次元のなかで再現できるため、線条性に縛られた文字による記録より「リアリティのある言語生活を記録」できるように思われる。南出・秋谷(2013)は、研究者を動画撮影に駆り立てる理由として、何らかの現象を理解するためには時系列の連続性と同時多発的に起こる出来事の関連性の分析が不可欠であることを指摘しているが、これは時間軸にそって展開する会話の記録にビデオカメラを利用した東北大学方言研究センターの動機にもあてはまるだろう。

けれども、会話の分析に「動画映像の手助け」を期待するならば、その一方で映像による記録の問題点についても踏まえておくべきである。同一の空間にある豊富な視覚情報と聴覚情報を瞬時に記録できる映像は、情報過多な記録媒体でもある。つまり、記録媒体としての映像の長所は、実は映像の短所でもある。

私たちの脳は、様々な視覚情報や聴覚情報を必要に応じて取捨選択しているが、ビデオカメラはレンズの前で起こる出来事のすべてを撮影する。その結果映像に映し出された溢れんばかりの情報のなかから、研究者は一体どれが研究に必要でどれがそうでないのかということを判断しなければならない。記録媒体として映像を用いる難しさは、ビデオカメラの操作よりも実は分析する際に深刻な問題として研究者の前に立ちはだかる。

だが、こうした問題があるにせよ、筆者は方言による会話を映像で記録することには大きな意味があると考える。なぜなら、方言研究者が方言話者にビデオカメラを向けるという行為は、両者の信頼関係なくしては成立しないからである。方言研究者の手によって生み出された映像は、方言話者が撮影者である方言研究者をいかに信頼していたかという証でもある。

櫛引(2015)で述べたように、方言研究者の依頼に応じてビデオカメラの前に立つ方言話者は、研究者が映像で記録したい方言について、それが記録されるに値するものであるということを理解している。その理解は、学術的な知識に基づくというよりも日常的な経験に基づくものである。自分たちがかつて耳にした方言が消えつつあるということを、あるいはそこまで危機的な意識はなくとも方言が人々の興味や関心を引きつける言葉であることを、方言話者は生活のなかで感じ取って

いる。であるからこそ、方言研究者の撮影に協力する方言話者は、ビデオカメラの前で方言を用いることを惜しまない。つまり、方言研究者が映像で記録したい方言は、方言話者にとっても記録したい方言なのである。

1.2 被災地の方言会話を記録した映像

『生活を伝える被災地方言会話集』の場合、研究者と方言話者をつないだもののなかには地元の方言を記録したいという思いだけでなく、東日本大震災の被災地の方言に対する問題意識もある。東日本大震災の被災地である東北地方の沿岸地域は震災前から過疎化や高齢化が進んでおり、方言の衰退が著しい地域であった。そして 2011 年 3 月 11 日の津波によって多くの人命が奪われ、地域住民の生活は大きく変わることを余儀なくされた。被災地の大学は、こうした被災地の人々の悲しみ、苦悩、そして復興への決意を被災者と共有することができる。

むろん被災地ではない地域に拠点を持つ研究者も、被災地での研究活動を通して被災者の現状を知り、その心情に寄り添い続けることはできる。だが、被災者の思いを共有できるかどうかという点になると、定期的に被災地へ足を運んだ筆者[2]は躊躇なく首を縦に振ることはできない。被災者と数時間ないし数日間ともに生活したとしても、筆者の拠点が被災地以外の場所である限り、被災者にとって筆者は被災地の外からの来訪者だからである。

もちろん被災地の大学にいる研究者と学生も四六時中被災者と顔を合わせているわけではない。他の地域から通う研究者の方が被災者の生活に溶け込み、現状を客観的に把握しているということも多々ある。だが、そうであるとしても、研究者の生活している場所が被災地かそうでないかということは、当事者として被災地での生活を語ることができるかどうかという点で決定的な違いのように思える。

東北大学方言研究センターは、被災地の大学として当事者の目線ないし当事者に近い目線で、方言を取り巻く現状について被災地の人々と問題意識を共有することができる。『生活を伝える被災地方言会話集』の作成と第 3 集から試みられるようになった映像撮影は、被災地の大学だからこそ成し遂げられた成果であると言えるだろう。

ここで思い出されるのが、映像人類学者のタートンの指摘である。やや長くなるが引用したい。

観察フィルム (observation film) をつくるときに、「壁にとまったハエ」(A fly on the wall) のような立場からというのがあります。つまり、そういうフィルムを作る作家は、撮られている人たちに気づかれずに撮影すれば、とても客観的になれるという考え方です。壁のハエのように客体の人びとに気づかれず、あたかも存在しないのと同じように、日常を撮影する。しかし、「壁にとまったハエ」的な観察フィルムは、いったいどこまで可能で、客観的なのでしょうか。もしフィルム作家が、まったく気にとめられないように撮影することができたとして、そのフーテージを編集したら観客が満足できるようなものができるのでしょうか。

もうひとつは、「スープのなかに入ってしまったハエ」(A fly in the soup) アプローチです。つまり、作家自身が、自分の文化というスープのなかにすでに入りこんでいる、それが問題なの

です。カメラはあるところに向けられていて、すべてを見ることができるわけではない。撮影された映像にはナレーションがつけられるのですが、それは「スープのなかに入ってしまったハエ」であるだれかによって語られるのです。つまり、私たちのそれぞれには固有の立場があり、ドキュメンタリーによって得られる真実は、だれが観察してもおなじものが得られるわけではなく、そこにあなたがいなければ見いだされなかったものなのです。

(タートン 2010: 224–225)

　タートンの言葉を借りれば、『生活を伝える被災地方言会話集』の第3集と第4集の映像は、「そこに被災地で生活する方言研究者と学生がいなければ見いだされなかったもの」を映し出しているということになる。言語学の理論に基づいて複数の場面を設定し、特定の場面で展開される会話を収録するという方法は、言語研究者ならではの視点が反映されたものである。そして、方言による会話を映像で記録するという企画を立て、それを方言話者の協力を得て実現できたのは、東北の方言について研究を積み重ねてきた東北大学方言研究センターが被災地にある大学として、被災地の方言をめぐる現状について方言話者と問題意識を共有することができたからである。こうした過程を経て制作された『生活を伝える被災地方言会話集』の第3集と第4集の映像は、東北大学方言研究センターと方言話者による協働作品と位置付けることができるだろう。

　以上で述べたことをまとめたのが図1である。

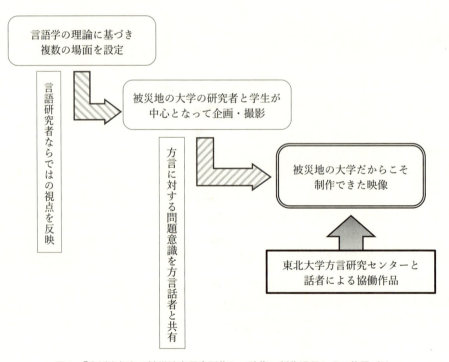

図1　『生活を伝える被災地方言会話集』の映像の制作過程とその位置づけ

もし映像作家や被災地以外に拠点を持つ方言研究者がビデオカメラをまわしていれば、『生活を伝える被災地方言会話集』の映像とは違ったものを制作したはずである。なぜならビデオカメラを持つ撮影者の立場に応じて、被撮影者との関係や共有される問題意識の内容は変わるからだ。たとえ会話の場面設定が同じであったとしても、ビデオカメラのアングルや録画ボタンを押すタイミングが違えば、映像が記録した事実の断片は変わる。それゆえ、映像による記録を実践するならば、異なる撮影者の映像に優劣をつけることよりも、異なる事実の断片を記録したそれぞれの映像の活用について考える方がはるかに重要である。

たとえば筆者が 2013 年から 2017 年までに制作した映像[3]は、宮城県名取市で活動する市民団体「方言を語り残そう会」による被災者支援の様子を記録したものである。方言が呼び水となって被災者と支援者が集う様子を記録した一連の映像作品は、方言研究だけでなく東日本大震災のアーカイブスとしての活用も視野に入れている。

一方、『生活を伝える被災地方言会話集』の映像は、言語学の理論に基づき会話の場面を設定して撮影がおこなわれたものであり、方言研究での活用に主眼を置く。先に引用したように「発話に伴う身体言語のありさまを把握するため、リアリティのある言語生活を記録する」という理由で、「動画映像の手助け」が期待されたのである。

だが、今一度考えなければならないのは、本当に映像は「リアリティのある言語生活を記録」できるのかということである。東北大学方言研究センターが「東日本大震災と方言ネット」(https://www.sinsaihougen.jp/)で公開しているのは、ワンショット(one shot)で撮影されたフーテージ(footage)と呼ばれる映像である。一台のビデオカメラが撮影し編集の手を入れていない映像は、複数のビデオカメラが撮影した映像に編集を施したものよりリアリティの面では長けているように思われる。だが、その認識は誤りだ。映像を編集しようがしまいが、カメラマンが録画ボタンをオン・オフにした時点で、映像に記録される世界は現実の世界から切り離される。また、ビデオカメラは事前に定められたアングルでしか世界を捉えることができないため、映像はレンズの範疇におさまらなかった事実を映し出すことはない。つまり、その場所で起きている出来事のすべてを映像は記録できるわけではないのである。

さらに、『生活を伝える被災地方言会話集』の映像ならではの問題もある。この映像の撮影がおこなわれた空間は、方言調査の一環として会話の場面が設定された時点で日常から切り離された特別な空間と化している。となれば、その空間で日々の生活の具体的な場面を想定した会話が展開される様子をビデオカメラが撮影したとしても、それは「リアリティのある言語生活」を映し出したものとは言えない。

だが、そうであるとしても、『生活を伝える被災地方言会話集』の映像が方言研究に寄与しないということはない。言語学の理論に基づいて設定された場面で展開される会話の一部始終を記録した映像は、言語学的な考察対象となり得る情報を視聴者に提供する。

次節では、『生活を伝える被災地方言会話集』の第 3 集に収録された「折り紙を折る」の会話場面を記録した映像を取り上げ、この点について詳しく論じることにしよう。

310 第Ⅴ部 方法

2. 「折り紙を折る」の会話場面の映像

2.1 設定された会話場面について

　『生活を伝える被災地方言会話集』の第3集に収録されている「折り紙を折る」は、主張表明系の〈説明する〉に分類された会話場面である。撮影前に話者に提示された場面の設定は、こうである。AとBは近所の知り合いである。二人は所属している敬老会で折り紙を折って遊ぶことになったが、Bはあまり折り紙の経験がない。そこで、Aから折り方を教わることになった。そのときのやりとりを話者はAとBの役に分かれ実演する。どちらが折り紙の折り方を説明するAになるか、そして何を折るかは話者の判断に任されている。そして、上記の説明に続くかたちでこの場面を設定した意図がこう述べられている。

　　「16. 出店のことで話す」と同様、知識提供の説明である。ただし、こちらの場面はAがBに
　　折り紙の折り方を解説しながら互いに折り紙を折るという具体的な動作を伴う。〈尋ねる〉〈確
　　認する〉〈指示する〉〈注意する〉などといった要素の出現も期待される。

　つまり、折り紙は〈尋ねる〉〈確認する〉〈指示する〉〈注意する〉といった言語行動を引き起こす道具として用意されたわけである。話者による実演では、気仙沼が兜の完成を目指す会話を5分16秒、名取が鶴の完成を目指す会話を8分8秒で展開する。折り紙で折った作品と会話の時間に違いはあるが、次に挙げる点が両地域で共通している。

　　①折り紙の折り方を説明するAは、女性話者が担当している。
　　②説明する側のAと説明の受け手であるBが相互に発話するかたちで会話が展開する。
　　③BがAによる説明を理解できないとき、AはBの折り紙を手に取って説明を続けることが
　　　ある。
　　④折り紙による作品が完成したところで会話が終了する。

　①のように折り方を説明するAを女性が担当することには、性別に基づく社会的な経験の差異が関係している。これは、次に引用する名取の会話から推察される（以下、原文にある下線の類は省略）。

　　002A：アラーー　（B　ウン）ナツカシイッチャーー。ヨク　ツ　オッタッチャー。
　　　　　あら　　　（B　うん）懐かしいわ。　　　　　よく　×　折ったわよ。

　　　　　（B　ンナ　オラ）ワカンナイ。
　　　　　（B　そんな　　）わからない？

003B： オトゴ　　ホンナゴド　スネガッタド。
　　　　　男　　　　そんなこと　しなかったぞ。

004A： ンダガモワガンネネー。ンデ　　　　　　　オシエッカラ。
　　　　　そうかもしれないね。　それで［は］　教えるから。

（3–17「折り紙を折る」名取）

　折り紙が主に女子の手遊びであることや子育ての主な担い手が女性であったという世代的な事情を背景にして、気仙沼の女性話者は兜、名取の女性話者は鶴の折り方を男性話者に説明する。つまり、「折り紙を折る」という会話場面には、折り紙の折り方を説明する人物と説明を受ける人物の性別が埋め込まれているのである。したがって、会話を分析する際は、折り紙の折り方を説明する側と説明を受ける側の性別に留意する必要がある。なぜなら、もし性別に基づく社会的な経験に差異がない事柄に関する知識の提供がおこなわれる会話場面が設定されていれば、会話で用いられる表現やそれに伴う行動が「折り紙を折る」の結果と異なった可能性は大いにあるからだ。

　とはいえ、「折り紙を折る」という場面の設定に意味がないわけではない。知識の提供が相互の発話のなかで進行していく②は、説明する側とその受け手の関係が対等で良好であることを示唆する。もし両者の間に良好な関係がなければ、③のようにAがBの所有する折り紙を直接手に取るようなことはないだろう。また、Aによって折り紙を自分の手から直接取られたBも、それを黙って見過ごすことはしないだろう。

　なお、東北大学方言研究センターから話者に提示された設定では、折り紙による作品の完成について言及されていない。しかし、両地域の話者は④のように折り紙による作品が最後に完成する筋書きで会話を実演した。これは、折り紙の折り方に関するAの説明をBが紆余曲折はありながらも理解したということであり、両者が最初から最後まで良好な関係を維持したことを物語る。つまり、「折り紙を折る」という設定で展開される会話には、知識を提供する側と知識を受ける側が信頼関係のなかで織り成すコミュニケーションの姿が再現されているのである。

　では、『生活を伝える被災地方言会話集』の第3集の「折り紙を折る」の映像は、〈説明する〉という言語行動を考える上でどのような情報を提供するのだろうか。②と③に関わる会話場面の映像に注目してみたい。

2.2　映像によって記録された知識提供の説明に伴う行動

　まず、折り方を説明するAと説明されるBの発話が相互に組み合わさる②についてである。気仙沼では、折り紙による兜が完成した後に、兜の飾り方についてBがAに尋ねたことから次のような会話が展開される。

082B： ドーヤッテー　カザルノッサ。{完成した兜を触る音}アダマサ　ヤンニワ
　　　　　どうやって　　飾るのさ。　　{完成した兜を触る音}頭に　　　　やるには

　　　　　チャッコイスー。
　　　　　小さいし。

083A：ハイハイ。アドー　ホレ、オッキーノ、カミデー　（B　ウン）マゴーダチサ
　　　　　はいはい。あとは　ほら、大きいの、　紙で　　　（B　うん）孫たちに

　　　　　オッテケレバ　イーノ。ゴガツンナッタラ（B　アーーーーー）ハイ。
　　　　　折ってやれば　いいの。五月になったら　（B　あー）　　　　　はい。

084B：ホンデー　ナニガ　シ　オーギナチラシガナニガデ。
　　　　　それでは　何か　×　大きなチラシか何かで。

085A：ハイハイハイ。（B　ウン）コーコグデモー。（B　ウーーン）オボエダスカ。
　　　　　はいはいはい。（B　うん）広告でも。　　　（B　うーん）　覚えましたか。

086B：｛兜をペットボトルの上にかぶせる音｝ハイ　ツ。
　　　　　｛兜をペットボトルの上にかぶせる音｝はい　×。

　　　　　　　　　　　　　　　　　　　　　　　　　（3–17「折り紙を折る」気仙沼）

　文字化された二人の会話を見ると、兜の飾り方について尋ねたBの質問にAは明確な答えを示していない。つまり、Bの質問は最後まで宙に浮いたかたちになる。しかし、この会話を記録した映像を見ると、文字に記録されなかったもう一つのコミュニケーションが同時に進行していたことがわかる。次のページの図2でまとめた画像と照らし合わせながら、このことを確認しよう。

　「082B：ドーヤッテー　カザルノッサ」を受け、Aは机の下からペットボトルを取り出し、机の上に置く（画像❶）。そしてペットボトルの上部（蓋の部分）に自分が作成した折り紙の兜をかぶせる（画像❷）。この時、BがAの動きに気づいたかどうかは不明だが、「082B：アダマサ　ヤンニワ　チャッコイスー」の発話とともに自分が作った折り紙を頭のあたりまで持っていく（画像❸）。そして083A、084B、085Aの会話の進行にしたがい、BはAのように自分のペットボトル（Bのペットボトルは最初から机に置いてあった）に自分の折り紙の兜をかぶせようとする（画像❹）。そして「086B：ハイ」の発話と同時に兜をかぶせたペットボトルを手にし、Aに向けて差し出すような動作をする（画像❺）。086Bの｛兜をペットボトルの上にかぶせる音｝は、この時の音である。

　つまり、折り紙の兜の飾りを尋ねたBに対して、Aが「頭に飾る場合は節句を迎える孫のために広告用の大きな紙で折る」という説明と、「今作った折り紙の兜はペットボトルの蓋の上にかぶせて飾る」という説明を同時におこなっていたことが映像によってわかる。言語による説明である前者は文字による記録に反映されたが、行動のみで説明された後者は映像がなければ分析対象になりえなかった。

『生活を伝える被災地方言会話集』の映像が持つ可能性　313

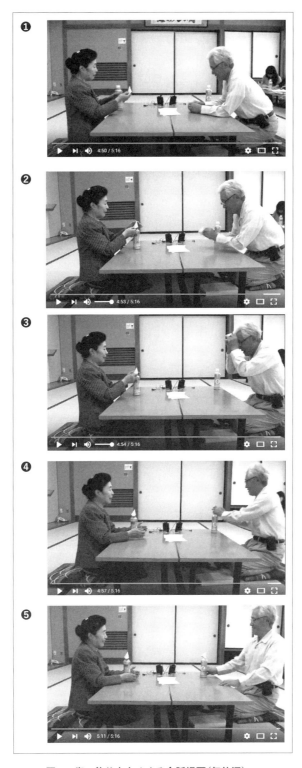

図2　兜の飾り方をめぐる会話場面（気仙沼）

314　第Ⅴ部　方法

　興味深いのは、言語による会話と行動による会話が独立して展開するのではなく、相互に関連しあっているという点である。たとえば、Bの「082B：ドーヤッテー　カザルノッサ」という兜の飾り方に関する質問に対して、Aは画像❶が示すように行動で答えている。また、最後のBの「086B：ハイ」は、Aの「085A：オボエダスカ」という質問に対する返事のようでもあるし、画像❺が示すようにBが折り紙の兜をかぶせたペットボトルをAに見せる際の掛け声的なもののようでもある。このように映像によって方言話者の行動が記録されていたことにより、082Bから086Bまでの会話場面に関する考察の幅が広がったわけである。

　次に③に関わる場面を見てみよう。折り紙を折ることに慣れていないBにとってAの説明通りに行動するのは難しい。折り紙の折り方が分らない場合、気仙沼では「050B：ア　ナンダ　オガ　オガシーナ（あ　なんだ　おかしいな）」「052B：ナンダガ　オラノ　オラノ　オガシーゴッテ（なんだか　私　私の　おかしいようだ）」のようにBは困惑していることをAに伝える。一方、名取では「025B：エ。チョット　コレ　ドースンノ　コレ（え？　ちょっと　これ　どうするの　これ）」のような質問、「075B：ンデ　ソコマデ　ヤッテケロワ（それで［は］そこまで　やってくれよ）」のような依頼、「069B：ダーミダナ　コレ（ダメだな　これ）」のような心情の吐露といった発話が見られる。

　おそらく相手の説明通りにできないことを自己申告する発話には複数のタイプがあり、「折り紙を折る」の会話場面では、その出現に気仙沼と名取で違いが生じたのだろう。これを地域差と断定するには根拠となる材料が少ない。したがって、本稿ではBの自己申告の発話ではなく、それに対するAの発話と行動に注目したい。

【気仙沼】
　　052B：　ナンダガ　オラノ　　オラノ　　オガシーゴッテ。
　　　　　　なんだか　私×　　　私の　　　おかしいようだ。

　　053A：　ドレ。ナンダベ　　　ドレ。
　　　　　　どれ。なんだろう　　どれ。

　　054B：　ホレ　ハンタイガ。〔Bが自分の折っていた折り紙をAに渡しながら発言している〕[4]
　　　　　　ほら　反対か。

　　055A：　ア　コイズ　ニマイ　イッショニ　オッタガラ。コー。{折り紙を折り直す音}
　　　　　　あ　こいつ　二枚　　一緒に　　　折ったから。こう。{折り紙を折り直す音}

　　　　　　コゴントゴーネ　　　コー　フタッツニ　オッテ　コゴー　イチマェ　ノゴシトグノ。
　　　　　　ここのところをね　　こう　二つに　　　折って　ここ　　一枚　　　残しておくの。
　　　　　　　　　　　　　　　　　　　　　　　　　　　　　　　　　　（3-17「折り紙を折る」）

【名取】

025B： エ。　チョット　コレ　ドースンノ　コレ。
　　　　え？　ちょっと　これ　どうするの　これ。

026A： ン。　ヒロゲテ。ンーン。
　　　　ん？　広げて。　ううん。

027B： アー　コイズガ、シロゲテ。〔「シロゲテ」の後でAがBの折り紙を取って折りはじ
　　　　める〕[6]
　　　　あー　こいつか、広げて。

028A： ココマデ　コーヤッタラ　コーヤッテ　コンド、　コレオ　コンド　マタ
　　　　ここまで　こうやったら　こうやって　今度、　　これを　今度　　また

　　　　オンナジヨーニ　カサネンノ。
　　　　同じように　　　重ねるの。　　　　　　　　　　　（3-17「折り紙を折る」）

　まずAは、説明が理解できないことを申告したBに応答する（053A、026A）。その後、Bの発話を挟んでから、Aは「コイズ」「コー」「ココ（コゴ）」「コレ」などコ系の指示詞を多用してBに折り方を説明する。この時、054Bと027Bの注釈にあるように、AはBが折っていた折り紙を手に取る。したがって、055Aと028Aの発話で多用されるコ系の指示詞は、Bの折り紙を対象にしている。つまり、「折り紙を折る」の会話全体を通してAの発話に登場するコ系の指示詞は、対象がA本人の折り紙である場合とBの折り紙である場合があるということである。前者の場合、コ系の指示詞の対象はAの領域内にある。だが、後者の場合、コ系の指示詞の対象は折り紙を折るAの側にあるのか、折り紙の本来の所有者であるBの領域にあるのか判然としない。

　これを解決するのが会話場面を記録した映像である。次のページの図3は、折り方が分からないBから折り紙を取ろうとするAの行動を映した画像と、Aがコ系の指示詞を用いてBに折り方を説明する055Aと028Aの様子を映した画像をまとめたものである。ビデオカメラによる撮影のアングルが気仙沼は横、名取は正面という違いはあるが、気仙沼のAと名取のAの行動がほぼ同じであることが確認できる。

　まず、AがBから折り紙を取ろうとする場面で、AはBの方に腕を伸ばす。一見するとAの振る舞いは強引に見えなくもない。けれども、Bが応じるかたちで自分の折り紙をAに委ねていることからすると、BはAの行動を容認している。そして、画像が示すように、AはBの方を向いて不自然な姿勢をとることで、Bの折り紙をAとBの領域の中間地点に置いて説明を続ける。つまり、説明する側は自分の身体に負荷をかけることで、説明を受ける側は自分の折り紙を相手に譲渡することで、知識の提供と受容の完遂を目指しているのである。

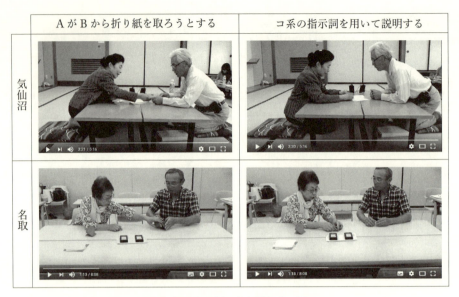

図3　折り紙の折り方を説明する場面

　以上で注目した、気仙沼のAが机の下にあったペットボトルを手にしてBの質問に応じた行動や、気仙沼と名取のAが折り紙の折り方を説明するために自分の身体に負荷をかけた行動は、「折り紙を折る」という場面で展開された会話を記録した映像に映し出されたことで分析の対象となった。

　だが、少し意地悪な見方をすれば、この映像は「折り紙を折る」という場面で展開された会話の実態の一部しか記録していない。AとBが折り紙を折る手つき、説明方法に戸惑う時のAの表情、折り方の説明に聞き入るBの表情、互いの折り方を確認するときの視線など、ビデオカメラが撮影できなかったものは、映像のなかで映し出されたもの以上にある。

　また、分析で重視したい箇所がすべて映像に映し出されているわけではない。たとえば、気仙沼のAが机の下からペットボトルを取り出したときの動作は、ビデオカメラが設置された位置の関係で見えにくくなっている。また、名取のAとBは映像の冒頭から折り紙を手にしており、二人がそれぞれの折り紙の色を決めた様子は映像に記録されていない（気仙沼ではAがリードするかたちでBが折り紙の色を選ぶ様子が映し出されている）。

　こうした問題点は、「折り紙を折る」の会話場面に限らず『生活を伝える被災地方言会話集』の第3集と第4集に収録された会話を記録したすべての映像にある。だが、これは撮影者に原因があるというより記録媒体としての映像本来の性質に由来するものであると考えるべきだろう。

3.　『生活を伝える被災地方言会話集』の映像の活用

　何を撮影するのかという明確な目的がなければ、ビデオカメラのアングルやフレームの設定は決まらない。どのように撮影するのかという方法論的な問題が解決されなければ、用意すべきビデオ

カメラの台数や設置場所、またマイクや録音機材の使用の有無は決まらない。そして記録されたものをどのように活用するのかということが明確でなければ、撮影者と被撮影者の努力は水の泡と化す。

『生活を伝える被災地方言会話集』の第3集と第4集に収録された会話場面を撮影した映像は、「地域の言語生活を記録し後世に伝える」ことと「言語運用面についての研究資料を蓄積する」ことを目指した文字による方言会話資料の「手助け」をするための記録媒体である。したがって、その活用も自ずと方言の会話分析を目的としたものとなる。だが、研究者がコンピューターの画面に映し出された動画を繰り返し視聴するだけの活用では、この映像が持つ可能性は活かしきれない。

フィールドワークで映像制作を実践する人類学では、フィードバックとして被撮影者に映像を見せ、その上映会で得た知見を調査に活かす再帰的な研究がおこなわれている。たとえば、エチオピアの吟遊詩人について調査した川瀬(2006)は、フィードバックの上映が自分と被撮影者である吟遊詩人との関係やビデオカメラに対する彼らの警戒心を和らげるという点において有効であっただけでなく、調査者として気づかなかった事柄の指摘や教示を通して調査・研究が進展したと述べている。西ティモールでフィードバックの上映をおこなった森田(2016: 15)も「撮る者と撮られる者が同じ物語を見てわかりあうことを当然の帰結として据えた実践ではなく、相手と容易にはわかりあえないという現実を突きつけられることを織り込んだうえでの試みである」として被撮影者に映像を見せることの意義を考察している。

こうした方法は、方言研究でも応用できるだろう。『生活を伝える被災地方言会話集』の場合、会話を実演した気仙沼や名取の方言話者と映像を視聴すれば、映し出されたものをきっかけにして方言話者から新たな情報を聞き出し、分析の手がかりや新たな調査の着想につなげることが可能かもしれない。あるいは、研究者が調査時や分析時に気づかなかった方言話者の行動の意味を教示してもらえるかもしれない。また、方言話者の側も研究者と映像を視聴することで、東北大学方言研究センターが『生活を伝える被災地方言会話集』を作成するにあたり、具体的な場面を設定した事情について理解を深めることができるかもしれない。

以上で述べたことは想像の域を出ないが、『生活を伝える被災地方言会話集』の映像が研究者と方言話者の信頼関係の上に成立したことを踏まえれば、人類学が実践しているような方法で『生活を伝える被災地方言会話集』の映像を活用することについて一考する価値はあるだろう。だが、『生活を伝える被災地方言会話集』の映像が持つ可能性は、これに留まらない。

『生活を伝える被災地方言会話集』の会話場面の映像撮影は、被災地の方言会話を収録していく過程で記録作業に不可欠であると判断されて第3集から始まった。この映像撮影が、調査を企画した撮影者(東北大学方言研究センター)と協力する被撮影者(方言話者)にとって大きな挑戦であったことは間違いない。調査者の奮闘は、複数の映像に映りこんだ録音担当者(主に学生)の様子や「魚の新鮮さを確認する」「食事の内容が気に入らない」「猫を追い払う」などに登場する手作りの小道具からもうかがえる。そして、周囲にいる調査者に気を散らすことなく手作りの小道具を本物のように扱う方言話者の振る舞いには、地元の方言を自分の身体を通して記録したいという信念と覚悟が感じられる。

318　第Ⅴ部　方法

　小林(2007: 18)は、方言話者との信頼関係を築くことが調査において肝要であり、方言話者と研究者が「一体となって方言を解明するといった共同意識の生まれることが理想である」と述べているが、『生活を伝える被災地方言会話集』の会話場面の撮影では、「一体となって方言を記録するといった共同意識」が生まれたと言えるだろう。

　つまり、『生活を伝える被災地方言会話集』の映像は、宮城県気仙沼市と名取市の方言による発話に伴う行動だけでなく、東北大学方言研究センターの調査員たちと方言話者が一体となって方言を記録しようとする姿も映し出しているのである。そういう意味で『生活を伝える被災地方言会話集』の映像は、研究者と方言話者が協働で方言を記録することの醍醐味について、これ以上ないほどわかりやすく社会に発信できる媒体でもある。

　方言が危機的な状況にあり方言の記録の必要性が叫ばれている今、『生活を伝える被災地方言会話集』の映像は、当初の意図とは異なる点においても方言研究に貢献する可能性を秘めているのである。

注

1　他の課題として「個人差の問題」と「場面の現実性」も指摘されている。

2　筆者は、2012年2月から2015年までほぼ月に一度宮城県名取市の美田園第一仮設住宅でおこなわれる地元の市民団体「方言を語り残そう会」の支援活動を見学し、仮設住宅の住民や「みやぎ生協仙南ボランティアセンター」の有志と親交を深めた。2015年から2018年3月(仮設住宅が閉所となる)までは隔月で仮設住宅を訪問した。

3　筆者が制作した映像作品は、①「方言でやっぺ！名取閖上版桃太郎」(37分、2014)、②「〈方言を語り残そう会〉金岡律子さん―「やんなきゃない」と思えば、やりとげられる―」(17分、2015)、③「みんなで作っぺ！仮設で「たこ焼きパーティー」」(11分、2015)、④「仮設で仮装カラオケ大会「みんなで歌うっぺ！」」(15分、2016)の4本である。①②③は「せんだいメディアテーク　3がつ11にちをわすれないためにセンター」のHP(http://recorder311.smt.jp/movie/)で公開されている。また、①③④はDVDとして「せんだいメディアテーク」にて貸し出されている。

4　『生活を伝える被災地方言会話集3』(2016)の本文(101ページ)には注釈として［2］とあるが、本稿では便宜上、注釈の内容を本文に挿入した。

5　『生活を伝える被災地方言会話集3』(2016)の本文(182ページ)には注釈として［2］とあるが、本稿では便宜上、注釈の内容を本文に挿入した。

文献

川瀬慈(2006)「唄声がつむぐつながりを撮る　エチオピア高原の吟遊詩人ラリベロッチ」北村皆雄・新井一寛・川瀬慈編『見る、撮る、魅せるアジア・アフリカ！映像人類学の新地平』pp.70–87. 新宿書房

櫛引祐希子(2015)「方言を撮る―方言研究と映像の出会い―」日本方言研究会編『方言の研究1』pp.229–248. ひつじ書房

小林隆(2007)「調査ということ」小林隆・篠崎晃一編『ガイドブック方言調査』pp.1–21. ひつじ書房

タートン、デイヴィッド(2010)「映像による異文化表象の諸問題」(2008 年のグローバル COE プログラム「コンフリクトの人文学国際研究教育拠点」のワークショップの記録　翻訳：田沼幸子)大阪大学グローバル COE プログラムコンフリクトの人文学国際研究教育拠点編『コンフリクトの人文学』2: pp.221–242. 大阪大学出版会

南出和余・秋谷直矩(2013)『フィールドワークと映像実践　研究のためのビデオ撮影入門』ハーベスト社

森田良成(2016)「映画の物語をめぐる人類学的実践と考察―西ティモールにおける調査と映像制作の事例―」『南方文化』42: pp.1–20. 天理南方文化研究会

あとがき

「あとがき」として、まず本書の出版経緯について触れておきたい。

小林隆先生は、2017年11月に還暦を迎えられた。その折に、東北大での初期の教え子である大橋と竹田が発起人となり、記念の会を企画することになった。とはいえ、先生の性格からして単なる記念の会ではお断りになることが目に見えていたので、「研究会兼親睦の会」という趣旨でご提案したところ、「それならば」とご快諾くださったのが事の始まりである。

会の概要も決まり、ほっと(油断)していたところ、「せっかくなら共通のテーマで研究会を開きたい」、「近年研究室で調査を進めてきている方言会話の分析を参加者全員で行いたい」、「できればそれをもとに資料集・論文集の出版を目指したい」と矢継ぎ早の逆提案があり、その熱(圧)に押される形で「被災地方言会話集の分析・研究発表会：方言学の沃野―談話資料から見える世界―」(2017年11月3日)が開催されることになった。本書は、その研究発表会への参加者、また当日参加がかなわなかった先生ご赴任後の教え子を中心に、各自の専門とする分野の視点から、方言会話の分析を試みたものである。

当初発起人としては、若かりし頃と変わらない先生の探求心に感銘を受けながらも、すっかり本題である記念の会の色合いが薄れてしまったこと、そしてまた思わぬ形で参加者たちを難題に引き込んでしまったことに、正直後ろめたい気持ちがあった。しかし、これもまた思わぬことに、当日の研究会は発表・質疑ともに大変な盛り上がりを見せ、互いが大きな刺激を受けつつ、それ以降の分析・考察へと、まさに探求心をもって向き合うことになったのである。

本書で主に分析の対象としたのは、資料編に掲げる「場面設定会話」である。これの有効性は、それ自体が日常生活のさまざまな場面を切り取った会話資料であること、そのために言語の構造面だけでなく、表現法や言語行動といった言葉の運用面にも広く分析を適応しうる点にある。しかしそうした資料の収集および分析は、方言研究ではそれほど進んでいるとはいえず、今回の分析でも何がしかの手応えが得られた反面、考察が手探りであったり、結論を得てまた新しい課題を自覚させられたりする面も多かったのではないかと思われる。その点では、それぞれ粗削りではあるが、それゆえに発展性と可能性を秘めた新しい試みとなっているものと自負する。各論考のご批正を賜るとともに、読者の皆様には是非本書の資料編をご活用いただき、率直なご意見、また各自が考える分析の視点や考察のアイデアなどをお寄せいただければ幸甚である。

本書の出版にあたっては松本功社長、また編集その他の細々としたことで相川奈緒さんに大変お世話になりました。方言研究の新しい世界を体感する貴重な機会をいただきましたことに、改めて感謝申し上げます。

被災地方言会話集の分析・研究発表会幹事
大橋純一
竹田晃子

索　引

A–Z

F0 高　28
F0 低　30
F0 の上昇　33
FPJD　89
/NN/ 単純化規則　9, 11, 21
/QQ/ 単純化規則　17
r の無声化　5, 11

あ

挨拶　140
挨拶表現　140
あいづち　264
相手への働きかけ　120

い

イ　122
言いさし表現　118
意志表現　117
イとエやシとス（ジとズ）の混同　39
意図の伝達　225, 239
意味のタグ　114
依頼　203, 205
依頼会話　203
イ類　115
イン　122
イントネーション単位　132
引用形式　117
韻律的強調　33

お

応答表現　195, 198, 199
オショシイ類　169
音声諸現象　26
音声的特徴　131

か

カイ二乗検定　53
書き言葉　129

格の階層　60

格の階層　60
過去に認識した事態の非想起状態　100
過去の非実現　79, 81, 83, 88
重なり　289
仮説的用法　65, 88
カッタ形式　90
仮定的用法　65, 67
可愛い　165
可哀そう　172
関係維持　225, 239
感謝表明　209, 213, 219, 220
感情的言語要素　254, 255, 258
感情表明系の言語行動　242
感動詞　130, 226
感動詞の出現　237
感動表現　208, 211, 217, 221, 222
勧誘表現　121
慣用的用法　73

き

擬似会話型面接調査　213
疑似的環境　284, 285
基本周波数(F0)　27
共感の形成　208, 211, 217, 222
共感の表明　235, 238
恐縮表明　209, 213, 219, 220, 221
共通語感覚　204, 208
記録媒体　306, 316, 317
禁止命令形　122

け

ケ　88, 91, 96, 100, 102, 103, 110
形態的単位　245
言語行動　225, 232, 237, 310, 311
言語的発想法　261
現実的環境　284, 285

こ

向格　54
行動式　283, 284, 287, 288, 298, 302, 303
語構成　128

ゴッテ類　115
断りの要素　226
コロケーション　46

さ

サ　54
撮影者　309, 316, 317
サの地域差　60

し

時間節　76
時間的局面　84, 92
時間的操作の現象　38
指示語　145, 155
指示詞　315
事実的用法　71
シタッタ　79, 91
シテダ　79, 80
謝罪表明　232, 238
自由会話　120
終助詞的用法　75
重層的な定型化　181
主格　45
受託　203, 205
出現傾向　253
順接仮定条件表現　63
情意の接続詞　141
状況依存的な話し方　155
状況依存的な表現　155
上下関係　233
条件節　136
条件表現　63
使用の頻度　46
ショシイ　170
親疎関係　233
身体言語　305
人類学　317

す

推量表現　115

せ

セ　122
ゼロ格　45

そ

想起　95, 103, 110
想起できない事態　98
想起表現　102
相互行為　130
率直な話しぶり　209, 212, 218, 222
ソレデ　135
ソレデワ　135

た

ターン　264, 289
ターンテーキング　263
代案の提示　236, 239
対格　45
ダカラ　130
奪格　54
タッケ　65, 72, 73
タッタ　100
タラ　63, 66, 68, 69, 72

ち

地域差　225, 239
地方語文献　161
チャ　96, 102, 110
着座式　283, 284, 287, 288, 292, 298, 302, 303
着点　56
長音化　37
直接的な発話態度　222

つ

通信調査法　232
ツラッパシナイ類　170

て

テ　122
デ　135
出会い（主）場面　192
出会いの要素　184
定型化　181, 188
定型性　189
定型的表現　188
定型的表現の有無　193
テコセ類　122
デバ　75

と

ト　63, 66, 69, 70, 71
同意　133
同一形式　293
同化・縮約　39
ドギ　76
都市化と定型化　190

な

ナキャナイ　75
名前を呼ぶ表現　191
ナラ　64, 66

は

バ　63, 66, 68, 69, 71
配慮性　209, 213, 219, 222
場所性　58
恥ずかしい　169
働きかけ　119
発音の強弱　35
発話　289
発話意図　247
発話機能　245
発話態度　25
発話対での定型化モデル　199
発話の機能　247
発話の目的　156
発話要素　245, 252
発話リズム　37
話し言葉　129
場面設定会話　119, 283
バリエーション　127
ハリセ　122
反事実的用法　67
反復・習慣用法　70

ひ

鼻音化　39
東日本大震災　307
東日本大震災と方言ネット　309
東日本大震災のアーカイブス　309
非仮定的用法　69, 70, 71
非条件的な用法　73
鼻濁音　153
ピッチ曲線　132
否定的評価　241
ビデオカメラ　306, 307, 315, 316

非難　208, 212, 218, 222
評価的用法　73
表現の意図　146
ビョン　115

ふ

フィードバック　317
不可能の告知　235
不可能の表明　238
フレーズ　49

へ

ベ　98, 110, 115
ベ＋オン　115
ベ＋モノ　115
ベシ　121
ベス　121
ベッチャ　101, 102, 110

ほ

方言語史　161
『方言文法全国地図』(GAJ)　81, 89, 90
方言を語り残そう会　309

ま

間　36

み

民話　145

む

ムゴイ　175
無声音　152
無声化　152
ムゾコイ　173

め

命令形　122
命令表現　122
メゴイ　166
メンコイ　166

も

モゾイ　173
モッケダ　173

や

やり取りの定型化　194

ゆ

有意差　53
融合型　139
有声化　39
有標形　53

よ

与格　54

呼びかけ　191, 195, 198, 199

り

理由説明　233, 238
理由を表さないカラ　118
臨場感　145, 146, 149

ろ

論理的関係　135

わ

話速　36

ん

ンダラ　65, 66

執筆者紹介(五十音順)

太田有紀(おおた ゆうき)
東北大学大学院文学研究科大学院生
出身地は宮城県。専門分野は社会言語学、方言学。
主な著書・論文に「地域によるあいづちの差異―floor との関係から」(『国語学研究』55、2016)、「モノローグ場面に見られるあいづちの出現間隔の違い―大阪と東京の雑談の対比から」『コミュニケーションの方言学』(ひつじ書房 2018)等がある。

大橋純一(おおはし じゅんいち)
秋田大学教育文化学部教授
出身地は新潟県。専門分野は方言学、日本語学。
主な著書に『東北方言音声の研究』(おうふう 2002)、『県別方言感覚表現辞典』(東京堂出版 2018、共著)等がある。

川﨑めぐみ(かわさき めぐみ)
名古屋学院大学商学部准教授
出身地は山形県。専門分野は方言学、日本語学。
主な著書・論文に『方言学の未来をひらく―オノマトペ・感動詞・談話・言語行動』(ひつじ書房 2017、共著)、「東北地方の民話にみるオノマトペ表現の特徴」『感性の方言学』(ひつじ書房 2018)等がある。

櫛引祐希子(くしびき ゆきこ)
大阪教育大学教育学部教育協働学科准教授
出身地は神奈川県。専門分野は日本語学、方言研究。
主な著書・論文に「方言を撮る―方言研究と映像の出会い」(『方言の研究』1、2015)、「接尾辞「コ」の創造力」『シリーズ〈日本語の語彙〉8　方言の語彙―日本語を彩る地域語の世界』(朝倉書店 2018)等がある。

甲田直美(こうだ なおみ)
東北大学大学院文学研究科准教授
出身地は青森県。専門分野は文章・会話の研究。
主な著書に『談話・テクストの展開のメカニズム―接続表現と談話標識の認知的考察』(風間書房 2001)、『文章を理解するとは―認知の仕組みから読解教育への応用まで』(スリーエーネットワーク 2009)等がある。

小林隆(こばやし たかし)
東北大学大学院文学研究科教授
出身地は新潟県。専門分野は方言学、日本語史。
主な編著書に『ものの言いかた西東』(岩波書店 2014)、『コミュニケーションの方言学』(ひつじ書房 2018)等がある。

作田将三郎（さくた しょうざぶろう）
北海道教育大学教育学部旭川校准教授
出身地は茨城県。専門分野は方言学、日本語学。
主な著書・論文に「飢饉資料から見た〈糠〉の東北地方語史」（『東北文化研究室紀要』45、2004）、「地方語文献にみる方言語彙」『シリーズ〈日本語の語彙〉8　方言の語彙―日本語を彩る地域語の世界』（朝倉書店 2018）等がある。

櫻井真美（さくらい まみ）
元　山形大学講師、教育コンサルタント
出身地は山形県。専門分野は方言学、日本語学。
主な論文に「山形市方言の条件表現形式「ドギ」」（『言語科学論集』6、2002）、「山形市方言順接条件表現形式「ド」の用法」（『言語科学論集』7、2003）等がある。

佐藤亜実（さとう あみ）
東北文教大学短期大学部講師
出身地は福島県。専門分野は方言学、社会言語学。
主な論文に「多人数調査からみた接尾辞ラヘンの用法とその派生―福島県郡山市における多人数調査から」（『国語学研究』54、2015）、「会議録における接尾辞ラヘンの通時的・地理的展開」（『国語学研究』55、2016）等がある。

澤村美幸（さわむら みゆき）
和歌山大学教育学部准教授
出身地は山形県。専門分野は方言学、日本語学。
主な著書に『日本語方言形成論の視点』（岩波書店 2011）、『ものの言いかた西東』（岩波書店 2014、共著）等がある。

椎名渉子（しいな しょうこ）
名古屋市立大学人文社会学部准教授
出身地は東京都。専門分野は日本語学、方言学。
主な著書・論文に『方言学の未来をひらく―オノマトペ・感動詞・談話・言語行動』（ひつじ書房 2017、共著）、「育児語と方言語彙」『シリーズ〈日本語の語彙〉8　方言の語彙―日本語を彩る地域語の世界』（朝倉書店 2018）等がある。

竹田晃子（たけだ こうこ）
立命館大学衣笠総合研究機構専門研究員
出身地は岩手県。専門分野は方言学、日本語学。
主な著書・論文に『敬語は変わる―大規模調査からわかる百年の動き』（大修館書店 2017、共著）、「東北方言の認識的条件文」『日本語条件表現の諸相―地理的変異と歴史的変遷』（くろしお出版 2017）等がある。

田附敏尚（たつき としひさ）
神戸松蔭女子学院大学文学部准教授
出身地は青森県。専門分野は方言学、日本語学。
主な論文に「青森県五所川原市方言の「のだ」相当形式「ンダ」「ンズ」の相違」（『国語研究』76、2013）、「青森県五所川原市方言の感動詞「アッツァ」について」『感性の方言学』（ひつじ書房 2018）等がある。

玉懸元（たまかけ げん）
医療創生大学教養学部教授
出身地は宮城県。専門分野は方言学、日本語学。
主な論文に「それは本当に形式名詞か―後件肯定の誤謬」（『中京大学文学部紀要』50-2、2016）、「宮城県白石市方言の感動・希求表現「～ゴダ」―「今日暑いゴダ。冷たいもの飲みたいゴダ」」（『国語学研究』56、2017）等がある。

津田智史（つだ さとし）
宮城教育大学教育学部准教授
出身地は山口県。専門分野は方言学、日本語文法論。
主な論文に「方言アスペクトを再考する―山口市方言のヨル・トルの表す意味」（『地域言語』22、2014）、「トル形の表す意味」（『方言の研究』1、2015）等がある。

中西太郎（なかにし たろう）
跡見学園女子大学文学部准教授
出身地は茨城県。専門分野は方言学、社会言語学。
主な著書・論文に「言語行動の地理的・社会的研究―言語行動学的研究としてのあいさつ表現研究を例として」（『方言の研究』1、2015）、『方言学の未来をひらく―オノマトペ・感動詞・談話・言語行動』（ひつじ書房 2017、共著）等がある。

吉田雅昭（よしだ まさあき）
帝塚山大学教育学部講師
出身地は新潟県。専門分野は日本語学、国語教育学。
主な論文に「日本語学と国語教育学との関わり―柳田國男について」（『研究紀要青葉』8-1、2016）、「時枝誠記における言語論と国語教育論との関わり」（『文芸研究』185、2018）等がある。

【編者紹介】

東北大学方言研究センター

「東北大学方言研究センター」とは、東北大学国語学研究室の方言部門のことである。当研究室は方言学をひとつの研究の柱としてきたが、2004（平成16）年、その活動が総長指定の特別プロジェクトに選ばれたことを機に、「東北大学方言研究センター」と名乗るようになった。東北地方各地の臨地調査や全国1000地点規模の通信調査などによる方言の記録活動のほか、東日本大震災発生以降は、被災地の支援に向けた実践的な方言学にも取り組んでいる。成果に、『支援者のための気仙沼方言入門』（私家版）、『方言を救う、方言で救う─3.11被災地からの提言─』（ひつじ書房）などがある。

生活を伝える方言会話［分析編］
―宮城県気仙沼市・名取市方言

Dialect Conversation to Convey Life [Analysis] :
Dialects of Kesennuma City and Natori City, Miyagi Prefecture
Edited by Tohoku University Dialect Research Center

発行	2019年10月21日　初版1刷
定価	9,600円＋税　資料編と2冊セット・分売不可
編者	ⓒ 東北大学方言研究センター
発行者	松本功
装丁者	萱島雄太
印刷・製本所	三美印刷株式会社
発行所	**株式会社 ひつじ書房**
	〒112-0011 東京都文京区千石2-1-2 大和ビル2階
	Tel.03-5319-4916　Fax.03-5319-4917
	郵便振替 00120-8-142852
	toiawase@hituzi.co.jp　http://www.hituzi.co.jp/

ISBN978-4-89476-986-1

生活を伝える方言会話［資料編・分析編］―宮城県気仙沼市・名取市方言
Dialect Conversation to Convey Life [Text and Analysis] :
Dialects of Kesennuma City and Natori City, Miyagi Prefecture
ISBN978-4-89476-984-7

造本には充分注意しておりますが、落丁・乱丁などがございましたら、
小社かお買上げ書店にておとりかえいたします。ご意見、ご感想など、
小社までお寄せ下されば幸いです。